中级
微观经济学

（第二版）

INTERMEDIATE
MICROECONOMICS

钟根元

陈志洪

编著

上海交通大学出版社
SHANGHAI JIAO TONG UNIVERSITY PRESS

内容提要

本书主要介绍了微观经济学的消费者行为理论、厂商生产成本理论、局部均衡和一般均衡、垄断厂商定价理论、寡头垄断厂商决策理论、博弈论、外部效应、公共物品及不对称信息等有关内容,并从定性阐述、数学推导、图形解析、例子说明以及案例分析等五个方面对上述内容的有关概念及基本原理进行剖析,并附上一定数量的题目作为练习。

本书可供经济管理专业的老师和学生参考。

图书在版编目(CIP)数据

中级微观经济学/ 钟根元,陈志洪编著. —2 版
. —上海:上海交通大学出版社,2022.8
ISBN 978 - 7 - 313 - 27141 - 9

Ⅰ. ①中… Ⅱ. ①钟… ②陈… Ⅲ. ①微观经济学
Ⅳ. ①F016

中国版本图书馆 CIP 数据核字(2022)第 131127 号

中级微观经济学

ZHONGJI WEIGUAN JINGJIXUE

编　　著:钟根元　陈志洪
出版发行:上海交通大学出版社　　　　地　　址:上海市番禺路 951 号
邮政编码:200030　　　　　　　　　　电　　话:021 - 64071208
印　　制:苏州市越洋印刷有限公司　　经　　销:全国新华书店
开　　本:787 mm×1092 mm　1/16　　印　　张:25.75
字　　数:608 千字
版　　次:2020 年 8 月第 1 版　2022 年 8 月第 2 版　　印　　次:2022 年 8 月第 4 次印刷
书　　号:ISBN 978 - 7 - 313 - 27141 - 9
定　　价:98.00 元

前 言

　　上海交通大学安泰经济与管理学院于 2005 年为本科生开设了中级微观经济学课程。由于中级微观经济学的概念理解、理论把握都具有一定的难度，2006 年，我作为课程主讲老师，与陈志洪老师联合编写出版了《中级微观经济学学习指南》，以帮助学生提高对微观经济学重要概念与基本理论的认识。该书一经出版，在大学院校和热爱经济学的读者中引起了较大的反响，并且深受经济与管理类专业学习微观经济学的学生喜爱。

　　尽管如此，还是有不少学生反映，希望能出版一本全新的、合适的教材，能够更加清晰完整地展现老师上课时所讲述的内容，可以使更多的读者受益。

　　在上述背景下，我们在多年的"中级微观经济学"的教学经验、备课笔记，以及不定期和本科生、研究生及助教讨论如何改进教学质量的基础上，参考了大量国内外优秀的微观经济学同类教材，编写了这本中级微观经济学教材。

　　整体来说，本书从以下六个方面来讲述微观经济学的有关概念及基本理论：

　　（1）重视微观经济学的通识教育。本书对中级微观经济学涉及的重要概念和基本原理进行了详细的定性阐述，以实现帮助和加深学生理解的目的。

　　（2）本书没有简单地罗列各种模型，而是运用数学方法，对经济学的基本理论予以推导与论证，对微观经济学相关概念、基本理论以及结论进行了系统的展示，对长期困扰读者的一些问题给予了澄清。

　　（3）运用图形或表格对有关微观经济学的概念、基本理论以及有关经济学的结论进行更加形象的解析。

（4）运用有关算例或题目的演算加深对概念与基本理论的论述，以经济学的方式推理这些问题，由此激发学生对经济学的兴趣。

（5）本书注重将各种社会现象、日常生活中的例子与经济学的思维框架结合，运用现实的案例进一步分析经济学概念与基本原理，教会学生用经济学的思维方式思考、理解与运用问题，从而有效地参与经济生活。

（6）本书在每个章节后配备了一些典型习题，供学生练习、巩固与提高之用，以引导学生准确理解课程的基本内容，培养学生运用所学理论分析、应用与计算的能力，以及解决实际问题的能力。

本书可作为经济管理类专业高年级本科生、硕士研究生学习微观经济学的教材，也可以作为从事微观经济学教学、研究的教师和学者的参考用书。

因水平与精力有限，书中难免存在错误与不足之处，欢迎读者通过下列邮箱对本书提出宝贵意见和建议：genyuanzh@sjtu.edu.cn，chenzh@sjtu.edu.cn。

作　者

上海交通大学安泰与经济管理学院

2022 年 6 月 1 日

目　录

第1章

市　场

微观经济学(microeconomics)研究的是单个经济主体的行为及其构成的市场。单个经济主体包括对整个经济发挥作用的消费者、企业、工人、投资者等所有个体和实体。微观经济学解释了这些经济主体如何做出经济决策,例如,消费者怎样做购买决策以及商品价格或收入变化怎样影响其选择,企业怎样决定雇用工人数量,工人怎样选择工作时间及工作单位,等等。

微观经济学也常被称为价格理论(price theory),以说明价格在微观经济学中所发挥的作用。微观经济学解释了这些经济主体的行为和相互作用如何决定和影响价格,以及价格如何影响经济主体的行为和决策,以揭示市场和行业如何运作以及如何被政府政策所影响。

1.1 实证经济学与规范经济学

1.1.1 实证经济学

实证经济学(positive economics)是指描述、解释、预测经济行为的经济理论,因此又称为描述经济学,是经济学的一种重要运用方式。从原则上说,实证经济学是独立于任何特殊的伦理观念的,不涉及价值判断,旨在回答"是什么""能不能做到"之类的实证问题。它的任务是提供一种一般化的理论体系,用来对有关环境变化对人类行为所产生的影响做出正确的预测。对这种理论的解释力,可以通过它所取得的预测与实际情况相对照的精确度、一致性等指标来加以考察。

简言之,实证经济学是或者说可以是一门"客观的"科学。实证经济学是客观的科学,可以通过经验的评价,对它的假设做理性的讨论。它撇开或回避一切价值判断(即判断某一经济事物是好是坏,对社会有无价值),在作出与经济行为有关的假定前提后,研究现实经济事物运行的规律,并分析和预测这些规律下人们经济行为的后果。它力求说明"是什么"的问题,或回答如果作出某种选择,将会带来什么后果的问题,而不回答是否应该做出某种选择的问题。研究的内容具有客观实在性。

1.1.2 规范经济学

规范经济学(normative economics)是指那些依据一定的价值判断,提出某些分析和处理经济问题的标准,并以此建立经济理论的前提,作为经济政策制订的依据。在西方经济学看来,由于资源的稀缺性,因而在对其多种用途上就必然面临选择问题,选择就存在一个选择标准,选择标准就是经济活动的规范。可以看出,规范经济学要解决的是"应该是什么"的问题。

1.2　经济学基本原理

在对经济问题进行分析的过程中，**最优化原理**（the optimization principle）与**均衡原理**（the equilibrium principle）是基本的分析框架，是经济学研究中最基本的两个原理。

1.2.1　最优化原理

最优化原理是指单个经济主体总是在一定的约束下选择最优方案。消费者总是在一定的收入条件下选择一组商品和服务来使自己的效用实现最大化。由于收入的限制，消费者不可能拥有所有商品和服务，所以应该对商品和服务进行**取舍权衡**（trade-off）。当拥有更多的某种商品或服务时，消费者只能拥有更少的其他商品或服务。

企业总是在一定的技术约束下最优选择生产要素以实现利润最大化，即企业要对生产什么、生产多少做出决策以实现企业利润最大化，同时要对使用多少劳动、土地、资本等生产要素做出决策以实现成本最小化。对于企业来说，也要进行取舍权衡。**产出取舍权衡，即生产什么**：由于资源的限制，当要生产更多的某种商品或服务时，企业只能生产更少的其他商品或服务。**要素取舍权衡，即如何生产**：当使用更多的某种生产要素时，企业只能使用更少的其他生产要素以生产既定的产出。**获得取舍权衡，即为谁生产（或谁获得商品）**：某消费者获得更多的某种商品或服务，那么其他消费者只能获得更少的该种商品或服务。

政府的决策者要对政府提供何种商品或服务，以及对经济主体是否进行征税、补贴、管制做出决策，以使消费者、企业或政府机构受益，而不一定实现社会福利最大化。

1.2.2　均衡原理

均衡原理是指市场中不同行为主体策略在均衡时会保持相互一致性。市场价格会调整到消费者的需求量与厂商的供给量相等为止，即市场交易行为中，消费者愿意购买的数量正好等于厂商所愿意出售的数量。

1.3　经济学建模

经济学通常通过建立模型（constructing a model）对社会现象进行研究。

所谓经济模型，是指用来描述与所研究的经济现象有关的经济变量之间的相互关系的理论结构。经济模型是一种分析方法，它极其简单地描述现实世界的情况。现实世界的情况是由各种主要变量和次要变量构成的，非常错综复杂，因而除非把次要的因素排除在外，否则就不可能进行严密的分析，或使分析复杂得无法进行。通过作出某些假设，可以排除许多次要因素，从而建立起模型。这样一来，便可以通过模型对假设所规定的特殊情况进行分析。经济模型本身可以用带有图表或文字的方程来表示。

在建模过程中需要弄清楚两个概念：**外生变量**（exogenous variable）和**内生变量**（endogenous variable）。

经济学建模过程中，总是假设在其他变量不变的条件下，研究变量之间的相互关系。因此，通常把假设不变的变量叫作外生变量，而把其他变量不变的情况下要研究的相互变化的变量叫作内生变量。

在二维坐标图中，标示在坐标轴上的变量叫作内生变量，没有显示在坐标轴上的其他变量叫作外生变量。内生变量变动时，沿着曲线移动；外生变量变动时，曲线整体左右或上下移动。

1.4　竞争性市场资源配置

在竞争性市场中存在很多商品消费者，且每个消费者的消费量对市场价格没有影响；同时，存在很多厂商，且每个厂商的销售量对市场价格没有影响，即每个消费者和每个厂商都是价格的接受者，每个经济主体对价格没有影响力。经济主体的整体行为决定了市场价格。市场需求曲线和市场供给曲线决定了市场价格，即市场供需决定市场价格。

1.4.1　需求曲线

保留价格（reservation price）是消费者愿意接受和购买一单位某种商品的最高价格，或者说该消费者对于购买与不购买一单位某种商品无差异或者无所谓的那个价格。把价格标在纵坐标上，把愿意支付该价格或更高价格的消费者购买商品数量标在横坐标上，这样一条把价格与需求量联系起来的曲线就叫作需求曲线（demand curve）。

当市场上需求者的需求量比较少时，需求曲线是"跳跃性"的；当需求者的需求量足够大时，需求曲线是连续的。

例 1.1　假设某产品市场中保留价格最高的 25 人的保留价格均为 500 元，第 26 人的保留价格为 200 元（共 26 人），求出并画出市场的需求曲线。

解：当价格大于 500 元时，需求量为 0；当价格为 500 元时，需求量可以为 0～25 的任意整数；当价格大于 200 小于 500 时，需求量为 25；当价格等于 200 时，需求量为 25 或者 26；当价格为 200 元以下时需求量增加到 26。即其需求函数为

$$Q=\begin{cases}0, & p>500 \\ 0,1,\cdots,25, & p=500 \\ 25, & 200<p<500 \\ 25,26, & p=200 \\ 26, & p<200。\end{cases}$$

其需求曲线如图 1.1 所示。

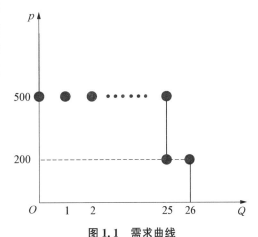

图 1.1　需求曲线

1.4.2 供给曲线

边际成本(marginal cost)是指厂商多生产一单位产品的成本增加量,是厂商愿意接受和销售一单位产品的最低价格,或者说该厂商对于销售与不销售一单位某种产品无差异或者无所谓的那个价格。把价格标在纵坐标上,把愿意接受该价格或更低价格的销售数量标在横坐标上,这样一条把价格与销售量联系起来的曲线就叫作**供给曲线**(supply curve)。

例 1.2 某城市只有煤、天然气和石油 3 个发电厂,它们发电的边际成本以及发电容量等有关信息如表 1.1 所示。求该城市的发电量的供给函数,并画出供给曲线。

表 1.1 发电容量与边际成本

原料	容量(GWH)	边际成本($/GWH)
煤	5	1 300
天然气	3	1 800
石油	2	1 500

解: 以 Q 表示发电量, p 表示电价,由供给函数的概念可得该城市的发电量的供给函数为

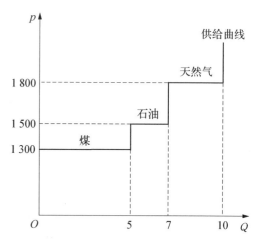

图 1.2 例 1.2 的供给曲线图示

$$Q = \begin{cases} 0 & p < 1\,300 \\ [0, 5] & p = 1\,300 \\ 5 & 1\,300 < p < 1\,500 \\ [5, 7] & p = 1\,500 \\ 7 & 1\,500 < p < 1\,800 \\ [7, 10] & p = 1\,800 \\ 10 & p > 1\,800 \end{cases}$$

其供给曲线如图 1.2 所示。

1.4.3 市场均衡

在竞争性市场中,需求(衡量在不同价格水平下消费者愿意购买的商品数量)和供给(衡量在不同价格水平下供给者愿意提供的商品数量)共同决定市场均衡价格。

在竞争性市场,供需相等(均衡原理)决定市场均衡价格(见图 1.3)。

例 1.3 完全竞争的租房市场需求函数为 $D(p) = 100 - 2p$,如果相互独立的房东共有 60 套房子可供出租:

(1)那么竞争性市场均衡价格为多少?

(2)若政府向所有出租房子的房东征收 30 元税收,求该政策对供需曲线及均衡的

影响。

解：（1）在竞争性市场，供需相等决定均衡价格，因此可得

$$D(p)=S(p)\Rightarrow 100-2p=60\Rightarrow p^*=20$$

即完全竞争的租房市场供给曲线为一条垂直线。因此，原市场竞争性均衡为：$(p^*,Q^*)=(20,60)$，即 60 套房子全部租出，市场均衡价格为 20 元，如图 1.4 中 A 点所示。所以，竞争性市场均衡价格为 20 元，均衡数量为 60 元。

（2）若所有出租房子的房东都要缴纳 30 元的税收，那么供给函数为

$$Q_S=\begin{cases}0, & p<30 \\ 0,\cdots,60, & p=30 \\ 60, & p>30\end{cases}$$

新供给曲线如图 1.5 中粗线部分所示，与需求曲线的交点为 B 点。因此，新的市场均衡为 $(p',Q')=(30,40)$，即如图 1.4 中 B 点所示。

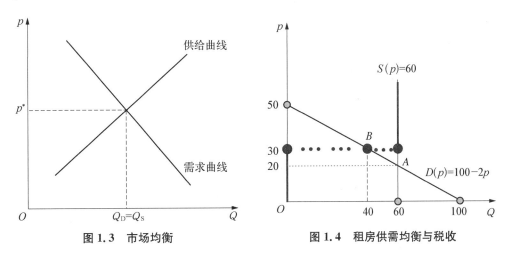

图 1.3　市场均衡　　　　　　　　图 1.4　租房供需均衡与税收

1.4.4　比较静态分析

上面根据供需相等的竞争性模型研究竞争性均衡价格和均衡产量。如果价格和产量外其他变量发生变化而达到新的均衡价格和均衡产量，这种分析法叫作比较静态（comparative statics）分析，用于比较不同情况下的市场均衡，它只关心一种均衡到另一种均衡的变化，而不分析这种变化的具体过程。例如厂商生产产品的成本增加，会使供给曲线左移，从而达到新的均衡（见图 1.5）。

例 1.4　完全竞争的租房市场需求函数为 $D(p)=100-2p$，如果相互独立的房东有 40 套出租房，那么竞争性市场均衡价格为多少？

解：在竞争性市场，供需相等决定均衡价格，可得 $100-2p=40\Rightarrow p^*=30$。

所以，竞争性市场均衡价格为 30 元（见图 1.6）。

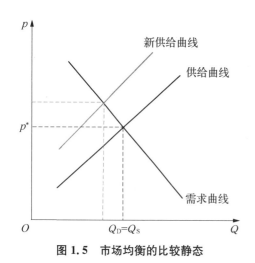

图 1.5 市场均衡的比较静态

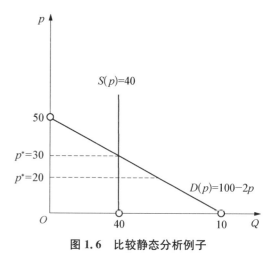

图 1.6 比较静态分析例子

1.5 其他资源配置方法

竞争性市场只是配置资源的一种方法。下面简单讨论一下其他资源配置方法。

1.5.1 完全价格歧视垄断者

只有一个厂商生产和销售某种商品的市场结构叫作**垄断**(monopoly),该厂商叫作垄断厂商,如果该垄断厂商把产品依次以保留价格出售给愿意支付最高价格的消费者,那么这种垄断叫作完全价格歧视垄断。实现完全价格歧视的前提条件是:垄断厂商知道每个消费者的保留价格以及消费者之间不能通过买卖该产品来实现套利。

例 1.5 假设有 8 个人想租公寓,他们的保留价格如表 1.2 所示:

表 1.2 8 个人的保留价格 单位:元

人	A	B	C	D	E	F	G	H
保留价格	40	25	30	35	10	18	15	5

如果某完全价格垄断者拥有 4 套想出租的公寓,那么哪些人能获得公寓? 价格为多少? 垄断者获得的收益多少?

解: 第一套以 40 元价格出租给 A;第二套以 35 元价格出租给 D;

第三套以 30 元价格出租给 C;第四套以 25 元价格出租给 B。

垄断者获得的收益:40＋35＋30＋25＝130。

1.5.2 一般垄断者

把产品以相同的价格出售给愿意购买产品的消费者以实现利润最大化的垄断厂商叫作一般垄断者。

例 1.6 由例 1.5,现在假设某一追求利润最大化的垄断者拥有 8 套公寓。

(1) 垄断者出租 1,2,……,8 套公寓时,在下表填上市场最高价格和垄断者收益。

公寓数	1	2	3	4	5	6	7	8
最高价格								
收益								

(2) 8 人中哪些人获得了公寓?

解: (1)

公寓数	1	2	3	4	5	6	7	8
最高价格	40	35	30	25	18	15	10	5
收益	40	70	90	100	90	90	70	40

(2) 出租 4 套时,垄断者的利润达到最大为 100,所以 A、B、C 和 D 这 4 个人获得了公寓。

例 1.7 一般垄断的租房市场需求函数为 $D(p)=100-2p$,如果垄断者有 60 套出租房,那么追求收益最大化的垄断者会使用什么价格,出租多少套出租房? 如果垄断者只有 40 套出租房,又会怎么样?

解: 垄断者收益函数为

$$R(p)=p \cdot D(p)=100p-2p^2$$

由 $\dfrac{\mathrm{d}R(p)}{\mathrm{d}p}=0$,可得

$$p=25$$

因此,如果垄断者有 60 套出租房,垄断者仅向市场提供 50 套出租房,租房价格定为 25。但如果垄断者只有 40 套出租房,此时总收益处于递增阶段,因此,垄断者会将其所有 40 套房子出租,由 $D(p)=100-2p=40$,得出市场均衡价格 $p=30$。

1.5.3 价格管制

如果政府规定的产品最高价格 $p_{\max}$ 低于竞争性市场均衡价格 p^*,那么就会出现超额需求:愿意按照价格 $p_{\max}$ 购买产品的消费者多于可供给的产品,这种情况叫作价格管制。在价格管制下销售的产品数量与市场竞争性下销售的产品数量是相同的,只是购买产品的消费者不同而已,但前提条件是短期内供给数量固定不变(见图 1.7)。

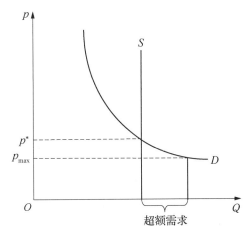

图 1.7 价格管制下的资源配置

1.6　帕累托效率

1.6.1　哪种配置方法最好

上面讲述了四种产品配置方法：竞争性市场、完全价格歧视垄断、一般垄断和价格管制。

对于厂商来说，完全价格歧视垄断能够获得最大的收益，其次是一般垄断，再次是竞争性市场，价格管制获得的收益最小。

对于消费者，平均来说，完全价格歧视垄断使得他们状况最差，一般垄断次之，至于竞争性市场和价格管制，有的消费者偏好竞争性市场，而有的消费者偏好价格管制。

那么，从所有市场参与者的利益来衡量，用什么标准来判断产品配置的方法是"好"还是"不好"？

1.6.2　帕累托效率

不同市场机制下，均衡数量和均衡价格也会不同。**帕累托效率**（Pareto efficiency）是用来评估资源配置效率的一个尺度。"帕累托有效"（也称"帕累托最优"，Pareto optimality）状态是指没有一种方法能使任何人境况变好的同时而不使其他任何人境况变差的一种资源配置方案。反之，则称为帕累托无效（Pareto inefficient），并存在帕累托改进（Pareto improvement）——从帕累托无效到帕累托有效的渐进过程。需要注意的是，帕累托有效状态并不是唯一的。例如，在上述市场模型中，竞争性市场和完全价格歧视垄断市场中的均衡都是帕累托有效状态，虽然两个市场的最后结果截然不同。

以下是帕累托无效的四种情况。

（1）保留价格较低的消费者买到了商品而保留价格较高的消费者买不到商品（如最高价格限制）。

（2）边际成本较高的厂商卖掉了商品而边际成本较低的厂商卖不掉商品（如最低价格限制）。

（3）消费者保留价格比厂商边际成本高的商品没有成交（如一般垄断、征税）。

（4）消费者保留价格比厂商边际成本低的商品成交（如补贴）。

1.6.3　资源配置方法比较

在竞争性市场上，获得产品的消费者愿意支付的价格都高于竞争性市场均衡价格，已经没有交易收益可得，因此，竞争性市场配置的结果是帕累托有效的。

通过完全价格歧视垄断市场配置方法获得产品的消费者与通过竞争性市场获得产品的消费者是同一批人，尽管获得的价格不同，因此，完全价格歧视垄断市场配置的结果是帕累托有效的。

对于一般垄断来说，由于垄断者销售的产品价格高于竞争性市场均衡价格，这样，该垄断者就可以与消费者(竞争性市场下能够买到产品而一般垄断下买不到产品的消费者)以介于一般垄断价格与竞争性市场均衡价格之间的某个价格进行交易,那么,该垄断者与该消费者的境况就可以都得到改善,同时又没有损害其他消费者的福利,存在帕累托改进的余地。因此,一般垄断是帕累托无效的。

　　对于价格管制来说,由于价格管制下的产品价格低于竞争性市场均衡的产品价格,那么一个买到产品的消费者(竞争性市场下买不到而价格管制下买到的消费者)与另一个买不到产品的消费者(竞争性市场下买到而价格管制下买不到的消费者)以介于价格管制下产品价格与竞争性市场均衡的产品价格之间的某个价格进行交易,两个消费者的境况都将得到改善,而同时没有损害其他消费者和厂商的福利,存在帕累托改进的余地。因此,价格管制是帕累托无效的。

1.7　思考练习题

　　(1) 简述经济学两大基本原理。
　　(2) 简述帕累托有效的概念,并说明帕累托无效的 4 种情况。
　　(3) 假设有 8 个人想租公寓,他们的保留价格如下:

人	A	B	C	D	E	F	G	H
保留价格	40	25	30	35	10	18	15	5

　　假设市场为竞争性,要求:
　　① 画出市场需求曲线。
　　② 假设公寓的供给固定在 5 单位,那么最高的均衡价格和最低的均衡价格分别为多少?
　　③ 假设公寓的供给为 4 单位,那么哪些人获得公寓?
　　④ 如果公寓的供给为 6 单位,那么均衡价格的范围是多少?
　　(4) 假设有 8 个人想租公寓,他们的保留价格如下:

人	A	B	C	D	E	F	G	H
保留价格	45	35	30	40	25	18	15	5

　　① 如果某完全价格垄断者拥有 4 套想出租的公寓,那么哪些人获得公寓? 价格为多少? 垄断者获得的收益多少?
　　② 如果实行一般垄断定价,会怎么样?
　　(5) 某城市只有煤和石油 2 个发电厂,它们发电的边际成本以及发电容量等有关信息见下表。

原料	容量(GWH)	边际成本(\$/GWH)
煤	500	1 000
石油	300	1 500

① 求该城市发电量的供给函数,并画出供给曲线。

② 如果该城市的需求函数为 D_1: $Q = 600 - 0.3p$,求均衡发电量和电价。

③ 如果该城市的需求函数为 D_2: $Q = 900 - \dfrac{p}{3}$,求均衡发电量和电价。

④ 如果该城市的需求函数为 D_3: $Q = 900\,000/p$,求均衡发电量和电价。

⑤ 如果该城市的需求函数为 D_4: $Q = 1\,600\,000/p$,求均衡发电量和电价。

第2章

预算约束

经济学关于消费者行为的基本问题为：在一定收入约束的条件下，消费者如何选择其能够支付得起的最佳商品，使得其效用达到最大化，或者为了达到固定的效用，消费者如何选择其消费的最佳商品，使得其支出达到最小化。本章主要探讨消费者能够支付得起的商品，即在商品价格一定的情况下，消费者消费商品的支出不能超过其收入。

2.1 预算集

预算集(budget set)是指在既定商品价格和收入下，消费者能够消费得起的所有商品束的集合。

不妨假设消费者只消费 2 种商品：商品 1 和商品 2，其中，商品 1 的价格为 p_1，商品 2 的价格为 p_2。同时假设消费者具有的可支配货币收入为 m。用集合 $x=(x_1, x_2)$ 来表示消费者的消费束，其中，x_1 表示消费者消费商品 1 的数量，x_2 表示消费者消费商品 2 的数量。这样，给定商品价格 (p_1, p_2) 和消费者可支配货币收入 m，消费者的**预算约束**(budget constraint)可表示为

$$p_1 x_1 + p_2 x_2 \leqslant m \qquad\qquad (2-1)$$

其中，$p_1 x_1$ 为消费者消费商品 1 所花费的货币数量，$p_2 x_2$ 为消费者消费商品 2 所花费的货币数量。预算约束表示花费在 2 种商品上的货币数量不能超过消费者具有的可支配货币收入。把在给定的商品价格 (p_1, p_2) 和消费者可支配货币收入 m 时消费者能够支付得起的消费束的集合叫作消费者的"预算集"，如图 2.1 所示。

预算集至少具有以下性质。

（1）x 为闭集。即预算集中所有的极限点都在该集合中。

（2）预算集是一个客观概念，跟主观意愿无

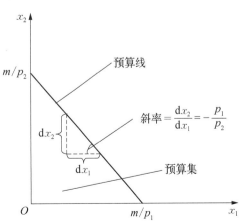

图 2.1 预算集和预算线

关,即使认为不可能选择某一消费束,但是只要是支付得起的都要算在预算集里面。

（3）$(0,0) \subseteq x$。 即消费者可以选择不消费。

2.2　预算线

在给定的商品价格(p_1, p_2)和消费者可支配货币收入m下,消费者花费在2种商品上的支出正好等于消费者可支配货币收入m时的商品束的集合叫作**预算线**（budget line）,如图2.1所示。其方程表示如下

$$p_1 x_1 + p_2 x_2 = m \tag{2-2}$$

它是一条纵截距为m/p_2、斜率为$-p_1/p_2$的直线。

当把所有的可支配货币收入花费在商品1时,消费者可以购买商品1的数量为m/p_1,即图2.1中预算线的横截距;当把所有的可支配货币收入花费在商品2时,消费者可以购买商品2的数量为m/p_2,即图2.1中预算线的纵截距。

现假设消费者在预算不变的情况下对2种商品的消费量做调整,即由原来的消费束$x = (x_1, x_2)$变为$x = (x_1 + dx_1, x_2 + dx_2)$,则消费量调整前后的预算约束方程分别为

$$p_1 x_1 + p_2 x_2 = m$$

和

$$p_1(x_1 + dx_1) + p_2(x_2 + dx_2) = m$$

由上述两式相减并化简,可得

$$\frac{dx_2}{dx_1} = -\frac{p_1}{p_2}$$

这正好是预算线的斜率（见图2.1）。它表示在预算不变的情况下为了多消费dx_1的商品1消费者必须放弃消费dx_2的商品2,在经济学中,它又被叫作以商品2表示商品1的机会成本（opportunity cost）,记为OC_{21},即为了多消费dx_1的商品1,消费者必须放弃消费dx_2的商品2的机会,正好等于预算线的斜率。可见,以商品2表示商品1的机会成本计算公式为

$$OC_{21} = -\frac{p_1}{p_2} \text{①} \tag{2-3}$$

例2.1　如果商品1的价格为2,商品2的价格为5,那么以商品2表示商品1的机会成本是多少? 以商品1表示商品2的机会成本是多少?

①　以后如果不专门说明,机会成本是指绝对值,有时称为相对价格。

解： 商品 1 的价格 $p_1 = 2$，商品 2 的价格 $p_2 = 5$。

所以，以商品 2 表示商品 1 的机会成本 $OC_{21} = \dfrac{p_1}{p_2} = \dfrac{2}{5}$，

以商品 1 表示商品 2 的机会成本 $OC_{12} = \dfrac{p_2}{p_1} = \dfrac{5}{2}$。

2.3　预算线变动

消费者收入改变、商品价格变化、税收、补贴以及配给都会导致消费者的预算线发生变动。

2.3.1　收入变化

假设其他条件不变，而消费者的收入由 m 增加到 $m + \Delta m$，则消费者的预算约束方程变为

$$p_1 x_1 + p_2 x_2 = m + \Delta m \qquad (2\text{-}4)$$

则该预算线的横截距由原来的 m/p_1 变为 $(m + \Delta m)/p_1$，纵截距由原来的 m/p_2 变为 $(m + \Delta m)/p_2$，而斜率仍然为 $-p_1/p_2$。

所以，消费者收入增加会导致其预算线向外平行移动（见图 2.2）。

同样，消费者收入减少会导致其预算线向内平行移动。

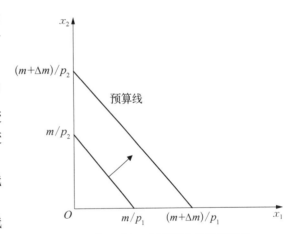

图 2.2　收入增加：预算线向外平行移动

2.3.2　商品价格变化

假设其他条件不变，而商品 1 的价格由 p_1 增加到 $p_1 + \Delta p_1$，则消费者的预算约束方程变为

$$(p_1 + \Delta p_1) x_1 + p_2 x_2 = m \qquad (2\text{-}5)$$

则该预算线的横截距由原来的 m/p_1 减少到 $m/(p_1 + \Delta p_1)$，纵截距不变，仍为 m/p_2，而斜率则变为 $-(p_1 + \Delta p_1)/p_2$。

所以，商品 1 的价格增加会使预算线绕着纵截距点向内旋转（见图 2.3）。

同理，商品 1 的价格减少会使预算线绕着纵截距点向外旋转。

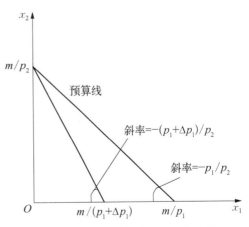

图 2.3　商品 1 的价格增加：预算线变陡

2.3.3　税收

假设其他条件不变,对商品 1 征收税率为 t 的从价税,则商品 1 的价格由 p_1 增加到 $(1+t)p_1$,于是消费者的预算约束方程变为

$$(1+t)p_1x_1+p_2x_2=m \tag{2-6}$$

则该预算线的横截距由原来的 m/p_1 减少到 $m/[(1+t)p_1]$,纵截距不变,仍为 m/p_2,而斜率则变为 $-(1+t)p_1/p_2$。

所以,对商品 1 征税会使预算线绕着纵截距点向内旋转。

2.3.4　补贴

假设其他条件不变,对商品 1 给予以市场价格为基础的从价补贴率为 s 的补贴,则消费者应承担的商品 1 的价格由 p_1 减少到 $(1-s)p_1$,于是消费者的预算约束方程变为

$$(1-s)p_1x_1+p_2x_2=m \tag{2-7}$$

则该预算线的横截距由原来的 m/p_1 增加到 $m/[(1-s)p_1]$,纵截距不变,仍为 m/p_2,而斜率则变为 $-(1-s)p_1/p_2$。

所以,对购买商品 1 的消费者给予补贴会使预算线绕着纵截距点向外旋转。

2.3.5　配给

配给是指对某些商品的消费是受控制的,不能超过某一数量。

假设其他条件不变,对商品 1 实行配给供应,消费者对其的消费量不能超过 $\bar{x}_1$,则消费者的预算约束方程变为

$$\begin{cases} p_1x_1+p_2x_2=m & x_1<\bar{x}_1 \\ x_2=\left[0,\dfrac{m-p_1\bar{x}_1}{p_2}\right]m & x_1=\bar{x}_1 \end{cases} \tag{2-8}$$

其预算线的形状如图 2.4 所示。

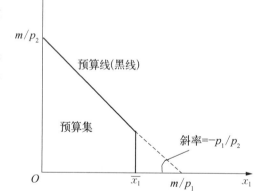

图 2.4　实行配给的预算线

例 2.2　有 2 种商品 1 和 2,价格分别为 p_1 和 p_2,消费者收入为 m。当消费者消费商品的数量 $x_1 \geqslant \bar{x}_1$ 时,政府对商品 1 超过配额部分加征税率为 t 的数量税,请写出预算约束方程并画出预算线。

解: 如图 2.5 所示,当 $x_1 \leqslant \bar{x}_1$ 时,预算约束方程为 AC 段:$p_1x_1+p_2x_2=m$;当 $x_1 \geqslant \bar{x}_1$ 时,从两个角度思考。

方法 1:从机会成本角度来理解。

A 点坐标为 $\left(\bar{x}_1,\dfrac{m-p_1\bar{x}_1}{p_2}\right)$,又对商品 1 的消费超过 $\bar{x}_1$ 时,征收税率为 t 的数量税,

则此时机会成本(或相对价格),即斜率 $=-\dfrac{p_1+t}{p_2}$。

由点斜式得 AB 段方程为

$$x_2-\frac{m-p_1\bar{x}_1}{p_2}=-\frac{p_1+t}{p_2}(x_1-\bar{x}_1)$$

化简得, AB 段方程为

$$(p_1+t)x_1+p_2x_2=m+t\bar{x}_1$$

方法 2:从预算角度理解。

商品 1 消费超过 $\bar{x}_1$ 时,征收税率为 t,根据预算线的经济学含义得

$$p_1\bar{x}_1+(p_1+t)(x_1-\bar{x}_1)+p_2x_2=m$$

化简得, AB 段方程为

$$(p_1+t)x_1+p_2x_2=m+t\bar{x}_1$$

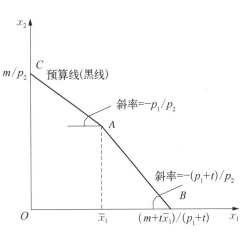

图 2.5　配给和税收同时使用下的预算线

综上可得,当征税和配给同时使用,对商品 1 的消费量小于配给量 $\bar{x}_1$ 时不征税,超过配给量 $\bar{x}_1$ 时,对消费者征收税率为 t 的从量税,则消费者的预算约束方程为

$$\begin{cases} p_1x_1+p_2x_2=m & x_1\leqslant\bar{x}_1 \\ (p_1+t)x_1+p_2x_2=m+t\bar{x}_1 & x_1>\bar{x}_1 \end{cases}$$

$$(2-9)$$

其预算线的形状如图 2.5 所示。

例 2.3　考虑消费者消费 2 种商品 1 和 2,价格分别用 p_1 和 p_2 表示($p_2>p_1$),消费者收入为 m。若商家进行某种促销:每购买 1 单位商品 2,则免费搭送 1 单位商品 1(商品 2 价格仍为 p_2),分析该促销政策对预算集的影响,并画出预算线,写出预算方程。

解:当商品 1 的消费量小于商品 2 的消费量时,预算线为 $x_2=\dfrac{m}{p_2}$;

当商品 1 的消费量大于商品 2 的消费量时,从两个角度思考。

方法 1:从机会成本角度理解。

A 点坐标为 $\left(\dfrac{m}{p_2},\dfrac{m}{p_2}\right)$,

AB 段的机会成本即斜率为 $-\dfrac{p_1}{p_2-p_1}$,

由点斜式可得 AB 段方程为

$$x_2-\frac{m}{p_2}=-\frac{p_1}{p_2-p_1}\left(x_1-\frac{m}{p_2}\right)$$

化简得，AB 段方程为

$$p_1(x_1-x_2)+p_2x_2=m，即 p_1x_1+(p_2-p_1)x_2=m$$

方法 2：从预算角度理解。

当商品 1 消费数量大于商品 2 消费数量时，由于购买 1 单位商品 2 免费搭送 1 单位商品 1，因此，消费者只需支付购买商品 1 的数量为 (x_1-x_2)，根据预算线的经济学含义得：

AB 段方程为 $p_1(x_1-x_2)+p_2x_2=m$，

即 $p_1x_1+(p_2-p_1)x_2=m$。

综上所述，该政策扩大了消费者的预算集，预算方程为

$$\begin{cases} x_2=m/p_2 & x_2 \geqslant x_1 \\ p_1x_1+(p_2-p_1)x_2=m & x_2 < x_1 \end{cases}$$

$$(2-10)$$

其图形如图 2.6 所示。

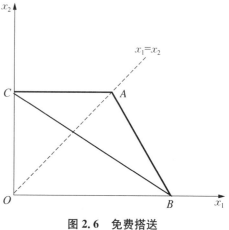

图 2.6　免费搭送

2.4　思考练习题

（1）如果商品 1 的价格为 6，商品 2 的价格为 8，那么以商品 2 表示商品 1 的机会成本是多少？以商品 1 表示商品 2 的机会成本是多少？

（2）某消费者消费 2 种商品 1 和 2，2 种商品价格分别用 p_1 和 p_2 表示（$p_2>2p_1$），消费者收入为 m。若商家进行某种促销：每购买 1 单位商品 2，则免费搭送 2 单位商品 1（商品 2 价格仍为 p_2），分析该促销政策对预算集的影响，并画出预算线，写出预算约束方程。

（3）某消费者消费 2 种商品 1 和 2，2 种商品价格分别用 p_1 和 p_2 表示（$p_2>p_1$），消费者收入为 m。若商家规定购买 1 单位商品 2 必须同时购买 1 单位商品 1（即商品 2 不单卖，进行搭售），请分析该促销政策对预算集的影响，并画出预算线，写出预算方程。

（4）某消费者消费 2 和商品 1 和 2，2 种商品价格分别用 p_1 和 p_2 表示（$p_2>2p_1$），消费者收入为 m。若商家规定购买 1 单位商品 2 必须同时购买 2 单位商品 1（即商品 2 不单卖，进行搭售），请分析该促销政策对预算集的影响，并画出预算线，写出预算方程。

（5）描述中国粮价改革对消费者预算的影响：

① 假设没有任何市场干预，中国的粮价为每千克 0.4 元，每人收入 100 元。把粮食消费量计为 x，在其他商品上的开支为 y，写出预算方程并图示。

② 假设每人得到 30 千克粮票，可凭票以每千克 0.2 元的价格买粮食，写出预算线方程，并图示。

③ 假设取消粮票，补贴每人 6 元钱，写出预算线方程，并图示。

(6) 小张早饭爱吃包子和牛奶,包子 1 元/个,每个包子含 600 卡(1 卡＝4.186 8 焦)热量,牛奶 2 元/杯,每袋牛奶含 200 卡热量。他每天花在早饭上的钱不超过 14 元。因为正在减肥,他严格控制早饭热量不超过 3 400 卡。如果他把钱都花完,并且不超过热量限额,那么他能消费包子和牛奶的范围是多少?

(7) 某消费者消费 2 种商品 1 和 2,2 种商品的价格分别用 p_1 和 p_2 表示,消费者收入为 m。若商家进行某种促销:每购买 1 单位商品 2,则可以 9 折购买 1 单位商品 1(商品 2 的价格仍为 p_2),分析该促销政策对预算集的影响,并画出预算线,写出预算方程。

(8) 某消费者消费 2 种商品 1 和 2,2 种商品的价格分别用 p_1 和 p_2 表示,消费者收入为 m。若商家进行某种促销:每购买 2 单位商品 2,则可以半价购买 1 单位商品 1(商品 2 的价格仍为 p_2),分析该促销政策对预算集的影响,并画出预算线,写出预算方程。

(9) 某消费者消费 2 种商品 1 和 2,价格分别为 p_1 和 p_2,消费者收入为 m。当消费者消费商品的数量 $x_1 \geqslant \bar{x}_1$ 时,政府对商品 1 超过部分加征税率为 t_1 的从量税,当 $x_1 \geqslant \tilde{x}_1$ 时,政府对商品 1 超过部分加征税率为 t_2 的从量税,其中 $t_2 > t_1$,$\tilde{x}_1 > \bar{x}_1$。写出预算方程并画出预算线。

第3章

偏　好

本章主要讨论消费者行为基本问题中有关偏好的问题,主要指消费者对物品喜欢程度的主观评价,并在此基础上对物品的满足程度做出排序。消费者偏好是对两个消费束进行比较,某一消费束 X 带来的满足程度大于另一个消费束 Y,此时即为消费者更偏好消费束 X。偏好与价格无关,是消费者的主观判断。

3.1　偏好概念

消费者对消费束的偏好(preference)概念是指消费者对消费束的主观评价,据此决定对消费束的喜欢程度,从而消费者可以比较两个消费束的好坏。

3.1.1　严格偏好

假定有两个消费束 (x_1, x_2) 及 (y_1, y_2),消费者可以根据其主观评价来判断对两个消费束的喜欢程度。如果消费者对消费束 (x_1, x_2) 的喜欢程度严格甚于消费束 (y_1, y_2),那么就是说消费束 (x_1, x_2) 严格偏好于消费束 (y_1, y_2),表示为 $(x_1, x_2) \succ (y_1, y_2)$,其中符号 $\succ$ 表示严格偏好。如果消费者对一个消费束严格偏好于另一个消费束,那么,只要有机会,该消费者就会选择这个消费束,而不会选择另一个消费束。因此,偏好概念是建立在消费者行为基础之上的,即消费者对消费束的主观评价是通过消费者行为表示出来的。

3.1.2　无差异

如果消费者对消费束 (x_1, x_2) 和消费束 (y_1, y_2) 的喜欢程度无差异,则用符号 $\sim$ 来表示,即为 $(x_1, x_2) \sim (y_1, y_2)$。 也就是说,消费者认为消费束 (x_1, x_2) 与消费束 (y_1, y_2) 一样好。

3.1.3　弱偏好

如果消费者对消费束 (x_1, x_2) 偏好或者无差异于消费束 (y_1, y_2),那么就说消费者对消费束 (x_1, x_2) 弱偏好于消费束 (y_1, y_2),表示为 $(x_1, x_2) \succeq (y_1, y_2)$。 也就是说,消费者认为消费束 (x_1, x_2) 至少与消费束 (y_1, y_2) 一样好。

严格偏好、弱偏好和无差异三者之间是相互联系的。例如,如果 $(x_1, x_2) \succeq (y_1, y_2)$,并

且 $(y_1, y_2) \succeq (x_1, x_2)$，则有：$(x_1, x_2) \sim (y_1, y_2)$。也就是说，如果某消费者认为消费束 (x_1, x_2) 至少与消费束 (y_1, y_2) 一样好，同时又认为消费束 (y_1, y_2) 至少与消费束 (x_1, x_2) 一样好，那么，这两个消费束 (x_1, x_2) 和 (y_1, y_2) 对该消费者来说是无差异的。同理，如果 $(x_1, x_2) \succeq (y_1, y_2)$，又不是 $(x_1, x_2) \sim (y_1, y_2)$，则有：$(x_1, x_2) \succ (y_1, y_2)$。也就是说，如果某消费者认为消费束 (x_1, x_2) 至少与消费束 (y_1, y_2) 一样好，同时又认为消费束 (x_1, x_2) 与消费束 (y_1, y_2) 不是无差异的，那么，该消费者对消费束 (x_1, x_2) 严格偏好于消费束 (y_1, y_2)。

例 3.1　有两门对学生来说同等重要的课程 1 和 2，x_1 和 x_2 分别表示学生获得的两门课成绩，判断以下成绩的偏好关系：①$(x_1=95, x_2=95)$ 与 $(x_1=90, x_2=90)$；②$(x_1=92, x_2=92)$ 与 $(x_1=90, x_2=90)$；③$(x_1=92, x_2=90)$ 与 $(x_1=90, x_2=92)$。

解：①$(95, 95) \succ (90, 90)$；②$(92, 92) \succeq (90, 90)$；③$(92, 90) \sim (90, 92)$。

3.2　偏好公理

为了避免消费者偏好的不一致性，也就是说，为了避免消费者行为出现矛盾，例如，消费者偏好同时出现 $(x_1, x_2) \succ (y_1, y_2)$ 和 $(y_1, y_2) \succ (x_1, x_2)$ 的情形，需要对消费者偏好做出一定的假设。由于这些假设是研究消费者行为的基础，所以称之为消费者行为理论的"公理"。以下三个公理也是消费者理性假设条件。

公理 3.1　完备性公理：对于消费集 X 中的任何两个消费束 x 和 y，消费者对它们的偏好要么 $x \succeq y$，要么 $x \preceq y$，要么 $x \sim y$。

完备性公理说明：对于任何两个消费束，消费者都可以对它们的偏好关系做出比较。

例 3.2　比较学生考试分数高低用"大于等于"，该关系就满足完备性；如果用"大于"比较学生考试分数高低，就不满足完备性，因为分数相同时就没法比较。

公理 3.2　反身性公理：对于消费集 X 中的任何一个消费束 x，有 $x \succeq x$。

反身性公理说明：任何一个消费束至少与它本身一样好。

例 3.3　比较学生考试分数高低用"大于等于"，该关系就满足反身性；如果用"大于"比较学生考试分数高低，就不满足反身性。

公理 3.3　传递性公理：对于消费集 X 中的任何消费束 x、y 和 z，如果 $x \succeq y$，并且 $y \succeq z$，那么 $x \succeq z$。

传递性公理说明：消费者对消费束的选择必须一致，不能出现矛盾。

例 3.4　比较学生考试分数高低用"大于等于"，该关系就满足传递性；如果用"大于"比较学生考试分数高低，也满足传递性。

例 3.5　假设教练选拔篮球运动员时只参考三个指标：速度、技能、身高。现有甲、乙、丙三人，甲的速度最快，乙次之，丙最慢；乙的技能最好，丙次之，甲最差；丙的身高最高，甲次之，乙最矮；若某运动员的两项指标优于另一运动员，则该运动员优于另一运动员，此选拔标准是否满足传递性公理？

解：依题意，甲、乙、丙三个运动员的三个指标满足下表关系。

	甲	乙	丙
速度	最快	次之	最慢
技能	最差	最好	次之
身高	次之	最矮	最高

由上表可知：甲的速度比乙快，且甲的身高比乙的高，所以 甲 ≥ 乙；

乙的速度比丙快，且乙的技能比丙好，所以 乙 ≥ 丙；

丙的技能比甲好，且丙的身高比甲的高，所以 丙 ≥ 甲；

由于 甲 ≥ 乙与乙 ≥ 丙，根据传递性，甲 ≥ 丙，而又有丙 ≥ 甲，矛盾。因此，"某运动员的两项指标优于另一运动员，则该运动员优于另一运动员"的选拔标准不满足传递性公理。

3.3　无差异曲线

3.3.1　无差异曲线的概念

1. 弱偏好集与无差异曲线

弱偏好集为弱偏好于某一消费束的所有消费束的集合。弱偏好集的边界即为无差异曲线（indifference curve）。在坐标图中表示所有无差异的消费束代表的点所形成的轨迹叫作无差异曲线。由于无差异曲线上描述的消费束是无差异的，而并不能区别坐标图中哪些消费束更好以及哪些消费束更差，因此，我们用箭头（→）所指方向代表更受偏好的消费束。

在没有对偏好做进一步限定假设的情况下，无差异曲线可以出现各种形状。

2. 偏好的凸凹

消费者偏好的凸凹是根据弱偏好集的凸凹来判断，而不是根据无差异曲线的凸凹来判断。

如果某偏好的弱偏好集边界上任何两点的连线都在弱偏好集内，那么该偏好为凸偏好，即平均消费偏好于极端消费，见图 3.1(a)和(e)；如果某偏好的弱偏好集边界上任何两点的连线都在弱偏好集外，那么该偏好为凹偏好，即极端消费偏好于平均消费，见图 3.1(c)和(d)；如果某偏好的弱偏好集边界上有两点的连线部分在弱偏好集内部分在弱偏好集外，那么该偏好为非凸非凹偏好，见图 3.1(b)。

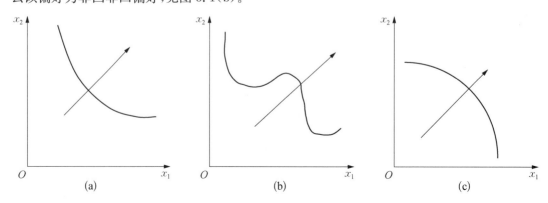

(a)　　　　　　　　　　　(b)　　　　　　　　　　　(c)

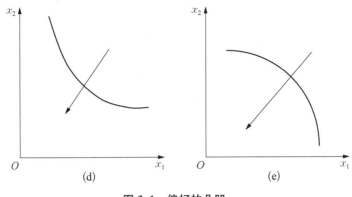

图 3.1 偏好的凸凹

(a) 凸偏好 (b) 非凸非凹偏好 (c) 凹偏好 (d) 凹偏好 (e) 凸偏好

3. 无差异曲线的特征

无差异曲线是根据三个理性假设条件得出来的,因此,其有以下三个对应的特征。

(1) 表示不同偏好水平的任何两条无差异曲线不可能相交(对应于传递性),如图 3.2 所示。

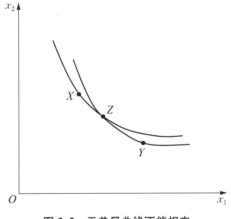

图 3.2 无差异曲线不能相交

证明如下:如果有两条偏好水平不同(不妨假设 $X \succ Y$) 的无差异曲线相交,其相交点为 Z。由于无差异曲线上的点所代表的消费束具有相同的偏好,所以,有 $X \sim Z$ 以及 $Y \sim Z$。因此,根据传递性公理可以得出 $X \sim Y$。这与假设条件 $X \succ Y$ 相矛盾。

(2) 无差异曲线有无限条,而且任何两条无差异曲线之间有无限条(对应于完备性)。一般情况下只画出两条无差异曲线,实际上由于任何两个消费束都可以进行比较,因此,同一坐标图内可以有无数条无差异曲线,而且任何两条无差异曲线之间有无限条。

(3) 无差异曲线不应出现空心点(对应于反身性)。根据理性假设中的反身性,消费束至少与本身一样好,因此,无差异曲线为实线,不能出现空心点的情况。

3.3.2 边际替代率

1. 边际替代率的概念

无差异曲线的斜率叫作边际替代率(marginal rate of substitution,MRS),它衡量消费者愿意以一种商品交换另一种商品的比率,是指增加一单位商品 1 的消费,消费者要放弃多少单位商品 2 的消费才能保持偏好不变。

假设消费者消费商品 1 和商品 2,如果消费者由原来的消费束 (x_1, x_2) 经过调整而变成消费束 $(x_1 + \Delta x_1, x_2 + \Delta x_2)$ 后,仍然在同一条无差异曲线上,也就是说,用 Δx_1 单位的商品 1 交换 Δx_2 单位的商品 2，消费者的偏好与交换前一样。比率 $\dfrac{\Delta x_2}{\Delta x_1}$ 就叫作以商品 2 表示商品 1 的边际替代率，记作 MRS_{21}（见图 3.3）。当 Δx_1 很小时，比率 $\dfrac{\Delta x_2}{\Delta x_1}$ 就是无差异曲线的斜率。其计算公式为 $MRS_{21} = \dfrac{\Delta x_2}{\Delta x_1}$[①]。

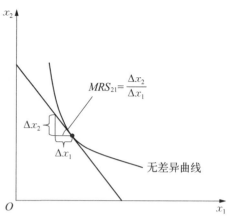

图 3.3　边际替代率（MRS）

例 3.6　以 1 元纸币表示 5 元纸币的边际替代率是多少？以 5 元纸币表示 1 元纸币的边际替代率是多少？

解： 假设 x_1 代表 1 元纸币的数量，x_2 代表 5 元纸币的数量。

那么，以 1 元纸币表示 5 元纸币的边际替代率 $MRS_{12} = \dfrac{\Delta x_1}{\Delta x_2} = \dfrac{5}{1} = 5$，即为多消费 1 单位 5 元纸币愿意放弃 5 单位的 1 元纸币。

以 5 元纸币来表示 1 元纸币的边际替代率 $MRS_{21} = \dfrac{\Delta x_2}{\Delta x_1} = \dfrac{1}{5}$，即为多消费 1 单位 1 元纸币愿意放弃 1/5 单位的 5 元纸币。

2. 边际替代率的解释

（1）边际替代率的第一种解释。假设具有某种偏好的消费者消费商品 1 和商品 2，目前正好消费某个消费束 (x_1, x_2)，如图 3.4 所示。现假设商品 1 和商品 2 的交换率（即商品 1 的机会成本）为 E，即单位商品 1 可以交换 E 单位商品 2。那么，该消费者就会按交换率 E 以商品 1 去交换商品 2，因为这样做可以使消费者的境况变得更好，直到达到消费束 $(\bar{x}_1, \bar{x}_2)$ 为止。

可见，如果按边际替代率进行交换，那么，消费者正处于交换与不交换的边际上。对于任何不等于边际替代率的交换率，消费者总会用一种商品去交换另一种商品。当交换率（商品的机会成本）等于边际替代率时，消费者就不再会对两种商品进行交换。

（2）边际替代率的第二种解释。当交换率等于边际替代率时，可以说消费者正好处于愿意支付一定量的商品 1 去购买一定量的商品 2 的边际上，

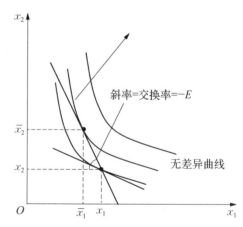

图 3.4　交换率与边际替代率

①　以后若无说明，边际替代率是指绝对值。

可见,边际替代率,即无差异曲线的斜率,衡量的是消费者的边际支付意愿(marginal willingness to pay)。以商品 2 来表示的商品 1 的边际替代率衡量的是商品 2 的数量,也就是说,为了获得商品 1 的 1 个边际量的消费量,消费者愿意支付商品 2 的数量。

边际支付意愿是消费者的一种主观判断,取决于消费者对商品的偏好,而与客观条件无关,即不取决于所消费商品的价格。而商品的机会成本是客观概念,只与价格有关。

3.3.3　具体偏好的无差异曲线

无差异曲线是描述偏好的一个非常有用的方法,有什么样的偏好就会产生相应的无差异曲线。下面讨论具体的偏好所对应的无差异曲线的形状。

1. 厌恶品与喜好品

如果对某种商品的消费会减少消费者的满意程度,那么,这种商品就叫作厌恶品(bads)。相反,如果对某种商品的消费会增加消费者的满意程度,那么,这种商品就叫作喜好品(goods)。

假设消费者消费商品 1 和商品 2,其中商品 1 是喜好品,而商品 2 是厌恶品。又假设消费厌恶品而导致消费者满意程度的减少可以通过消费喜好品来补偿,这样,同时消费厌恶品和喜爱品的无差异曲线一定是向右上方倾斜的。

因此,以商品 2 表示的商品 1 的边际替代率为 $MRS_{21} > 0$。

即无差异曲线的斜率为正(见图 3.5)。偏好增加的方向是朝右下方,即厌恶品(商品 2)消费减少和喜好品(商品 1)消费增加的方向(见图 3.5 中箭头所指方向)。

2. 中性品

如果对某种商品的消费与否或消费多少,都不改变消费者的满足程度,那么,这种商品就叫作中性品(neutrals)。

假设消费者消费商品 1 和商品 2,其中商品 1 是喜好品而商品 2 是中性品。由于消费者喜好商品 1,而对商品 2 的消费量持无差异或者无所谓的态度。

因此,以商品 2 表示的商品 1 的边际替代率为 $MRS_{21} = \infty$。

所以,无差异曲线是垂直线(见图 3.6)。

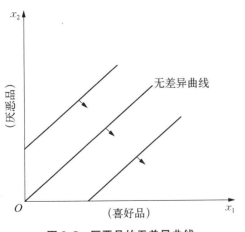

图 3.5　厌恶品的无差异曲线

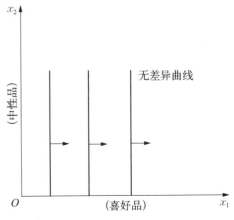

图 3.6　中性品的无差异曲线

3. 完全替代品

如果消费者愿意按照一定的比率用一种商品交换另一种商品,也就是说,消费者对两种商品按一定比率交换前后的消费束的偏好无差异,那么,这两种商品叫作完全替代品(perfect substitutes)。

假设消费者消费商品 1 和商品 2,且消费者愿意以 a 单位的商品 1 交换 b 单位的商品 2。即消费者愿意以 1 单位的商品 1 交换 $\dfrac{b}{a}$ 单位的商品 2,也就是说,消费者以 1 单位的商品 1 交换 $\dfrac{b}{a}$ 单位的商品 2 后,其偏好没有改变,因此,以商品 2 表示的商品 1 的边际替代率为:$MRS_{21} = -\dfrac{b}{a}$。

所以,完全替代品的无差异曲线是一条斜率为 $-\dfrac{b}{a}$ 的直线。其无差异曲线如图 3.7 所示。

4. 完全互补品

如果消费者总是以固定的比率同时消费两种商品,那么,这两种商品就叫作完全互补品(perfect complements)。

假设消费者消费商品 1 和商品 2,且消费者总是在消费 a 单位的商品 1 的同时消费 b 单位的商品 2。

由于消费者总是在消费 a 单位的商品 1 的同时消费 b 单位的商品 2,因此,完全互补品的无差异曲线呈 L 形,而且其折点经过坐标点 (a, b);同理,其他无差异曲线的折点经过坐标点 (ta, tb)(其中 t 为正常数)。

因此,以商品 2 表示的商品 1 的边际替代率为:$MRS_{21} = \begin{cases} 0 & a > b \\ \infty & a < b \end{cases}$。

所以,完全互补品的无差异曲线是 L 形的折线。其无差异曲线如图 3.8 所示。

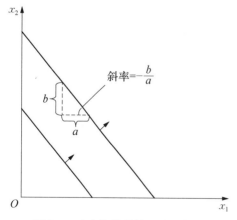

图 3.7　完全替代品的无差异曲线

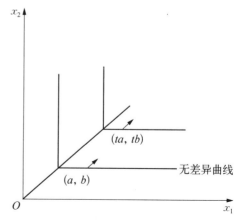

图 3.8　完全互补品的无差异曲线

5. 餍足

如果对于所有的消费束,存在一个使消费者最为满足的消费束,那么,该消费束就叫作餍足点(satiation point)或最幸福点(bliss point),而对消费者来说越接近该餍足点的消费束越受偏爱,越远离越不受偏爱。

假设消费者消费商品 1 和商品 2,$(\bar{x}_1, \bar{x}_2)$ 是餍足点。那么,该点是最佳点,越远离该点的消费束就处在"越低的"无差异曲线上,且无差异曲线围绕着餍足点(见图 3.9)。

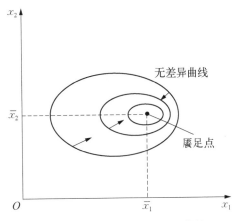

图 3.9　具有餍足点的无差异曲线

3.3.4　良好性状偏好的无差异曲线

任何偏好都可以用相应的无差异曲线来描绘,这样,各种形状的无差异曲线都可能出现。为了使无差异曲线更具有一般性,需要对消费束做出更概括性的假设。下面讨论一种常用的无差异曲线:良好性状偏好的无差异曲线。

1. 良好性状偏好的无差异曲线的条件

良好性状偏好的无差异曲线需满足 5 个条件:① 完备性;② 反身性;③ 传递性;④ 单调性;⑤ 弱偏好集为凸集。

假设 1　完备性。

假设 2　反身性。

假设 3　传递性。

假设条件 1、2 和 3 分别对应理性假设的 3 个条件。

假设 4　弱单调性:如果 $x \geqslant y$,那么 $x \succeq y$。其中符号"$\geqslant$"是指一个消费束 x 所消费的每种商品的数量大于等于另一个消费束 y 所对应的每种商品的数量。

强单调性:如果 $x > y$,那么 $x \succ y$。其中符号"$>$"是指一个消费束 x 所消费的每种商品的数量大于另一个消费束 y 所对应的每种商品的数量。

单调性假设表明消费者所消费的商品是喜好品,而不是厌恶品,也就是说,对消费者来说,所消费的商品多多益善。

所以,满足弱单调性假设的无差异曲线的斜率为小于等于零,满足强单调性假设的无差异曲线的斜率为小于零。

由此可知,满足单调性的无差异曲线排除了斜率为正的曲线部分。

假设 5　凸性:对于给定的消费集 X 中的消费束 x、y 和 z,如果满足 $x \succeq z$ 和 $y \succeq z$,那么,对于所有的 $t \in (0, 1)$,有 $tx + (1-t)y \succeq z$。

严格凸性:对于给定的消费集 X 中的消费束 x、y 和 z,且 $x \neq y$,如果满足 $x \succeq z$ 和 $y \succeq z$,那么,对于所有的 $t \in (0, 1)$,有 $tx + (1-t)y \succ z$。

凸性假设表明:无差异曲线不可能有凹向原点的曲线段(见图 3.10)。如果消费束 1 与消费束 2 无差异,那么,消费束 1 和消费束 2 的线性组合而成的消费束 3 没有至少与消费束 1 或消费束 2 一样好。所以,图 3.10 中的无差异曲线违背凸性假设。

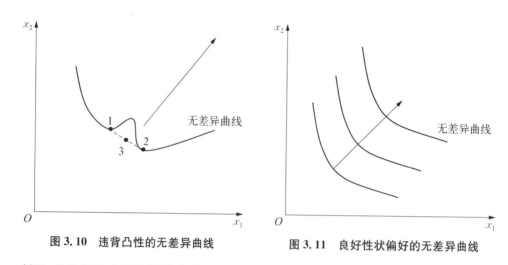

图 3.10　违背凸性的无差异曲线　　　　图 3.11　良好性状偏好的无差异曲线

所以,凸性假设表示平均消费束至少比端点消费束受偏好,也就是说,不可能有凹向原点的曲线段,但有可能是直线段。

而严格凸性假设表示平均消费束严格优于端点消费束,也就是说,满足严格凸性假设的无差异曲线凸向原点,没有平坦部分,是严格凸形的。

我们把满足偏好三公理(或理性假设三条件)及上述假设 4 和 5 的偏好叫作良好性状偏好(well-behaved indifference),相应的无差异曲线叫作良好性状偏好的无差异曲线,其形状如图 3.11 所示。

2. 良好性状偏好的无差异曲线的特点

由于有什么样的偏好,就可以用相应的无差异曲线来描绘,因此,各种形状的无差异曲线都可能出现。下面我们探讨一下良好性状偏好的无差异曲线的特点。

(1) 良好性状偏好的无差异曲线的边际替代率为负数。由于良好性状偏好是单调性偏好,所以为了获得一种商品的消费,消费者必须放弃一种商品的消费,因此,良好性状偏好的无差异曲线的斜率为负数,即边际替代率为负数。

(2) 良好性状偏好的无差异曲线具有递减的边际替代率。假设具有良好性状偏好的消费者消费商品 1 和商品 2,那么,随着消费者对商品 1 的消费量的增加,无差异曲线的斜率会逐渐变小,也就是说,随着消费者对商品 1 的消费量的增加,放弃单位商品 1 所能换取的商品 2 的数量会逐渐变小。这就是所谓的良好性状偏好的无差异曲线具有递减的边际替代率。

当然,良好性状偏好的无差异曲线还有一般无差异曲线的特点。

例 3.7　小张是一个邮票收集者,他收集的邮票主要分生肖邮票和山水邮票。如果生肖邮票数量多于山水邮票,他愿意用 2 张山水邮票换 3 张生肖邮票(反之亦可);如果山水邮票多于生肖邮票,他也愿意用 2 张生肖邮票换 3 张山水邮票(反之亦可)。请图示小张对山水邮票和生肖邮票的偏好关系,并分析这种偏好是否具有良性偏好的性质。

解:假设生肖邮票的数量用 x_1 表示,山水邮票的数量用 x_2 表示。

小张的偏好在 2 种情况下是不同的:当生肖邮票 x_1 多于山水邮票 x_2 时,他的边际替代率为 2∶3(愿意以 2 张山水邮票换 3 张生肖邮票);当生肖邮票少于山水邮票时,他的边际替

代率为 3 : 2。由此可得

$$MRS_{21} = \begin{cases} -2/3 & x_1 > x_2 \\ -3/2 & x_1 < x_2 \end{cases}$$

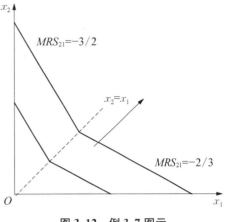

图 3.12　例 3.7 图示

所以,无差异曲线如图 3.12 所示。小张对于邮票的收集属于越多越好,而且小张的偏好平均消费至少好于端点消费。

所以无差异曲线呈现为凸状,小张的这种偏好属于良性偏好。

例 3.8　分析并图示下列代表消费者对于汉堡包(H)和饮料(S)偏好的无差异曲线,并说明是否为良性偏好。

(a) 小张对于汉堡包 H 和饮料 S 的偏好集为凸,而且既不喜欢汉堡包 H,也不喜欢饮料 S。

(b) 小李喜欢 H,不喜欢 S。如果得到 1 单位 S,她可以扔掉。

(c) 小王喜欢 H,不喜欢 S。如果得到 1 单位 S,他必须出于礼貌将饮料喝掉。

(d) 小陈喜欢 H 和 S,但是他坚持每消费 1 单位 S 需要 2 单位 H。

(e) 小马喜欢 H,但是既不喜欢也不讨厌 S。

(f) 小孙总是可以从额外 1 单位 H 的消费中获得 2 倍于 1 单位 S 消费的满足。

解:以 S 表示横坐标,以 H 表示纵坐标。

(a) 如图 3.13 所示,H 与 S 均为厌恶品,且偏好集为凸,所以无差异曲线形状为凹向原点,即无差异曲线上任意两点的连线在弱偏好集内。属于非良性偏好。

(b) 如图 3.14 所示,小李不喜欢 S,但是每得到 1 单位 S 她都可以扔掉,说明 S 相当于中性品;所以无差异曲线是一条水平线。属于良性偏好。

(c) 如图 3.15 所示,小王喜欢 H,说明 H 是喜好品;不喜欢 S,但是每得到 1 单位 S 他都必须喝掉,说明 S 为厌恶品;所以,无差异曲线向上倾斜。属于非良性偏好。

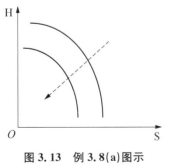

图 3.13　例 3.8(a)图示

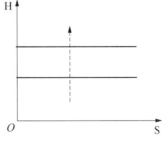

图 3.14　例 3.8(b)图示

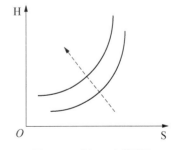

图 3.15　例 3.8(c)图示

(d) 如图 3.16 所示,小陈喜欢 H 和 S,都是喜好品;而且小陈每消费 1 单位 S 需要 2 单位 H,即 S 和 H 为互补品;所以,无差异曲线是 L 型曲线。属于良性偏好。

(e) 小马既不喜欢也不讨厌 S,说明 S 为中性品,同(b)。如图 3.14 所示。

(f) 如图 3.17 所示,小孙可以从 1 单位 H 的消费中获得 2 倍于 1 单位 S 消费的满足,则说明对于小孙来说,H 和 S 为完全替代。属于良性偏好。

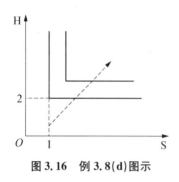

图 3.16 例 3.8(d)图示   图 3.17 例 3.8(f)图示

例 3.9 钟老师的课程每学期要进行 3 次平时测验,该门课程平时成绩计分规则如下:去掉最低分,取其余 2 次成绩的平均值作为平时成绩。小张第一次测验考了 60 分,记 x_1,x_2 分别为第二次和第三次考试的成绩。请画出小张后 2 次测验的无差异曲线。

解:以 x_1 表示横坐标,以 x_2 表示纵坐标,对小张的成绩分为以下几种情况进行讨论,无差异曲线如图 3.18 所示。

(a) $x_1 < x_2$,且 $x_1 < 60$:x_1 的成绩会被舍弃,故 x_1 为"中性商品"。无差异曲线为水平状(见图 3.18A 区)。

(b) $x_2 < x_1$,且 $x_2 < 60$:x_2 的成绩会被舍弃,故 x_2 为"中性商品"。无差异曲线为垂直状(见图 3.18B 区)。

(c) x_1、x_2 均大于等于 60:此时分数取决于两次成绩的平均值,即 $x = \dfrac{x_1 + x_2}{2}$,无差异曲线边际替代率为 -1(见图 3.18C 区)。

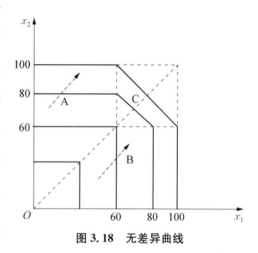

图 3.18 无差异曲线

3.4 思考练习题

(1) 以 1 元纸币表示 2 元纸币的边际替代率是多少? 以 2 元纸币表示 1 元纸币的边际替代率是多少?

(2) 小张是一个邮票收集者,他收集的邮票主要分生肖邮票和山水邮票。如果生肖邮票数量多于 2 倍的山水邮票,他愿意用 2 张山水邮票换 3 张生肖邮票(反之亦可);如果山水邮票多于 2 倍的生肖邮票,他也愿意用 2 张生肖邮票换 3 张山水邮票(反之亦可);如果生肖邮票数量小于 2 倍的山水邮票且山水邮票数量小于 2 倍的生肖邮票,他也愿意用 1 张生肖邮票换 1 张山水邮票(反之亦可)。请图示小张对山水邮票和生肖邮票的偏好关系,并分析这种偏好是否具有良性偏好的性质。

（3）钟老师的课程每学期要进行 3 次平时测验,该门课程平时成绩计分规则如下:去掉最高分,取其余 2 次成绩的平均值作为平时成绩。小张第一次测验考了 60 分,记 x_1,x_2 分别为第二次和第三次考试的成绩。请画出小张后 2 次测验的无差异曲线。

（4）小王喜欢吃巧克力,而且越多越好。同时,刚开始练习钢琴的他总是觉得弹琴非常枯燥,能少练则少练。练习了足够时间的钢琴(例如 5 小时)后他开始喜欢上了弹琴,并愿意多加练习。若以横轴表示练习钢琴的时间,纵轴表示巧克力,试画出小王的无差异曲线。

（5）分析并图示下列代表消费者对于汉堡包(H)和饮料(S)偏好的无差异曲线,并说明是否为良性偏好。

① 小张对于汉堡包 H 和饮料 S 的偏好集为凹,而且既不喜欢汉堡包 H 也不喜欢饮料 S;

② 小钱对于汉堡包 H 和饮料 S 的偏好集为凹,而且汉堡包 H 和饮料 S 都是喜好品;

③ 老张对于汉堡包 H 和饮料 S 的偏好集为凸,而且汉堡包 H 和饮料 S 都是喜好品;

④ 小王不喜欢 H,喜欢 S。如果得到 1 单位 H,他必须出于礼貌将 H 吃掉;

⑤ 小李不喜欢 H,喜欢 S。如果得到 1 单位 H,她可以扔掉;

⑥ 小陈不喜欢 H 和 S,但是他坚持每消费 1 单位 S 需要 2 单位 H;

⑦ 小马喜欢 S,但是既不喜欢也不讨厌 H;

⑧ 小孙总是可以从额外 1 单位 H 的消费中获得 3 倍于 1 单位 S 消费的满足。

（6）假设消费者消费商品 1 和商品 2,$(\bar{x}_1, \bar{x}_2)$ 是餍足点。那么,该点是最佳点,越远离该点的消费束就处在"越低的"无差异曲线上,且无差异曲线绕着餍足点(见图 3.19)。

① 假设消费者不能处置 2 种商品(即必须消费),比较消费束 A、B、C、D、E、F、G 和 H 的效用大小;

② 假设消费者能处置 2 种商品(即不必消费,可以无成本丢弃),比较消费束 A、B、C、D、E、F、G 和 H 的效用大小。

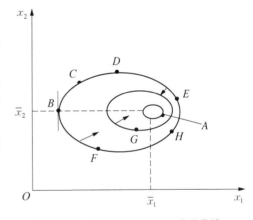

图 3.19 练习题(6)图示无差异曲线

第4章

效用函数

本章主要讨论描述偏好的一种非常有效的方法——效用函数(utility function),也就是把消费者行为的偏好分析转换成对效用函数的分析,从而揭示消费者行为的内在规律,以便人们更好地理解偏好等概念。

4.1 效用函数的定义 ●

4.1.1 效用函数的定义

对于消费集 X 中的任何两个消费束 x 和 y,如果存在一个实值函数 $u: X \rightarrow R(R$ 指实数集合),使得 $x \geq y$ 当且仅当 $u(x) \geq u(y)$,那么,该实值函数就叫作代表消费者偏好关系的**效用函数**。直观上讲,效用函数就是对每个消费束按照偏好规律赋予一个数值,使得较高偏好的消费束被赋予的数值大于较低偏好的消费束被赋予的数值的一一对应关系。可见,一条无差异曲线被赋予一个相同的数值。

只要消费者偏好满足完备性、反身性和传递性三个消费者偏好公理假设,那么就存在一个连续效用函数能够代表上述假设条件下的消费者偏好。

上述定义的对应于偏好的效用只取决于消费束的偏好次序,而与任何两个消费束之间的效用差额大小无关,由于这种效用强调消费束的排列次序,所以,这种效用被称为序数效用(ordinal utility)。而把给偏好赋予具体效用大小,且强调消费束之间的效用差额大小的效用理论叫作基数效用理论(cardinal utility theory)。

由于基数效用不是分析消费者偏好所必需的,所以,本书主要采用序数效用进行分析。

引入序数效用后,就可以对消费者偏好进行更深入的研究。

4.1.2 效用函数的单调变换

效用函数是对每个消费束赋予一个数值,使得较高偏好的消费束被赋予较大的数值,而较低偏好的消费束被赋予较小的数值的一种方法。显然,如果 $u(x_1, x_2)$ 为代表消费束 (x_1, x_2) 偏好的效用函数,那么,对于任何正常数 α,$\alpha u(x_1, x_2)$ 仍然为代表消费束 (x_1, x_2) 偏好的效用函数。其实,函数 $\alpha u(x_1, x_2)(\alpha$ 为正数)为函数 $u(x_1, x_2)$ 的单调变换的例子。

正单调变换(positive monotonic transformation):当效用函数 $u(x)$ 满足

$u_1(x_1, x_2) > u_2(x_1, x_2)$ 时,函数 $f[u(x_1, x_2)]$ 满足 $f[u_1(x_1, x_2)] > f[u_2(x_1, x_2)]$,那么,称 $f(u)$ 为原效用函数的正单调变换。

可见,正单调变换是用保持效用大小次序不变的方式将一组效用数字变成另一组效用数字的变换,一个效用函数的正单调变换还是一个效用函数,而且,这个效用函数所代表的消费束偏好与原效用函数所代表的消费束偏好相同。

正单调变换的判断:$u(x_1, x_2)$ 表示消费束 (x_1, x_2) 偏好的效用函数,而 $f[u(x_1, x_2)]$ 是 $u(x_1, x_2)$ 的复合函数,如果对 $u(x_1, x_2)$ 的一阶导数 $\dfrac{\mathrm{d}f[u(x_1, x_2)]}{\mathrm{d}u(x_1, x_2)} > 0$,即 $f[u_2(x_1, x_2)] - f[u_1(x_1, x_2)]$ 与 $u_2(x_1, x_2) - u_1(x_1, x_2)$ 始终同号,那么 $f[u(x_1, x_2)]$ 是原效用函数 $u(x_1, x_2)$ 的正单调变换。

根据正单调变换的判断,常见的正单调变换有:

(1) 原效用函数乘以一个正数。

(2) 原效用函数加上一个常数。

(3) 原效用函数的奇次幂。

(4) 原效用函数(指效用的数值大于零的情况)取对数。

负单调变换:复合函数 $f[u(x_1, x_2)]$ 对原效用函数 $u(x_1, x_2)$ 的一阶导数小于零,即 $\dfrac{\mathrm{d}f[u(x_1, x_2)]}{\mathrm{d}u(x_1, x_2)} < 0$,此时两个效用函数的无差异曲线形状相同,效用大小方向相反。

在判断是正单调变换还是负单调变换时,判别式是复合函数对原函数的一阶导数,并不是单独对商品 1 或商品 2 的求导。

例 4.1　代号为 A、B、C、D、E、F、G 的 7 个人,A 的效用函数为 $U_A(x, y) = xy$,B 的效用函数为 $U_B(x, y) = 100xy$,C 的效用函数为 $U_C(x, y) = -xy$,D 的效用函数为 $U_D(x, y) = -\dfrac{1}{xy+1}$,E 的效用函数为 $U_E(x, y) = xy - 10$,F 的效用函数为 $U_F(x, y) = \dfrac{x}{y}$,G 的效用函数为 $U_G(x, y) = x(y+1)$。请问以上哪几位的偏好和 A 相同? 哪几位的无差异曲线和 A 相同?

解: B. $\dfrac{\partial U_B(x, y)}{\partial U_A(x, y)} = 100 > 0$,因此 $U_B(x, y)$ 为 $U_A(x, y)$ 的正单调变换。所以无差异曲线形状和方向均相同,即 B 和 A 的偏好相同。

C. $\dfrac{\partial U_C(x, y)}{\partial U_A(x, y)} = -1 < 0$,因此 $U_C(x, y)$ 为 $U_A(x, y)$ 的负单调变换。所以无差异曲线形状相同,但方向相反,C 和 A 的偏好不同。

D. $\dfrac{\partial U_D(x, y)}{\partial U_A(x, y)} = \dfrac{1}{(xy+1)^2} > 0$,因此 $U_D(x, y)$ 为 $U_A(x, y)$ 的正单调变换。所以无差异曲线形状和方向均相同,即 D 和 A 的偏好相同。

E. $\dfrac{\partial U_E(x, y)}{\partial U_A(x, y)} = 1 > 0$,因此 $U_E(x, y)$ 为 $U_A(x, y)$ 的正单调变换。所以无差异曲线

形状和方向均相同,即 E 和 A 的偏好相同。

F 和 G 均不是 A 的复合函数,不是由 A 经过单调变换而来,无差异曲线形状和方向均不同,因此和 A 的偏好都不同。

综上所述,对于某消费者的效用函数 $u(x_1, x_2)$:

(1) 如果效用函数 $f(x_1, x_2)$ 是 $u(x_1, x_2)$ 的复合函数,且 $\frac{\partial f(x_1, x_2)}{\partial u(x_1, x_2)} > 0$,那么效用函数 $f(x_1, x_2)$ 和 $u(x_1, x_2)$ 表示的无差异曲线形状相同,方向相同,表示相同的偏好;

(2) 如果效用函数 $f(x_1, x_2)$ 是 $u(x_1, x_2)$ 的复合函数,且 $\frac{\partial f(x_1, x_2)}{\partial u(x_1, x_2)} < 0$,那么效用函数 $f(x_1, x_2)$ 和 $u(x_1, x_2)$ 表示无差异曲线形状相同,方向相反,表示不同的偏好;

(3) 如果效用函数 $f(x_1, x_2)$ 不是 $u(x_1, x_2)$ 的复合函数,那么效用函数 $f(x_1, x_2)$ 和 $u(x_1, x_2)$ 表示无差异曲线形状方向均不同,表示不同的偏好。

4.2 边际效用

4.2.1 边际效用的定义

假设消费者目前正在消费某消费束 (x_1, x_2),其效用函数为 $u(x_1, x_2)$,如果固定商品 2 的消费量 x_2 不变,那么商品 1 的消费量 x_1 的变化会引起效用 $u(x_1, x_2)$ 变化,我们把效用函数 $u(x_1, x_2)$ 对消费量 x_1 的一阶偏导数叫作商品 1 的边际效用(marginal utility, MU),记作 MU_1,用公式表示为:$MU_1 = \frac{\partial u(x_1, x_2)}{\partial x_1} = \lim\limits_{\Delta x_1 \to 0} \frac{u(x_1 + \Delta x_1, x_2) - u(x_1, x_2)}{\Delta x_1}$,表示对商品 1 的消费可以提供给消费者效用的边际贡献。

同理,商品 2 的边际效用公式为 $MU_2 = \frac{\partial u(x_1, x_2)}{\partial x_2} = \lim\limits_{\Delta x_2 \to 0} \frac{u(x_1, x_2 + \Delta x_2) - u(x_1, x_2)}{\Delta x_2}$。

由于效用函数及其正单调变换函数代表相同的消费者偏好,尽管代表相同偏好的不同效用函数的边际效用会不同,但是不能根据不同效用函数的边际效用不同而认为具有不同的偏好。边际效用对于计算边际替代率非常有用。

4.2.2 边际效用和边际替代率的关系

假设消费者消费商品 1 和商品 2,由于任何一条无差异曲线上任何消费束的效用是一样的,不妨设为常数 u_0。如果消费者消费商品 1 的数量为 x_1,那么,消费者可以在商品 1 的数量确定的情况下选择消费商品 2 的数量 $x_2(x_1)$,使得消费者的效用达到 u_0(见图 4.1)。

上述的偏好情况用函数可表示恒等式为

$$u[x_1, x_2(x_1)] \equiv u_0$$

对上述恒等式求关于 x_1 的一阶微分,可得

$$\frac{\partial u(x_1, x_2)}{\partial x_1} + \frac{\partial u(x_1, x_2)}{\partial x_2} \cdot \frac{\partial x_2(x_1)}{\partial x_1} = 0$$

由上式化简,可得

$$\frac{\partial x_2(x_1)}{\partial x_1} = -\frac{\partial u(x_1, x_2)/\partial x_1}{\partial u(x_1, x_2)/\partial x_2}$$

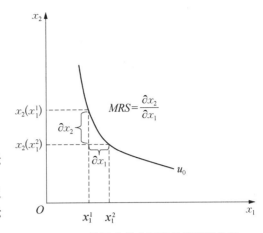

其中,$\dfrac{\partial x_2(x_1)}{\partial x_1}$ 是以商品 2 表示商品 1 的边际替代率 MRS_{21};$\partial u(x_1, x_2)/\partial x_1$ 是商品 1 的边际效用 MU_1;$\partial u(x_1, x_2)/\partial x_2$ 是商品 2 的边际效用 MU_2。

图 4.1　无差异曲线上两商品的替代关系

于是,上式变为

$$MRS_{21} = -\frac{MU_1}{MU_2} \tag{4-1}$$

该公式就是以商品 2 表示商品 1 的边际替代率计算公式。

边际替代率的大小取决于消费者对商品的偏好,而与表示偏好的效用函数的形式无关。假设 $u(x_1, x_2)$ 表示消费者偏好的效用函数,$f[u(x_1, x_2)]$ 为原效用函数 $u(x_1, x_2)$ 的正单调变换,则以商品 2 表示商品 1 的正单调变换函数的边际替代率为

$$MRS_{21} = \frac{\partial x_2}{\partial x_1} = -\frac{\partial f/\partial u \cdot \partial u/\partial x_1}{\partial f/\partial u \cdot \partial u/\partial x_2} = -\frac{\partial u/\partial x_1}{\partial u/\partial x_2} = -\frac{MU_1}{MU_2} \tag{4-2}$$

所以,边际替代率的大小与代表消费者偏好的效用函数的形式无关。

4.3　几种特殊的效用函数

下面讨论几种特殊偏好的效用函数。

1. 完全替代偏好效用函数

假设消费者消费商品 1 和商品 2,且消费者愿意以 1 单位的商品 1 交换 2 单位的商品 2,这就是说,1 单位的商品 1 对消费者的效用是 1 单位的商品 2 对消费者的效用的 2 倍。因此,可以用形如 $u(x_1, x_2) = 2x_1 + x_2$ 的效用函数来表示上述偏好,以商品 2 表示商品 1 的边际替代率(即无差异曲线的斜率)为 $MRS_{21} = -2$。

一般来说,完全替代偏好的效用函数可以表示为

$$u(x_1, x_2) = ax_1 + bx_2 \tag{4-3}$$

该函数表示消费者愿意以 b 单位的商品 1 交换 a 单位的商品 2,完全替代偏好无差异曲线的斜率,即以商品 2 表示商品 1 的边际替代率为 $MRS_{21} = -a/b$。

2. 完全互补偏好效用函数

假设消费者总是一对一同时消费左鞋和右鞋,其数量分别为 x_1 和为 x_2。

当 $x_1 > x_2$ 时,消费者效用由右鞋数量 x_2 决定,多余的左鞋对消费者不产生任何效用;

当 $x_1 < x_2$ 时,消费者效用由左鞋数量 x_1 决定,多余的右鞋对消费者不产生任何效用;

当 $x_1 = x_2$ 时,消费者效用由左鞋数量 x_1 或右鞋数量 x_2 决定,没有多余的鞋浪费。

所以,上述消费左右鞋互补偏好的效用函数可以表示为:$u(x_1, x_2) = \min\{x_1, x_2\}$。

一般来说,完全互补偏好的效用函数可以表示为

$$u(x_1, x_2) = \min\{ax_1, bx_2\} \tag{4-4}$$

该函数表示消费者总是在消费 b 单位的商品 1 的同时消费 a 单位的商品 2,所以,完全互补偏好的所有无差异曲线的折点连线是一条斜率为 a/b 的直线。

3. 拟线性偏好效用函数

假设消费者消费商品 1 和商品 2。

如果消费者的效用函数对于商品 1 和商品 2 所消费的数量来说都是线性的,如完全替代偏好的效用函数 $u(x_1, x_2) = ax_1 + bx_2$,那么,这种效用函数就叫作线性偏好效用函数。

如果消费者的效用函数对于商品 2 所消费的数量来说是线性的,而对于商品 1 所消费的数量来说都是非线性的,那么,这种效用函数就叫作拟线性偏好(quasi-linear preference)效用函数,其函数形式为

$$u(x_1, x_2) = av(x_1) + bx_2 \tag{4-5}$$

其中,$v'(x_1) > 0$,a 和 b 都为正数,$av(x_1)$ 是商品 1 的消费量对消费者效用的非线性贡献,bx_2 是商品 2 的消费量对消费者效用的线性贡献。

拟线性偏好效用函数所有的无差异曲线是由函数 $u_0 = av(x_1) + bx_2$,其中 u_0 为常数,即 $bx_2 = u_0 - av(x_1)$ 所画的一条无差异曲线上下垂直移动的结果。其图形如图 4.2 所示。

拟线性偏好的无差异曲线的斜率,即以商品 2 表示商品 1 的边际替代率为 $MRS_{21} = -\dfrac{MU_1}{MU_2} = -\dfrac{a}{b} \cdot \dfrac{\mathrm{d}v(x_1)}{\mathrm{d}x_1}$,可见,拟线性偏好的边际替代率与商品 2 的消费量无关,所以,对于给定的商品 1 的消费量 x_0,所有无差异曲线的边际替代率相同(见图 4.2)。

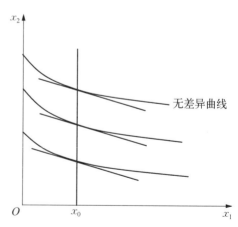

图 4.2　拟线性偏好无差异曲线

4. 柯布—道格拉斯偏好效用函数

柯布—道格拉斯偏好效用函数是一种普遍使用的效用函数,其函数形式为

$$u(x_1, x_2) = x_1^a x_2^b \tag{4-6}$$

其中，a 和 b 都为正数。

由于柯布—道格拉斯偏好效用函数具有单调性、凸性等特点，所以，柯布—道格拉斯偏好具有良好性质的无差异曲线。

柯布—道格拉斯偏好无差异曲线的斜率，即以商品 2 表示商品 1 的边际替代率为

$$MRS_{21} = -\frac{MU_1}{MU_2} = -\frac{ax_1^{a-1}x_2^b}{bx_1^a x_2^{b-1}} = -\frac{ax_2}{bx_1} \tag{4-7}$$

例 4.2　根据效用函数画出无差异曲线：

(1) $x_1 = 1$ 元纸币数量，$x_2 = 5$ 元纸币数量。

(2) $x_1 =$ 咖啡的杯数，$x_2 =$ 糖的勺数，消费者喜欢在每杯咖啡加两勺糖。

解： (1) 1 元纸币和 5 元纸币为完全替代的商品，以 5 元纸币表示 1 元纸币的边际替代率为 1/5，所以，效用函数为 $U(x_1, x_2) = x_1 + 5x_2$，无差异曲线如图 4.3 所示。

(2) 咖啡和糖为完全互补的商品，效用函数为 $U(x_1, x_2) = \min(2x_1, x_2)$，无差异曲线如图 4.4 所示。

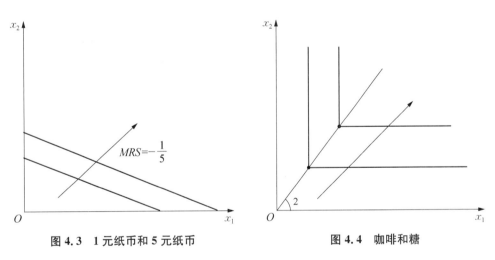

图 4.3　1 元纸币和 5 元纸币　　　　　图 4.4　咖啡和糖

例 4.3　分别画出以下效用函数所对应的无差异曲线，并判断是否为良性偏好。

(1) $u(x, y) = x^3 y^3 + 2xy$。

(2) $u(x, y) = \min\{4x + y, 2x + 2y, x + 4y\}$。

解： (1) 令 $v(x, y) = xy$，那么 $u(x, y) = v^3 + 2v$，所以，$\dfrac{\partial u}{\partial v} = 3v^2 + 2 > 0$。

因此，效用函数 $u(x, y)$ 是效用函数 $v(x, y) = xy$ 的正单调变换，两者具有相同的无差异曲线形状和方向，是良性偏好（见图 4.5）。

(2) $u(x, y) = \min\{4x + y, 2x + 2y, x + 4y\} = \begin{cases} 4x + y, & y > 2x \\ 2x + 2y, & x/2 < y < 2x \\ x + 4y, & y < x/2 \end{cases}$

所以，其无差异曲线为良性偏好（见图 4.6）。

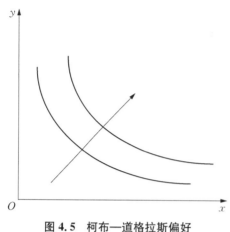

图 4.5 柯布—道格拉斯偏好

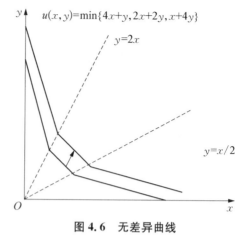

图 4.6 无差异曲线

4.4 思考练习题

（1）证明单调变换不改变无差异曲线某点的边际替代率。

（2）代号为 A、B、C、D、E、F、G 的 7 个人，A 的效用函数为 $U_A(x, y)=x^2 y$，B 的效用函数为 $U_B(x, y)=100x^4 y^2+10x^2 y+5$，C 的效用函数为 $U_C(x, y)=-x^2 y+10$，D 的效用函数为 $U_D(x, y)=-\dfrac{1}{x^2 y+1}$，E 的效用函数为 $U_E(x, y)=x^4 y^2-10x^2 y$，F 的效用函数为 $U_F(x, y)=\dfrac{x^2}{y}$，G 的效用函数为 $U_G(x, y)=x^2(y+1)$。请问以上哪几位的偏好和 A 相同？哪几位的无差异曲线和 A 相同？

（3）分别画出以下效用函数的无差异曲线，并说明是否为良性偏好。

① $u(x, y)=\min\{2x, y\}+xy$。

② $u(x, y)=\dfrac{1}{\ln x+2\ln y}$（$xy^2>1$）。

③ $u(x, y)=(x+\sqrt{y})^2-3(x+\sqrt{y})+4$。

（4）小王喜欢吃苹果和香蕉。他对苹果和香蕉的偏好如下：如果苹果超过香蕉的 2 倍，他愿意用 2 个苹果换 1 个香蕉（或者 1 个香蕉换 2 个苹果）；如果苹果小于香蕉的 2 倍且大于香蕉的 1 倍，他愿意用 1 个苹果换 1 个香蕉；如果苹果小于香蕉的 1 倍，他愿意用 1 个苹果换 2 个香蕉。在以横轴（x_1）表示香蕉数量、纵轴（x_2）表示苹果数量的消费空间中，画出小王的无差异曲线，写出小王的效用函数，并指出小王的偏好是否为良性。

（5）效用函数 $u(x_1, x_2)=\sqrt{x_1+x_2}$ 与 $v(x_1, x_2)=\sqrt{x_1}+\sqrt{x_2}$ 是否表示相同的偏好，为什么？

第5章

最优选择

本章主要讨论关于消费者行为的基本问题：在预算约束下，消费者如何选择其能够支付得起的最佳商品消费量，使其效用达到最大化。

5.1 效用最大化

消费者行为的基本假设：消费者是理性的，即理性的消费者总是在其预算约束下选择使自己效用最大化的消费束。

假设消费者只消费 2 种商品：商品 1 和商品 2，其中商品 1 的价格为 p_1，商品 2 的价格为 p_2。同时假设消费者具有的可支配货币收入为 m。消费者的效用函数为 $u(x_1, x_2)$。那么，消费者效用最大化问题可以表述为

$$\begin{cases} \max u(x_1, x_2) \\ \text{s. t.} \quad p_1 x_1 + p_2 x_2 \leqslant m \end{cases} \tag{5-1}$$

该消费者效用最大化问题的最优选择解存在的条件为：如果消费者的效用函数 $u(x_1, x_2)$ 是连续的，预算约束集是闭集，而且有界，那么，上述效用最大化问题存在最优解，且最优选择解在预算约束集的边界上。该最优选择解有以下三种情况。

5.1.1 良性偏好的最优选择解

1. 良性偏好的最优选择解图示

如果消费者的偏好是良性的、可导的并且严格凸的，那么预算线与无差异曲线相切点 (x_1^*, x_2^*) 就是消费者的最优选择（见图 5.1）。

任何比消费束 (x_1^*, x_2^*) 偏好的商品束集，即预算线与无差异曲线无相交点的商品束集，消费者都支付不起；而对于任何与其他无差异曲线相交的消费束，如消费点 1，消费者都可以通过交换两种商品以提高其效用。

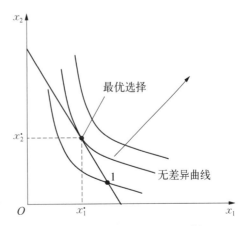

图 5.1　一个相切点时的最优选择

可见,在最优选择点上,消费者效用达到最大,预算线与无差异曲线相切。

但是,预算线与无差异曲线相切的商品束并不一定是消费者的最优选择,也就是说,预算线与无差异曲线相切是消费者最优选择的必要条件,而不是充分条件,如图 5.2 所示。图中预算线与无差异曲线相切点 1 和 2 是消费者的最优选择,但是,预算线与无差异曲线相切点 3 不是消费者的最优选择。

如果消费者偏好为严格凸性的,那么预算线与无差异曲线相切的商品束就一定是消费者的最优选择。

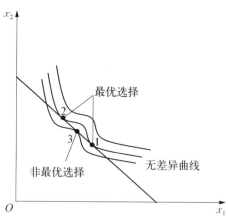

图 5.2　多个相切点时的最优选择

2. 良性偏好的最优选择解的性质

下面讨论严格凸且可导的良性偏好的最优选择解的性质。

由式(5-1)可知,效用最大化问题的拉格朗日函数为

$$L(x_1, x_2, \lambda) = u(x_1, x_2) - \lambda(p_1 x_1 + p_2 x_2 - m) \qquad (5-2)$$

其中,λ 称为拉格朗日乘数。

最优解一定满足以下条件

$$\begin{cases} \dfrac{\partial L(x_1, x_2, \lambda)}{\partial x_1} = \dfrac{\partial u(x_1, x_2)}{\partial x_1} - \lambda p_1 = 0 \\[2mm] \dfrac{\partial L(x_1, x_2, \lambda)}{\partial x_2} = \dfrac{\partial u(x_1, x_2)}{\partial x_2} - \lambda p_2 = 0 \\[2mm] \dfrac{\partial L(x_1, x_2, \lambda)}{\partial \lambda} = p_1 x_1 + p_2 x_2 - m = 0 \end{cases} \qquad (5-3)$$

由式(5-3)可得

$$-\frac{\dfrac{\partial u(x_1, x_2)}{\partial x_1}}{\dfrac{\partial u(x_1, x_2)}{\partial x_2}} = -\frac{p_1}{p_2}, \ \text{即} \ -\frac{MU_1}{MU_2} = -\frac{p_1}{p_2} \qquad (5-4)$$

式(5-4)的左边是以商品 2 表示商品 1 的边际替代率 MRS_{21},式(5-4)的右边是以商品 2 表示商品 1 的机会成本。所以有

$$MRS_{21} = OC_{21} \qquad (5-5)$$

最优选择解的性质 1: 当消费者的效用达到最大化时,以商品 2 表示商品 1 的边际替代率等于以商品 2 表示商品 1 的机会成本。即消费者的效用达到最大化时,以商品 2 表示的商品 1 的主观价值等于以商品 2 表示的商品 1 的客观价值。

下面讨论最优选择解的另一个性质。

由式(5-4)可得

$$-\frac{\dfrac{\partial u(x_1, x_2)}{\partial x_1}}{\dfrac{\partial u(x_1, x_2)}{\partial x_2}} = -\frac{p_1}{p_2} \Rightarrow \frac{\dfrac{\partial u(x_1, x_2)}{\partial x_1}}{p_1} = \frac{\dfrac{\partial u(x_1, x_2)}{\partial x_2}}{p_2} = \lambda \Rightarrow \frac{MU_1}{p_1} = \frac{MU_2}{p_2} = \lambda \quad (5-6)$$

最优选择解的性质 2：当消费者的效用达到最大化时，单位货币所产生的边际效用相等。这就是所谓的边际法则。

例 5.1 小马的效用函数是 $U(x_1, x_2) = x_1^2 x_2^2 + 3x_1 x_2 + 10$，其中，商品 1 的价格 p_1 是 1 美元，商品 2 的价格 p_2 是 3 美元。如果小马的收入是 120 美元，问他最后会选择消费商品 1 和 2 分别为多少？

解： 令 $V(x_1, x_2) = x_1 x_2$，那么 $\dfrac{\partial U}{\partial V} = 2V + 3 = 2x_1 x_2 + 3 > 0$。

所以，$U(x_1, x_2)$ 是 $V(x_1, x_2)$ 的正单调变换，即 $U(x_1, x_2)$ 是良性偏好的效用函数，且严格凸。

由此可得 $MRS_{21} = \dfrac{\partial U/\partial x_1}{\partial U/\partial x_2} = \dfrac{\partial V/\partial x_1}{\partial V/\partial x_2} = \dfrac{x_2}{x_1}$；而 $OC_{21} = \dfrac{p_1}{p_2} = \dfrac{1}{3}$。

因此，最优选择满足

$$\begin{cases} MRS_{21} = OC_{21} \\ x_1 + 3x_2 = 120 \end{cases} \Rightarrow \begin{cases} \dfrac{x_2}{x_1} = \dfrac{1}{3} \\ x_1 + 3x_2 = 120 \end{cases} \Rightarrow \begin{cases} x_1 = 60 \\ x_2 = 20 \end{cases}$$

例 5.2 小张的效用函数是 $U(x_1, x_2) = (x_1 + 1)(x_2 + 2)$，其中，商品 1 的价格 p_1 是 1 美元，商品 2 的价格 p_2 是 2 美元。如果小张的收入是 123 美元，问他最后会选择消费商品 1 和 2 分别为多少？

解： 由于 $MRS_{21} = \dfrac{MU_1}{MU_2} = \dfrac{x_2 + 2}{x_1 + 1}$，因此，该效用函数的边际替代率随着 x_1 的增加、x_2 的减少而下降，是良性偏好，且严格凸。

因此，最优选择满足

$$\begin{cases} MRS_{21} = OC_{21} \\ x_1 + 2x_2 = 123 \end{cases} \Rightarrow \begin{cases} \dfrac{x_2 + 2}{x_1 + 1} = \dfrac{1}{2} \\ x_1 + 2x_2 = 123 \end{cases} \Rightarrow \begin{cases} x_1 = 63 \\ x_2 = 30 \end{cases}$$

例 5.3 从量税（quantity tax）为对消费者每消费一单位商品征税，收入税（income tax）为对消费者的总收入征税。在政府征收税收相同的情况下，对于消费者征收从量税还是收入税更好？试用最优选择理论分析讨论。

解： 假设两种商品的价格分别为 p_1 和 p_2，消费者的收入为 m，消费两种商品的数量分别 x_1 和 x_2。

那么，不征税时消费者的预算约束方程 l_1 为：$p_1 x_1 + p_2 x_2 = m$；

征收从量税率为 t 的税收时消费者的预算约束方程 l_2 为：$(p_1 + t)x_1 + p_2 x_2 = m$；

征收收入税时消费者的预算约束方程 l_3 为：$p_1 x_1 + p_2 x_2 = m - T$。

图 5.3 为从量税和收入税对福利的影响。

假设征收从量税时消费者的最优消费束为 $A(x_1^*, x_2^*)$，政府税收收入为 tx_1^*，为了使两种征税法达到相同的征收税收，那么政府征收收入税时获得的税收收入也是 $T = tx_1^*$。则预算约束方程 l_3 应该为：$p_1x_1 + p_2x_2 = m - tx_1^*$。

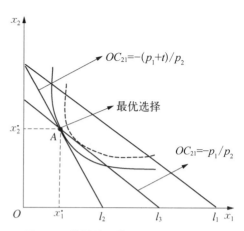

图 5.3 从量税和收入税对福利的影响

由于 $(p_1 + t)x_1^* + p_2x_2^* = m \Rightarrow p_1x_1^* + p_2x_2^* = m - tx_1^*$，可见，方程 l_3 经过方程 l_2 的最优消费束 A，而消费束 A 满足：

$$MRS_{21} = (p_1 + t)/p_2 > OC_{21} = p_1/p_2$$

因此，增加商品 1 的消费量可以增加消费者的效用，即可以到达一条效用更高的无差异曲线。

因此，征收收入税至少比征收从量税好，当消费者偏好为完全互补时，征收收入税和征收从量税对消费者来说效用是一样的。

5.1.2 具有折点的效用函数的最优选择

由于消费者偏好具有折点，所以在该消费点不可导，即在该消费点无切线。这种情况下，消费者的最优选择有以下几种情况。

1. 只消费商品 2 的情况

$OC_{21} > MRS_{21}^a > MRS_{21}^b$ 时，相对于机会成本，消费者对商品 1 的评价极低，全部货币用来购买商品 2，即消费者只消费商品 2（见图 5.4）。

2. 一段折线为最优选择

$OC_{21} = MRS_{21}^a > MRS_{21}^b$ 时，预算线与最高的无差异曲线有一段重合，那么，重合部分的折线都是消费者的最优选择（见图 5.5）。

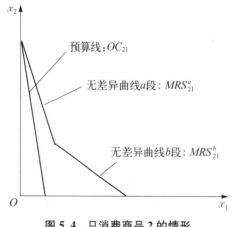

图 5.4 只消费商品 2 的情形

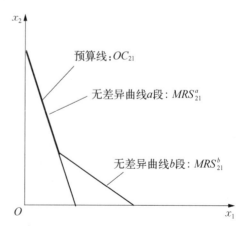

图 5.5 一段折线为最优的情形

3. 折点为最优选择

$MRS_{21}^a > OC_{21} > MRS_{21}^b$ 时，预算线与最高的无差异曲线只有一个交点，该消费点就是消费者的最优选择,见图 5.6。

4. 另一段折线为最优选择

$MRS_{21}^a > OC_{21} = MRS_{21}^b$ 时,在这种情况下,预算线与最高的无差异曲线的下一段重合,那么,重合部分的折线都是消费者的最优选择(见图 5.7)。

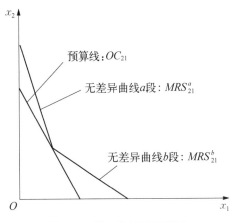

图 5.6 折点为最优的情形

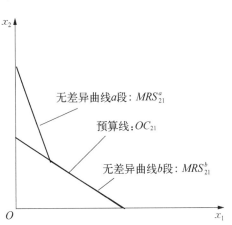

图 5.7 另一段折线为最优的情形

5. 只消费商品 1 的情况

$MRS_{21}^a > MRS_{21}^b > OC_{21}$ 时,消费者对商品 1 的评价很高,全部货币用来购买商品 1,即消费者只消费商品 1(见图 5.8)。

例 5.4 某消费者的收入为 m,考虑其只消费商品 1 和商品 2,两种商品对该消费者是完全替代品,且他愿意用 a 单位商品 1 交换 b 单位商品 2。商品 1 的市场价格为 p_1,商品 2 的市场价格为 p_2,两种商品的消费数量分别用 x_1 和 x_2 表示。当商品 1 的消费量小于配给量 $\bar{x}_1$ 时,政府不征税,超过配给量 $\bar{x}_1$ 时,对消费者征收税率为 t 的从价税。

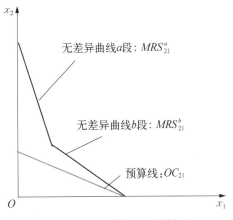

图 5.8 只消费商品 1 的情形

(1) 写出该消费者的预算约束方程,并画图表示。

(2) 写出该消费者消费商品 1 和商品 2 的效用函数,并画出无差异曲线。

(3) 求该消费者对商品 1 的需求量。

解: (1) 预算约束方程为

$$\begin{cases} p_1 x_1 + p_2 x_2 = m & x_1 \leqslant \bar{x}_1 \\ (1+t)p_1 x_1 + p_2 x_2 = m + t p_1 \bar{x}_1 & x_1 > \bar{x}_1 \end{cases}$$

预算线图如图 5.9 所示。

(2) 消费者的效用函数为

$$u(x_1, x_2) = b x_1 + a x_2$$

图 5.10 为其无差异曲线图。

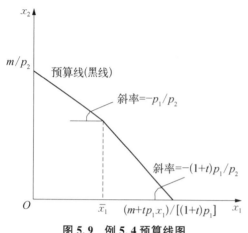

图 5.9 例 5.4 预算线图

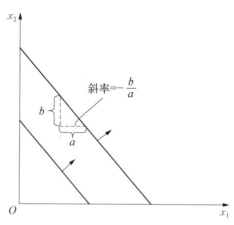

图 5.10 例 5.4 无差异曲线图

（3）该消费者对商品 1 的需求函数为

$$x_1 = \begin{cases} 0 & \text{当 } b/a < p_1/p_2 \\ [0, \bar{x}_1] & \text{当 } b/a = p_1/p_2 \\ \bar{x}_1 & \text{当 } p_1/p_2 < b/a < (1+t)p_1/p_2 \\ [\bar{x}_1, (m+tp_1x_1)/(1+t)p_1] & \text{当 } b/a = (1+t)p_1/p_2 \\ (m+tp_1x_1)/(1+t)p_1 & \text{当 } b/a > (1+t)p_1/p_2 \end{cases}$$

5.1.3 只消费一种商品的边界最优

一种情况是无差异曲线的斜率总是大于预算线的斜率，所以，消费者选择只消费一种商品时其效用达到最大（见图 5.11）。

另一种边界最优的情况是消费者无差异曲线为凹状，如给定效用函数为 $U(x, y) = x^2 + y$ 时，如图 5.12 所示。此时不能用公式 $MRS = OC$ 求解，当无差异曲线满足 $MRS = OC$ 时，预算线仍与另外更高效用的无差异曲线相交，所以，应比较无差异曲线两端哪一端所带来的效用更大。即消费者选择的并不是 A 点，而是处于更高无差异曲线上的 B 点。

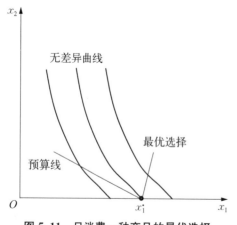

图 5.11 只消费一种商品的最优选择

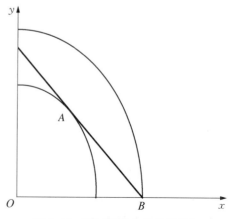

图 5.12 凹无差异曲线的最优解

例 5.5 某消费者的效用函数是 $U(x_1, x_2) = x_1^2 + x_2$，$x_1$，$x_2$ 表示商品 1 和商品 2 的消费量。若该消费者的收入为 32 元，商品 1 的价格是 16 元/单位，商品 2 的价格是 1 元/单位。那么：

(1) 该消费者的最优消费束是多少？

(2) 如果消费者的收入提高到 8 000 元，价格保持不变，则该消费者的最优消费束会发生什么变化？

解：(1) 该消费者偏好为凹的，$MRS_{21} = 2x_1$，并非边际替代率递减，因此，最优消费束对应边界点。

收入为 32 元时，全部购买商品 1 可得 $x_1 = 2$，效用为 4；全部购买商品 2 可得 $x_2 = 32$，效用为 32。可见，收入为 32 时，全部购买商品 2 可以获得最大效用，因此，最优消费束为 (0, 32)。

(2) 收入为 8 000 元时，全部购买商品 1 可得 $x_1 = 500$，效用为 250 000；全部购买商品 2 可得 $x_2 = 8 000$，效用为 8 000。可见，收入为 8 000 时，全部购买商品 1 可以获得最大效用，因此，最优消费束为 (500, 0)。

注意：前面强调根据效用函数计算具体效用值的大小是无意义的，然而这里却计算效用函数值，原因在于这里计算效用值是用来比较不同消费束带来的效用次序，对于同一效用函数来说，依然可以计算数值来排序，但是如果是不同的效用函数，则不能进行比较。

5.1.4　几种特殊效用函数的最优选择

现运用上述的最优选择模型来讨论一下几种特殊效用函数的最优选择问题。

1. 完全替代偏好的效用函数

对于完全替代偏好的效用函数来说，消费者的最优选择问题可以表示为

$$\begin{cases} \max u(x_1, x_2) = ax_1 + bx_2 \\ \text{s. t. } p_1x_1 + p_2x_2 = m \end{cases} \tag{5-7}$$

该效用函数表示消费者愿意以 b 单位的商品 1 交换 a 单位的商品 2，即以商品 2 表示商品 1 的边际替代率为 $MRS_{21} = -a/b$。

如果 $a/b > p_1/p_2$，即以商品 2 表示商品 1 的边际替代率大于以商品 2 表示商品 1 的机会成本，在这种情况下，消费者的最优选择是把所有收入都消费在商品 1 上（见图 5.13）。

如果 $a/b < p_1/p_2$，即以商品 2 表示商品 1 的边际替代率小于以商品 2 表示商品 1 的机会成本，在这种情况下，消费者的最优选择是把所有收入都消费在商品 2 上。

如果 $a/b = p_1/p_2$，即以商品 2 表示商品 1 的

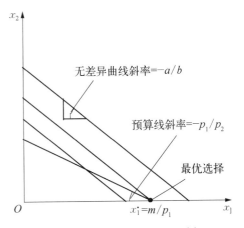

图 5.13　完全替代下的最优选择

边际替代率等于以商品 2 表示商品 1 的机会成本,在这种情况下,消费者的最优选择是满足预算约束的任何数量的商品 1 和商品 2。

因此,商品 1 的最优选择为

$$x_1 = \begin{cases} m/p_1, & \text{当 } a/b > p_1/p_2 \\ [0, m/p_1], & \text{当 } a/b = p_1/p_2 \\ 0, & \text{当 } a/b < p_1/p_2 \end{cases} \tag{5-8}$$

2. 完全互补偏好的效用函数

对于完全互补偏好的效用函数来说,消费者的最优选择问题可以表示为

$$\begin{cases} u(x_1, x_2) = \min\{ax_1, bx_2\} \\ \text{s. t. } p_1x_1 + p_2x_2 = m \end{cases} \tag{5-9}$$

该效用函数表示消费者总是在消费 b 单位的商品 1 的同时消费 a 单位的商品 2,完全互补偏好的所有无差异曲线的折点连线是一条斜率为 a/b 的直线(见图 5.14)。

于是,由 $\begin{cases} bx_2 = ax_1 \\ p_1x_1 + p_2x_2 = m \end{cases}$,可得消费者的最优选择为

$$\begin{cases} x_1^* = m \Big/ \Big(p_1 + \dfrac{a}{b} \cdot p_2\Big) \\ x_2^* = m \Big/ \Big(\dfrac{b}{a} \cdot p_1 + p_2\Big) \end{cases} \tag{5-10}$$

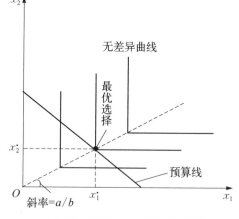

图 5.14　完全互补下的最优选择

例 5.6　小张喜欢摇滚音乐,但是他没有工作,只能靠帮助小区收集垃圾获得一些收入。每张唱片价格为 2 元,他每收 1 袋垃圾得到 1 元。他的效用函数为 $u(c, g) = \min\{2c, 20-g\}$,其中,$c$ 表示每个月的唱片数,g 表示每个月的垃圾袋数。那么,他每个月会选择收集多少袋垃圾?

解:　由于小张的效用函数 $u(c, g) = \min\{2c, 20-g\} = \begin{cases} 2c, & 2c+g \leqslant 20 \\ 20-g, & 2c+g \geqslant 20 \end{cases}$,如图 5.15 所示。

又小张的预算约束方程为

$$2c - g = 0 \Rightarrow g = 2c$$

所以,小张的最优消费束满足

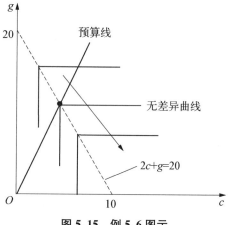

图 5.15　例 5.6 图示

$$\begin{cases} 2c + g = 20 \\ g = 2c \end{cases}$$

求解得小张的最优消费束为

$$\begin{cases} c^* = 5 \\ g^* = 10 \end{cases}$$

3. 中性品和厌恶品

中性品指这一商品消费量的多少不影响消费者的效用,中性品不出现在效用函数中,假设商品 1 为喜好品,商品 2 为中性品,那么效用函数为 $U(x_1, x_2) = f(x_1)$。

厌恶品指这一商品消费量的增加将降低消费者的效用,假设商品 1 为喜好品,商品 2 为厌恶品,那么效用函数的边际效用满足 $MU_2 = \dfrac{\partial U}{\partial x_2} < 0$ 而 $MU_1 = \dfrac{\partial U}{\partial x_1} > 0$。

当中性品或厌恶品价格为正时,消费者对它们的最佳消费量为 0,所有收入全部用来购买喜好品。

4. 柯布—道格拉斯偏好效用函数

对于柯布—道格拉斯偏好效用函数来说,消费者的最优选择问题可以表示为

$$\begin{cases} u(x_1, x_2) = x_1^a x_2^b \\ \text{s. t. } p_1 x_1 + p_2 x_2 = m \end{cases} \tag{5-11}$$

其中,a 和 b 都为正数。

由于消费者的最优选择满足:以商品 2 表示商品 1 的边际替代率等于以商品 2 表示商品 1 的机会成本,即 $\dfrac{ax_2}{bx_1} = \dfrac{p_1}{p_2}$。

所以,由 $\begin{cases} \dfrac{ax_2}{bx_1} = \dfrac{p_1}{p_2} \\ p_1 x_1 + p_2 x_2 = m \end{cases}$,可得消费者的最优选择为

$$\begin{cases} x_1^* = \dfrac{a}{a+b} \cdot \dfrac{m}{p_1} \\ x_2^* = \dfrac{b}{a+b} \cdot \dfrac{m}{p_2} \end{cases} \tag{5-12}$$

由(5-12)式可得:$\dfrac{p_1 x_1^*}{m} = \dfrac{a}{a+b}$,$\dfrac{p_2 x_2^*}{m} = \dfrac{b}{a+b}$,$\dfrac{p_1 x_1^*}{p_2 x_2^*} = \dfrac{a}{b}$。

柯布—道格拉斯偏好的最优解有以下两个特征:

(1) 消费者在每种商品上的货币支出与消费者收入之比为常数;

(2) 每种商品的最优消费量与其他商品价格无关。

5. 拟线性偏好

如果消费者对商品 2 的偏好为线性的,对商品 1 的偏好为非线性的,那么该偏好为拟线

性偏好,对应的最优选择问题可以表示为:$\begin{cases} \max u(x_1, x_2) = v(x_1) + x_2 \\ \text{s. t. } p_1 x_1 + p_2 x_2 = m \end{cases}$。

如果拟线性偏好为良性偏好,对应的最优消费束满足:$\begin{cases} \dfrac{\partial v(x_1^{\cdot})}{\partial x_1^{\cdot}} = \dfrac{p_1}{p_2} & m > p_1 \cdot x_1^{\cdot} \\ x_1^{\cdot} = m/p_1 & m \leqslant p_1 \cdot x_1^{\cdot} \end{cases}$。

对于拟线性偏好最优消费束的求解通过例 5.7 来说明。

例 5.7 某消费者的效用函数是 $U(x, y) = 2\ln x + y$,商品 x 的价格为 2 美元/单位,商品 y 的价格为 1 美元/单位。

(1) 如果该消费者的收入是 10 美元,求其最优消费束。

(2) 如果该消费者的收入是 1 美元,求其最优消费束。

解:(1) 由 $MRS_{yx} = \dfrac{MU_x}{MU_y}$,得 $MRS_{yx} = \dfrac{2}{x}$,为保持消费者效用不变,商品 x 消费增加,商品 y 消费减少时,边际替代率递减,因此,可用公式 $MRS_{yx} = OC_{yx}$ 计算。其中,$OC_{yx} = \dfrac{p_x}{p_y} = 2$,计算得,$x^* = 1$。根据预算约束 $p_x x + p_y y = m$,得 $y^* = 8$,最优消费束为 $(1, 8)$。

(2) 由(1)可得,商品 x 的最佳消费量为 1,而此时消费者收入为 1 美元,不足以消费 1 单位商品 x。进一步可见,当消费者收入低于 $p_x x^* = 2$ 美元时,边际替代率 MRS_{yx} 总是大于机会成本 OC_{yx},即消费者收入低于 2 美元时,消费者只会消费商品 x,而不消费商品 y。因此,当收入为 1 美元时,消费者将全部购买商品 x 达到效用最大化,最优消费束为 $(1/2, 0)$。

可见,对于良性偏好的拟线性效用函数,如果消费者的收入足够大,那么带来非线性效用的变量的最优解不会随着收入的变化而改变;如果消费者的收入足够小,那么消费者的最优消费束在边界上。

例 5.8 亨利的效用函数是 $U(x, y, z) = x^2 \cdot (y + 2z)$,其中,$x$ 的价格是 1 美元,y 的价格是 2 美元,z 的价格是 5 美元。已知亨利的收入是 120 美元,问亨利最后会选择消费 x、y、z 分别为多少?(亨利只消费 x、y、z 这 3 种物品)

解:亨利的最优选择问题为:$\begin{cases} U(x, y, z) = x^2 \cdot (y + 2z) \\ \text{s. t. } x + 2y + 5z = 120 \end{cases}$。

由于商品 y 和 z 为完全替代关系,商品 y 表示商品 z 的边际替代率为 $MRS_{yz} = MU_z / MU_y = 2/1 = 2$,商品 z 的机会成本为 $OC_{yz} = p_z / p_y = 5/2$,因此,$MRS_{yz} = 2 < OC_{yz} = 5/2$。

所以,对于 y 和 z 两种商品来说,消费者对商品 z 的评价低于商品 z 的价格,消费者对商品 z 的消费量为 $z = 0$。

于是,亨利的最优选择问题变为:$\begin{cases} U(x, y, z) = x^2 \cdot y \\ \text{s. t. } x + 2y = 120 \end{cases}$。

所以,亨利的最优选择为 $\begin{cases} \dot{x} = \dfrac{2}{3} \cdot \dfrac{120}{1} = 80 \\ \dot{y} = \dfrac{1}{3} \cdot \dfrac{120}{2} = 20 \end{cases}$。

因此,亨利最后会选择消费 x、y、z 分别为 80、20、0。

5.2　间接效用函数

5.2.1　间接效用函数的概念

根据消费者所消费商品的数量 x_1 和 x_2 来表示的消费者效用函数 $u(x_1, x_2)$ 叫作直接效用函数。由消费者效用函数和预算约束得出的最优选择 $x_1(p_1, p_2, m)$ 和 $x_2(p_1, p_2, m)$ 是两种商品价格(p_1, p_2)及消费者收入 m 的函数,即 $u(x_1(p_1, p_2, m), x_2(p_1, p_2, m))$,可表示为:

$$\begin{cases} v(p_1, p_2, m) = \max u(x_1, x_2) \\ \text{s.t. } p_1 x_1 + p_2 x_2 = m \end{cases} \tag{5-13}$$

以商品价格和消费者收入表示的效用函数 $v(p_1, p_2, m)$ 叫作间接效用函数。其给出了在给定的商品价格和消费者收入的约束条件下,消费者获得的由价格和收入表示的最大效用。

5.2.2　间接效用函数的性质

间接效用函数 $v(p_1, p_2, m)$ 具有以下性质:

(1) 对于任何 $t > 0$, 有 $v(tp_1, tp_2, tm) = v(p_1, p_2, m)$, 即间接效用函数 $v(p_1, p_2, m)$ 对于商品价格和消费者收入是零次齐次的。

因为预算约束 $p_1 x_1 + p_2 x_2 = m$ 与 $tp_1 x_1 + tp_2 x_2 = tm$ ($t > 0$) 完全等价,而无差异曲线不变,因此对应的最优选择没有变化,即对于任何 $t > 0$, 有 $v(tp_1, tp_2, tm) = v(p_1, p_2, m)$。

(2) 对于任何 $p'_1 \geqslant p_1$, 有 $v(p'_1, p_2, m) \leqslant v(p_1, p_2, m)$, 即间接效用函数 $v(p_1, p_2, m)$ 对于商品价格来说是非递增的。

因为满足预算约束 $p'_1 x_1 + p_2 x_2 \leqslant m$ 的消费集(见图 5.16 中的△AOB 区域)包含于满足预算约束 $p_1 x_1 + p_2 x_2 = m$ (见图 5.16 中的△AOC 区域)的消费集,且边界 AB 与边界 AC 有重合点 A,因此,满足后者预算约束下的最大效用 $v(p_1, p_2, m)$ 至少与满足前者预算约束下的最大效用 $v(p'_1, p_2, m)$ 同样大。

(3) 对于任何 $m' > m$, 有 $v(p_1, p_2, m') > v(p_1, p_2, m)$, 即间接效用函数 $v(p_1, p_2, m)$ 对于消费者收入来说是递增的。

因为满足预算约束 $p_1 x_1 + p_2 x_2 < m$ 的消费集(见图 5.17 中的△AOB 区域)包含于满足预算约束 $p_1 x_1 + p_2 x_2 = m'$ (图 5.17 中的三角形 COD 区域)的消费集,且边界 CD 与边界 AB 无重合点,因此,满足后者预算约束下的最大效用 $v(p_1, p_2, m')$ 大于满足前者预算约束下的最大效用 $v(p_1, p_2, m)$。

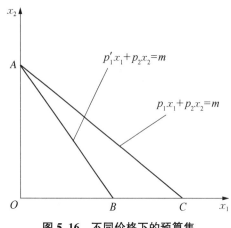
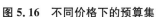

图 5.16 不同价格下的预算集

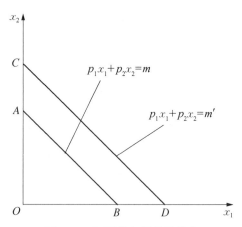

图 5.17 不同收入下的预算集

(4) 满足罗伊恒等式(Roy's identity):即如果 $x_1(p_1, p_2, m)$ 和 $x_2(p_1, p_2, m)$ 是消费者的最优选择,则对于 $p_1 > 0$、$p_2 > 0$ 以及 $m > 0$,有

$$
\begin{cases}
x_1(p_1, p_2, m) = -\dfrac{\dfrac{\partial v(p_1, p_2, m)}{\partial p_1}}{\dfrac{\partial v(p_1, p_2, m)}{\partial m}} \\[2em]
x_2(p_1, p_2, m) = -\dfrac{\dfrac{\partial v(p_1, p_2, m)}{\partial p_2}}{\dfrac{\partial v(p_1, p_2, m)}{\partial m}}
\end{cases} \tag{5-14}
$$

根据间接效用函数的定义,有

$$
v(p_1, p_2, m) = u(x_1(p_1, p_2, m), x_2(p_1, p_2, m)) \tag{5-15}
$$

等式两边对 p_1 求导,可得

$$
\frac{\partial v(p_1, p_2, m)}{\partial p_1} = \frac{\partial u(x_1, x_2)}{\partial x_1} \cdot \frac{\partial x_1}{\partial p_1} + \frac{\partial u(x_1, x_2)}{\partial x_2} \cdot \frac{\partial x_2}{\partial p_1} \tag{5-16}
$$

求拉格朗日函数 $L(p_1, p_2, m) = u(x_1, x_2) - \lambda(p_1 x_1 + p_2 x_2 - m)$($\lambda$ 为拉格朗日乘数)对于 p_1 的一阶条件,即令 $\dfrac{\partial L(x_1, x_2)}{\partial x_1} = 0$ 及 $\dfrac{\partial L(x_1, x_2)}{\partial x_2} = 0$,可得

$$
\begin{cases}
\dfrac{\partial u(x_1, x_2)}{\partial x_1} = \lambda \cdot p_1 \\[1em]
\dfrac{\partial u(x_1, x_2)}{\partial x_2} = \lambda \cdot p_2
\end{cases} \tag{5-17}
$$

把式(5-17)代入式(5-16),得到

$$\frac{\partial v(p_1, p_2, m)}{\partial p_1} = \lambda \left(p_1 \frac{\partial x_1}{\partial p_1} + p_2 \frac{\partial x_2}{\partial p_1} \right) \tag{5-18}$$

求预算约束 $p_1 x_1 + p_2 x_2 = m$ 对 p_1 的偏导数,并令其为零,可得

$$x_1 + p_1 \frac{\partial x_1}{\partial p_1} + p_2 \frac{\partial x_2}{\partial p_1} = 0 \tag{5-19}$$

把式(5-19)代入式(5-18),可以得到

$$\frac{\partial v(p_1, p_2, m)}{\partial p_1} = -\lambda x_1 \tag{5-20}$$

同理,由式(5-15)的等式两边对 m 求导,可得

$$\frac{\partial v(p_1, p_2, m)}{\partial m} = \lambda \left(p_1 \frac{\partial x_1}{\partial m} + p_2 \frac{\partial x_2}{\partial m} \right) \tag{5-21}$$

同理,求预算约束 $p_1 x_1 + p_2 x_2 = m$ 对 m 的偏导数,并令其为零,可得

$$p_1 \frac{\partial x_1}{\partial m} + p_2 \frac{\partial x_2}{\partial m} = 1 \tag{5-22}$$

把式(5-22)代入式(5-21),可以得到

$$\frac{\partial v(p_1, p_2, m)}{\partial m} = \lambda \tag{5-23}$$

由式(5-23)和式(5-20),可得

$$x_1(p_1, p_2, m) = -\frac{\dfrac{\partial v(p_1, p_2, m)}{\partial p_1}}{\dfrac{\partial v(p_1, p_2, m)}{\partial m}} \tag{5-24}$$

同理可得

$$x_2(p_1, p_2, m) = -\frac{\dfrac{\partial v(p_1, p_2, m)}{\partial p_2}}{\dfrac{\partial v(p_1, p_2, m)}{\partial m}} \tag{5-25}$$

5.2.3 几种特殊的间接效用函数

1. 完全替代偏好的间接效用函数

我们以一对一完全替代偏好的效用函数为例来说明其间接效用函数,一对一完全替代

偏好的效用最大化问题为

$$\begin{cases} \max u(x_1, x_2) = x_1 + x_2 \\ \text{s. t. } p_1 x_1 + p_2 x_2 = m \end{cases}$$

如果两种商品的价格满足 $p_1 < p_2$，那么，消费者的间接效用为 $v(p_1, p_2, m) = m/p_1$；
如果两种商品的价格满足 $p_1 > p_2$，那么，消费者的间接效用为 $v(p_1, p_2, m) = m/p_2$；
如果两种商品的价格满足 $p_1 = p_2$，那么，消费者的间接效用为 $v(p_1, p_2, m) = m/p_1$ 或 m/p_2。

所以，一对一完全替代偏好的间接效用函数为

$$v(p_1, p_2, m) = \max\{m/p_1, m/p_2\} = m/\min\{p_1, p_2\} \tag{5-26}$$

2. 完全互补偏好的间接效用函数

一对一完全互补偏好的效用最大化问题为

$$\begin{cases} \max u(x_1, x_2) = \min\{x_1, x_2\} \\ \text{s. t. } p_1 x_1 + p_2 x_2 = m \end{cases}$$

其最优选择为：$x_1 = x_2 = \dfrac{m}{p_1 + p_2}$。

所以，一对一完全互补偏好的间接效用函数为

$$v(p_1, p_2, m) = \frac{m}{p_1 + p_2} \tag{5-27}$$

3. 柯布—道格拉斯偏好的间接效用函数

对于柯布—道格拉斯偏好效用函数来说，消费者的最优选择问题可以表示为

$$\begin{cases} u(x_1, x_2) = x_1^a x_2^b \\ \text{s. t. } p_1 x_1 + p_2 x_2 = m \end{cases}$$

其中，a 和 b 都为正数。

该问题的消费者最优选择为

$$\begin{cases} x_1^* = \dfrac{a}{a+b} \cdot \dfrac{m}{p_1} \\ x_2^* = \dfrac{b}{a+b} \cdot \dfrac{m}{p_2} \end{cases}$$

把最优选择解代入直接效用函数，可得柯布—道格拉斯偏好的间接效用函数为

$$v(p_1, p_2, m) = \frac{a^a b^b}{(a+b)^{a+b}} \cdot \frac{m^{a+b}}{p_1^a p_2^b} \tag{5-28}$$

5.3　思考练习题

(1) 小马的效用函数是 $U(x,y)=x^3y^6+3xy^2+10$，其中，x 的价格 p_x 是 1 美元，y 的价格 p_y 是 2 美元。如果小马的收入是 90 美元，问：他最后会选择消费 x、y 分别为多少？

(2) 布朗的效用函数是 $U(x,y,z)=x^2(3y+2z)$，其中，x 的价格是 1 美元，y 的价格是 4 美元，z 的价格是 5 美元。已知布朗的收入是 45 美元，问：布朗最后会选择消费 x、y、z 分别为多少？（布朗只消费 x、y、z 这 3 种物品）

(3) 某消费者的效用函数为 $u(x,y)=x+46y-2y^2$，他的收入为 135 元。如果商品 x 的价格为 1 元/单位，商品 y 的价格为 18 元/单位，问：他对商品 x 的最优选择量为多少？

(4) 某消费者消费商品 x 和商品 y 两种商品，他的效用函数为 $\min\{x+2y,2x+y\}$，如果商品 x 和 y 的价格为 1 元/单位，消费者收入为 100 元，则他的最优消费束为多少？

(5) 小李的效用函数为 $u(x,y)=(x+2)(y+4)$，如果他的收入为 100 元，商品 x 和 y 的价格分别 1 元和 2 元，那么他分别消费多少单位商品 x 和 y？

(6) 布朗的效用函数是 $U(x_1,x_2,x_3,x_4)=\min\{2x_1,3x_2\}\cdot(3x_3+2x_4)^2$，其中，$x_1$ 的价格是 2 美元，x_2 的价格是 6 美元，x_3 的价格是 5 美元，x_4 的价格是 4 美元。已知布朗的收入是 100 美元，问：布朗最后会选择消费 x_1，x_2，x_3，x_4 分别为多少？（布朗只消费 x_1，x_2，x_3，x_4 这 4 种物品）

(7) 布朗的效用函数是 $U(x_1,x_2,x_3,x_4,x_5)=\min\{2x_1,3x_2\}\cdot(3x_3+2x_4)^2\cdot x_5^3$，其中 x_1 的价格是 1 美元，x_2 的价格是 4 美元，x_3 的价格是 5 美元，x_4 的价格是 4 美元，x_5 的价格为 5 美元。已知布朗的收入是 100 美元，问布朗最后会选择消费 x_1，x_2，x_3，x_4，x_5 分别为多少？（布朗只消费 x_1，x_2，x_3，x_4，x_5 这 5 种物品。）

(8) 某消费者的效用函数为 $u(x,y)=2x^2+xy+20y$，其中 x 和 y 分别表示 2 种商品的数量。两种商品的价格分别为 $p_x=2$ 和 $p_y=1$，该消费者的收入为 m。

① 如果该消费者收入为 $m=20$，那么最优消费束是多少？

② 如果该消费者收入为 $m=40$，那么最优消费束是多少？

③ 如果该消费者收入为 $m=60$，那么最优消费束是多少？

(9) 李四愿意以 b 单位的商品 1 交换 a 单位的商品 2，其收入为 m，商品 1 的价格为 p_1，商品 2 的价格为 p_2。求李四的间接效用函数。

(10) 小王总是在消费 b 单位的商品 1 的同时消费 a 单位的商品 2，其收入为 m，商品 1 的价格为 p_1，商品 2 的价格为 p_2。求小王的间接效用函数。

第6章

需　求

本章主要讨论在不同的商品价格和收入条件下,消费者系列最优选择,即所谓的消费者需求函数,它刻画了消费者面临的不同的商品价格和收入与消费者最优选择之间的函数关系,记为

$$\begin{cases} x_1 = x_1(p_1, p_2, m) \\ x_2 = x_2(p_1, p_2, m) \end{cases}$$

方程左边表示消费者需求的数量,右边表示不同价格和收入与需求量相联系的函数关系。

所以,本章主要讨论商品价格和收入发生变化后,消费者的需求量如何变动。

6.1　收入变化下的需求变动

本节主要讨论在所有商品价格不变的情况下,消费者收入的变化所引起的消费者需求变化情况。

6.1.1　正常商品和低档商品

现假设两种商品 1 和 2 的价格 p_1 和 p_2 没有发生变化,也就是说,预算线的斜率没有变化,而消费者的收入由原来的 m 变为 $m + \Delta m$,那么,消费者预算线的方程由原来的 $p_1 x_1 + p_2 x_2 = m$ 变为 $p_1 x_1 + p_2 x_2 = m + \Delta m$,表明预算线向外平移(见图 6.1)。那么,商品价格不变而消费者收入发生变化会如何影响消费者需求变化呢?

通常,人们会认为消费者收入的增加会导致消费者对每一种商品的需求增加,也就是说,消费者对每一种商品的需求随着收入的增加而增加,如图 6.1 所示。

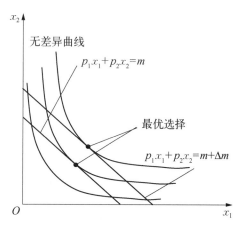

图 6.1　正常商品在收入改变下的需求量变化

在商品价格不变的情况下,如果消费者对某种商品的需求量随着消费者收入的增加而增加,那么,这种商品就叫作正常商品(normal goods)。对正常商品来说,需求的变化总是与收入的变化同方向,从数学角度来说,消费者需求函数对收入的一阶导数大于零,即

$$\frac{\partial x_1(p_1, p_2, m)}{\partial m} > 0$$

在图 6.1 中,两种商品 1 和 2 都是正常商品。

但是,有的商品与人们通常的想法相反,消费者对这种商品的需求量会随着收入的增加而减少(见图 6.2)。

在商品价格不变的情况下,如果消费者对某种商品(图 6.2 中的商品 1)的需求量随着消费者收入的增加而减少,那么,这种商品就叫作低档商品(inferior goods)。对低档商品来说,需求的变化总是与收入的变化相反,从数学角度来说,消费者需求函数对收入的一阶导数小于零,即

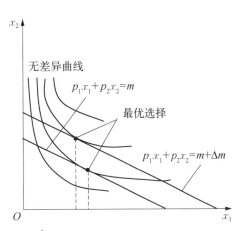

图 6.2　低档商品在收入改变下的需求变化

$$\frac{\partial x_1(p_1, p_2, m)}{\partial m} < 0$$

在图 6.2 中,商品 1 是低档商品,而商品 2 是正常商品。

6.1.2　收入提供曲线和恩格尔曲线

1. 收入提供曲线

在商品价格不变的情况下,消费者收入的变化会导致消费者预算线向外或向内平移。当消费者预算线向外或向内平移时,消费者对商品的消费束也会相应移动。

在商品价格不变的情况下,对应于不同收入水平下消费者需求的商品束所代表的坐标点(见图 6.3 中点 1 和 2)的轨迹,就叫作收入提供曲线(income offer curve),又称为收入扩展途径(income expansion path)。显然,如果两种商品都是正常商品,那么,收入提供曲线的斜率肯定是正的;如果两种商品中有一种是正常商品而另一种是低档商品,那么,收入提供曲线的斜率肯定是负的。

收入提供曲线肯定经过原点。

2. 恩格尔曲线

在商品价格不变的情况下,对应于每一收入水平,消费者对商品都有其最佳需求量。

如果以消费者收入作为纵坐标,以消费者对商品的需求数量作为横坐标,那么,在商品价格不变的情况下,在坐标图里描述的消费者收入与消

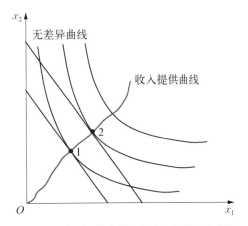

图 6.3　收入提供曲线(或叫收入扩展途径)

费者需求之间需求函数 $x_1 = x_1(p_1, p_2, m)$ 的曲线,就叫作恩格尔曲线(Engel curve),如图 6.4 所示。

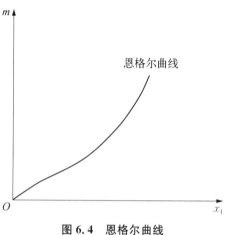

显然,对于正常商品来说,其恩格尔曲线有正的斜率;而对于低档商品来说,其恩格尔曲线有负的斜率。

恩格尔曲线肯定经过原点。

图 6.4 恩格尔曲线

6.1.3 几种特例

下面考察一下几种特殊的消费者偏好的收入提供曲线以及恩格尔曲线。

1. 完全替代偏好

对于完全替代偏好来说,消费者的最优选择问题可以表示为

$$\begin{cases} \max u(x_1, x_2) = ax_1 + bx_2 \\ \text{s. t. } p_1 x_1 + p_2 x_2 = m \end{cases}$$

如果 $a/b > p_1/p_2$,即以商品 2 表示商品 1 的边际替代率大于以商品 2 表示商品 1 的机会成本,在这种情况下,消费者的最优选择是消费者把所有收入都消费在商品 1 上,而不消费任何数量的商品 2。因此,此时的收入提供曲线是经过原点的整条横轴(见图 6.5)。

此时(即 $a/b > p_1/p_2$)消费者对商品 1 的需求函数为 $x_1 = m/p_1$,如果以变量 m 作为纵坐标,以变量 x_1 作为横坐标,那么,消费者对商品 1 的需求函数变为 $m = p_1 \cdot x_1$。因此,完全替代偏好的恩格尔曲线是一条斜率为 p_1 且经过原点的直线(见图 6.6)。

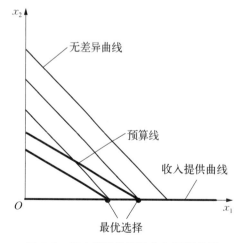

图 6.5 完全替代偏好的收入提供曲线

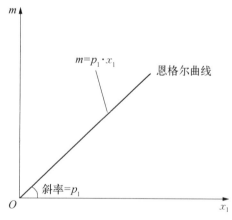

图 6.6 完全替代偏好的恩格尔曲线

2. 完全互补偏好

完全互补偏好的最优选择问题表示为

$$\begin{cases} \max u(x_1, x_2) = \min\{ax_1, bx_2\} \\ \text{s. t.} \quad p_1 x_1 + p_2 x_2 = m \end{cases}$$

该效用函数表示消费者总是在消费 b 单位的商品 1 的同时消费 a 单位的商品 2,所以,完全替代偏好的收入提供曲线为所有无差异曲线的折点的连线且经过原点(见图 6.7)。

由于消费者对商品 1 的最优选择为 $x_1 = m / \left(p_1 + \dfrac{a}{b} \cdot p_2 \right)$,如果以变量 m 作为纵坐标,以变量 x_1 作为横坐标,那么,消费者对商品 1 的需求函数变为 $m = \left(p_1 + \dfrac{a}{b} p_2 \right) \cdot x_1$。

因此,完全互补偏好的恩格尔曲线是一条斜率为 $p_1 + \dfrac{a}{b} \cdot p_2$ 且经过原点的直线(见图 6.8)。

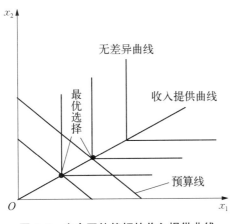

图 6.7 完全互补偏好的收入提供曲线

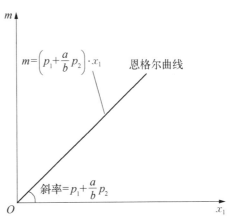

图 6.8 完全互补偏好的恩格尔曲线

3. 柯布—道格拉斯偏好

对于柯布—道格拉斯偏好来说,消费者的最优选择问题表示为

$$\begin{cases} \max u(x_1, x_2) = x_1^a x_2^b \\ \text{s. t.} \quad p_1 x_1 + p_2 x_2 = m \end{cases}$$

其中,a 和 b 都为正数。

由于消费者对商品 1 和商品 2 的需求函数为 $\begin{cases} x_1 = \dfrac{a}{a+b} \cdot \dfrac{m}{p_1} \\ x_2 = \dfrac{b}{a+b} \cdot \dfrac{m}{p_2} \end{cases}$,所以,$\dfrac{x_2}{x_1} = \dfrac{bp_1}{ap_2}$ 为与收

入 m 无关的常数,因此,柯布—道格拉斯偏好的收入提供曲线是一条经过原点、斜率为 bp_1/ap_2 的直线(见图 6.9)。

如果以因变量 m 作为纵坐标,以自变量 x_1 作为横坐标,那么,消费者对商品 1 的需求函

数变为 $m = \dfrac{a+b}{a} p_1 x_1$，因此，柯布—道格拉斯偏好的恩格尔曲线是一条斜率为 $\dfrac{a+b}{a} p_1$ 且经过原点的直线（见图6.10）。

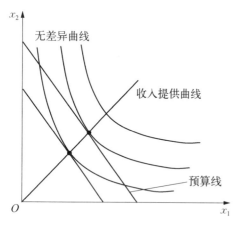

图 6.9 柯布—道格拉斯偏好的收入提供曲线　　**图 6.10** 柯布—道格拉斯偏好的恩格尔曲线

4. 相似偏好

如果 $\dfrac{\partial x(p_1,\ p_2,\ m)/x(p_1,\ p_2,\ m)}{\partial m/m} > 1$，即同收入增加比例相比，消费者对某种商品的需求量以更大的比例增加，那么，这种商品叫作奢侈品（luxury goods）。

如果 $\dfrac{\partial x(p_1,\ p_2,\ m)/x(p_1,\ p_2,\ m)}{\partial m/m} < 1$，即同收入增加比例相比，消费者对某种商品的需求量以更小的比例增加，那么，这种商品叫作必需品（necessary goods）。

如果消费者对 2 种商品 1 和 2 的需求量与收入同比例增加，即 $\dfrac{\partial x_1(p_1,\ p_2,\ m)/x_1(p_1,\ p_2,\ m)}{\partial m/m} = 1$ 与 $\dfrac{\partial x_2(p_1,\ p_2,\ m)/x_2(p_1,\ p_2,\ m)}{\partial m/m} = 1$，那么，具有这种性质的偏好叫作相似偏好（homothetic preferences）。显然，如果消费者对商品 1 和 2 具有相似偏好，且 $(x_1, y_1) > (x_2, y_2)$，那么，对于任何 $t > 0$，有 $(tx_1, ty_1) > (tx_2, ty_2)$。

对于相似偏好来说，其收入提供曲线和恩格尔曲线都是一条经过原点的直线。

完全替代偏好、完全互补偏好和柯布—道格拉斯偏好等都是相似偏好。

5. 拟线性偏好

对于拟线性偏好来说，其最优选择问题可以表示为 $\begin{cases} \max u(x_1,\ x_2) = v(x_1) + x_2 \\ \text{s. t. } p_1 x_1 + p_2 x_2 = m \end{cases}$。

其中，$v(x_1)$ 是商品 1 的消费量对消费者效用的非线性贡献，且 $v'(x_1)$ 是减函数，x_2 是商品 2 的消费量对消费者效用的线性贡献。所以，拟线性偏好具有良好性状的无差异曲线（见图6.11）。

因此,拟线性偏好对应的最优消费束满足:$\begin{cases} \dfrac{\partial v(x_1^{\cdot})}{\partial x_1^{\cdot}} = \dfrac{p_1}{p_2}, & m > p_1 \cdot x_1^{\cdot} \\ x_1^{\cdot} = m/p_1, & m \leqslant p_1 \cdot x_1^{\cdot} \end{cases}$,故拟线性偏好的收入提供曲线是一段横轴加上一条垂直于横轴的直线(见图 6.11 的黑粗线)。

由消费者对商品 1 的需求函数可知,拟线性偏好的恩格尔曲线由一段斜率为 p_1 且过原点的线段加上一条垂直于横轴的射线组成(见图 6.12)。

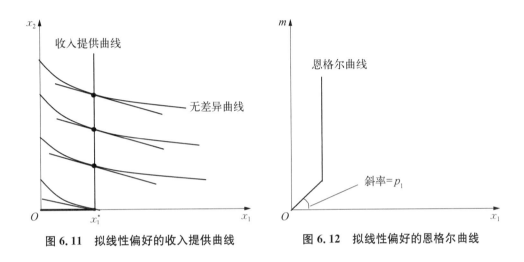

图 6.11　拟线性偏好的收入提供曲线　　　　图 6.12　拟线性偏好的恩格尔曲线

6.2 价格变化下的需求变动

本节主要讨论在消费者收入和其他商品价格都不变的情况下,某一种商品价格变化引起的消费者需求变化情况。

6.2.1 普通商品和吉芬商品

假设消费者收入 m 和商品 2 的价格 p_2 保持不变,而商品 1 的价格由原来的 p_1 下降到 p_1',那么,消费者的预算线会绕着原来的纵截距点往外旋转,导致预算线变得更加平坦,从而会使消费者对商品 1 的需求量发生变化。

如果当消费者收入 m 和商品 2 的价格 p_2 保持不变,而商品 1 的价格由原来的 p_1 下降到 p_1' 时,消费者对商品 1 的需求量增加,那么,这种商品就叫作普通商品(ordinary goods),如图 6.13 所示。

如果当消费者收入 m 和商品 2 的价格 p_2 保持不变,而商品 1 的价格由原来的 p_1 下降到 p_1' 时,消费者对商品 1 的需求量减少,那么,这种商品就叫作吉芬商品(Giffen goods),如图 6.14 所示。

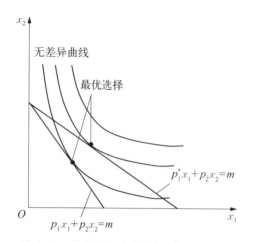

图 6.13 　价格下降对普通商品的需求变化

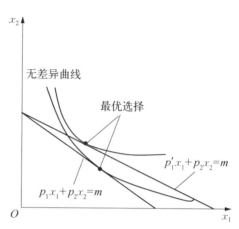

图 6.14 　价格下降对吉芬商品的需求变化

6.2.2 　价格提供曲线和马歇尔需求曲线

1. 价格提供曲线

消费者收入 m 和商品 2 的价格 p_2 保持不变,而商品 1 的价格发生变化,也就是说,消费者的预算线绕着原来的纵截距点转动,从而产生一系列最优选择点。

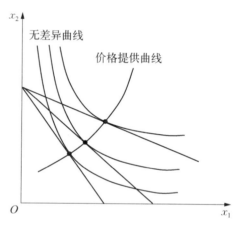

图 6.15 　价格提供曲线

在消费者收入和商品 2 的价格保持不变的情况下,对应于商品 1 的不同价格水平下消费者需求的商品束所代表的坐标点(见图 6.15 中黑点)的轨迹,就叫作价格提供曲线(price offer curve)。

2. 马歇尔需求曲线

在收入和商品 2 的价格保持不变的情况下,如果以商品 1 的价格作为纵坐标,以消费者对商品 1 的需求数量作为横坐标,那么,在坐标图里就可以描述出商品 1 的价格与消费者对商品 1 的需求数量之间需求函数 $x_1 = x_1(p_1, \bar{p}_2, \bar{m})$ 的曲线,该曲线就叫作马歇尔需求曲线,相应的函数叫作马歇尔需求函数。

显然,对于普通商品来说,其马歇尔需求曲线的斜率为负;而对于吉芬商品来说,其马歇尔需求曲线的斜率为正。

6.2.3 　几种特例

下面讨论一下几种特殊偏好的价格提供曲线和马歇尔需求曲线。

1. 完全替代偏好

对于完全替代偏好的最优选择问题 $\begin{cases} \max u(x_1, x_2) = ax_1 + bx_2 \\ \text{s.t. } p_1x_1 + p_2x_2 = m \end{cases}$,消费者对商品 1 的

最优选择为:$x_1 = \begin{cases} 0 & \text{当 } a/b < p_1/p_2, \quad \text{对应于图 6.16 中的 } A \text{ 点;} \\ \in [0, m/p_1] & \text{当 } a/b = p_1/p_2, \quad \text{对应于图 6.16 中的 } AB \text{ 线段;} \\ m/p_1 & \text{当 } a/b > p_1/p_2, \quad \text{对应于图 6.16 中的 } BC \text{ 射线。} \end{cases}$

所以,完全替代偏好的价格提供曲线是一条如图 6.16 所示的由线段 AB 和射线 BC 组成的折射线 ABC。

在收入和商品 2 的价格保持不变的情况下,如果 $p_1 > \dfrac{a}{b}p_2$,那么消费者对商品 1 的需求为零;如果 $p_1 = \dfrac{a}{b}p_2$,那么消费者对商品 1 的需求为预算线上的任何一点;如果 $p_1 < \dfrac{a}{b}p_2$,那么消费者对商品 1 的需求与商品 1 的价格满足 $p_1 x_1 = m$,即为双曲线。所以,其马歇尔需求曲线如图 6.17 所示。

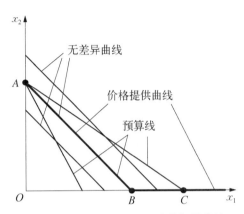 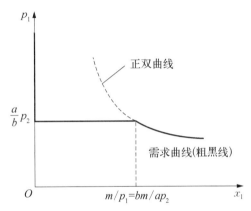

图 6.16　完全替代偏好的价格提供曲线　　图 6.17　完全替代偏好的马歇尔需求曲线

2. 完全互补偏好

完全互补偏好的最优选择问题 $\begin{cases} \max u(x_1, x_2) = \min\{ax_1, bx_2\} \\ \text{s. t. } p_1 x_1 + p_2 x_2 = m \end{cases}$,表示消费者总是在消费 b 单位的商品 1 的同时消费 a 单位的商品 2。

完全互补的情况下,消费者选择消费 $ax_1 = bx_2$,结合预算约束可得最优消费束为 $x_1 = m / \left(p_1 + \dfrac{a}{b} \cdot p_2\right)$,$x_2 = m / \left(\dfrac{b}{a} \cdot p_1 + p_2\right)$。

由于 $\dfrac{x_2}{x_1} = \dfrac{a}{b}$,所以,在收入和商品 2 的价格保持不变的情况下,根据最优消费束可得出完全互补下的价格提供曲线(见图 6.18),是一条线段。

由于在收入和商品 2 的价格保持不变的情况下,消费者对商品 1 的最优选择为 $x_1 = m / \left(p_1 + \dfrac{a}{b} \cdot p_2\right)$。如果以因变量 p_1 作为纵坐标,以自变量 x_1 作为横坐标,那么,消费者对商品 1 的需求函数变为 $m = \left(p_1 + \dfrac{a}{b}p_2\right) \cdot x_1$。完全互补下的需求曲线有两条渐近线 $x_1 = 0$ 和 $p_1 = -\dfrac{b}{a}p_2$,因此,完全互补偏好的马歇尔需求曲线是一条如图 6.19 所示的双曲线。

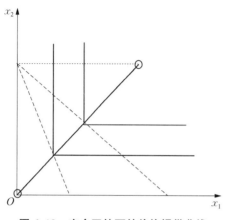
图 6.18 完全互补下的价格提供曲线

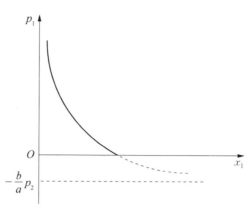
图 6.19 完全互补下的需求曲线

3. 柯布—道格拉斯偏好

柯布—道格拉斯偏好的最优选择问题为：$\begin{cases}\max u(x_1,x_2)=x_1^a x_2^b \\ \text{s. t. } p_1 x_1+p_2 x_2=m\end{cases}$。

由柯布—道格拉斯效用函数,可得最优消费束为 $x_1=\dfrac{a}{a+b}\cdot\dfrac{m}{p_1}$,$x_2=\dfrac{b}{a+b}\cdot\dfrac{m}{p_2}$。由于商品 1 价格的变化只对商品 1 的消费量产生影响,对商品 2 的需求量没有影响,因此,价格提供曲线为一条水平直线。所以,根据最优消费束可得出柯布—道格拉斯偏好下的价格提供曲线是一条不包括起始点的水平线(见图 6.20),图中虚线为预算线。

由最优解 $x_1=\dfrac{a}{a+b}\cdot\dfrac{m}{p_1}$,可得 $x_1\cdot p_1=\dfrac{am}{a+b}$。所以,柯布—道格拉斯偏好下的需求曲线是一条正双曲线(见图 6.21)。

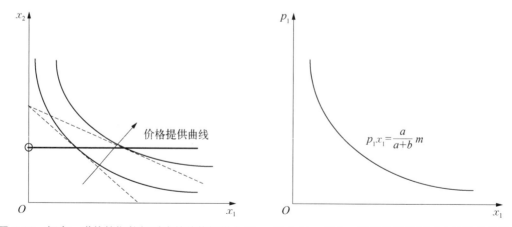
图 6.20 柯布—道格拉斯偏好对应的价格提供曲线　图 6.21 柯布—道格拉斯偏好对应的需求曲线

例 6.1 某消费者的收入为 m,其只消费商品 x 和商品 y 两种商品,价格记为 p_x 与 p_y,该消费者的效用函数为 $u(x,y)=\ln x+y$。请画出该消费者的收入提供曲线、恩格尔曲线、商品 x 价格变化对应的价格提供曲线及需求曲线,注意标出关键点坐标。

解：由于 $MRS_{yx} = \dfrac{MU_x}{MU_y} = \dfrac{1}{x}$，所以 $u(x, y) = \ln x + y$ 为良性偏好的效用函数。

所以消费者最优选择解满足

$$\begin{cases} MRS_{yx} = OC_{yx} \\ p_x x + p_y y = m \end{cases} \Rightarrow \begin{cases} \dfrac{1}{x} = \dfrac{p_x}{p_y} \\ p_x x + p_y y = m \end{cases} \Rightarrow \begin{cases} x = \dfrac{p_y}{p_x} \\ p_x x + p_y y = m \end{cases}$$

因此，当 $m > p_y$ 时，消费者最优选择解为

$$\begin{cases} x = \dfrac{p_y}{p_x} \\ y = \dfrac{m - p_y}{p_y} \end{cases}$$

当 $m < p_y$ 时，消费者最优选择解为

$$\begin{cases} x = \dfrac{m}{p_x} \\ y = 0 \end{cases}$$

(1) 收入提供曲线：由上述最优解可知，收入 m 变化时的收入提供曲线如图 6.22 所示。

(2) 恩格尔曲线：由上述最优解可知，$x = \begin{cases} m/p_x & m \leqslant p_y \\ p_y/p_x & m \geqslant p_y \end{cases}$，故恩格尔曲线如图 6.23 所示。

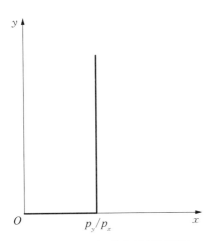

图 6.22　收入提供曲线（黑粗线）

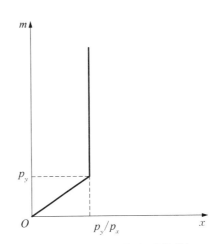

图 6.23　恩格尔曲线（黑粗线）

(3) 价格提供曲线：当 $m < p_y$ 时，消费者的最优选择解为 $\begin{cases} x = \dfrac{m}{p_x} \\ y = 0 \end{cases}$，消费者会把所有的

收入用于购买商品 x，对商品 y 的消费为零，此时价格提供线和 x 轴重合；当 $m > p_y$ 时，因为商品 x 的最优选择满足 $x^* = \dfrac{p_y}{p_x}$，需要注意的是此时对应购买商品 y 的数量 $\dfrac{m - p_x x^*}{p_y} = \dfrac{m - p_y}{p_y}$ 并不随 p_x 的变化而变化，因此，商品 x 的价格提供曲线为一条水平线，如图 6.24 所示。

（4）需求曲线：当 $m < p_y$ 时，需求曲线为 $x = \dfrac{m}{p_x}$；当 $m > p_y$ 时，需求曲线为 $x = \dfrac{p_y}{p_x}$。

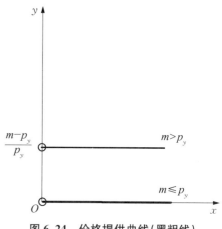

图 6.24 价格提供曲线（黑粗线）

6.3 思考练习题

（1）请辨析说明喜好品、中性品、厌恶品、正常品、必需品、奢侈品、劣等品、普通商品、吉芬品等概念的区别与联系。

（2）某消费者的效用函数为 $u(x_1, x_2) = 2x_1 + x_2$，x_1 和 x_2 为商品 1 和商品 2 的消费量，消费者的收入为 m，商品 1 和商品 2 的价格为 p_1 和 p_2，求消费者对商品 1 的需求函数。

（3）某消费者的效用函数为 $u(x_1, x_2) = \min\{2x_1, x_2\}$，$x_1$ 和 x_2 为商品 1 和商品 2 的消费量，消费者的收入为 m，商品 1 和商品 2 的价格为 p_1 和 p_2，求消费者对商品 1 的需求函数。

（4）某消费者的效用函数为 $u(x_1, x_2) = x_1^2 \cdot x_2$，$x_1$ 和 x_2 为商品 1 和商品 2 的消费量，消费者的收入为 m，商品 1 和商品 2 的价格为 p_1 和 p_2，求消费者对商品 1 的需求函数。

（5）若消费者效用函数为 $U(x, y) = x^2 + y$，请画出相应的收入提供曲线、恩格尔曲线、商品 x 的价格提供曲线以及需求曲线。

（6）某消费者的效用函数为 $u(x, y) = x + xy + y^2$，其中 x 和 y 分别表示 2 种商品的数量。2 种商品的价格分别为 p_x 和 p_y，该消费者的收入为 m。

① 该消费者偏好是否为良性偏好？为什么？

② 给定 2 种商品的价格 $p_x = 1$ 和 $p_y = 1$，求出并画出收入提供曲线和商品 x 的恩格尔曲线，需标出关键点坐标。

第7章

显示偏好

本章主要探讨通过消费者对商品的选择来发现该消费者关于偏好的信息。①

7.1 显示偏好的概念

在现实生活中,消费者的偏好是不能直接观察到的,只能根据观察到的消费者的消费行为来间接地推测消费者对商品的偏好。

如图 7.1 所示,假设消费者的收入为 m,两种商品 1 和 2 的价格分别为 p_1 和 p_2,(x_1, x_2) 是消费者的最优选择消费束,(y_1, y_2) 是位于预算线(包括预算线)下的不同于消费束 (x_1, x_2) 的另一消费束。

由于消费束 (x_1, x_2) 是在收入为 m 和两种商品价格分别为 p_1 与 p_2 下消费者购买的消费束,所以,消费束 (x_1, x_2) 一定满足以下等式

$$p_1 x_1 + p_2 x_2 = m \qquad (7-1)$$

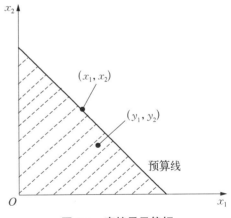

图7.1 直接显示偏好

注:消费束 (x_1, x_2) 是消费束 (y_1, y_2) 的直接显示偏好

由于 (y_1, y_2) 是位于预算线(包括预算线)下的不同于消费束 (x_1, x_2) 的消费束,所以,消费束 (y_1, y_2) 是消费者有能力购买但是没有购买的消费束,因此,消费束 (y_1, y_2) 一定满足以下不等式

$$p_1 y_1 + p_2 y_2 \leqslant m \qquad (7-2)$$

由式(7-1)和式(7-2),可得

$$p_1 x_1 + p_2 x_2 \geqslant p_1 y_1 + p_2 y_2 \qquad (7-3)$$

---

① 本章对显示偏好的研究假设无差异曲线为严格凸,实际上显示偏好理论对任何形状的无差异曲线都成立。

7.1.1　直接显示偏好

如果 (x_1, x_2) 是在收入为 m、两种商品价格分别为 p_1 和 p_2 下消费者消费的消费束，而且消费束 (y_1, y_2) 是满足不等式 $p_1 x_1 + p_2 x_2 \geqslant p_1 y_1 + p_2 y_2$ 又确实不同于消费束 (x_1, x_2) 的消费束，那么，消费束 (x_1, x_2) 就是消费束 (y_1, y_2) 的直接显示偏好（direct revealed preference），记为 $(x_1, x_2) \underset{D}{\succ} (y_1, y_2)$。

可见，直接显示偏好是指按照某种预算约束实际消费的消费束和按照该种预算约束能够消费而没有消费的消费束之间的一种关系。

如果消费束 $A(x_1, x_2)$ 是在收入为 m 和两种商品价格分别为 p_x 与 p_y 下消费者购买的消费束。注意以下几种情况的两个消费束无法判断是否直接显示偏好关系，即无法做比较：

（1）购买的消费束与预算集外的消费束不能做比较，如图 7.2 中 A 点与 D 点或者 E 点所示。

（2）预算集内两个都没有购买的消费束不能做比较，如图 7.2 中 B 点与 C 点所示。

（3）预算集内的消费束与预算集外的消费束不能做比较，如图 7.2 中 B 点与 D 点或者 E 点所示。

（4）预算集外两个都无法消费的消费束不能做比较，如图 7.2 中 D 点与 E 点所示。

（5）线段上的消费束不能与其他消费束做比较，如图 7.2 中 GH 线段与 B 点、C 点、D 点或 E 点所示，即不能得出 GH 线段上的消费束是 B 点、C 点、D 点或 E 点的直接显示偏好。

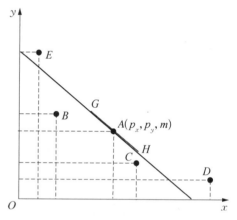

图 7.2　直接显示偏好注意点

7.1.2　间接显示偏好

假设消费束 (y_1, y_2) 正好是两种商品价格为 q_1 和 q_2 下消费者需求的消费束，而消费束 (z_1, z_2) 是满足不等式 $q_1 y_1 + q_2 y_2 \geqslant q_1 z_1 + q_2 z_2$ 又确实不同于消费束 (y_1, y_2) 的消费束，那么，根据上述定义，消费束 (y_1, y_2) 就是消费束 (z_1, z_2) 的直接显示偏好，如图 7.3 所示。

如果消费束 (x_1, x_2) 是消费束 (y_1, y_2) 的直接显示偏好，消费束 (y_1, y_2) 又是消费束 (z_1, z_2) 的直接显示偏好，那么，消费束 (x_1, x_2) 就是消费束 (z_1, z_2) 的间接显示偏好（indirect revealed preference），记为 $(x_1, x_2) \underset{I}{\succ} (z_1, z_2)$。

显然，可以比较更长的消费束：如果消费束 A 是消费束 B 的直接显示偏好，消费束 B 是消费束 C

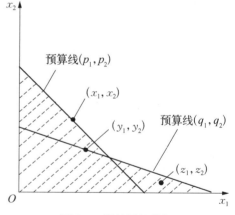

图 7.3　间接显示偏好

注：消费束 (x_1, x_2) 是消费束 (y_1, y_2) 的直接显示偏好；

消费束 (y_1, y_2) 是消费束 (z_1, z_2) 的直接显示偏好；

消费束 (x_1, x_2) 是消费束 (z_1, z_2) 的间接显示偏好。

的直接显示偏好,消费束 C 是消费束 D 的直接显示偏好,那么,消费束 A 是消费束 D 的间接显示偏好。

7.1.3　显示偏好

如果一个消费束要么是另一个消费束的直接显示偏好,要么是另一个消费束的间接显示偏好,那么,这个消费束就是另一个消费束的显示偏好。

7.2　显示偏好原理

由于理性消费者的消费行为总是选择其所能购买的最佳消费束,于是,可以得出结论:消费者所做的消费选择一定比其能做而未做的选择更加受偏好。也就是说,如果消费束 (x_1, x_2) 是消费束 (y_1, y_2) 的直接显示偏好,那么,实际上就可以说消费者对消费束 (x_1, x_2) 的偏好超过对消费束 (y_1, y_2) 的偏好。于是,有以下的显示偏好原理。

显示偏好原理: (x_1, x_2) 是在两种商品价格分别为 p_1 和 p_2 下消费者消费的消费束,消费束 (y_1, y_2) 是满足不等式 $p_1x_1 + p_2x_2 \geqslant p_1y_1 + p_2y_2$ 又确实不同于消费束 (x_1, x_2) 的消费束,那么,一定有: $(x_1, x_2) > (y_1, y_2)$。 即如果消费束 (x_1, x_2) 是消费束 (y_1, y_2) 的直接显示偏好,那么,一定有 $(x_1, x_2) > (y_1, y_2)$。

显示偏好原理推论 7.1　如果消费束 (x_1, x_2) 是消费束 (z_1, z_2) 的间接显示偏好,那么,一定有 $(x_1, x_2) > (z_1, z_2)$。

因为如果消费束 (x_1, x_2) 是消费束 (y_1, y_2) 的直接显示偏好,那么有 $(x_1, x_2) > (y_1, y_2)$;消费束 (y_1, y_2) 又是消费束 (z_1, z_2) 的直接显示偏好,那么有 $(y_1, y_2) > (z_1, z_2)$。

所以,消费束 (x_1, x_2) 是消费束 (z_1, z_2) 的间接显示偏好,从而 $(x_1, x_2) > (z_1, z_2)$（由传递性假设可知）。

显示偏好原理推论 7.2　如果一个消费束是另一个消费束的显示偏好,那么该消费束比另一个消费束更加受消费者偏好。

根据显示偏好的概念及原理可知:消费者需求的消费束 (x_1, x_2) 是图 7.3 阴影区域中所有其他消费束的显示偏好（直接显示偏好或间接显示偏好）;也就是说,经过消费束 (x_1, x_2) 的无差异曲线必定位于图 7.3 所示阴影区域之上。

例 7.1　一个学生把她所有的收入都花在比萨和买书上。当书的价格为每本 \$10,而比萨的价格为每个 \$3 时,她每月购买 3 本书和 30 个比萨。

(1) 当书的价格上涨到每本 \$11,而比萨的价格下降到每个 \$2.90 时,这种价格的变动会使她的状况发生什么变化?

(2) 当书的价格降到每本 \$9,而比萨的价格上涨到每个 \$3.10 时,这种价格的变动会使她的状况发生什么变化?

解: 以横坐标 x 为书的销量,纵坐标 y 为比萨的销量。书的价格为每本 \$10,而比萨的

价格为每个 \$3 时,她每月消费 3 本书和 30 个比萨,即最优消费束为 $A(x^*, y^*) = (3, 30)$,
代入得 $m = 120$。

所以书和比萨的价格变化前,该学生的预算约束方程为

$$10x + 3y = 120 \qquad \qquad ①$$

(1) 书的价格上涨到每本 \$11,而比萨价格降到了每个 \$2.90 时,预算约束变为

$$11x + 2.9y = 120 \qquad \qquad ②$$

由于把 $A(x^*, y^*) = (3, 30)$ 代入②式有

$$11 \times 3 + 2.9 \times 30 = 120$$

所以,方程②经过方程①的最优消费束

$$(x^*, y^*) = (3, 30)$$

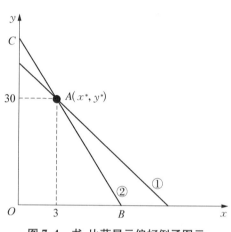

由预算约束①下选择 A 点可以得出:A 是 AB 段上除 A 点之外所有点的直接显示偏好,如图 7.4 所示。那么在预算约束②下,若 AC 线段上最优消费束比 A 点好,那么书的价格上涨后她将选择 AC 段上的该最优消费束,状况变好;若在 AC 线段上找不到一点比 A 点好,那么书的价格上涨后她仍消费 A 点,状况不变。因此,这种价格变动使她的状况至少比原来好,当且仅当消费者偏好为完全互补时,状况和原来一样好。

图 7.4 书、比萨显示偏好例子图示

(2) 书的价格降到每本 \$9,而比萨的价格上涨到每个 \$3.10 时,预算约束变为

$$9x + 3.1y = 120 \qquad \qquad ③$$

由于把 $A(x^*, y^*) = (3, 30)$ 代入③式有

$$9 \times 3 + 3.1 \times 30 = 120$$

所以方程③经过方程①的最优消费束为

$$(x^*, y^*) = (3, 30)$$

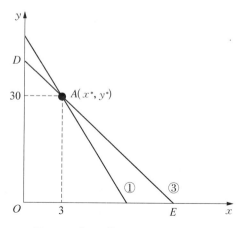

由预算约束①下选择 A 点可以得出,A 是 AD 段上除 A 点之外所有点的直接显示偏好,如图 7.5 所示。那么在预算约束③下,若 AE 线段上的最优消费束比 A 点好,那么书的价格下降后她将选择 AE 段上的该消费束,状况变好;若在 AE 线段上找不到一点比 A 点好,那么书的价格下降后她仍消费 A 点,状况不变。因此,这种价格变动使她的状况至少比原来好,当且仅当消费者偏好为完全互补

图 7.5 书、比萨显示偏好例子图示

时,状况和原来一样好。

例 7.2 某消费者只消费猪排和羊排。若猪排价格上涨而其他条件不变,该消费者对猪排和羊排的消费都减少了,那么( )。

A. 对该消费者来说猪排是正常商品

B. 对该消费者来说羊排是正常商品

C. 对该消费者来说猪排是低档商品

D. 对该消费者来说羊排是低档商品

E. 相对于羊排,该消费者更偏好猪排

解: 假设猪排的消费量用 x_1 表示,其猪排价格上涨前的价格为 p_1;羊排的消费量用 x_2 表示,其价格为 p_2。消费者收入为 m。

那么猪排价格上涨前,该消费者的预算约束方程为

$$p_1 x_1 + p_2 x_2 = m \qquad ①$$

假设方程①的最优消费束为 $A(x_1^*, x_2^*)$(见图 7.6)。

猪排价格上涨为 p_1',那么该消费者的预算约束方程变为

$$p_1' x_1 + p_2 x_2 = m \qquad ②$$

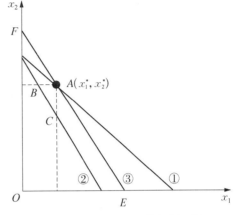

图 7.6 猪排、羊排显示偏好例子图示

由题意可知:方程②的最优消费束在 BC 段。

作一条与方程②平行且经过方程①的最优消费束 $A(x_1^*, x_2^*)$ 的预算线③。

由显示偏好原理可知,A 点是 AE 线段上除 A 点以外任意一点的显示偏好,因此对于预算方程③,消费者将选择 AF 线段上某一最优消费束,此时猪排消费减少,羊排消费增加。

预算方程②的最优消费束处于 BC 段上,而方程③相对于方程②来说收入增加而机会成本(相对价格)不变。

因此,可以判断出对该消费者来说羊排是正常商品,选 B。

例 7.3 再论从量税和收入税。从量税为对消费者每消费一单位商品征税,收入税为对消费者总收入征税。在政府征收税收相同的情况下,征收从量税还是收入税对于消费者更好?试用显示偏好理论分析讨论。

解: 假设两种商品的价格分别为 p_1 和 p_2,消费者的收入为 m,消费两种商品的数量分别为 x_1 和 x_2。

那么,不征税时消费者的预算约束方程 l_1 为

$$p_1 x_1 + p_2 x_2 = m$$

征收从量税率为 t 的税收时消费者的预算方程 l_2 为

$$(p_1 + t) x_1 + p_2 x_2 = m$$

征收收入税时消费者的预算方程 l_3 为

$$p_1x_1 + p_2x_2 = m - T$$

从量税和收入税对福利的影响如图 7.7 所示。

假设征收从量税时消费者的最优消费束为 $A(x_1^*, x_2^*)$，政府税收收入为 tx_1^*，为了使两种征税法达到相同的征收税收，那么政府征收收入税时获得的税收收入也是 $T = tx_1^*$。那么预算约束 l_3 应该为

$$p_1x_1 + p_2x_2 = m - tx_1^*$$

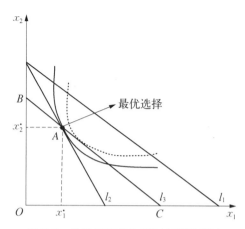

图 7.7   从量税和收入税对福利的影响

由于 $(p_1 + t)x_1^* + p_2x_2^* = m \Rightarrow p_1x_1^* + p_2 = m - tx_1^*$，所以，由上述可得预算约束方程 l_3 经过预算约束方程 l_2 的最优消费束 $A(x_1^*, x_2^*)$。

由预算约束方程 l_2 可得，A 点为 AB 段上除 A 外任意一点的直接显示偏好，因此，当政府征收收入税时，消费者仍可以选择消费征收从量税时的最优消费束 A 点，并且可以选择 AC 段上高于 A 点效用的最优消费束，故征收收入税时消费者状况至少和征收从量税时相同，当且仅当消费者偏好为完全互补时两种税收下消费者状况相同。

7.3   显示偏好弱公理

7.3.1   显示偏好弱公理

上述讨论显示偏好的概念及显示偏好原理的时候，总是假设消费者在其所能购买的消费束中选择最佳的消费束，也就是说，消费者总是在其预算约束下追求效用最大化。这种假设下的消费者行为肯定满足以下的显示偏好弱公理。

显示偏好弱公理（WARP）：如果消费束 (y_1, y_2) 不同于消费束 (x_1, x_2)，且消费束 (x_1, x_2) 是消费束 (y_1, y_2) 的直接显示偏好，那么，消费束 (y_1, y_2) 就不可能是消费束 (x_1, x_2) 的直接显示偏好。

也就是说，假设 (x_1, x_2) 是在商品价格为 p_1 和 p_2 下消费者购买的消费束，而 (y_1, y_2) 是在商品价格为 q_1 和 q_2 下消费者购买的消费束，如果有以下不等式

$$p_1x_1 + p_2x_2 \geqslant p_1y_1 + p_2y_2$$

该不等式表明：在商品价格为 p_1 和 p_2 下购买消费束 (x_1, x_2) 时，消费者有能力购买消费束 (y_1, y_2) 而没有购买。

那么，在商品价格为 q_1 和 q_2 下就不可能有这样的不等式

$$q_1y_1 + q_2y_2 \geqslant q_1x_1 + q_2x_2$$

即一定有

$$q_1y_1 + q_2y_2 < q_1x_1 + q_2x_2$$

该不等式表明：在商品价格为 q_1 和 q_2 下购买消费束 (y_1, y_2) 时，消费者就一定没有能力购买消费束 (x_1, x_2)。

现考察一下违背显示偏好弱公理会出现什么情况。

如图 7.8 所示，在商品价格为 p_1 和 p_2 下，消费者的最优选择为消费束 (x_1, x_2)；在商品价格为 q_1 和 q_2 下，消费者的最优选择为消费束 (y_1, y_2)。同时，在满足不等式 $p_1x_1 + p_2x_2 \geqslant p_1y_1 + p_2y_2$ 的情况下，仍然满足不等式 $q_1y_1 + q_2y_2 \geqslant q_1x_1 + q_2x_2$。于是，可以得出：消费束 (x_1, x_2) 是消费束 (y_1, y_2) 的直接显示偏好；而消费束 (y_1, y_2) 又是消费束 (x_1, x_2) 的直接显示偏好。所以，图 7.8 所示的消费者违反了显示偏好弱公理，即消费者的行为不是理性的，不可能是追求效用最大化的行为。

因此，对于违反显示偏好弱公理的消费者行为，无法画出消费者无差异曲线。

现考察一下满足显示偏好弱公理会出现什么情况。

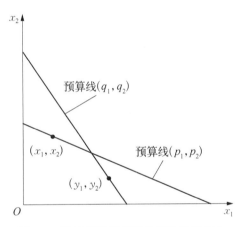

图 7.8 违反显示偏好弱公理的选择行为

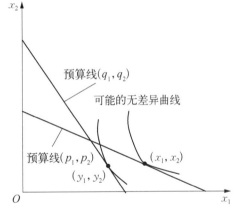

图 7.9 满足显示偏好弱公理的选择行为

如图 7.9 所示，在商品价格为 p_1 和 p_2 下，消费者的最优选择为消费束 (x_1, x_2)；在商品价格为 q_1 和 q_2 下，消费者的最优选择为消费束 (y_1, y_2)。同时，在满足不等式 $p_1x_1 + p_2x_2 \geqslant p_1y_1 + p_2y_2$ 的情况下，仍然满足不等式 $q_1y_1 + q_2y_2 < q_1x_1 + q_2x_2$。于是，可以得出：消费束 (x_1, x_2) 是消费束 (y_1, y_2) 的直接显示偏好；而消费束 (y_1, y_2) 不是消费束 (x_1, x_2) 的直接显示偏好。所以，图 7.9 中的消费者满足显示偏好弱公理，可以画出可能的无差异曲线。

7.3.2 显示偏好弱公理的检验

显示偏好弱公理是消费者购买的消费束为最优选择所必须满足的条件。所以，可以运用显示偏好弱公理来检验特定的消费者行为是否理性，即在预算约束下消费者是否追求效用最大化，如果消费者行为违背了显示偏好弱公理，那就表明消费者行为不是理性的，不是追求效用最大化的行为，也就是说，理性的消费者的选择行为肯定满足显示偏好弱公理。

下面以具体的例子来说明如何检验消费者行为是否满足显示偏好弱公理。

表 7.1 是某消费者消费行为的观察结果，我们把该消费者在不同价格下所选择的若干消费束对应的数据排列在表 7.1 中。

表 7.1　某消费者在不同价格下的消费束

观　察	p_1	p_2	x_1	x_2
1	4	1	10	20
2	10	40	4	14
3	5	5	20	10

根据表 7.1 所列数据，就能计算出该消费者在每组不同价格下购买每组不同的消费束所需要的费用。现把计算结果列在表 7.2 中，我们按第 $t(=1, 2, 3)$ 组价格购买第 $s(=1, 2, 3)$ 组消费束所花费的费用所对应的数据位于表 7.2 中第 t 行第 s 列。

表 7.2 中的每一行上的数据对应于按某一组价格下消费者购买不同消费束所花费的货币数量，而主对角线 $(t=s)$ 上的数量表示在该价格下消费者的最优选择消费束所花费的货币数量。所以，我们通过比较表 7.2 中同一行上主对角线上的数据和非主对角线上的数据，就可以知道同一行上主对角线上所对应的消费束是不是非主对角线上所对应的消费束的直接显示偏好。如果同一行上主对角线上的数据大于等于非主对角线上的数据，那么，同一行上主对角线上所对应的消费束就是非主对角线上所对应的消费束的直接显示偏好，这样的话，我们就在该非主对角线上的数据上打上星号(*)；否则，就是按该商品价格下消费者无法购买的消费束，不打任何记号。

按照上述方法，我们可以得到表 7.2 所示的星号(*)。

凡是第 t 行第 s 列所对应的数据以及第 s 行第 t 列所对应的数据都带有星号，那么，第 t 组和第 s 组这两组消费束违反显示偏好弱公理。因为，这两组数据都带有星号，表示按照第 t 组价格下选择的第 t 组消费束是第 s 组消费束的直接显示偏好；反之，按照第 s 组价格下选择的第 s 组消费束是第 t 组消费束的直接显示偏好。

在表 7.2 中我们可以看到，位于第 2 行第 3 列的数据以及第 3 行第 2 列的数据都带有星号。所以，第 2 个消费束 (4, 14) 与第 3 个消费束 (20, 10) 的选择违背显示偏好弱公理。因此，该消费者的行为不是追求效用最大化的消费行为。

表 7.2　每个消费束在不同价格下的费用

(p_1, p_2) ＼ (x_1, x_2)	(10, 20)	(4, 14)	(20, 10)
(4, 1)	60	30*	90
(10, 40)	900	600	600*
(5, 5)	150*	90*	150

例 7.4　某消费者消费两种商品，给定价格下消费者的最优消费束分别为：当价格为

$(p_1,p_2)=(1,2)$ 时,消费者最优选择为 $(x_1,x_2)=(1,2)$;当价格为 $(p_1,p_2)=(2,1)$ 时,消费者最优选择为 $(x_1,x_2)=(2,1)$;当价格为 $(p_1,p_2)=(1,1)$ 时,消费者最优选择为 $(x_1,x_2)=(2,2)$。 请检验该消费者是否满足显示偏好弱公理?

解：由题意可将每个消费束在不同价格下的费用列表如下：

(p_1,p_2) ＼ (x_1,x_2)	(1, 2)	(2, 1)	(2, 2)
(1, 2)	5	4*	6
(2, 1)	4*	5	6
(1, 1)	3*	3*	4

位于第 2 行第 1 列的数据与第 1 行第 2 列的数据都带有星号,即价格水平 $(p_1,p_2)=$ $(1,2)$ 下,消费束 $(1,2)$ 直接显示偏好于消费束 $(2,1)$,而价格水平 $(p_1,p_2)=(2,1)$ 下,消费束 $(2,1)$ 直接显示偏好于消费束 $(1,2)$,违反显示偏好弱公理。

7.4　显示偏好强公理

7.4.1　显示偏好强公理

显示偏好弱公理讨论了追求效用最大化的消费行为应该满足什么条件。

显示偏好弱公理认为,如果消费束 (x_1,x_2) 是消费束 (y_1,y_2) 的直接显示偏好,那么,对于理性的消费者来说,绝不可能观察到消费束 (y_1,y_2) 是消费束 (x_1,x_2) 的直接显示偏好。而显示偏好强公理认为,这种情况对间接显示偏好同样成立。

显示偏好强公理（SARP）：如果消费束 (y_1,y_2) 不同于消费束 (x_1,x_2),且消费束 (x_1,x_2) 是消费束 (y_1,y_2) 的显示偏好（直接或间接）,那么,消费束 (y_1,y_2) 就不可能是消费束 (x_1,x_2) 的显示偏好（直接或间接）。

一方面,因为消费者对商品的偏好具有传递性,因此消费者的显示偏好也具传递性,所以,如果消费者的消费行为是追求效用最大化,那么该消费者被观察到的消费行为一定满足显示偏好强公理,表明显示偏好强公理是追求效用最大化行为的必要条件;另一方面,如果被观察到的消费行为满足显示偏好强公理,那么,我们总可以找到使得观察到的消费行为是消费者追求效用最大化的行为的偏好,表明显示偏好强公理是追求效用最大化行为的充分条件。

因此,显示偏好强公理是消费者追求效用最大化行为的充分必要条件。

7.4.2　显示偏好强公理的检验

表 7.3 是某消费者消费行为的观察结果。

表 7.3 某消费者在不同价格下的消费束

观 察	p_1	p_2	p_3	x_1	x_2	x_3
1	1	3	10	3	1	4
2	4	3	6	2	5	3
3	1	1	5	4	4	3

根据表 7.3 所列数据,就能计算出该消费者在每组不同价格下购买每组不同的消费束所需要的费用。现把计算结果列在表 7.4 中,按第 $t(=1, 2, 3)$ 组价格购买第 $s(=1, 2, 3)$ 组消费束所花费的费用所对应的数据位于表 7.4 中第 t 行第 s 列。

表 7.4 每个消费束在不同价格下的费用

(x_1, x_2) (p_1, p_2)	(3, 1, 4)	(2, 5, 3)	(4, 4, 3)
(1, 3, 10)	46	47	46*
(4, 3, 6)	39*	41	46
(1, 1, 5)	24	22*	23

因为凡是第 t 行第 s 列所对应的数据以及第 s 行第 t 列所对应的数据都带有星号,那么,第 t 组和第 s 组这两组消费束违反显示偏好弱公理。因为表 7.4 中 t 行 s 列与 s 行 t 列不同时存在星号,所以,上述消费者的消费行为满足显示偏好弱公理。

下面检验一下消费者行为是否满足显示偏好强公理。

表 7.5 和表 7.4 基本一致,唯一的区别在于:如果一个消费束是另一个消费束的间接显示偏好,那么,就在另一个消费束所对应的费用数据上打上一个带有圆括弧的星号。

表 7.5 每个消费束在不同价格下的费用

(x_1, x_2) (p_1, p_2)	(3, 1, 4)	(2, 5, 3)	(4, 4, 3)
(1, 3, 10)	46	47$^{(*)}$	46*
(4, 3, 6)	39*	41	46$^{(*)}$
(1, 1, 5)	24$^{(*)}$	22*	23

由于第 1 行第 3 列上的数据带有星号,所以,第 1 个消费束是第 3 个消费束的直接显示偏好,即 $(3, 1, 4) \underset{D}{\succ} (4, 4, 3)$;又由于第 3 行第 2 列上的数据带有星号,所以,第 3 个消费束是第 2 个消费束的直接显示偏好,即 $(4, 4, 3) \underset{D}{\succ} (2, 5, 3)$。 所以,第 1 个消费束是第 2 个消费束的间接显示偏好,即 $(3, 1, 4) \underset{I}{\succ} (2, 5, 3)$,于是,我们就在第 1 行第 2 列上的数据 47 旁打上一个带有圆括弧的星号(见表 7.5)。

同理,第 2 个消费束是第 1 个消费束的直接显示偏好 $(2, 5, 3) \underset{D}{\succ} (3, 1, 4)$,而第 1 个

消费束是第 3 个消费束的直接显示偏好 $(3, 1, 4) \underset{D}{\succ} (4, 4, 3)$，所以，第 2 个消费束是第 3 个消费束的间接显示偏好 $(2, 5, 3) \underset{I}{\succ} (4, 4, 3)$，在第 2 行第 3 列上的数据 46 旁打上一个带有圆括弧的星号(见表 7.5)。

同理，第 3 个消费束是第 2 个消费束的直接显示偏好 $(4, 4, 3) \underset{D}{\succ} (2, 5, 3)$，而第 2 个消费束是第 1 个消费束的直接显示偏好 $(2, 5, 3) \underset{D}{\succ} (3, 1, 4)$，所以，第 3 个消费束是第 1 个消费束的间接显示偏好 $(4, 4, 3) \underset{I}{\succ} (3, 1, 4)$，在第 3 行第 1 列上的数据 24 旁打上一个带有圆括弧的星号(见表 7.5)。

由表 7.5 数据可知：第 2 行第 1 列与第 1 行第 2 列、第 3 行第 1 列与第 1 行第 3 列以及第 3 行第 2 列与第 2 行第 3 列同时标有星号，所以，消费者行为违背显示偏好强公理。说明该消费者的行为不是追求效用最大化的最优选择行为。

例 7.5　在价格 $(p_1, p_2) = (4, 1)$ 时，小张消费的消费束 $(x_1, x_2) = (10, 20)$。在价格 $(p_1, p_2) = (10, 40)$ 时，小张消费的消费束 $(x_1, x_2) = (4, 14)$。如果在价格 (p'_1, p'_2) 下，他消费的消费束为 $(x_1, x_2) = (20, 10)$。假设小张的消费偏好为理性偏好，则 p'_1 与 p'_2 必须满足什么条件？

解：根据题意，可列出表 7.6。其中，第一行表示选择的消费束，第一列表示不同的消费束对应的价格体系，其他单元格表示给定价格体系(行)和目标消费束(列)下所需的费用。因此，对角线上的费用代表了消费者选择时的收入水平，而对应标注"*"的单元格表示该消费束被最优选择直接显示偏好。

表 7.6　每个消费束在不同价格下的费用

价格 ＼ 消费束	(10, 20)	(4, 14)	(20, 10)
(4, 1)	60	30*	90(*)
(10, 40)	900	600	600*
(p'_1, p'_2)	$10p'_1 + 20p'_2$	$4p'_1 + 14p'_2$	$20p'_1 + 10p'_2$

由表 7.6 可知

$$(10, 20) \underset{D}{\succ} (4, 14); \quad (4, 14) \underset{D}{\succ} (20, 10)$$

所以有

$$(10, 20) \underset{I}{\succ} (20, 10)$$

根据显示偏好理论，可得

$$\begin{cases} 10p'_1 + 20p'_2 > 20p'_1 + 10p'_2 \\ 4p'_1 + 14p'_2 > 20p'_1 + 10p'_2 \end{cases} \Rightarrow p'_2 > 4p'_1$$

7.5　弱公理与强公理间的关系

　　上述分别讨论了用于判断消费者的消费行为是否追求效用最大化的最优行为的显示偏好弱公理以及显示偏好强公理，那么，这两个公理之间到底存在什么关系？

　　(1) 如果消费者行为满足显示偏好强公理，那么该消费者行为肯定满足显示偏好弱公理。可从两个公理的内涵得出这个结论。

　　(2) 消费者行为满足显示偏好弱公理，但是，该消费者行为不一定满足显示偏好强公理。可以从显示偏好强公理的检验例子中得出该结论。

7.6　思考练习题

　　(1) 小张把她所有的收入都花在商品 1 和商品 2 上。当商品 1 的价格为每单位 \$10，商品 2 的价格为每单位 \$5 时，她购买 30 单位商品 1 和 20 单位商品 2。

　　① 当商品 1 价格下降到每单位 \$8，商品 2 的价格上涨到每单位 \$8 时，小张的福利状况会发生什么变化？

　　② 当商品 1 价格上涨到每单位 \$11，商品 2 的价格下降到每单位 \$3.5 时，小张的福利状况会发生什么变化？

　　(2) 小马目前在娱乐上的花费为每周 \$100。一个有钱的叔叔给了他两个选择：一个是每周给他 \$50 的津贴，另一个是为他付一半的娱乐消费。娱乐对于小马属于正常品，且小马具有良性偏好。问小张会选择哪个方案？

　　(3) 某农民工当前每月花费 500 元购买 10 元/份的工作盒饭。他总是抱怨盒饭的质量太差，并且表示，如果收入每增加 10 元，他就会选择少吃一份这种工作盒饭（即选择其他更高的伙食标准）。最近他发现有一个新的工作机会，工资相同，但同样的盒饭只卖 7.5 元/份。为了挽留他，工头答应给他涨 100 元工资。① 请问他最后该选择哪份工作？并详细说明理由。② 如果新工作单位同样的工作盒饭涨价到 8 元/份，他之前的选择是否会改变，为什么？

　　(4) 小张目前在娱乐上的花费为每周 100 元。一个有钱的叔叔给了他两个选择：一个是每周给他 20 元津贴的同时为他支付 60% 的娱乐消费，另一个是每周给他 40 元津贴的同时为他支付 40% 的娱乐消费。娱乐对于小张属于正常品，且小张具有良性偏好。则小张会选择哪个方案？请运用显示偏好原理对此进行论述。

　　(5) 下表是某消费者消费行为的观察结果，我们把该消费者在不同价格下所选择的若干消费束对应的数据排列在表中。

观　察	p_1	p_2	p_3	x_1	x_2	x_3
1	1	3	5	3	1	4
2	2	3	3	2	3	3
3	1	4	3	2	1	3

问：该消费者的消费行为是否理性？

（6）下表是某消费者消费行为的观察结果，我们把该消费者在不同价格下所选择的若干消费束对应的数据排列在表中。

观　察	p_1	p_2	x_1	x_2
1	1	3	3	2
2	2	3	4	2
3	1	4	2	2

问：该消费者的消费行为是否理性？

（7）下表是某消费者消费行为的观察结果，我们把该消费者在不同价格下所选择的若干消费束对应的数据排列在表中。

观　察	p_1	p_2	x_1	x_2
1	10	20	4	6
2	14	15	5	5
3	$\bar{p}_1$	$\bar{p}_2$	6	4

若该消费者的消费行为是理性的，问：价格 $\bar{p}_1$ 和 $\bar{p}_2$ 应该满足什么条件？

（8）当价格为 $(p_1, p_2) = (\$4, \$2)$ 时，某消费者的消费束为 $(x_1, x_2) = (8, 20)$。当价格为 $(p'_1, p'_2) = (\$2, \$4)$ 时，他的消费束为 $(x'_1, x'_2) = (10, 13)$。当价格为 (p''_1, p''_2)，他的消费束为 $(x''_1, x''_2) = (14, 11)$。如果他的偏好满足显示偏好强公理，那么 (p''_1, p''_2) 必须满足什么关系？

第8章

斯勒茨基方程

本章主要讨论价格变化引起机会成本（相对价格）变化和收入的实际购买力变化所产生的对需求变化的不同效应。

8.1 替代效应和收入效应

8.1.1 替代效应和收入效应大小

某商品价格改变,导致消费者对该商品的需求变化量可以分解为两种效应。

（1）当某商品价格（或者机会成本,为了讨论方便只讨论一种商品价格变化而另一种商品价格保持不变）发生变化时,保持消费者购买力不变,由相对价格变化所引起的对商品需求量的变化叫作替代效应（substitution effect）。其中购买力不变是指价格虽然变化,但是调整消费者收入使得价格变化后的预算线正好经过原来的最优消费束,即购买得起原来的最优消费束,由于该定义由经济学家斯勒茨基（Slutsky）首先提出来,所以该效应又叫斯勒茨基替代效应（Slutsky substitution effect）。

（2）当商品价格发生变化时,相同的货币量可以购买不同数量的商品,这种由购买力变化所引起商品需求量的变化叫作收入效应（income effect）。下面以图 8.1 所示详细说明。

如果消费者的收入为 m,两种商品的消费数量为 x_1 和 x_2,两种商品的价格为 p_1 和 p_2。 此时的预算方程为

$$p_1 x_1 + p_2 x_2 = m \qquad ①$$

其最优消费束记为 $A[x_1(p_1, p_2, m), x_2(p_1, p_2, m)]$。

如果商品1的价格从 p_1 变为 p_1',那么价格变化后的预算方程为

$$p_1' x_1 + p_2 x_2 = m \qquad ②$$

其对应的最优消费束记为 $C[x_1(p_1',$

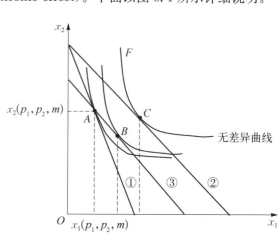

图 8.1　价格变化下的替代效应和收入效应

$p_2, m), x_2(p'_1, p_2, m)]$。

经过初始最优消费束 $A[x_1(p_1, p_2, m), x_2(p_1, p_2, m)]$ 作一条与最终预算线（预算方程②）平行的预算线，那么其预算方程为

$$p'_1 x_1 + p_2 x_2 = m' \qquad\qquad ③$$

其中 m' 为约束方程③相应的收入。

预算方程③对应的最优消费束为 $B[x_1(p'_1, p_2, m'), x_2(p'_1, p_2, m')]$。

由此可见，约束方程①与约束方程③购买力相同（都买得起初始最优消费束）而机会成本不同。约束方程②与约束方程③机会成本相同而购买力不同。

因此，商品 1 的价格变化后该种商品由 A 点到 B 点商品 1 消费量的变化，即为斯勒茨基替代效应

$$\Delta x_1^s = x_1(p'_1, p_2, m') - x_1(p_1, p_2, m) \qquad\qquad (8-1)$$

下面推导如何得出维持购买力不变时所调整的收入大小。由于两条预算线预算方程①和预算方程③均经过原最优消费束 $A[x_1(p_1, p_2, m), x_2(p_1, p_2, m)]$，因此以下两公式成立

$$\begin{cases} p_1 x_1(p_1, p_2, m) + p_2 x_2(p_1, p_2, m) = m \\ p'_1 x_1(p_1, p_2, m) + p_2 x_2(p_1, p_2, m) = m' \end{cases} \qquad (8-2)$$

由方程组(8-2)可得

$$(p'_1 - p_1) \cdot x_1(p_1, p_2, m) = m' - m \qquad\qquad (8-3)$$

令 $\Delta m = m' - m$，$\Delta p_1 = p'_1 - p_1$，可得

$$\Delta m = \Delta p_1 \cdot x_1(p_1, p_2, m) \qquad\qquad (8-4)$$

商品 1 价格变化引起的由 B 点到 C 点商品 1 消费量的变化即收入效应为

$$\Delta x_1^n = x_1(p'_1, p_2, m) - x_1(p'_1, p_2, m') \qquad\qquad (8-5)$$

例 8.1 如果某消费者对商品 1 的需求函数为 $x_1(p_1, p_2, m) = 8 + p_2 + \dfrac{m}{10 p_1}$，该消费者的收入 $m = 120$，商品 1 和商品 2 的价格分别为 $p_1 = 3$ 和 $p_2 = 2$，如果商品 1 的价格变成为 $p'_1 = 2$，求斯勒茨基替代效应和收入效应。

解： 由于

$$x_1(p_1, p_2, m) = x_1(3, 2, 120) = 8 + 2 + \frac{120}{10 \times 3} = 14$$

所以

$$m' = m + \Delta p_1 \cdot x_1(3, 2, 120) = 120 + (2-3) \cdot 14 = 106$$

因此，

$$x_1(p'_1, p_2, m') = x_1(2, 2, 106) = 8 + 2 + \frac{106}{10 \times 2} = 15.3$$

$$x_1(p'_1, p_2, m) = x_1(2, 2, 120) = 8 + 2 + \frac{120}{10 \times 2} = 16$$

斯勒茨基替代效应

$$\Delta x_1^s = x_1(2, 2, 106) - x_1(3, 2, 120) = 15.3 - 14 = 1.3$$

收入效应

$$\Delta x_1^n = x_1(2, 2, 120) - x_1(2, 2, 106) = 16 - 15.3 = 0.7$$

例 8.2 查理消费香蕉和苹果。他的效用函数是 $U(x, y) = xy^2$，其中，x 是苹果的消费量，y 是香蕉的消费量。苹果的价格是 \$1，香蕉的价格是 \$2，他的收入是 \$30，如果香蕉的价格下降至 \$1。求商品 y 的斯勒茨基替代效应和收入效应。

解：对于柯布—道格拉斯偏好，对 y 最优解为

$$y(p_x, p_y, m) = \frac{2}{3} \cdot \frac{m}{p_y}$$

所以，香蕉价格变化前为

$$y(p_x, p_y, m) = y(1, 2, 30) = \frac{2}{3} \cdot \frac{30}{2} = 10$$

$$m' = m + (p'_y - p_y) \cdot y(p_x, p_y, m) = 30 + (1 - 2) \cdot 10 = 20$$

所以，

$$y(p_x, p'_y, m') = y(1, 1, 20) = \frac{2}{3} \cdot \frac{20}{1} = \frac{40}{3}$$

$$y(p_x, p'_y, m) = y(1, 1, 30) = \frac{2}{3} \cdot \frac{30}{1} = 20$$

因此，斯勒茨基替代效应为

$$\Delta y^s = y(1, 1, 20) - y(1, 2, 30) = \frac{40}{3} - 10 = \frac{10}{3}$$

收入效应为

$$\Delta y^n = y(1, 1, 30) - y(1, 1, 20) = 20 - \frac{40}{3} = \frac{20}{3}$$

8.1.2 替代效应和收入效应符号

1. 替代效应符号

图 8.2 所示，商品 1 价格下降时，消费者面临的预算线①变为预算线②，预算方程③是

经过初始最优消费束 A 与最终预算线（预算方程②）平行的预算线。由显示偏好原理，A 点是 AM 线段上除 A 点以外任何一点的直接显示偏好，因此价格变化后消费者的消费束位于 AN 段上，即商品 1 价格下降使得消费者对商品 1 的消费量增加，消费量的变化方向与价格变化方向相反，此时替代效应为负的。当消费者偏好为完全互补时，B 点与 A 点重合，消费量变化为零，因此替代效应为非正的。

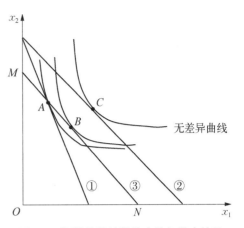

图 8.2　斯勒茨基替代效应收入效应符号

2. 收入效应符号

如图 8.2 所示，商品 1 价格下降时，如果商品 1 是正常品，那么 C 点在 B 点的右边，收入效应为正；如果商品 1 是低档品，那么 C 点在 B 点的左边，收入效应为负。因此收入效应可能为正，也可能为负。

8.2　斯勒茨基方程

8.2.1　斯勒茨基方程绝对形式

商品 1 的价格变化所引起商品 1 消费量的变化为

$$\Delta x_1 = x_1(p'_1, p_2, m) - x_1(p_1, p_2, m)$$
$$= x_1(p'_1, p_2, m') - x_1(p_1, p_2, m) + x_1(p'_1, p_2, m) - x_1(p'_1, p_2, m')$$
$$= \Delta x_1^s + \Delta x_1^n$$

商品 1 的价格变化所引起商品 1 消费量的变化总效应为替代效应和收入效应之和，即

$$\Delta x_1 = \Delta x_1^s + \Delta x_1^n \tag{8-6}$$

其中，$\Delta x_1^s = x_1(p'_1, p_2, m') - x_1(p_1, p_2, m)$，$\Delta x_1^n = x_1(p'_1, p_2, m) - x_1(p'_1, p_2, m')$。

式（8-6）就叫作斯勒茨基方程（Slutsky equation）。该方程将价格变化引起的对需求变化的总效应分解为机会成本（相对价格）变化和收入的实际购买力变化所产生的对需求变化的两种效应。

不管商品是正常品还是低档品，替代效应总是非正的，然而收入效应的正负不确定。下面运用替代效应和收入效应的符号来分析总效应的正负，并判断商品的类型。下面分三种情况讨论：

1. 商品 1 为正常和普通品

考虑价格下降的情况，由于替代效应与价格变化方向相反，所以替代效应会使商品 1 的

消费量增加;又当商品 1 为正常商品时,收入效应使得对商品 1 的消费量增加,替代效应和收入效应均使得消费量增加,因此总的效应也为消费量增加,所以商品 1 也是普通品。如图 8.3 所示,替代效应为由 A 到 B,收入效应为由 B 到 C,总体效应为由 A 到 C。由此可得需求法则。

需求法则:正常品一定是普通品。即如果消费者对一种商品的需求随着收入的增加而增加,那么该消费者对该商品的需求一定随着价格的增加而减少。

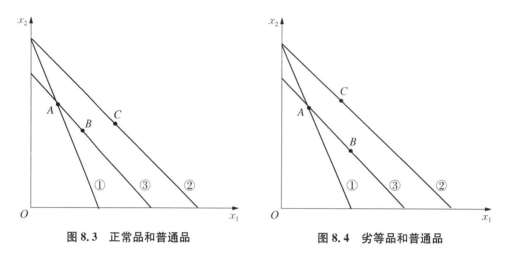

图 8.3 正常品和普通品   图 8.4 劣等品和普通品

2. 商品 1 为劣等品和普通品

考虑价格下降的情况,由于替代效应与价格变化方向相反,所以替代效应会使商品 1 的消费量增加;商品 1 为劣等品时,收入效应使得对商品 1 的消费量减少,当收入效应使得商品 1 消费减少的量小于替代效应使得商品 1 消费增加的量时,价格下降带来的总效应仍为商品 1 消费量增加,此时商品 1 仍然为普通品。如图 8.4 所示,替代效应为由 A 到 B,收入效应为由 B 到 C,总体效应为由 A 到 C,收入效应的方向与替代效应的方向相反,并且收入效应的大小小于替代效应的大小,所以,价格变化的总体效应的方向与替代效应的方向相同。

3. 商品 1 为劣等品和吉芬品

考虑价格下降的情况,由于替代效应与价格变化方向相反,所以替代效应会使商品 1 的消费量增加;商品 1 为劣等品,收入效应使得对商品 1 的消费量减少,如果收入效应足够大,使得商品 1 消费减少的量大于替代效应使得商品 1 消费增加的量时,那么价格下降带来的总效应为商品 1 消费量减少,价格下降消费量反而减少,这种情况下商品 1 为吉芬品。如图 8.5 所示,替代效应为由 A 到 B,收入效应为由 B 到 C,总体效应为由 A 到 C,收入效应的方向与替代效应的方向相反,并且收入效应大于替代效应,因此总体效应的方向与收入效应的

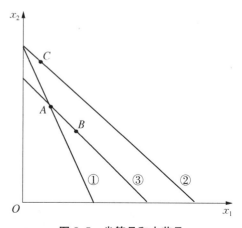

图 8.5 劣等品和吉芬品

方向相同。

综上所述可见,正常品一定是普通品;劣等品有可能为普通品,也有可能为吉芬品;普通品不一定是正常品;吉芬品一定是劣等品。关键是看收入效应的大小与替代效应大小的比较。

8.2.2 斯勒茨基方程相对形式

绝对形式的斯勒茨基方程 $\Delta x_1 = \Delta x_1^s + \Delta x_1^n$ 可以用来计算替代效应、收入效应、总效应的具体大小,利用比例形式的斯勒茨基方程可以各项代数式的符号来判断商品是属于正常品还是吉芬品等。下面对比例形式的斯勒茨基方程做进一步的推导:

由式(8-4)可得

$$\Delta p_1 = \frac{\Delta m}{x_1(p_1, p_2, m)} \tag{8-7}$$

由式(8-5)可得

$$\Delta x_1^m = -\Delta x_1^n = x_1(p_1', p_2, m') - x_1(p_1', p_2, m) \tag{8-8}$$

把式(8-6)两边同时除以 Δp_1,可得

$$\frac{\Delta x_1}{\Delta p_1} = \frac{\Delta x_1^s}{\Delta p_1} + \frac{\Delta x_1^n}{\Delta p_1} \tag{8-9}$$

把式(8-7)、式(8-8)代入式(8-9),可得

$$\frac{\Delta x_1}{\Delta p_1} = \frac{\Delta x_1^s}{\Delta p_1} - \frac{\Delta x_1^m}{\Delta m} \cdot x_1(p_1, p_2, m) \tag{8-10}$$

式(8-10)就是相对形式的斯勒茨基方程表达式。其中 $\frac{\Delta x_1^s}{\Delta p_1} \leqslant 0$(互补品时等号成立);当商品为正常品时 $\frac{\Delta x_1^m}{\Delta m} > 0$;当商品为劣等品时 $\frac{\Delta x_1^m}{\Delta m} < 0$。

例 8.3 证明:如果某商品为正常品,那么该商品肯定是普通品。

证:由于 $\frac{\Delta x_1^s}{\Delta p_1} \leqslant 0$,$\frac{\Delta x_1^m}{\Delta m} > 0$(正常品),所以有

$$\frac{\Delta x_1}{\Delta p_1}_{(-)} = \frac{\Delta x_1^s}{\Delta p_1}_{(-)} - \frac{\Delta x_1^m}{\Delta m}_{(+)} \cdot x_1(p_1, p_2, m)$$

即收入效应为正,替代效应为负,总效应为负,商品为普通品。

而对于劣等品而言,则无法确定商品是普通品还是吉芬品,收入效应小于替代效应时总效应为负,商品为普通品,收入效应足够大时,商品为吉芬品。

8.3 斯勒茨基方程的几个特例

8.3.1 完全替代

如果消费者对两种商品的偏好是完全替代的，假设初始条件下 $MRS_{21} < OC_{21}$，即初始条件下消费者全部消费商品 2，没有消费商品 1。现在商品 1 价格下降使得 $MRS_{21} > OC_{21}$，最终消费者全部消费商品 1，没有消费商品 2。在这一变化过程中，预算线只有转动，没有平移，即经过原最优消费束与最终预算线平行的预算线与最终预算线重合，因此只有替代效应，没有收入效应，即 $\Delta x_1^n = 0$，$\Delta x_1 = \Delta x_1^s$。如图 8.6 所示，图中虚线为预算线，实线为消费者无差异曲线，预算线由 AB 变为 AC。

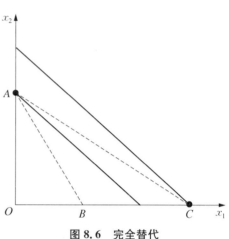

图 8.6 完全替代

例 8.4 某消费者消费 2 种商品 x 和 y 的效用函数为 $U(x, y) = 2x + y$，他的收入为 400。2 种商品最初的价格分别是 $p_x = 10$ 和 $p_y = 4$，若商品 x 的价格降至 $p_x' = 6$，求价格变化引起商品 x 消费量变动中的斯勒茨基替代效应和收入效应分别是多少？

解： 由于初始价格下商品 x 的机会成本大于其边际替代率，所以有

$$x(p_x, p_y, m) = x(10, 4, 400) = 0$$

又由于

$$m' = m + x(p_x, p_y, m) \cdot (p_x' - p_x) = 400 + 0 \cdot (6 - 10) = 400$$

所以，由于价格下降后商品 x 的机会成本小于其边际替代率，则

$$x(p_x', p_y, m') = x(6, 4, 400) = \frac{200}{3}$$

$$x(p_x', p_y, m) = x(6, 4, 400) = \frac{200}{3}$$

斯勒茨基替代效应为

$$\Delta x^s = x(6, 4, 400) - x(10, 4, 400) = \frac{200}{3} - 0 = \frac{200}{3}$$

收入效应为

$$\Delta x^n = x(6, 4, 400) - x(6, 4, 400) = \frac{200}{3} - \frac{200}{3} = 0$$

完全替代偏好下,价格引起的需求变化全部表现为替代效应,收入效应为零。

8.3.2　完全互补

完全互补情况下,消费者最优选择为折点,为保持购买力不变并且与最终预算线平行时预算线的最优选择不变,因此替代效应为零,预算线向外平移时产生收入效应,即 $\Delta x_1^s = 0$, $\Delta x_1 = \Delta x_1^n$(见图8.7),预算线由价格变化前的 AB 到价格变化后的 AF, CD 是购买力不变下的预算线。

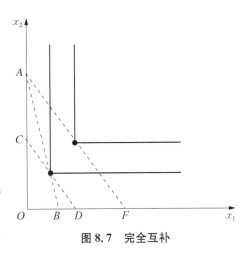

图 8.7　完全互补

例 8.5　消费者对商品 x 与商品 y 的效用函数为 $U(x, y) = \min\{2x, 3y\}$,该消费者收入为 \$120,当商品 x 的价格从 $p_x = \$2$ 变化到 $p_x' = \$1$,商品 y 的价格保持 $p_y = \$1$,求价格变化引起商品 x 消费量变化中的斯勒茨基替代效应和收入效应分别是多少?

解:消费者在价格变化前对商品 x 的需求量为

$$x(p_x, p_y, m) = x(2, 1, 120) = \frac{m}{p_x + \frac{2}{3}p_y} = \frac{120}{2 + \frac{2}{3} \cdot 1} = 45$$

又由于 $m' = m + x(p_x, p_y, m) \cdot (p_x' - p_x) = 120 + 45 \cdot (1 - 2) = 75$,则

$$x(p_x', p_y, m') = x(1, 1, 75) = \frac{m}{p_x' + \frac{2}{3}p_y} = \frac{75}{1 + \frac{2}{3} \cdot 1} = 45$$

$$x(p_x', p_y, m) = x(1, 1, 120) = \frac{m}{p_x' + \frac{2}{3}p_y} = \frac{120}{1 + \frac{2}{3} \cdot 1} = 72$$

所以,斯勒茨基替代效应为

$$\Delta x^s = x(1, 1, 75) - x(2, 1, 120) = 45 - 45 = 0$$

相应收入效应为

$$\Delta x^n = x(1, 1, 120) - x(1, 1, 75) = 72 - 45 = 27$$

完全互补偏好下,价格引起的需求变化全部表现为收入效应,替代效应为零。

8.3.3　拟线性偏好

拟线性偏好下,当预算线为保持购买力不变并且与最终预算线平行时,最优选择发生改变,即替代效应不为零;由于拟线性偏好的无差异曲线都是由一条无差异曲线向上平移而

得,即使预算线向上平移,消费者对商品 1 的最优消费仍不改变,因此收入效应为零,即 $\Delta x_1^n = 0$,$\Delta x_1 = \Delta x_1^s$。 如图 8.8 所示,图中虚线为预算线,变化过程为由①到②再到③。

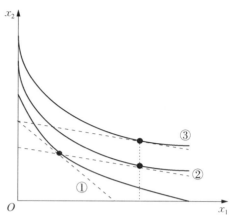

图 8.8　拟线性偏好

例 8.6　一个消费者的效用函数为 $u(x,y) = x + 2\sqrt{y}$,商品 x 的价格是 $p_x = 2$,商品 y 的价格是 $p_y = 1$,该消费者的收入是 $m = 100$。 如果 y 的价格上升到 $p_y' = 2$,那么斯勒茨基替代效应和收入效应分别是多少?

解:这是一个拟线性偏好效用函数,当收入足够大时,由

$$\begin{cases} MRS_{yx} = OC_{yx} \\ p_x x + p_y y = m \end{cases} \Rightarrow \begin{cases} \sqrt{y} = p_x / p_y \\ p_x x + p_y y = m \end{cases} \Rightarrow y = \left(\frac{p_x}{p_y}\right)^2$$

所以价格变化前消费者的最优选择为

$$y(p_x, p_y, m) = y(2, 1, 100) = \left(\frac{2}{1}\right)^2 = 4$$

又由于 $m' = m + y(p_x, p_y, m) \cdot (p_y' - p_y) = 100 + 4 \cdot (2 - 1) = 104$,则

$$y(p_x, p_y', m') = y(2, 2, 104) = \left(\frac{2}{2}\right)^2 = 1$$

$$y(p_x, p_y', m) = y(2, 2, 100) = \left(\frac{2}{2}\right)^2 = 1$$

所以,斯勒茨基替代效应为

$$\Delta y^s = y(2, 2, 104) - y(2, 1, 100) = 1 - 4 = -3$$

相应收入效应为

$$\Delta y^n = y(2, 2, 100) - y(2, 2, 104) = 1 - 1 = 0$$

拟线性偏好具有"零收入效应"的特点,因此价格变化只引起替代效应。

例 8.7　同时征税与补贴。消费者消费两种商品,现对商品 1 征收从量税,同时返还消费者同等数量的补贴,分析这一政策对消费者效用的影响。

解:同时征税补贴前预算方程为 $p_1 x_1 + p_2 x_2 = m$(见图 8.9 中线段①);

征税不补贴时预算方程为 $(p_1 + t) x_1 + p_2 x_2 = m$(见图 8.9 中线段②);

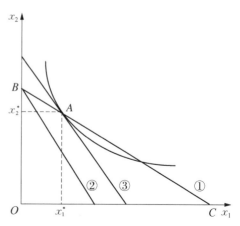

图 8.9　同时征税与补贴

同时征税补贴时预算方程为 $(p_1+t)x_1+p_2x_2=m+S$（见图 8.9 中线段③）。

假设方程③的最优消费束为 $A(x_1^*,x_2^*)$，因为征税量与补贴量相等，所以 $S=tx_1^*$。

那么有 $(p_1+t)x_1^*+p_2x_2^*=m+tx_1^* \Rightarrow p_1x_1^*+p_2x_2^*=m$。

所以，预算方程①通过预算方程③的最优消费束 $A(x_1^*,x_2^*)$，由显示偏好原理，A 点是 AB 线段上除 A 点以外任一点的直接显示偏好，那么预算约束为①的情况下，消费者最优选择为 AC 段上效用高于 A 点的某点，因此原预算约束下消费者效用至少比新政策下的效用高，消费者偏好为完全互补时两种情况下效用相同，同时征税补贴政策使得消费者状况变差。

例 8.8　实时定价

对于电厂实时定价的分析：当用电量小于一定量时发电厂的成本的变化平稳，当用电量大于某个量时成本出现剧增，因此，电力部门制订政策控制消费者用电量在一定范围内。假设电力部门通过提高电价，同时按照提价以前消费者最优消费量补贴的政策来控制用电量，试分析这种政策的影响。

解： 两种情况下消费者预算约束分别为：

提价补贴前：$p_1x_1+p_2x_2=m$（见图 8.10 中线段①），对应的最优消费束为 $A(x_1^*,x_2^*)$。

提价后：$(p_1+t)x_1+p_2x_2=m$（见图 8.10 中线段②）。

提价补贴后：$(p_1+t)x_1+p_2x_2=m+tx_1^*$（见图 8.10 中线段③）。

由于有 $(p_1+t)x_1^*+p_2x_2^*=m+tx_1^* \Rightarrow p_1x_1^*+p_2x_2^*=m$，所以预算方程③是经过预算方程①的最优消费束。如图 8.10 所示，A 点是 AB 线段上除 A 点以外任一点的直接显示偏好，那么预算约束为③的情况下，消费者最优选择为 AC 段上效用高于 A 点的某点，消费者状况至少比原来好。

所以，电力部门的政策提高了电价，同时减少了电量的消费量；消费者状况变好，电力部门补贴支出大于提价获得额外收入。

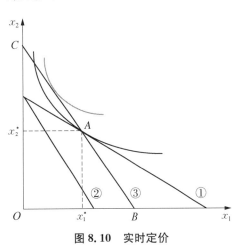

图 8.10　实时定价

8.4　希克斯替代效应

希克斯替代效应（Hicks substitution effect）与斯勒茨基替代效应的不同之处在于，计算斯勒茨基替代效应时调整收入以保持消费者购买力不变，而希克斯替代效应则为预算线与最终预算线平行，调整收入使得预算线与价格变化前最优消费束（初始最优消费束）对应的无差异曲线相切，即保持效用不变，如图 8.11 所示。

当商品 1 和 2 的价格为 p_1 和 p_2，消费者的预算方程为 $p_1x_1+p_2x_2=m$ 时的最优消费束为 A 点，即 $x_1(p_1,p_2,m)$、$x_2(p_1,p_2,m)$；

当商品 1 和 2 的价格为 p_1' 和 p_2，消费者的预算方程为 $p_1'x_1 + p_2x_2 = m$ 时的最优消费束为 C 点，即 $x_1(p_1', p_2, m)$、$x_2(p_1', p_2, m)$；

当商品 1 和 2 的价格为 p_1' 和 p_2，消费者的预算方程为 $p_1x_1 + p_2x_2 = m^h$ 时的最优消费束为 B 点，即 $x_1(p_1', p_2, m^h)$、$x_2(p_1', p_2, m^h)$，并且 A 点的效用与 B 点的效用相同。

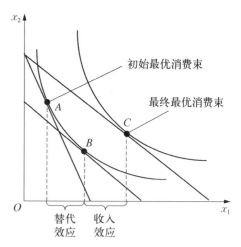

图 8.11 希克斯替代效应

那么，商品 1 的希克斯替代效应为

$$\Delta x_1^h = x_1(p_1', p_2, m^h) - x_1(p_1, p_2, m)$$

相应的收入效应为

$$\Delta x_1^n = x_1(p_1', p_2, m) - x_1(p_1', p_2, m^h)$$

而总效应为

$$\Delta x_1 = \Delta x_1^h + \Delta x_1^n$$

希克斯替代效应也是非正的，下面用直接显示偏好的概念来证明。

当预算约束为 (p_1, p_2, m) 时，A 和 B 无差异，所以 A 不是 B 的直接显示偏好，那么下式不成立

$$p_1x_1(p_1, p_2, m) + p_2x_2(p_1, p_2, m) > p_1x_1(p_1', p_2, m^h) + p_2x_2(p_1', p_2, m^h) \tag{8-11}$$

因此下式成立

$$\underset{(1)}{p_1x_1(p_1, p_2, m) + p_2x_2(p_1, p_2, m)} \leqslant \underset{(2)}{p_1x_1(p_1', p_2, m^h) + p_2x_2(p_1', p_2, m^h)} \tag{8-12}$$

同理，当预算约束为 (p_1', p_2, m^h) 时，B 和 A 无差异，所以 B 不是 A 的直接显示偏好，那么下式不成立

$$p_1'x_1(p_1', p_2, m^h) + p_2x_2(p_1', p_2, m^h) > p_1'x_1(p_1, p_2, m) + p_2x_2(p_1, p_2, m) \tag{8-13}$$

因此下式成立

$$\underset{(3)}{p_1'x_1(p_1', p_2, m^h) + p_2x_2(p_1', p_2, m^h)} \leqslant \underset{(4)}{p_1'x_1(p_1, p_2, m) + p_2x_2(p_1, p_2, m)} \tag{8-14}$$

由式(8-12)和式(8-14)可知 (4)−(1) ⩾ (3)−(2)，从而可得

$$(p_1' - p_1)[x_1(p_1', p_2, m^h) - x_1(p_1, p_2, m)] \leqslant 0 \tag{8-15}$$

令 $\Delta p_1 = p_1' - p_1$，$\Delta x_1^h = x_1(p_1', p_2, m^h) - x_1(p_1, p_2, m)$，那么有

$$\Delta p_1 \cdot \Delta x_1^h \leqslant 0 \Leftrightarrow \frac{\Delta x_1^h}{\Delta p_1} \leqslant 0 \qquad (8-16)$$

即希克斯替代效应的符号与商品 1 价格变化符号相反,希克斯替代效应总是非正的,当商品 1 和商品 2 为互补品时等于零。

例 8.9　假设消费者的效用函数为 $U(x,y)=xy$,消费者最初收入为 100,如果 x 的初始价格 $p_x=2$,现在其价格变为 $p'_x=1$。 计算希克斯替代效应和收入效应。

解:消费者效用函数为柯布—道格拉斯效用函数,可以直接得出最优消费束。

预算约束为 (p_x, p_y, m) 时的最优消费束

$$x(p_x, p_y, m)=x(2, p_y, 100)=\frac{1}{2} \cdot \frac{100}{2}, \quad y(p_x, p_y, m)=y(2, p_y, 100)=\frac{1}{2} \cdot \frac{100}{p_y}$$

预算约束为 (p'_x, p_y, m^h) 时的最优消费束

$$x(p'_x, p_y, m^h)=x(1, p_y, m^h)=\frac{1}{2} \cdot \frac{m^h}{1}, \quad y(p'_x, p_y, m^h)=y(1, p_y, m^h)=\frac{1}{2} \cdot \frac{m^h}{p_y}$$

由希克斯替代效应定义,可得

$$x(2, p_y, 100) \cdot y(2, p_y, 100)=x(1, p_y, m^h) \cdot y(1, p_y, m^h)$$

$$\Rightarrow \frac{1}{2} \frac{100}{2} \cdot \frac{1}{2} \frac{100}{p_y}=\frac{1}{2} \frac{m^h}{1} \cdot \frac{1}{2} \frac{m^h}{p_y} \Rightarrow m^h=50\sqrt{2}$$

所以

$$x(p_x, p_y, m)=x(2, p_y, 100)=25$$

$$x(p'_x, p_y, m^h)=x(1, p_y, m^h)=\frac{1}{2} \cdot \frac{50\sqrt{2}}{1}=25\sqrt{2}$$

$$x(p'_x, p_y, 100)=x(1, p_y, 100)=\frac{1}{2} \cdot \frac{100}{1}=50$$

综上所述,希克斯替代效应为

$$\Delta x_1^h=x(1, p_y, m^h)-x(2, p_y, 100)=25\sqrt{2}-25=25(\sqrt{2}-1)$$

相应的收入效应为

$$\Delta x_1^n=x(1, p_y, 100)-x(1, p_y, m^h)=50-25\sqrt{2}=25(2-\sqrt{2})$$

8.5　一般需求曲线、斯勒茨基需求曲线、希克斯需求曲线

一般需求曲线为标准需求曲线,即通常使用的需求曲线,为价格发生变化同时收入保持

不变时消费量随价格变化而变化的情况。

斯勒茨基需求曲线为价格发生变化同时调整收入以保持购买力不变时消费量随价格变化而变化的情况。

希克斯需求曲线为价格发生变化同时调整收入以保持效用不变时消费量随价格变化而变化的情况。希克斯需求曲线又称为补偿需求曲线,在高级微观经济学中使用较多。

8.6　思考练习题

（1）证明斯勒茨基替代效应为非正的。

（2）证明希克斯替代效应为非正的。

（3）证明：如果某商品为吉芬品,那么该商品一定是劣等品。

（4）假设消费者的效用函数为 $U(x,y)=x^2y$,消费者的最初收入为 100,如果 x 的初始价格 $p_x=2$,现在其价格变为 $p'_x=1$,计算希克斯替代效应和收入效应。

（5）查理消费香蕉和苹果。他的效用函数是 $U(x,y)=x^2y$,其中,x 是苹果的消费量,y 是香蕉的消费量。苹果的价格是 \$1,香蕉的价格是 \$1,他的收入是 \$30,如果香蕉的价格上升至 \$2,求商品 y 的斯勒茨基替代效应和收入效应。

（6）证明：若某商品价格下降,但消费者的收入也进行相应调整,使得在其最优选择时效用水平仍与价格变动前保持不变,此时消费者一定不会减少对该商品的消费。

第9章

禀赋收入下的斯勒茨基方程

实际上,有时消费者拥有的收入不一定为货币收入,而是商品禀赋(endowment)收入,例如果农的收入是水果,在市场上交易后才得到货币收入。本章主要讨论商品禀赋收入的预算约束下,消费者的最优选择问题。

9.1 禀赋收入下的预算约束

9.1.1 约束方程

假设消费者只消费两种商品,商品 1(数量为 x_1)和商品 2(数量为 x_2),初始拥有的两种商品的数量称为消费者的初始禀赋,为 $E(\omega_1, \omega_2)$,即消费者进入市场前所拥有的商品 1 和商品 2 的数量。商品 1 和商品 2 的价格分别为 p_1 和 p_2(见图 9.1)。那么,消费者预算方程为:

$$p_1 x_1 + p_2 x_2 = p_1 \omega_1 + p_2 \omega_2 \qquad (9-1)$$

由式(9-1)可得

$$p_1(x_1 - \omega_1) + p_2(x_2 - \omega_2) = 0 \qquad (9-2)$$

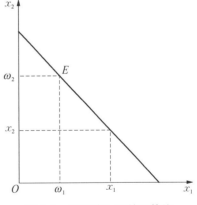

图 9.1 禀赋收入下的预算线

消费束 (x_1, x_2) 代表商品 1 和商品 2 的总需求,$(x_1 - \omega_1, x_2 - \omega_2)$ 代表商品 1 和商品 2 的净需求。如果 $x_1 - \omega_1 > 0$,那么消费者是商品 1 的净需求者或净购买者;如果 $x_1 - \omega_1 < 0$,那么消费者是商品 1 的净供给者或净销售者。

禀赋收入下的预算方程特点:

(1)禀赋收入下的预算方程的机会成本为 $OC_{21} = p_1/p_2$,与禀赋无关。

(2)无货币收入情况下,由于消费者总是消费得起禀赋点,那么不管价格如何变化,禀赋收入下的预算方程总是经过禀赋点,即禀赋总是支付得起的。

9.1.2 约束方程变化

禀赋收入下的预算方程的变化主要由禀赋变化和价格变化引起。

1. 禀赋变化

消费者对商品 1 和商品 2 的禀赋从 (ω_1,ω_2) 变为 (ω'_1,ω'_2)，预算方程从 $p_1x_1+p_2x_2=p_1\omega_1+p_2\omega_2$ 变为 $p_1x_1+p_2x_2=p_1\omega'_1+p_2\omega'_2$。

如果 $p_1\omega_1+p_2\omega_2 < p_1\omega'_1+p_2\omega'_2$，那么消费者的预算线往外平移，如图 9.2(a) 所示。

如果 $p_1\omega_1+p_2\omega_2 > p_1\omega'_1+p_2\omega'_2$，那么消费者的预算线往内平移，如图 9.2(b) 所示。

如果 $p_1\omega_1+p_2\omega_2 = p_1\omega'_1+p_2\omega'_2$，那么消费者的预算线不移动，如图 9.2(c) 所示。

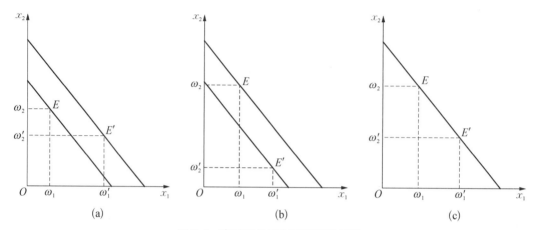

图 9.2 禀赋变化引起下预算线平移

(a) 预算线外移　(b) 预算线内移　(c) 预算线不移动

2. 价格变化

假设商品 1 和商品 2 的价格从 (p_1,p_2) 变为 (p'_1,p_2)，消费者持有的禀赋仍然为 (ω_1,ω_2)，那么预算方程从 $p_1x_1+p_2x_2=p_1\omega_1+p_2\omega_2$ 变为 $p'_1x_1+p_2x_2=p'_1\omega_1+p_2\omega_2$。两条预算线都经过禀赋点 (ω_1,ω_2)，即价格变化时预算线绕着禀赋点转动。下面分两种情况讨论价格变化对消费者福利的影响。

1）商品 1 的价格上升

(1) 商品 1 价格上升或机会成本 OC_{21} 增加时，消费者本来是商品 1 的净购买者，现在仍为商品 1 的净购买者(见图 9.3)。那么由显示偏好原理，原最优消费束是价格上升后新最优消费束的直接显示偏好。

所以，在商品 1 价格上升的情况下，消费者原来是商品 1 的净购买者，价格上升后还是净购买者，消费者福利变差。

(2) 商品 1 价格上升或机会成本 OC_{21} 增加时，消费者本来是商品 1 的净购买者，现在变为商品 1 的净供给者(见图 9.4)。根据显示偏好原理，价格变化前后的两个最优消费束无法比较，因此当消费者转为净供给者时福利变化不确定，有可能变好也有可能变坏。

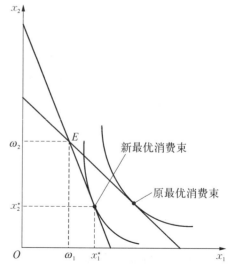

**图 9.3 商品 1 价格上升：净购买者
到净购买者**

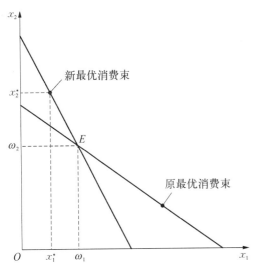

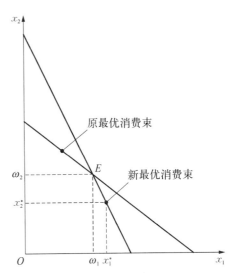

图 9.4　商品 1 价格上升：净购买者到净供给者　　图 9.5　商品 1 价格上升：净供给者到净购买者

（3）商品 1 价格上升或机会成本 OC_{21} 增加时，消费者本来是商品 1 的净供给者，现在变为商品 1 的净购买者（见图 9.5）。根据显示偏好原理，价格变化前的原最优消费束是价格变化后的新最优消费束的直接显示偏好，同时价格变化后的新最优消费束是价格变化前的原最优消费束的直接显示偏好。所以，违背显示偏好弱公理。即消费者原来是商品 1 的净供给者，在商品 1 的价格上升的条件下不可能变为商品 1 的净购买者。

（4）商品 1 价格上升或机会成本 OC_{21} 增加时，消费者本来是商品 1 的净供给者，现在仍然为商品 1 的净供给者（见图 9.6）。根据显示偏好原理，价格变化后的新最优消费束是价格变化前的原最优消费束的直接显示偏好。所以，在商品 1 价格上升的情况下，消费者原来是商品 1 的净供给者，价格上升后还是净供给者，消费者福利变好。

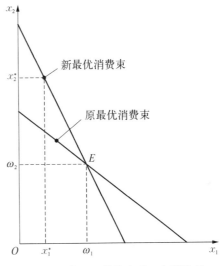

图 9.6　商品 1 价格上升：净供给者到净供给者

2）商品 1 的价格下降

（1）商品 1 价格下降或机会成本 OC_{21} 减少时，消费者本来是商品 1 的净购买者，现在仍为商品 1 的净购买者（见图 9.7）。那么由显示偏好原理，新最优消费束是价格下降前原最优消费束的直接显示偏好。

所以，在商品 1 价格下降的情况下，消费者原来是商品 1 的净购买者，价格下降后还是净购买者，消费者福利变好。

（2）商品 1 价格下降或机会成本 OC_{21} 减少时，消费者本来是商品 1 的净购买者，现在变为商品 1 的净供给者（见图 9.8）。根据显示偏好原理，价格变化前的原最优消费束是价格变化后的新最优消费束的直接显示偏好，同时价格变化后的新最优消费束是价格变化前的原最优消费束的直接显示偏好。所以,违背显示偏好弱公理。即消费者原来是商品 1 的净购买者,在商品 1 的价格下降的条件下不可能变为商品 1 的净供给者。

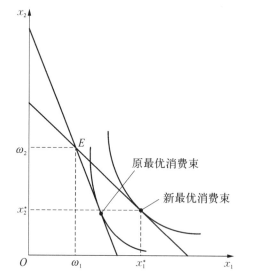

图 9.7　商品 1 价格下降:净购买者到净购买者　　图 9.8　商品 1 价格下降:净购买者到净供给者

(3) 商品 1 价格下降或机会成本 OC_{21} 减少时,消费者本来是商品 1 的净供给者,现在仍然为商品 1 的净购买者(见图 9.9)。根据显示偏好原理,价格变化前后的两个最优消费束无法比较,因此,当消费者转为净购买者时,福利变化不确定,有可能变好也有可能变坏。

(4) 商品 1 价格下降或机会成本 OC_{21} 减少时,消费者本来是商品 1 的净供给者,现在仍然为商品 1 的净供给者(见图 9.10)。根据显示偏好原理,价格变化前的原最优消费束是价格变化后的新最优消费束的直接显示偏好。所以,在商品 1 价格下降的情况下,消费者原来是商品 1 的净供给者,价格下降后还是净供给者,消费者福利变差。

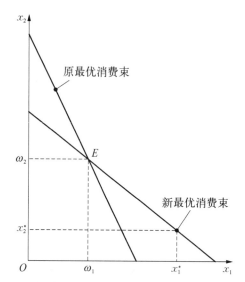
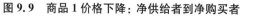
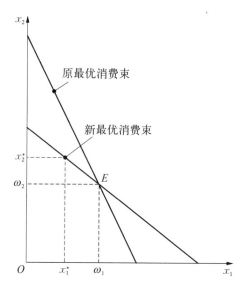

图 9.9　商品 1 价格下降:净供给者到净购买者　　图 9.10　商品 1 价格下降:净供给者到净供给者

9.2 禀赋收入下的斯勒茨基方程

假设消费者消费两种商品,商品 1 和商品 2 的价格分别为 p_1 和 p_2,消费者持有的禀赋为 $E(\omega_1, \omega_2)$,假设商品 1 的价格 p_1 下降为 p_1',那么价格下降前的预算方程为

$$p_1 x_1 + p_2 x_2 = p_1 \omega_1 + p_2 \omega_2 \qquad ①$$

通过禀赋点 $E(\omega_1, \omega_2)$ 的预算方程① 的最优消费束为 A 点,为价格变化前的初始最优选择,记为 $[x_1(p_1, p_2, m), x_2(p_1, p_2, m)]$,其中 $m = p_1 \omega_1 + p_2 \omega_2$(见图 9.11)。

价格下降后的预算方程为

$$p_1' x_1 + p_2 x_2 = p_1' \omega_1 + p_2 \omega_2 \qquad ②$$

通过禀赋点 $E(\omega_1, \omega_2)$ 的预算方程② 的最优消费束为 B 点,为价格变化后的最终最优选择,记为 $[x_1(p_1', p_2, m''), x_2(p_1', p_2, m'')]$,其中 $m'' = p_1' \omega_1 + p_2 \omega_2$。

作一条经过预算方程① 的最优消费束 A(即保持购买力不变),且其机会成本与最终预算线机会成本相同(即与最终预算线②平行)的预算线,那么该预算线方程为

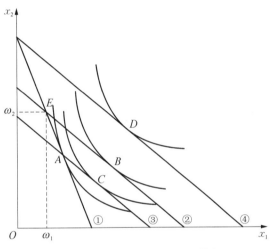

图 9.11 禀赋收入下的斯勒茨基方程

$$p_1' x_1 + p_2 x_2 = m' \qquad ③$$

通过初始最优解 A 并与最终预算线平行的预算方程③ 的最优消费束为 C 点,记为

$$[x_1(p_1', p_2, m'), x_2(p_1', p_2, m')]$$

其中,$m' = m + (p_1' - p_1) x_1(p_1, p_2, m)$。

再作一条与预算方程① 的收入相同,而其机会成本与最终预算线机会成本相同(即与最终预算线②平行)的预算线,那么该预算线方程为

$$p_1' x_1 + p_2 x_2 = p_1 \omega_1 + p_2 \omega_2 \qquad ④$$

该预算方程④ 的最优消费束为 D 点,记为 $[x_1(p_1', p_2, m), x_2(p_1', p_2, m)]$。

综上所述,商品 1 的价格 p_1 下降为 p_1' 时,对商品 1 的需求变化量的总效应 Δx_1 为:

$$\Delta x_1 = \Delta x_1^s + \Delta x_1^n + \Delta x_1^e \qquad (9-3)$$

其中,替代效应 $\Delta x_1^s = x_1(p_1', p_2, m') - x_1(p_1, p_2, m)$,如图 9.11 中 A 到 C;

普通收入效应 $\Delta x_1^n = x_1(p_1', p_2, m) - x_1(p_1', p_2, m')$,如图 9.11 中 C 到 D;

禀赋收入效应 $\Delta x_1^e = x_1(p_1', p_2, m'') - x_1(p_1', p_2, m)$，如图 9.11 中 D 到 B。

式(9-3)就是禀赋收入条件下的绝对形式的斯勒茨基方程。

把禀赋收入条件下的绝对形式的斯勒茨基方程(9-3)两边同时除以 Δp_1，可得

$$\frac{\Delta x_1}{\Delta p_1} = \frac{\Delta x_1^s}{\Delta p_1} + \frac{\Delta x_1^n}{\Delta p_1} + \frac{\Delta x_1^e}{\Delta p_1} \tag{9-4}$$

由货币收入下斯勒茨基方程可知

$$\frac{\Delta x_1^n}{\Delta p_1} = -\frac{\Delta x_1^m}{\Delta m} \cdot x_1(p_1, p_2, m)$$

又由于价格变化比较小引起收入变化也比较小，因此普通收入效应约等于禀赋收入效应，于是有

$$\frac{\Delta x_1^e}{\Delta p_1} = \frac{\Delta x_1^e}{\Delta m} \cdot \frac{\Delta m}{\Delta p_1} = \frac{\Delta x_1^e}{\Delta m} \cdot \omega_1 \approx \frac{\Delta x_1^m}{\Delta m} \cdot \omega_1$$

于是式(9-4)可以变为

$$\frac{\Delta x_1}{\Delta p_1} = \frac{\Delta x_1^s}{\Delta p_1} + (\omega_1 - x_1) \frac{\Delta x_1^m}{\Delta m} \tag{9-5}$$

式(9-5)就是禀赋收入条件下的相对形式的斯勒茨基方程，用于判断商品为正常品还是劣等品以及需求变化量随价格变化情况等，绝对形式的斯勒茨基方程用于计算具体效应的大小。

例 9.1 假设某消费者的效用函数为 $U(x, y) = xy$，消费者最初的禀赋为 $(50, 0)$，如果商品 x 的初始价格 2，现在变为 1，商品 y 的价格为 1。请计算商品 x 的斯勒茨基替代效应、普通收入效应和禀赋收入效应。

解： 消费者效用函数为柯布—道格拉斯函数，直接得出各条件下的最优消费束

$$x(p_x, p_y, p_x\omega_x + p_y\omega_y) = x(2, 1, 100) = \frac{1}{2} \cdot \frac{100}{2} = 25$$

所以

$$m' = p_x\omega_x + p_y\omega_y + (p_x' - p_x) \cdot x(2, 1, 100) = 100 + (1-2) \cdot 25 = 75$$

那么

$$x(p_x', p_y, m') = x(1, 1, 75) = \frac{1}{2} \cdot \frac{75}{1} = 37.5$$

$$x(p_x', p_y, p_x\omega_x + p_y\omega_y) = x(1, 1, 100) = \frac{1}{2} \cdot \frac{100}{1} = 50$$

$$x(p_x', p_y, p_x'\omega_x + p_y\omega_y) = x(1, 1, 50) = \frac{1}{2} \cdot \frac{50}{1} = 25$$

因此，斯勒茨基替代效应为

$$\Delta x^s = x(1, 1, 75) - x(2, 1, 100) = 37.5 - 25 = 12.5$$

普通收入效应为

$$\Delta x^n = x(1, 1, 100) - x(1, 1, 75) = 50 - 37.5 = 12.5$$

禀赋收入效应为

$$\Delta x^e = x(1, 1, 50) - x(1, 1, 100) = 25 - 50 = -25$$

例 9.2　如果一个追求效用最大化的理性消费者是某种商品的净需求者,并且随着该商品价格上升他购买更多,请判断这种商品为正常商品还是劣等商品。

解: 消费者追求效用最大化且为理性,说明替代效应为负,即 $\dfrac{\Delta x_1^s}{\Delta p_1}$ 为负;消费者为某种商品的净需求者,说明 $(w_1 - x_1)$ 为负;最终商品价格上升他购买更多,则 $\dfrac{\Delta x_1}{\Delta p_1}$ 为正,所以有

$$\underset{(+)}{\frac{\Delta x_1}{\Delta p_1}} = \underset{(-)}{\frac{\Delta x_1^s}{\Delta p_1}} + \underset{(-)}{(w_1 - x_1)} \underset{(?)}{\frac{\Delta x_1^m}{\Delta m}}$$

那么,只有当 $\dfrac{\Delta x_1^m}{\Delta m}$ 为负时,上面公式才可能成立,因此,这种商品为劣等品。

9.3　劳动供给

本部分主要讨论在劳动收入的预算约束下,消费者劳动时间的最优选择问题。

9.3.1　劳动收入的预算约束

假设消费者拥有两部分收入:一部分为非劳动收入(既有财富),一部分为劳动收入。消费者的时间一部分用于休闲,一部分用于工作。假设消费商品的数量为 C,商品价格为 p,劳动时间为 L,工资率为 ω,非劳动收入为 M,那么消费者的预算约束方程为

$$pC = M + \omega L \tag{9-6}$$

假设消费者拥有的最大劳动时间为 $\bar{L}$,那么由式(9-6)可得

$$pC + \omega(\bar{L} - L) = M + \omega\bar{L} \tag{9-7}$$

令消费者的休闲时间为 R,那么有 $R = \bar{L} - L$;消费者拥有的最大劳动时间 $\bar{L}$ 等于最大休闲时间 $\bar{R}$,即 $\bar{L} = \bar{R}$,也就是说这些时间既可以用于劳动,也可以用于休闲。另一方面,劳动工资衡量了休闲的机会成本,休闲一小时意味着少劳动一小时,失去了一小时的工资,相当于休闲的价格为工资率 ω。又令 $M = p\bar{C}$,表示非劳动收入可以消费的商品数量。

所以,可得劳动收入下的预算方程为

$$pC + \omega R = p\bar{C} + \omega\bar{R} \qquad (9-8)$$

这是一条经过禀赋点 $(\bar{R}, \bar{C})$、休闲的机会成本等于 $OC_{CR} = \dfrac{\omega}{p}$ 的预算线(见图9.12)。

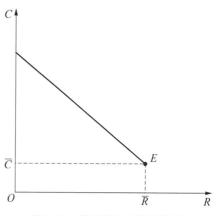

图 9.12　劳动收入下的预算线

9.3.2　劳动的最优选择

结合第3章的无差异曲线和第4章的效用函数,消费者消费与休闲的最优选择模型为

$$\begin{cases} \max U(C,R) \\ \text{s. t.} \quad pC + \omega R = p\bar{C} + \omega\bar{R} \end{cases}$$

无差异曲线满足严格凸且良好性状的条件下,其最优解条件满足 $MRS_{CR} = \dfrac{\omega}{p}$(见图9.13)。其中,公式左边表示以商品来衡量休闲的边际替代率,右边表示休闲的机会成本(也叫实际工资)。

9.3.3　劳动供给曲线

一般情况下,收入增加时,消费者会增加休闲,说明休闲是正常品;工资增加时,消费者会选择减少休闲增加劳动,然而当工资增加到一定程度后,消费者会选择增加休闲减少劳动。这里并不与需求法则所说的正常品一定是普通品相矛盾,前面所讲的需求法则有一个隐含的前提条件,即消费者收入为货币收入,不随商品价格的变化而变化,而劳动收入下的预算线是具有禀赋收入,随劳动工资的变化而变化。所以,在这里需求法则不成立。

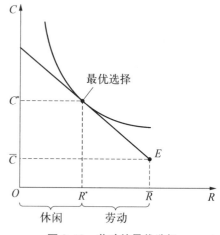

图 9.13　劳动的最优选择

下面用斯勒茨基方程分析劳动供给曲线。

劳动收入下相对形式的休闲斯勒茨基方程为

$$\underset{(?)}{\frac{\Delta R}{\Delta \omega}} = \underset{(-)}{\frac{\Delta R^s}{\Delta \omega}} + (\bar{R} - R)\underset{(+)}{\underset{(+)}{\frac{\Delta R^m}{\Delta m}}} \qquad (9-9)$$

其中,方程(9-9)中替代效应总是负的,即 $\dfrac{\Delta R^s}{\Delta \omega}$ 总为负;又休闲是正常品,那么 $\dfrac{\Delta R^m}{\Delta m}$ 为正;休闲时间总是小于总休闲时间的,即 $(\bar{R} - R)$ 为正。所以工资增加,休闲的变化是不确定的,即 $\dfrac{\Delta R}{\Delta \omega}$ 可能为正,也可能为负。

当劳动时间很长、休闲时间 R 很短时,工资进一步增加,可使得 $(\bar{R} - R)\dfrac{\Delta R^m}{\Delta m}$ 的正值大小

超过 $\dfrac{\Delta R^s}{\Delta \omega}$ 的负值大小,因而出现了 $\dfrac{\Delta R}{\Delta \omega}$ 为正的情况,即工资增加休闲反而增加,也就是说工资增加劳动时间反而减少。因此,劳动供给的曲线会出现一段向后弯曲的情况,如图 9.14 所示。

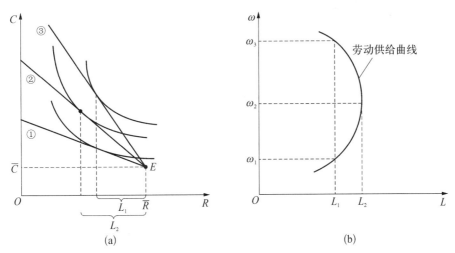

图 9.14 向后弯曲的劳动供给曲线

(a) 劳动的最优选择 (b) 劳动供给曲线

而提高加班工资的情况则不同,由显示偏好原理,提高加班工资时,消费者一定会转而选择 AB 段上的某点,即减少休闲增加劳动,如图 9.15 所示。

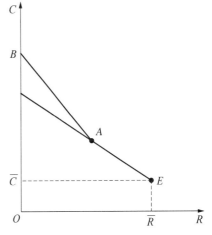

图 9.15 提高加班工资

例 9.3 设 $\omega = 10$ 元/小时,$\bar{R} = 18$ 小时,$m = 20$ 元,消费品的价格为 1,消费者的效用函数为:$U(C, R) = CR$。求:

(1) 该消费者的最优劳动时间为多长?

(2) 如果工资率变为 8 元/小时,计算劳动的斯勒茨基替代效应、普通收入效应和禀赋收入效应。

解:(1)由柯布—道格拉斯效用函数得消费者的最优休闲为

$$R(\omega, p, m + \omega\bar{R}) = R(10, 1, 20 + 10 \cdot 18)$$

$$= \frac{1}{2} \cdot \frac{200}{10} = 10$$

因此,最优劳动时间为 8 小时。

(2)工资率变为 8 元/小时,则

$$m' = (m + \omega\bar{R}) + \Delta\omega \cdot R(10, 1, 200) = (20 + 10 \cdot 18) + (8 - 10) \cdot 10 = 180$$

于是有

$$R(\omega', p, m') = R(8, 1, 180) = \frac{1}{2} \cdot \frac{180}{8} = \frac{45}{4}$$

$$R(\omega', p, m + \omega \bar{R}) = R(8, 1, 20 + 10 \cdot 18) = \frac{1}{2} \cdot \frac{200}{8} = \frac{25}{2}$$

$$R(\omega', p, m + \omega' \bar{R}) = R(8, 1, 20 + 8 \cdot 18) = \frac{1}{2} \cdot \frac{164}{8} = \frac{41}{4}$$

可得相应条件下的最优劳动为

$$L(\omega, p, m + \omega \bar{R}) = L(10, 1, 20 + 10 \cdot 18) = 8$$

$$L(\omega', p, m') = L(8, 1, 180) = \frac{27}{4}$$

$$L(\omega', p, m + \omega \bar{R}) = L(8, 1, 20 + 10 \cdot 18) = \frac{11}{2}$$

$$L(\omega', p, m + \omega' \bar{R}) = L(8, 1, 20 + 8 \cdot 18) = \frac{31}{4}$$

综上，劳动的斯勒茨基替代效应为

$$\Delta L^s = L(8, 1, 180) - L(10, 1, 200) = \frac{27}{4} - 8 = -\frac{5}{4}$$

劳动的普通收入效应为

$$\Delta L^n = L(8, 1, 200) - L(8, 1, 180) = \frac{11}{2} - \frac{27}{4} = -\frac{5}{4}$$

劳动的禀赋收入效应为

$$\Delta L^e = L(8, 1, 164) - L(8, 1, 200) = \frac{31}{4} - \frac{11}{2} = \frac{9}{4}$$

9.4 思考练习题

（1）某消费者最初商品 x 和 y 的禀赋量为 $(40, 0)$。如果该消费者对商品 x 的需求函数为 $x = 10 + \frac{m}{10p_x}$。商品 x 的初始价格 $p_x = 3$，现在变为 $p'_x = 2$。计算斯勒茨基方程中相应的替代效应、普通收入效应和禀赋收入效应。

（2）假定社会上所有纳税人都具有相同的闲暇—消费偏好，相同的禀赋和工资水平。如果政府向所有纳税人征收同样税率的所得税，又将征得的所得税款全部返还给消费者。分析这一政策对纳税人效用的影响。

（3）假设工人的工资率为 $\omega = 10$ 元/小时，没有其他收入。又假设工人关于消费与休闲的效用函数为 $U(C, R) = C^2 R$，其中，C 为花费在商品上的货币量，R 为休闲时间。求该工人的最优工作时间。

（4）某消费者的效用函数为 $U(C, R)=CR^2$，其中，R 表示闲暇，C 表示消费量。他每天有 16 个小时可以选择工作或者闲暇。如果他每天拥有 20 元的非劳动收入，每小时的工资由 10 元/小时变为 12 元/小时，求由劳动工资引起的劳动替代效应、劳动普通收入效应和劳动禀赋收入效应。

（5）某消费者对闲暇—消费的效用函数为 $U(C, R)=C^2R$。该消费者收入仅来自工资收入。如果每周收入在 500 元以下不用交所得税，但是对于超过 500 元的收入，必须支付 60% 的税收。该消费者的工资为 10 元/小时，其每周共有 100 小时可以选择工作或者休闲，则她每周会工作多少小时？

（6）某消费者的效用函数为 $U(C, R)=CR$，其中，R 表示闲暇，C 表示消费量。他每天有 16 个小时可以选择工作或者闲暇。如果他每天拥有 20 元的非劳动收入，求劳动供给曲线。

（7）小王每周有 168 小时的休闲时间，目前的工作为每周前 40 小时工资为 10 元/小时，超过 40 小时后的工资为 12 元/小时。小王每周选择工作 70 小时。现在小王有 2 个工作机会：工作一，每小时工资都是 12 元；工作二，每周前 40 小时工资为 15 元/小时，超过 40 小时后的工资为 8 元/小时。（休闲对小王来说是正常品。）小王会选择工作一还是工作二？

第 10 章

跨时期选择

本章主要介绍禀赋收入条件下跨时期的选择决策模型,是有关消费者选择理论的应用与扩展:不同商品之间的消费选择变为跨时期的消费选择。本部分主要讨论两期消费选择模型。

10.1 跨时期的预算约束

10.1.1 无通货膨胀的预算约束

假设消费者的生命周期分为两个时期(现期和未来期),记为时期 1 和时期 2。

首先,不考虑物价水平的变动,仅分析利率效应。分别记 c_i,m_i 表示各期的消费支出(货币量)和货币收入,i 表示时期,r 表示利率。

所以,第二期的消费支出可以表示为

$$c_2 = m_2 + (1+r)(m_1 - c_1) \tag{10-1}$$

由式(10-1)整理化简可得

$$(1+r)c_1 + c_2 = (1+r)m_1 + m_2 \tag{10-2}$$

或者

$$c_1 + \frac{c_2}{1+r} = m_1 + \frac{m_2}{1+r} \tag{10-3}$$

式(10-2)以终值(未来值)来表示跨时期消费的预算约束,式(10-3)以现值来表示跨时期消费的预算约束。具体的跨时期预算线如图 10.1 所示。

以现值表示的预算方程的另一个解释是:消费的现值等于收入的现值。借助这一思路,可以把两期预算约束拓展到多期以及变动利率下的预算约束。如同消费者总是偏好具有较高价值的禀赋一样,消费者也更偏好具有较高现值的收入流(因为这样能支持更高的消费现值,预算集将整体外推)。

可见,式(10-2)或者式(10-3)所表示的预

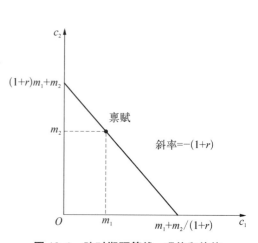

图 10.1 跨时期预算线:现值和终值

算线是经过禀赋点 (m_1, m_2)（总是消费得起的消费束）、机会成本等于 $(1+r)$ 的一条直线。

预算方程表明，以未来期来度量的现期消费的机会成本为 $1+r$，或者以现期来度量的未来期消费的机会成本为 $\dfrac{1}{1+r}$。

10.1.2 通货膨胀下的预算约束

分别记 c_i，p_i，m_i 表示第 i 期的消费者消费商品的数量、商品的价格和商品的禀赋数量，$i=1, 2$ 表示时期，r 表示利率。那么，第二期消费者能够支配的货币数量为

$$p_2 c_2 = p_2 m_2 + (1+r)(p_1 m_1 - p_1 c_1) \tag{10-4}$$

由式(10-4)整理化简可得

$$\frac{p_1}{p_2}(1+r)c_1 + c_2 = \frac{p_1}{p_2}(1+r)m_1 + m_2 \tag{10-5}$$

如果跨时期中消费品价格发生了变化，即 $p_1 \neq p_2$（其中，$p_2 > p_1$ 表示通货膨胀，$p_2 < p_1$ 代表通货紧缩）。如果 π 为通货膨胀率。那么有

$$p_2 = (1+\pi)p_1 \tag{10-6}$$

把式(10-6)代入式(10-5)，可得

$$\frac{1+r}{1+\pi}c_1 + c_2 = \frac{1+r}{1+\pi}m_1 + m_2 \tag{10-7}$$

令 $1+\rho = \dfrac{1+r}{1+\pi}$，或者 $\rho = \dfrac{1+r}{1+\pi} - 1 = \dfrac{r-\pi}{1+\pi} \approx r - \pi$（当通货膨胀率较小时成立），那么(10-7)式变成

$$(1+\rho)c_1 + c_2 = (1+\rho)m_1 + m_2 \tag{10-8}$$

我们发现，我们要用通货膨胀率调整后的实际利率(real interest rate，ρ)替代原预算方程中的名义利率(nominal interest rate，r)来反映这种物价水平变动的影响。此外，物价水平变动也影响未来期名义货币量的现期价值。

10.2 跨时期的最优选择

跨时期最优选择问题可以表示为

$$\begin{cases} \max U(c_1, c_2) \\ \text{s. t. } (1+r)c_1 + c_2 = (1+r)m_1 + m_2 \end{cases}$$

如果 $c_1 < m_1$，那么该消费者被称为贷款者(lender)，反之，如果 $c_1 > m_1$，那么该消费者被称为借款者(borrower)。

下面考虑利率 r 下降的情况。

（1）消费者本来是借款者，现在仍为借款者（见图 10.2）。那么由显示偏好原理，利率下降后的新最优消费束是利率下降前的原最优消费束的直接显示偏好。所以，消费者原来是借款者，利率下降后还是借款者，消费者福利变好。

（2）消费者本来是借款者，现在变为贷款者（见图 10.3）。根据显示偏好原理，利率下降前的原最优消费束是利率下降后的新最优消费束的直接显示偏好，同时，利率下降后的新最优消费束是利率下降前的原最优消费束的直接显示偏好。所以，违背显示偏好弱公理。即消费者原来是借款者，在利率下降的条件下不可能变为贷款者。

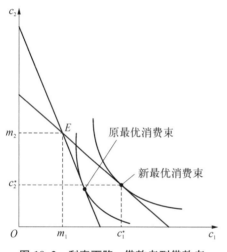

图 10.2　利率下降：借款者到借款者

（3）消费者本来是贷款者，现在变为借款者（见图 10.4）。根据显示偏好原理，利率变化前后的两个最优消费束无法比较，因此，当利率下降时，消费者由贷款者转为借款者福利变化不确定，有可能变好也有可能变坏。

（4）消费者本来是贷款者，现在仍然为贷款者（见图 10.5）。根据显示偏好原理，利率变

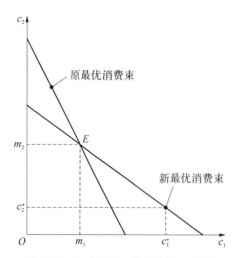

图 10.4　利率下降：贷款者到借款者

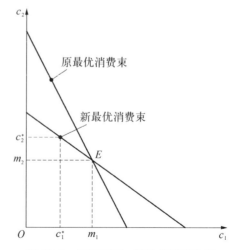

图 10.5　利率下降：贷款者到贷款者

化前的原最优消费束是利率变化后的新最优消费束的直接显示偏好。所以,利率下降情况下,消费者原来是贷款者,现在还是贷款者,消费者福利变差。

同样,可以利用显示偏好理论分析利率 r 上升的情况。

例 10.1 某消费者的效用函数为 $u=\min\{a_1, a_2\} \cdot \min\{b_1, b_2\}$,其中,$a_1$、$a_2$ 分别是他今年和明年参加的钢琴课数,b_1、b_2 分别是他今年和明年参加的滑冰课数。钢琴课每节 10 元,滑冰课每节 4 元。这些价格不会变,但利率是 7%。如果该消费者今年参加 20 节钢琴课,那么他明年会参加几节滑冰课?

解: 令 $a=\min\{a_1, a_2\}$,$b=\{b_1, b_2\}$,那么 $p_a=10+10/(1+7\%)$,$p_b=4+4/(1+7\%)$。假设消费者收入为 m。

那么由 a 的最优解可得

$$a=a_1=a_2=\frac{1}{2} \cdot \frac{m}{p_a} \Rightarrow m=2a_1 p_a=2 \cdot 20 \cdot [10+10/(1+7\%)]=400+400/(1+7\%)$$

所以

$$b=b_1=b_2=\frac{1}{2} \cdot \frac{m}{p_b}=\frac{1}{2} \cdot \frac{400+400/(1+7\%)}{4+4/(1+7\%)}=50$$

或者,由于是柯布—道格拉斯效用函数,那么在两类课程支出中应满足 $p_a a : p_b b=1:1$,所以

$$b=\frac{p_a a}{p_b}=\frac{[10+10/(1+7\%)] \cdot 20}{4+4/(1+7\%)}=50$$

故明年应参加滑冰课数为 50 节。

例 10.2 某消费者的效用函数为 $u(c_1, c_2)=c_1^{1/2}+0.87c_2^{1/2}$,其中,$c_1$、$c_2$ 分别是她在时期 1 与时期 2 的消费量。若在时期 2 她的收入是时期 1 的 2 倍,则利率为多少时,在 2 个时期她会选择相同的消费量?

解: 根据效用函数,以及"边际效用之比等于价格之比"的均衡条件,我们有

$$\frac{MU_{c_1}}{MU_{c_2}}=\frac{1/2\sqrt{c_1}}{0.87*1/2\sqrt{c_2}}=\frac{1+r}{1}$$

如果两期消费量相同,即 $c_1 : c_2=1:1$,代入可算出 $r \approx 0.15$。

即在利率为 15% 时,她会在 2 个时期选择相同的消费量。

例 10.3 张先生将他的生活大致分为 2 个时期(退休前和退休后),退休前他总计赚了 100 万元,退休后他靠之前的储蓄生活。张先生的效用函数为柯布—道格拉斯函数 $u(c_1, c_2)=c_1^2 c_2$,c_1、c_2 分别表示他在时期 1 与时期 2 的消费量。记实际利率为 r。试分析,若实际利率发生变化,张先生会如何调整他的储蓄?

解: 张先生的 2 个时期的禀赋收入为 $(m_1=100, m_2=0)$,那么其跨时期预算线为 $(1+$

$r)c_1 + c_2 = (1+r)100$，可得两时期最优选择为

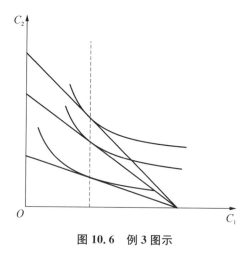

$$c_1 = \frac{2}{3} \cdot \frac{(1+r)100}{1+r} = \frac{200}{3}$$

$$c_2 = \frac{1}{3} \cdot \frac{(1+r)100}{1} = \frac{100}{3}(1+r)$$

可见，最优选择中时期 1 的消费量不变，只是变化时期 2 的最优选择量，即价格提供线为一条垂直线，如图 10.6 所示。因此，张先生不会因为利率的变化改变其在时期 1 的消费量，对应的储蓄量也不会发生改变。但时期 2 的消费量会随着利率的变化而变化。

图 10.6　例 3 图示

10.3　现值分析

10.3.1　现值公式与贴现

如果在第一个时期末的 1 元价值，那么贴现到现在就是 $1/(1+r)$，其中 r 为名义利率。同样，在第二个时期末的 1 元价值，那么贴现到现在就是 $1/(1+r)^2$，一般地，t 个期末的 1 元价值，贴现到现在就是 $1/(1+r)^n$，即所谓的贴现因子。又现在的价值流为 C_0，第一个时期末的价值流为 C_1，第二个时期末的价值流为 C_2，……第 t 个时期末的价值流为 C_t，……第 n 个时期末的价值流为 C_n，如图 10.7 所示。

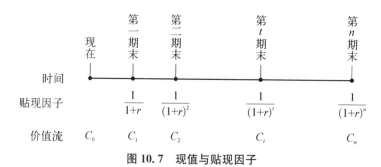

图 10.7　现值与贴现因子

那么，净现值（net present value，NPV）的计算公式为

$$NPV = C_0 + \frac{C_1}{1+r} + \cdots + \frac{C_i}{(1+r)^i} + \cdots + \frac{C_n}{(1+r)^n} \qquad (10-9)$$

计算现值（present value，PV）的方法可以帮助我们对不同投资方案（或者是不同收入流）之间进行比较分析。

如果一项投资的净现值为正值，即 $NPV > 0$，那么该项投资的回报率大于贴现率 r；

如果一项投资的净现值为负值,即 $NPV < 0$,那么该项投资的回报率小于于贴现率 r。

例 10.4 假设你的公司正在考虑下期电视机的生产。一台电视机的销售价格是 \$100,而生产它的边际成本为 \$80,生产容量为 10 000 台。为了下期能够生产电视机,这期必须投入 \$185 000 的固定成本。

(1) 如果贴现率为 0.05,是否要投资这个项目? 如果贴现率为 0.1 呢?

(2) 如果预期在未来 3 期每期都能生产 10 000 台,但这期的固定成本投资增加到 \$450 000。如果贴现率为 0.05,是否要投资这个项目? 如果贴现率为 0.1 呢?

(3) 回到(1)。如果下期电视机的价格有 0.9 的可能性为 \$100,而有 0.1 的可能性为 \$70。如果贴现率为 0.05,是否要投资这个项目?

(4) 回到(3)。这期投入的固定成本为 \$185 000,你愿意获得下期电视机的价格是 \$100 还是 \$70 的信息的最大支付意愿是多少钱?

解:(1) 给定 $MC = \$80$,$p = \$100$,$Q = 10\,000$,固定成本 $= \$185\,000$;

贴现率 $= 0.05$:$NPV = -185\,000 + \dfrac{(100-80) \cdot 10\,000}{1+0.05} = 5\,476.19 > 0$;

贴现率 $= 0.10$:$NPV = -185\,000 + \dfrac{(100-80) \cdot 10\,000}{1+0.10} = -3\,181.81 < 0$;

所以,贴现率为 0.05 时投资该项目($NPV > 0$),当贴现率为 0.10 时不投资该项目($NPV < 0$)。 也就是说,该项目的投资回报率大于 5%,小于 10%。

(2) 贴现率 $= 0.05$:$NPV = -450\,000 + \dfrac{200\,000}{1.05} + \dfrac{200\,000}{1.05^2} + \dfrac{200\,000}{1.05^3} = 94\,649.61 > 0$;

贴现率 $= 0.1$:$NPV = -450\,000 + \dfrac{200\,000}{1.10} + \dfrac{200\,000}{1.10^2} + \dfrac{200\,000}{1.10^3} = 47\,370.40 > 0$;

贴现率为 0.05 和 0.1 时都投资该项目,即该项目的投资回报率大于 10%。

(3) 目标:求期望净现值(ENPV)。

方法:$ENPV = $ 高价格概率 $*$ 高价格时的 $NPV +$ 低价格概率 $*$ 低价格时的 NPV。

由于当价格为 \$70 时,小于边际成本 \$80,所以最优产量为 0。而价格为 \$100 时有 $NPV = \$5\,476$ 的净现值。

所以,$ENPV = 0.9 * \$5\,476.19 + 0.1 * (-\$185\,000) = -\$13\,571.43 < 0$,

因此,不投资该项目($ENPV < 0$)。

(4) 为了求最大支付意愿,需要计算具有信息与没有信息时的期望净现值。

如果购买信息,那么高价格时投资,低价格时不投资,这时的期望净现值为

$$ENPV = 0.9 * \$5\,476.19 + 0.1 * 0 = 0.9 * 5\,476.19 = \$4\,928.57$$

如果不购买信息,则

$$ENPV = 0$$

所以,最大支付意愿 $= \$4\,928.57 - \$0 = \$4\,928.57$。

10.3.2　内涵报酬率

内涵报酬率(internal rate of return，IRR)，又称内含报酬率、内部报酬率，是指能够使未来现金流入量现值等于未来现金流出量现值的贴现率，或者说是使投资方案净现值为零的贴现率。内涵报酬率是一个相对数指标，和现值指数在一定程度上反映了一个投资项目投资效率的高低，所以，这类评价指标通常用于独立方案决策，也就是备选方案之间是相互独立的。即

$$0 = C_0 + \frac{C_1}{1+IRR} + \cdots + \frac{C_i}{(1+IRR)^i} + \cdots + \frac{C_n}{(1+IRR)^n}$$

例 10.5　已知：$C_0 = -2\,000$，$C_1 = 1\,200$，$C_2 = 1\,200$，求内涵报酬率 IRR。

解：当 $r = 10\%$ 时

$$NPV = -2\,000 + \frac{1\,200}{1+10\%} + \frac{1\,200}{(1+10\%)^2} = 82$$

当 $r = 15\%$ 时

$$NPV = -2\,000 + \frac{1\,200}{1+15\%} + \frac{1\,200}{(1+15\%)^2} = -49$$

下面利用插值法求解内涵报酬率 IRR(见图 10.8)。

由于 $\dfrac{CB}{AD} = \dfrac{CE}{ED}$，所以有

$$\frac{0-(-49)}{82-0} = \frac{15\%-IRR}{IRR-10\%} \Rightarrow IRR = 13.1\%.$$

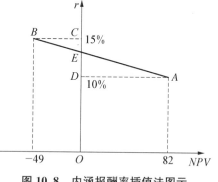

图 10.8　内涵报酬率插值法图示

10.4　思考练习题

(1) 试证明：利率上升不会使满足显示偏好弱公理的贷款者变成借款者。

(2) 某消费者的效用函数为 $u = \min\{a_1, 2a_2\} \cdot \min\{b_1, b_2\}$，其中，$a_1$、$a_2$ 分别是他今年和明年参加的钢琴课数，b_1、b_2 分别是他今年和明年参加的滑冰课数。钢琴课每节 10 元，滑冰课每节 4 元。这些价格不会变，但利率是 7%。如果该消费者今年上 20 节钢琴课，那么他明年会参加几节滑冰课？

(3) 在一个与世隔绝的山村中，唯一的农作物是玉米，好收成与坏收成是交替出现的。今年的收成是 1 000 千克，明年的收成是 150 千克，且与外界没有交易。玉米可以储存，但每年储存的玉米会有 25% 被老鼠吃掉。村民的效用函数为 $u(c_1, c_2) = c_1 c_2$，其中，c_1、c_2 分

别为今年和明年的消费量。

① 以今年的消费为横轴、明年的消费为纵轴画出山村的预算线,并标出预算线与横轴和纵轴的交点数量。

② 今年村民会消费多少?

③ 老鼠会吃掉多少?

④ 明年村民会消费多少?

(4) 某消费者只在两期消费。他没有初始财产,收入仅来自第一期的工作收入 WL,其中,W 为工资,L 为工作时间,总的可工作时间为 1 单位;第二期不工作。两期的消费分别记为 c_i,$i=1,2$。此外,他还可以通过金融市场以 r 的利率进行借贷。该消费者的效用函数为 $u = \ln c_1 + 0.5\ln c_2 + \ln(1-L)$。如果工资 W 从 10 变为 12,求工资变化引起的对工作时间的斯勒茨基替代效应、普通收入效应及禀赋收入效应。

(5) 某消费者每消费 2 盒草莓就要消费 1 罐乳酪,但她每周消费的数量不是相同的。她的效用函数为 $u(s_1, c_1, s_2, c_2) = \min\{s_1, 2c_1\} \cdot \min\{s_2, 2c_2\}$,其中,$s_1$ 和 s_2 分别是她这周和下周消费的草莓数,c_1 和 c_2 分别是她这周和下周消费的乳酪数。草莓每盒 2 元,乳酪每罐 1 元。接下来 2 周她共有现值 100 元用于消费,周利率为 1%。则她这周会消费多少盒草莓?

(6) 李小姐要借款需要付出 50% 的利率,但贷款只会得到 5% 的利率。她现在的禀赋为时期 1 的 1 000 元和时期 2 的 1 050 元,她要考虑 2 种不同的投资方案,只能选择其中 1 种。方案 A:在时期 1 付出 500 元,在时期 2 收回 630 元。方案 B:在时期 1 收到 500 元,在时期 2 付出 525 元。

① 分别画出她选择方案 A 或者方案 B 时的预算集。

② 若她不进行借贷,在利率为 50% 时,哪个方案的净现值较高?当利率为 5% 时呢?

③ 画出无差异曲线使她选择方案 A。

④ 偏好不同时,她会选择方案 B 吗?

(7) 张先生有 1 个小型农场,他每周工作 80 小时,可以种甘蔗,也可以养猪。每花 1 个钟头种甘蔗可以得到 2 元的收入,今年每花 1 个钟头养猪可以使明年的收入增加 4 元(即明年每周的收入为 100+4H 元,其中,H 为他今年养猪花费的小时数)。张先生的效用函数为 $u(c_1, c_2) = \min\{c_1, c_2\}$,其中,$c_1$、$c_2$ 分别为今年和明年的消费支出。张先生不相信银行,故不会进行借贷。

① 画出张先生对现在与未来的消费预算线并标出关键点。

② 他每周将会花多少小时养猪?

③ 他每年每周会消费多少?

第 11 章

资产市场

资产是一种能长期提供服务流的商品。这种服务流既可以是消费服务流,如住房;也可以是购买服务的货币流,如债券等。能够提供货币流的商品叫作金融资产。本章讨论在确定收入下的资产收益与资产管理等问题。

11.1 资产回报率

11.1.1 无风险套利与无套利条件

如果资产所提供的现金流不存在不确定性,而且一项资产的回报率高于另外一项资产的回报率,那么没有人会愿意购买较低回报率的资产,所以,在均衡状态下,所有确定性的资产就一定具有相同的报酬率。

考虑两种资产 A 和 B:资产 A 的期初价格为 p_0,期末价格为 p_1;资产 B 从期初到期末具有固定的回报率 r。 相同的 1 元人民币投资于资产 A 和 B 的回报率是多少呢?

在期初,1 元人民币投资于资产 A 可以购买的数量 x 为

$$x = \frac{1}{p_0} \tag{11-1}$$

在期末,数量 x 的资产 A 的终值(future value,FV)为

$$FV_A = p_1 \cdot x = \frac{p_1}{p_0} \tag{11-2}$$

同样,在期初 1 元人民币投资于资产 B,那么其期末终值为

$$FV_B = 1 + r \tag{11-3}$$

如果 $FV_B > FV_A$,即 $(1+r) > \dfrac{p_1}{p_0}$,那么资产 A 的持有人就会在期初卖掉资产 A,把获得的货币购买资产 B,那么,到期末时获得的 1 单位资产 A 的价值就会变为 $p_0(1+r)$,大于 1 单位资产 A 的投资于 A 的价值 p_1(见图 11.1)。价值为 $p_0(1+r)$ 的资产 B 可以重新购买 1 单位资产 A 并且有多余的货币。

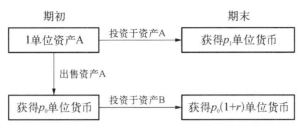

图 11.1　无风险套利

上述这种通过购买某种资产,而又出售另外一种资产以实现确定的回报的运作方式叫作**无风险套利**(riskless arbitrage),又叫**空头套利**(arbitrage for short)。

可以预期,运行良好的市场会迅速消除任何的套利机会。因此,均衡中不存在套利的机会,也称作**无套利条件**。所以,在无套利条件下,一定有

$$(1+r)=\frac{p_1}{p_0} \tag{11-4}$$

即在均衡状态下,所有确定性的资产一定具有相同的回报率。

11.1.2　无风险套利与现值

由式(11-4)可得

$$p_0=\frac{p_1}{1+r} \tag{11-5}$$

式(11-5)表明资产的现行价格等于该资产带来的现值(present value)。而式(11-4)表示的是资产的终值比较。因此,无风险套利条件下,任何资产的价值就等于它的现值。

例 11.1　某项资产第一年收益为 7 020 元,第二年收益为 1 369 元,其他时间无收益,若利率永远是 17%,则理性投资者现在愿意购买该资产的价格为多少?

解:该资产带来的现值为

$$PV=\frac{7\,020}{1+17\%}+\frac{1\,369}{(1+17\%)^2}=6\,000+1\,000=7\,000\,\text{元}$$

所以,该资产现在的价格为 7 000 元。

例 11.2　某种酒制造的成本为每瓶 3 元,若适当储存一段时间,酒的味道会更好。第一年刚包装上市的酒(只存储 1 年),人们只愿意每瓶花 2 元,但此后 50 年人们愿意每年多花 3 元买 1 瓶这种酒。不含利息的储存成本为每年 0.50 元。这种酒由投资者投资。若利率为 5%,则理性投资者会选择储存多少年后销售这种酒? 那时 1 瓶酒的价格为多少?

解:我们可分别列出各年酒的价格以及相应成本,为便于比较,我们都用现值来表示(注:这里我们设第一年也存在储存成本,但第一年若不存在储存成本也不影响最后结论)。

	第一年	第二年	第三年	第 t 年
售价现值	2	$\dfrac{2+3}{1.05}$	$\dfrac{2+6}{1.05^2}$	$\dfrac{2+3(t-1)}{1.05^{t-1}}$
成本现值	$3+0.5$	$3+0.5+\dfrac{0.5}{1.05}$	$3+0.5+\dfrac{0.5}{1.05}+\dfrac{0.5}{1.05^2}$	$3+0.5\sum\limits_{i=0}^{t-1}1.05^{-i}$

那么，第 t 年出售的利润现值为

$$PV(t)=\frac{2+3(t-1)}{1.05^{t-1}}-\left[3+0.5\sum_{i=0}^{t-1}1.05^{-i}\right]=\frac{2+3(t-1)}{1.05^{t-1}}-\left(13.5-\frac{10.5}{1.05^{t}}\right)$$

$$=\frac{3(t-1)+12}{1.05^{t-1}}-13.5$$

对该函数求最大化条件，可得 $t^{*}\approx17.5$。

检验发现，$t=17$ 与 $t=18$ 的利润现值近似相等。不妨取 17 年，则该瓶酒的售价为

$$P(17)=2+3\cdot(t-1)=2+3\cdot(17-1)=50\ 元$$

例 11.3   小张家里的燃气取暖费每年是 800 元。他正考虑 3 种方案令他的房屋隔热。方案 A 能使他每年的燃气费减少 15%，方案 B 能减少 20% 的燃气费，方案 C 能使他完全不需要燃气取暖。方案 A 的隔热工作需花费 800 元，方案 B 需花费 1 100 元，方案 C 需花费 8 800 元。若利率为 10%，他的房屋与隔热工作是永远持续的，则哪种方案最好？

解：列出目前及改造 3 种方案的支出现金流（见下表）。

	第一年	第二年	第三年	第 t 年
目前	800	800	800	800
方案 A	$800+800*85\%$	$800*85\%$	$800*85\%$	$800*85\%$
方案 B	$1\ 100+800*80\%$	$800*80\%$	$800*80\%$	$800*80\%$
方案 C	8 800	0	0	0

分别以利率计算 4 种情况下现金流支出的现值。

目前为

$$\sum_{t=0}^{\infty}\frac{800}{1.1^{t}}=800\left(\frac{1}{1-\dfrac{1}{1.1}}\right)=8\ 800$$

方案 A 为

$$800+\sum_{t=0}^{\infty}\frac{800*85\%}{1.1^{t}}=800+8\ 800*85\%=8\ 280$$

方案 B 为

$$1\,100+\sum_{t=0}^{\infty}\frac{800*80\%}{1.1^t}=1\,100+8\,800*80\%=8\,140$$

方案 C 为 8 800 元。

比较下来,应该选择方案 B。

11.1.3　资产回报率的调整

"所有确定性的资产就一定具有相同的报酬率"存在一定的前提条件:即资产提供的服务是相同的,尽管资产表示的形式不同。假设两种资产提供的服务具有不同的特征,那么两种资产的回报率会不同,需要做适当的调整。

现实中,根据以下各种具体情况,资产的报酬率应作出调整。

(1) 不同资产的流动性差异。一种资产比另一种资产更容易销售,那么该种资产的流动性更大。例如,价值 100 万元的房产和当前价值也为 100 万元且可在二级市场交易的国债相比,流动性更小。其他条件相同的条件下,流动性更小的资产要求的回报率更高。

(2) 不同资产的风险差异。一种资产可能比另一种资产具有更大的风险,更大风险的资产要求的回报率更高。对于资产的回报率的风险调整将在第 13 章讨论。

11.2　不同类型资产的回报率

11.2.1　具有消费报酬的资产回报率

很多资产的报酬表现为货币的形式,但是有一类资产的报酬表现为给消费者带来消费功能,即具有消费报酬,例如自住住房。这类资产归消费者所有,消费者不需要支付租金。但是消费者自己选择了自己消费房子提供的服务,就放弃了把房子出租给他人而获取租金的机会。我们把消费者向他人租用同样的房子所支付的租金率或者消费者把自己房子在市场上出租可以获得的租金率叫作**隐含租金率**(implicit rental rate),也是消费者放弃出租的机会成本。

同时,房子也是一种投资,过一段时间出售该房子可能获得比投资成本(购买时支付的货币)更大的货币收入。这种资产价值的增加叫作**升值**(appreciation),也叫投资报酬。

假设期初到期末间房子的租金为 T 元,而从期初到期末间房子的预期升值为 A 元。那么,消费者拥有房子的总报酬为租金报酬 T 和投资报酬 A 的总和。如果该房子的初始购买成本为 P,那么,该房子的总资产回报率(以 h 表示)为

$$h=\frac{T+A}{P} \tag{11-6}$$

这个回报率由消费报酬率 $\frac{T}{P}$ 和投资报酬率 $\frac{A}{P}$ 两部分组成。

如果其他金融资产的报酬率为 r,那么,在均衡状态下,无风险套利使得投资房子的资

产回报率应该等于 r,即

$$r = \frac{T+A}{P} \tag{11-7}$$

如果某资产的总投资回报率大于其他金融资产的报酬率 r,即 $\frac{T+A}{P} > r$,那么应该持有该资产;如果某资产的总投资回报率小于其他金融资产的报酬率 r,即 $\frac{T+A}{P} < r$,那么应该出售该资产而购买其他资产。

例 11.4 某消费者花费 1 280 元买了一幅油画,在接下来的 30 年中,该画的市场价值每年增加 80 元。把油画挂在墙上每年对该消费者具有相当于 80 元的价值。假设利率为 10%,则多少年后该消费者会卖掉这幅画?

解: 油画作为一种资产每年在增值,此外还具有消费价值。要决定持有或出售油画,取决于油画的总投资回报率与其他资产的投资回报率(利率水平)的比较。当油画的总投资回报率小于等于利率 10% 时出售油画。

即满足 $\frac{T+A}{P} < r$ 时,消费者该出售该油画。

又由于 $T=80$, $A=80$, $r=10\%$,所以,当 $\frac{80+80}{P} < 10\% \Rightarrow P > 1\,600$ 时,消费者该出售该油画。

以期初价格 1 280 元为基础,每年以 80 元的增幅计算,4 年后价格已达到 1 600 元。

故会选择在 4 年后卖掉油画。

11.2.2 可耗竭资源的资产回报率

现在考察研究可耗竭资源(如石油)的市场均衡情况。为研究方便,假设石油市场为竞争性市场,而且石油的开采成本为零。

假设时间 t 时石油的价格为 p_t,时间 $t+1$ 时石油的价格为 p_{t+1}。对储存在地下的石油,石油的所有者可以决定时间 t 时开采,也可以决定时间 $t+1$ 时开采。由于地下的石油与其他资产具有相同的回报率,所以,我们有

$$1+r = \frac{p_{t+1}}{p_t} \ \text{或}\ p_{t+1} = (1+r)p_t \tag{11-8}$$

这就是石油资产的跨时期无套利条件。也就是说,石油储存在地下就跟货币存放在银行一样,如果货币在银行能够获得的报酬率为 r,那么石油储存在地下也能有相同的报酬率,即 $(p_{t+1}-p_t)/p_t = r$;如果石油储存在地下获得的报酬率超过货币在银行获得的报酬率,即 $(p_{t+1}-p_t)/p_t > r$,那么没有人愿意现在开采石油,而愿意等到未来开采,于是**现在**石油的价格就会上涨;相反,如果石油储存在地下获得的报酬率低于货币在银行获得的报酬率,即 $(p_{t+1}-p_t)/p_t < r$,那么石油的所有人愿意现在开采石油,而不愿意等到未来开采,于是**现在**石油的价格就会下降。

那么,现在的石油价格到底由什么原因决定呢?

假设石油 T 年后耗竭,而那时石油的替代品的价格为 C 美元每桶,根据资产具有相同报酬率的原理,石油的现价 p_0 取决于末期石油替代品的价格 C、利率 r 和石油的可用年限 T:$p_0(1+r)^T = C$,即

$$p_0 = \frac{C}{(1+r)^T} \tag{11-9}$$

因此,如果发现了原来并不知道的新油田,那么石油的可用年限 T 增加,现在石油的价格就会下降。同样,如果开发石油替代品的技术突破而导致石油替代品的价格 C 下降,也会使现在石油的价格下降。

11.2.3 具有增值性的资源的资产回报率

具有增值性的资源(如森林)也是一类资产。假设它的价值是时间的递增函数 $F(T)$ (该函数一阶导数大于零,二阶导数小于零),等值的货币可获得利率 r 的回报,那么森林所有者应该何时砍伐森林?

因为在时间 T 时森林的价值为 $F(T)$,那么它的现值为

$$PV(T) = \frac{F(T)}{e^{rT}} = e^{-rT} \cdot F(T) \text{①} \tag{11-10}$$

对式(11-10)关于 T 求一阶导数,并令其等于零,可得

$$PV'(T) = -re^{-rT} \cdot F(T) + e^{-rT}F'(T) = 0 \tag{11-11}$$

对式(11-11)化简整理可得

$$\frac{F'(t)}{F(t)} = r \tag{11-12}$$

其中,$\dfrac{F'(t)}{F(t)}$ 为森林的价值增长率。

所以,对该类资源进行变现(将树砍掉或者将增值性商品出售)的时间选择最优条件为:$\dfrac{F'(t)}{F(t)} = r$,即资源的价值增长率与利率相等(按复利计算)。

例 11.5 假设某资产随着时间变化的价值为 $V(t) = -1\,000 + 1\,000t - 10t^2$,那么何时资产价值达到最大化? 如果利率为 10%,应该何时出售该资产?

解: 当 $V'(t) = 1\,000 - 20t = 0 \Rightarrow t = 50$ 时,资产价值达到最大;

当 $\dfrac{V'(t)}{V(t)} = \dfrac{1\,000 - 20t}{-1\,000 + 1\,000t - 10t^2} = 10\% \Rightarrow t = 10$ 时,出售该资产。

---

① $\quad e^{rT} = \lim\limits_{n \to \infty}(1 + r/n)^{nT}$,其中 e = 2.718 3……,是自然对数的底。

11.3　思考练习题

（1）利率永远为 10%，假设你不喝酒但喜欢买些酒作为投资，以下各种情况中你最高愿意支付的价格为多少？并解释。

① 1 瓶酒 1 年后价值 22 元，然后会坏掉一文不值。

② 1 瓶酒 1 年后价值 22 元，然后每年升值 1 元。

（2）据《纽约时报》近来的一则消息，南非的金矿罢工每天大约消耗采矿公司 750 万元。这个数字是通过用罢工没有开采出来的金子的价值减去关闭矿场而节省的劳务费用（包括其他运营费用）计算出来的。请问：这种计算有何错误？

第 12 章

不确定性下的消费选择

到目前为止,都是讨论在条件完全确定下(例如收入确定)消费者的最优选择问题。但是现实生活中存在着大量的不确定性。同时,消费者对于风险偏好的异质性会影响其对不确定性消费的选择。本章研究不确定性条件下的消费者的选择行为。

12.1 不确定性下的预算约束

12.1.1 不确定性的概念

假设某消费者拥有 100 元,准备去购买彩票。购买一张 5 元的彩票中奖,就可以获得 200 元的奖金。如果该消费者没有购买彩票,那么他拥有确定性的财富 100 元。如果该消费者购买一张 5 元的彩票,那么如果彩票中奖,他的财富变为 295 元;如果彩票没有中奖,他的财富变为 95 元。也就是,消费者购买彩票后,他拥有的财富具有不确定性,具有一个概率分布。严格而言,这种**不确定性**可表述为:未来各种状态发生的概率是 π_i(i 表示状态类型, $\sum \pi_i = 1$),相应各种状态下消费者的财富为 C_i。

12.1.2 不确定性下的预算方程

研究不确定性条件下决策的一个有效的办法就是:将不同条件下相应的货币量视作不同的商品,并据此构建消费空间。为了简化起见,仅考虑两种状态:"好"与"坏",分别用 $i = g, b$ 表示。消费空间中 $(\hat{c}_b, \hat{c}_g)$ 对应于初始时两种可能状态下的**或有**消费水平(即消费者在不确定性下所拥有的禀赋消费束)。

与不确定性相对应的是保险,保险为改变人们在不确定性下财富水平的概率分布提供了一条途径。下面以保险为例进行分析。

假设某消费者开始时拥有价值 35 000 元的财产,如果有 1% 的概率使得他财产损失 10 000 元("坏"状态),99% 的概率他的财产安然无恙,仍然为 35 000 元("好"状态),那么**或有消费禀赋**为:"好"状态出现时资产为 $\omega_g = 35\,000$ 元;"坏"状态出现时资产为 $\omega_b = 35\,000 - 10\,000 = 25\,000$ 元。该消费者消费禀赋为 $E(25\,000, 35\,000)$,如图 12.1 所示。

假设如果每单位财产的保险费率为 r,该消费者为价值 K 元的资产投保,即支付 rK 的

保费为价值 K 元的资产购买了保险。那么该消费者的**或有**消费束："好"状态出现时资产为 $C_g = 35\,000 - rK$ 元；"坏"状态出现时资产为 $C_b = 25\,000 + K - rK$ 元。即消费者所面临的新的消费束为 $C(25\,000 + K - rk, 35\,000 - rk)$。

那么，以"好"状态表示"坏"状态的机会成本（或者预算线的斜率，或者市场交换率）为

$$OC_{gb} = \frac{\Delta C_g}{\Delta C_b} = \frac{35\,000 - (35\,000 - rK)}{25\,000 - (25\,000 + K - rK)} = -\frac{r}{1-r} \tag{12-1}$$

由式（12-1）可得

$$C_g - 35\,000 = -\frac{r}{1-r}(C_b - 25\,000) \tag{12-2}$$

把式（12-2）化简整理，可得

$$C_g + \frac{r}{1-r}C_b = 35\,000 + \frac{r}{1-r}25\,000 \tag{12-3}$$

或者

$$(1-r)C_g + rC_b = (1-r)35\,000 + r25\,000 \tag{12-4}$$

式（12-3）和式（12-4）就是或有消费下的预算方程。

所以说，给定保险费率为 r，保险市场为消费者提供了一条斜率为 $\dfrac{r}{1-r}$ 的预算线（见图 12.1），消费者可根据该机会成本重新选择其在不确定性下的消费水平（进行保险）。

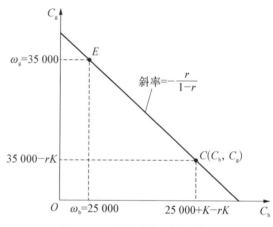

图 12.1　或有消费下的预算线

12.2　不确定性下的效用函数

给定消费者的初始禀赋及保险市场所提供的保费水平，决定消费者选择的另一个因素则是消费者在不确定性下的偏好。

不确定条件下的消费者效用函数不仅取决于消费水平，而且还取决于它们的概率。假设两种消费水平呈互相排斥的状态（例如下雨与不下雨、健康与不健康等），同时，令 C_1 和 C_2 分别表示在状态 1 和状态 2 的消费水平，π_1 和 π_2 分别表示在状态 1 和状态 2 的发生的概率，因为相互排斥，$\pi_2 = 1 - \pi_1$。那么，在相互排斥的两种状态下消费者的效用函数可以表示为 $U(C_1, C_2, \pi_1, \pi_2)$，该效用函数表示了消费者对两种状态下的消费水平的偏好。

在构建不确定性下的效用函数 $U = u(C_1, C_2, \pi_1, \pi_2)$ 时,有以下需留意的特征。

(1) 我们可以认为消费者比较和评价不同状态下的消费,应该与不同状态实际发生的概率有关。因此,效用函数不仅取决于消费水平,还取决于它们的概率。

(2) 因为消费者最终只能消费其中一种状态,或者说,消费者对各种状态下消费的偏好应该是相互独立的。这种独立性隐含着此类效用函数中各种状态的效用应该是可加的。

(3) 如果不确定性只是改变消费者的财富水平,而对消费者财富消费的偏好本身没有影响,则各种状态下消费者的效用函数应该是相同的。

根据以上特征,经济学人认为,期望效用函数是描述不确定性偏好较为合理的效用函数

$$Eu(C) = \pi_1 U(C_1) + \pi_2 U(C_2), \quad \pi_1 + \pi_2 = 1 \tag{12-5}$$

12.3　风险类型

期望效用函数,也称冯·诺依曼-摩根斯顿(Von Neumann-Morgenstern)效用函数,函数中的 $U(c)$,即消费者在给定状态下的效用函数,与消费者的风险偏好相对应。

12.3.1　风险厌恶

如果拥有财富 w 的消费者效用函数为 $U(w)$,对于任意两个财富 w_1 和 w_2,如果下式成立

$$U(\pi_1 w_1 + \pi_2 w_2) > \pi_1 U(w_1) + \pi_2 U(w_2) \tag{12-6}$$

即财富的期望值的效用大于财富的期望效用,那么该消费者为**风险厌恶型**(见图 12.2)。式中,$\pi_1 + \pi_2 = 1$。

证明:对于期望效用函数 $Eu(C) = \pi_1 U(C_1) + \pi_2 U(C_2)$,$\pi_1 + \pi_2 = 1$,如果 $U''(c) < 0$,则消费者属于风险厌恶型,无差异曲线为凸状。

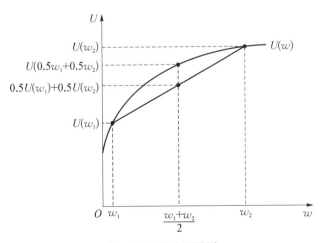

图 12.2　风险厌恶型

12.3.2 风险偏好

如果拥有财富 w 的消费者效用函数为 $U(w)$，对于任意两个财富 w_1 和 w_2，如果下式成立

$$U(\pi_1 w_1 + \pi_2 w_2) < \pi_1 U(w_1) + \pi_2 U(w_2) \qquad (12-7)$$

即财富的期望值的效用小于财富的期望效用，那么该消费者为**风险偏好**型（见图 12.3）。式中，$\pi_1 + \pi_2 = 1$。

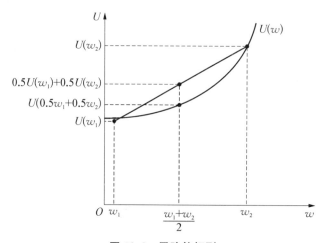

图 12.3 风险偏好型

证明：对于期望效用函数 $Eu(C) = \pi_1 U(C_1) + \pi_2 U(C_2)$，$\pi_1 + \pi_2 = 1$，如果 $U''(c) > 0$，则消费者属于风险偏好型，无差异曲线为凹状。

12.3.3 风险中性

如果拥有财富 w 的消费者效用函数为 $U(w)$，对于任意两个财富 w_1 和 w_2，如果下式成立

$$U(\pi_1 w_1 + \pi_2 w_2) = \pi_1 U(w_1) + \pi_2 U(w_2) \qquad (12-8)$$

即财富的期望值的效用等于财富的期望效用，那么该消费者为**风险中性**型。式中，$\pi_1 + \pi_2 = 1$。

如果 $U''(c) = 0$，则消费者属于风险中性，无差异曲线斜率恒定，为 $\dfrac{\pi_1}{\pi_2}$。

12.4 不确定性下的最优选择

还是以上述的保险作为例子。

消费者的期望效用函数为

$$EU(C) = \pi U(C_b) + (1 - \pi)U(C_g)$$

消费者的预算方程为

$$(1 - r)C_g + rC_b = (1 - r)35\,000 + r25\,000$$

效用最大化选择条件为

$$MRS_{gb} = OC_{gb} \Rightarrow \frac{MU_b}{MU_g} = \frac{r}{1 - r}$$

所以,由上式可得

$$\frac{\pi \partial U/\partial C_b}{(1 - \pi)\partial U/\partial C_g} = \frac{r}{1 - r} \tag{12-9}$$

同时,保险公司的期望利润为

$$\prod = rK - [\pi K + (1 - \pi) \cdot 0] = rK - \pi K \tag{12-10}$$

假设从平均来说,保险公司刚好盈亏平衡,即按照所谓的"公平"的保险费率提供保险,这里"公平"指保险公司的保险收入期望值等于它支付的期望成本,即

$$\prod = rK - \pi K = 0 \Rightarrow r = \pi \tag{12-11}$$

把式(12-11)代入式(12-9),可得

$$\partial U/\partial C_b = \partial U/\partial C_g \tag{12-12}$$

也就是说,损失发生时增加一单位货币收入带来的边际效用等于损失不发生时增加一单位货币收入带来的边际效用。

对于风险厌恶者来说,消费者的边际效用 $\partial U/\partial C$ 随着 C 的增加而下降,所以,当 $C_b > C_g$ 时有 $\partial U/\partial C_b < \partial U/\partial C_g$,当 $C_b < C_g$ 时有 $\partial U/\partial C_b > \partial U/\partial C_g$,因此,要使 $\partial U/\partial C_b = \partial U/\partial C_g$,必须满足 $C_b = C_g$,即

$$25\,000 + K - rk = 35\,000 - rk \Rightarrow K = 10\,000$$

也就是说,如果保险公司提供"公平"的保险费率的话,风险厌恶型消费者会选择全部风险资产投保(全额保险)。

因此,如果消费者属于风险厌恶型,且消费者对风险发生概率的判断与实际保率相一致(即 $r = \pi$),则消费者会对全部风险资产投保(全额保险);如果保率高于风险发生的概率($r > \pi$),消费者只会对部分风险资产投保。

上述风险—保险模型可推广到赌博[①]等各类不确定性问题的分析。

例 12.1　斯科特船长只有 1 艘船,价值 2 亿美元。如果这艘船沉了(沉船的概率为 $p = 0.02$),他将损失 2 亿美元。斯科特船长的总财产包括这艘船一共是 2.25 亿美元。斯科特

---

① 赌博在我国是非法的。此处仅用于学术讨论。

船长的效用函数为 $u = p\sqrt{w_b} + (1-p)\sqrt{w_g}$，$w_b$ 和 w_g 分别表示沉船发生和不发生时他的财富。那么，斯科特船长愿意支付用于足额保险以对抗沉船损失的最高金额是多少？此时保险公司获利期望为多少？如果保险市场是竞争的，则足额保费为多少？结合图形比较两种情况下（支付最高保费和竞争性保费）斯科特船长的效用。

解：首先画出斯科特船长意外消费束空间（见图12.4），并进行分析。

初始时，斯科特船长的或有消费计划位于 A 点$(0.25，2.25)$，根据效用函数可以计算出此时他的效用水平为

$$u = 0.02\sqrt{0.25} + 0.98\sqrt{2.25} = 1.48$$

在全额保险下，设保费为 x，则支付足额保险后的或有消费束为 $(2.25-x，2.25-x)$，这个或有消费计划的效用水平为

$$u = 0.02\sqrt{2.25-x} + 0.98\sqrt{2.25-x}$$
$$= \sqrt{2.25-x}$$

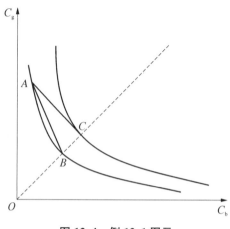

图 12.4　例 12.1 图示

这个效用水平应不低于1.48（即该意外消费计划束应该至少与 A 点在同一条无差异曲线上，即图中 B 点），解得 $x = 0.0596$，即最高保费为596万美元。此时，保险公司的期望利润为 $596 - 0.02 \times 20\,000 = 196$ 万美元。

如果保险市场是竞争的，则保险公司期望利润为0，足额保费应为400万美元。此时，斯科特船长的或有消费计划束为 $(2.21，2.21)$，即图中 C 点。斯科特船长的效用水平约为 $\sqrt{2.21} \approx 1.4866$，高于原来的效用水平。

例 12.2　生活在美国的杰克有3000美元。他计划在苏利文和法兰克对弈的拳击赛上打赌。他可以花2美元在苏利文胜出时获利5美元，否则将一无所获。他也可以花3美元在法兰克胜出时获利5美元，否则将一无所获。杰克不同意这个胜算可能。他认为比赛双方各有1/2的可能获胜。如果他是一个期望效用最大化者并试图使财富平方根 $\sqrt{W}$ 的期望值最大，W_1（横坐标）、W_2（纵坐标）分别表示苏利文胜出和法兰克胜出时杰克的财富，请完成以下问题。

（1）写出杰克的效用函数，并求出初始禀赋点的边际替代率。

（2）求出以 W_1、W_2 表示的杰克财富的预算方程。

（3）求出杰克效用最大化时的 W_1、W_2。

解：（1）由题意，杰克的效用函数 $U(W_1，W_2) = \dfrac{1}{2}\sqrt{W_1} + \dfrac{1}{2}\sqrt{W_2}$，由于初始禀赋为 $E(\omega_1 = 3\,000，\omega_2 = 3\,000)$，所以初始禀赋点的边际替代率为

$$MRS_{21} = -\frac{MU_1}{MU_2} = -\frac{\sqrt{W_2}}{\sqrt{W_1}} = -\frac{\sqrt{3\,000}}{\sqrt{3\,000}} = -1$$

（2）不妨设杰克买苏利文赢 x 张，买法兰克赢 y 张，则由题意得

$$2x + 3y = 3\,000$$

那么,如果苏利文赢,杰克的财富为 $5x$,如果法兰克赢,杰克的财富为 $5y$(见图 12.5)。

所以,W_1 的机会成本,即预算方程的斜率为

$$OC_{21} = \frac{3\,000 - 5y}{3\,000 - 5x} = \frac{(2x + 3y) - 5y}{(2x + 3y) - 5x}$$
$$= -\frac{2}{3}$$

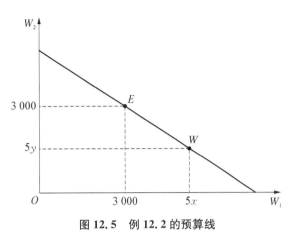

图 12.5　例 12.2 的预算线

因此,预算方程为

$$W_2 - 3\,000 = -\frac{2}{3}(W_1 - 3\,000) \Rightarrow 2W_1 + 3W_2 = 15\,000$$

(3) 最优解满足

$$MRS_{21} = OC_{21} \Rightarrow -\frac{\sqrt{W_2}}{\sqrt{W_1}} = -\frac{2}{3} \Rightarrow 4W_1 = 9W_2$$

结合预算方程可得

$$W_1 = 4\,500, W_2 = 2\,000$$

例 12.3　美国的迪克有 6 400 美元,他打算赌球。假设球赛不会出现平局,且 A 队最有希望获胜。一个人可以用 0.8 美元买入 1 张赌票,如果 A 队获胜,那么他将会赢得 1 美元,否则一无所获。也可以用 0.2 美元买入 1 张赌票,如果 B 队获胜,那么他将会赢得 1 美元,否则一无所获。迪克认为两队获胜的可能性相等。他买赌票,并且使 ln W(财富的自然对数)期望值最大化。他买下赌票后,A 队损失了 1 名明星队员,这样 2 种赌票的价格都变成 0.5 美元。迪克买了一些新的赌票并且卖掉了一些原先买的赌票。比赛结束,A 队获胜。问:他将有多少财富?

解:首先,我们可以采取与前面类似的方法,设买 A 队赢 x 张,B 队赢 y 张,A 队赢时迪克财富为 W_1,B 队赢时迪克财富为 W_2。

那么由题意可得:$0.8x + 0.2y = 6\,400$。

以 W_2 表示 W_1 的机会成本,即预算方程的斜率为:

$$OC_{21} = \frac{6\,400 - y}{6\,400 - x} = \frac{(0.8x + 0.2y) - y}{(0.8x + 0.2y) - x} = -4$$

可得迪克的预算方程为 $W_2 - 6\,400 = -4(W_1 - 6\,400) \Rightarrow 4W_1 + W_2 = 32\,000$

而迪克的效用函数为:$u = \frac{1}{2}\ln W_1 + \frac{1}{2}\ln W_2$,其 $MRS_{21} = -\frac{W_2}{W_1}$,

由最优化条件可得 $W_1 = 4\,000$,$W_2 = 16\,000$,相应的,$x = 4\,000$,$y = 16\,000$,

A 队损失了 1 名明星队员前迪克会购买 A 队赢 4 000 张, B 队赢 16 000 张。

因为 A 队损失了 1 名明星, 导致 A 队赢的赌票价格从 0.80 美元下降到 0.50 美元, B 队赢的价格从 0.20 美元上升到 0.50 美元, 因此, 迪克从原先所购买的赌票中即可获利(12 000 * 0.3=3 600 美元, 在重新购买赌票前, 他的财富总额已增加到 10 000 美元)。

分析第二次赌票的购买方案, 迪克的预算方程变为

$$W_2 - 10\,000 = -(W_1 - 10\,000) \Rightarrow W_1 + W_2 = 20\,000$$

由最优化条件可得 $W_1 = 10\,000$, $W_2 = 10\,000$, 相应的, $x = 10\,000$, $y = 10\,000$,

A 队损失了 1 名明星队员后迪克会购买 A 队赢 10 000 张, B 队赢 10 000 张。

因此, 无论最后是 A 队获胜还是 B 队获胜, 迪克的财富也仍保持在 10 000 美元。(可以考虑, 迪克属于风险厌恶型, 如果赌票预期收益为 0, 他将不参加赌票, 这与购买等量的 2 种赌票是一致的)。

例 12.4　威利的唯一收入来源是他的巧克力厂。他有冯·诺依曼一摩根斯顿效用函数: $u = p\sqrt{c_b} + (1-p)\sqrt{c_g}$, p 是发洪水的概率, $1-p$ 是不发洪水的概率。c_b 为发洪水时威利的财富, 而 c_g 为不发洪水时威利的财富。发洪水的概率 $p = 1/16$。威利的工厂在不发洪水时价值 620 000 元, 发洪水后一文不值。威利可以买保险, 他为每 x 价值的财产保险, 无论是否发洪水, 需要付给保险公司 $2x/17$ 元, 但是他可以在发洪水时将拿回 x 元。

① 请问威利会选择购买多少保险?

② 如果只付给保险公司 $x/16$ 元, 就可以在发洪水时将拿回 x 元, 那么威利会选择购买多少保险?

解: ① 根据效用函数, 威利无差异曲线的边际替代率为

$$MRS_{gb} = \frac{p/2\sqrt{c_b}}{(1-p)/2\sqrt{c_g}} = \frac{p}{1-p}\sqrt{\frac{c_g}{c_b}} = \frac{1}{15}\sqrt{\frac{c_g}{c_b}}$$

根据保险计划, 保险率 $r = \dfrac{2}{17}$, 故保险预算线的斜率为: $\dfrac{r}{1-r} = \dfrac{2}{15}$。

最优保险计划下, 无差异曲线与预算线相切, 故有

$$\frac{1}{15}\sqrt{\frac{c_g}{c_b}} = \frac{2}{15} \Rightarrow \frac{c_g}{c_b} = 4$$

又由于 $c_g = 620\,000 - 2x/17$, $c_b = x - 2x/17 = 15x/17$,

所以 $\dfrac{620\,000 - 2x/17}{15x/17} = 4$, 算得 $x = 170\,000$。

即此时威利不会选择全额保险(全额保险下 $c_f = c_{nf}$, 因为保率高于风险发生率, 因此不会选择全额保险)。

② 此时保险率 $r = \dfrac{1}{16}$, 保险预算线的斜率为: $\dfrac{r}{1-r} = \dfrac{1}{15}$。

由最优化条件可得: $\dfrac{1}{15}\sqrt{\dfrac{c_g}{c_b}} = \dfrac{1}{15} \Rightarrow \dfrac{c_g}{c_b} = 1$。

又由于 $c_g = 620\,000 - x/16$，$c_b = x - x/16 = 15x/16$，

所以，$\dfrac{620\,000 - x/16}{15x/16} = 1$，算得 $x = 620\,000$。

此时威利会选择全额保险，因为保率等于风险发生率。

12.5 思考练习题

(1) 证明：如果消费者属于风险偏好型，则消费者不会购买保险。

(2) 证明：如果消费者属于风险中立型，且消费者对风险发生概率的判断与实际保率相一致（$r = \pi$），则消费者对保险多少资产无差异；如果保率高于风险发生的概率（$r > \pi$），消费者不会对风险资产投保。

(3) 某消费者喜爱美食，且他只消费食品。由于一种罕见的疾病，他有 1/4 的可能性将失去嗅觉，这将大大影响他对于食品的享受。该消费者说："如果我失去嗅觉，享受食品所带来的效用只有原来的一半。"因此他的期望效用函数可以表示为 $u(c_1, c_2) = \dfrac{3}{4}\sqrt{c_1} + \dfrac{1}{8}\sqrt{c_2}$，$c_1$、$c_2$ 分别表示他拥有嗅觉和失去嗅觉时食品的消费额。该消费者发现保险公司正在出售一种保险：如果他失去嗅觉他将得到 $3x$ 元，如果他没有失去嗅觉，他将支付 x 元。他也可以买另一种"消极"保险：即如果失去嗅觉他就支付 $3x$ 元，否则得到 x 元。试问：该消费者会购买何种保险？如何购买？

(4) 美国的汤姆带着 1 000 美元来到赌场，他来到掷硬币赌桌上。如果汤姆在正面上下注 x 美元，这样在正面朝上时，他赢 $0.8 * x$ 美元，如果反面朝上，他支付 x 美元；同样，如果汤姆在反面上下注 x 美元，这样在反面朝上时，他赢 $0.8 * x$ 美元，如果正面朝上，他支付 x 美元。汤姆是一个期望效用最大化者，效用函数为 $u(h, t) = \dfrac{1}{2}h^2 + \dfrac{1}{2}t^2$，$h$ 为正面朝上时他的财富，t 为反面朝上时他的财富。如果坐标轴分别表示以反面朝上和正面朝上时汤姆的财富，画出汤姆的预算约束线以及无差异曲线，并建议汤姆应该如何下注？

(5) 某消费者正面临 2 个可能发生的事件（H 和 T），两个事件各自的发生概率为 1/2。该消费者的效用函数为 $u(h, t) = v(h)/2 + v(t)/2$，$h$ 为事件 H 发生时他的财富，t 为事件 T 发生时他的财富。如果 $x < 100$，函数 $v(x) = x$；如果 x 大于等于 100，$v(x) = \dfrac{100 + x}{2}$。请作者该消费者过以各点的无差异曲线：$A$ 点(50，0)；B 点(50，100)；C 点(100，100)；D 点(150，100)。

(6) 赌博的确定性等价物被定义为：你被许诺所得的钱与参加这场赌博无差异。

① 如果一个期望效用最大化者有冯·诺依曼—摩根斯顿效用函数 $v(w) = \sqrt{w}$（W 是财富），并且如果事件 1 和事件 2 发生的概率都是 1/2，写出一个赌博的确定性等价物公式，这个赌博是：如果事件 1 发生，你得到 x 元；如果事件 2 发生，你得到 y 元。

② 把 A 推广到事件 1 发生的概率为 p，事件 2 发生的概率为 $1-p$。

③ 把 A 公式推广到 $v(w)=w^a$，$a>0$。

（7）住在美国的杰克有 1 200 美元。他计划在苏利文和法兰克对弈的拳击赛上打赌。他可以花 4 美元在苏利文胜出时获利 10 美元，否则将一无所获。他也可以花 6 美元在法兰克胜出时获利 10 美元，否则将一无所获。杰克不同意这个胜算可能。他认为比赛双方各有 1/2 的可能获胜。如果他是一个期望效用最大化者并试图使财富自然对数 $\ln W$ 的期望值最大，请问：他将如何购买拳击赛的赌票（各买多少张）？

（8）每投资 1 元在生产短袜的公司将产出 2 元。每投资 1 元在生产雨伞的公司将以 1/2 的概率产出 8 元，以 1/2 的概率无产出。一位投资者有 10 000 元用于投资在这两个公司，她有冯·诺依曼—摩根斯顿效用函数为她投资总产出的自然对数的期望值。如果 S 是她在生产短袜公司的投资额，10 000－S 是她在生产雨伞公司的投资额，S 取多少可以使她的期望效用最大？

第13章

风险资产

本章将运用上一章的研究方法和结论来讨论投资者在股票市场是如何配置资产的。投资者可以在不同资产中选择进行投资组合：一些资产是有风险的(risky asset)，我们用(σ_m, r_m)表示风险资产的报酬标准差和期望收益；一些资产无风险且具有确定的收益r_f。如何在不同资产中进行投资组合是本章研究的主要问题。

13.1 均值—方差效用

13.1.1 均值与方差

假设随机变量ω取值$\omega_i(i=1,2,\cdots s)$的概率为π_i，那么该随机变量的均值(mean)就是它的加权平均值

$$\mu_\omega = \sum_{i=1}^{s} \pi_i \omega_i \tag{13-1}$$

而该随机变量的方差(variance)就是$(\mu_\omega - \omega)^2$的加权平均值

$$\sigma_\omega^2 = \sum_{i=1}^{s} \pi_i (\mu_\omega - \omega_i)^2 \tag{13-2}$$

该随机变量的标准差(standard deviation)就是方差的平方根

$$\sigma_\omega = \sqrt{\sigma_\omega^2} = \sqrt{\sum_{i=1}^{s} \pi_i (\mu_\omega - \omega_i)^2} \tag{13-3}$$

方差和标准差表示该随机变量的"离散"程度，可以用来合理地度量所涉及的风险。

均值测度的是随机变量的平均值——概率分布以它作为聚集的中心，方差和标准差测度的是随机变量的"离散"程度——概率分布是怎样偏离均值的。

13.1.2 均值—方差效用函数

除了期望效用函数之外，另一种刻画投资者在不确定性下的偏好就是用不确定性资产的若干参数来决定消费者的效用水平，如资产的期望报酬(均值)以及变化程度(方差/标准

差），这种效用函数称为均值—方差效用函数

$$U = u(\mu, \sigma^2)，或 U = u(\mu, \sigma)$$

其中，μ 表示期望报酬率，σ^2 为该风险资产报酬率对应的方差，σ 为该风险资产报酬率对应的标准差。

13.2　均值—方差预算线

假设投资者投资两种不同的资产：一种是**无风险资产**，具有固定的报酬率 r_f；另一种是**风险资产**，在不同的状态 i（$i = 1, 2, \cdots, s$）下具有可变的报酬率 m_i，状态 i 发生的概率为 π_i，(r_m, σ_m) 分别表示风险资产的期望报酬率和标准差。

投资者在两类资产中进行自由组合：令 x 表示投资风险资产的比例，相应的 $1-x$ 部分投资于无风险资产，那么该资产的平均报酬率为

$$r_x = x \sum_{i=1}^{s} \pi_i m_i + (1-x) r_f = x r_m + (1-x) r_f \tag{13-4}$$

即该资产组合的期望报酬率等于两种资产期望报酬率的加权平均值。

而该资产组合的报酬率的方差可以表示为

$$\sigma_x^2 = \sum_{i=1}^{s} [r_x - x m_i - (1-x) r_f]^2 \pi_i \tag{13-5}$$

把式（13-4）代入式（13-5），可得

$$\begin{aligned}
\sigma_x^2 &= \sum_{i=1}^{s} \{x r_m + [(1-x) r_f] - x m_i - (1-x) r_f\}^2 \pi_i \\
&= x^2 \sum_{i=1}^{s} (r_m - m_i)^2 \pi_i \\
&= x^2 \sigma_m^2
\end{aligned} \tag{13-6}$$

因此，该资产组合的报酬率的标准差为

$$\sigma_x = x \sigma_m \tag{13-7}$$

即该资产组合的报酬率的标准差等于风险资产的报酬率的标准差乘以它的投资比例。综上所述，给定只有一类风险资产 (r_m, σ_m) 以及无风险资产的报酬率为 r_f，则该投资组合的报酬—风险可用 $(x\sigma_m, x r_m + (1-x) r_f)$ 表示，其中，x 为投资于风险资产的比例。那么，如果投资于风险资产的比例为 y，该投资组合的报酬—风险可用 $(y\sigma_m, y r_m + (1-y) r_f)$ 表示。如果以报酬率的标准差为横轴，报酬的期望收益率为纵轴，那么该两点的斜率（以 p 表示）为

$$p = \frac{[x r_m + (1-x) r_f] - [y r_m + (1-y) r_f]}{x \sigma_m - y \sigma_m}$$

$$=\frac{r_m-r_f}{\sigma_m} \qquad\qquad (13-8)$$

由于任何不同的两个组合 $(x\sigma_m,xr_m+(1-x)r_f)$ 对应的坐标具有相同的斜率,所以,不同的投资组合方式对应在标准差—报酬率坐标图中的预算线为一条直线,其斜率(即机会成本)为 $OC_{\mu\sigma}=p=\dfrac{r_m-r_f}{\sigma_m}$,也表示为风险的价格(price of risk),即投资者若承担一单位风险(以标准差来度量)所相应获得的期望报酬率的增加。

当 $x=0$ 时,即所有的货币都投资于无风险资产时,报酬率的标准差为 $\sigma_0=0$,而报酬的期望收益率 $r_0=r_f$;当 $x=1$ 时,即所有的货币都投资于风险资产时,报酬率的标准差为 $\sigma_1=\sigma_m$,而报酬率的期望值 $r_1=r_m$,如图 13.1 所示。

由式(13-8)及直线方程的点斜式可得

$$r_x-r_f=\frac{r_m-r_f}{\sigma_m}(\sigma_x-0)$$

即

$$r_x-\frac{r_m-r_f}{\sigma_m}\sigma_x=r_f \qquad\qquad (13-9)$$

式(13-9)就是关于风险与报酬的预算方程。

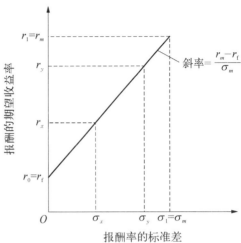

图 13.1　风险与报酬预算线

13.3　最优投资组合

假定投资者的偏好仅取决于其财富的均值和方差。如果投资者是风险厌恶的,也就是说较高的期望报酬率使他福利更好,较高的标准差使他福利更差,即标准差对投资者来说是"厌恶品"。所以对风险厌恶的投资者具有的无差异曲线的斜率是正的,即投资者关于均值和方差的无差异曲线向上倾斜(见图 13.2)。

当无差异曲线的斜率等于预算线的斜率(即风险价格)时投资者的效用达到最大,此时就是投资者对于风险与报酬的最优选择。

此时效用最大化条件为

$$MRS_{\mu\sigma}=OC_{\mu\sigma}\Rightarrow -\frac{\partial U/\partial\sigma}{\partial U/\partial\mu}=\frac{r_m-r_f}{\sigma_m}$$

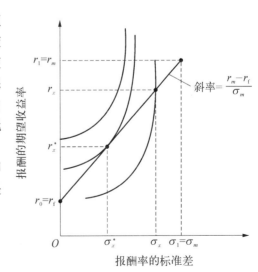

图 13.2　风险与报酬的最优投资组合

虽然不同投资者因为风险偏好不同,对风险资产投资的比例也不同,但均衡时所有投资者的边际替代率一定相等:都等于该预算线的斜率,正如人们面临同一组商品价格的最优选择下边际替代率相等。

例 13.1　史先生正在考虑在两种资产之间分配其财富。其中风险资产的期望收益率是 30%,标准差是 10%;而无风险资产的期望收益率是 10%,标准差是 0%。

（1）如果史先生将其财富的 x（百分比）投资在风险资产上,期望收益 r_x 是多少?

（2）如果史先生将其财富的 x（百分比）投资在风险资产上,标准差 σ_x 是多少?

（3）求出史先生的财富的期望收益和标准差之间的预算方程。

（4）如史先生的效用函数为 $u(r_x, \sigma_x) = \min\{r_x, 30\% - 2\sigma_x\}$,求其最优选择。

（5）史先生在风险资本上将投资多少财富?

解:（1）由于风险资产和无风险资产的期望收益率分别为 $r_m = 30\%$, $r_f = 10\%$,所以,期望收益率为 $r_x = xr_m + (1-x)r_f = 30x\% + 10(1-x)\%$。

（2）由于无风险资产的期望收益率是 $\sigma_m = 10\%$,所以,标准差 $\sigma_x = x\sigma_m = 10x\%$。

（3）由于期望收益和标准差之间的预算方程为:$r_x - \dfrac{r_m - r_f}{\sigma_m}\sigma_x = r_f$,所以 $r_x -$

$\dfrac{30\% - 10\%}{10\%}\sigma_x = 10\% \Rightarrow r_x - 2\sigma_x = 10\%$。

期望收益和标准差之间的预算方程为 $r_x - 2\sigma_x = 10\%$（见图 13.3）。

（4）由效用函数的特点,最优选择应该满足 $r_x = 30\% - 2\sigma_x$,结合上式可得 $\sigma_x = 5\%$, $r_x = 20\%$。

（5）由 $r_x = xr_m + (1-x)r_f$ 代入得 $20\% = 30x\% + 10(1-x)\%$,因此,$x = 50\%$。

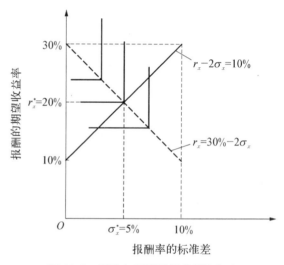

图 13.3　风险与报酬的最优投资组合

13.4　风险资产定价

13.4.1　风险的度量

当只有一种风险资产时,我们可以像上面所述一样用风险资产的标准差来衡量它的风险值。但是,存在多种风险资产时,用每种资产的标准差来衡量风险值就不合适了。因为,这时投资者的效用取决于所有资产的均值和方差,而不是取决于任何单一资产的均值和方差。

假设有两种风险资产 A 和 B。资产 A 的价值 $= \begin{cases} 10\,元, & 高需求概率 50\% \\ -5\,元, & 低需求概率 50\% \end{cases}$;资产 B 的

$$价值 = \begin{cases} -5\,元 & 高需求概率\,50\% \\ 10\,元 & 低需求概率\,50\% \end{cases}$$

显然,这两种资产的价值是负相关的。如果持有一种资产,那么它的均值都是 2.5。如果同时持有等量的两种资产 A 和 B,那么总共可以获得的均值为 5。可见持有资产的风险值与其他资产有关系。

实际的风险资产市场(如股票市场)中,各类资产的风险—报酬各不相同。此时,对某一类风险资产(某个股票)风险的测度则不再取决于它自身的方差(标准差),而是该资产相对于整体市场的风险程度。金融学中用 β 值来表示

$$\beta_i = \frac{资产\,i\,的风险程度}{市场整体的风险程度} \tag{13-10}$$

如果某种股票的 $\beta = 1$,那么这种股票的风险程度与整个股票市场的风险程度相同,即如果股票市场风险上升 10%,那么这种股票的风险也上升 10%;如果某种股票的 $\beta < 1$,那么这种股票的风险程度低于整个股票市场的风险程度,即如果股票市场风险上升 10%,那么这种股票的风险上升幅度低于 10%。

例 13.2 如果你现在投资 A 公司 100 元,1 年后你能收回 $(30+T)$ 元;如果你投资 B 公司 100 元,1 年后你能得到 $(180-T)$ 元。T 是这个夏天的平均温度(华氏温度),T 的期望值是 70,标准差为 10。

(1)画出一张表示你将 100 元分开投资在股票 A 和股票 B 的期望收益和标准差的组合。

(2)你能做的最安全的投资的期望收益和标准差是多少?

(3)你能达到的最高收益是多少?

解:(1)令 U 表示投资组合的收益,该投资组合中,x 表示资产 A 的比例,那么 $(1-x)$ 为资产 B 的比例,即

$$U = x(30+T) + (1-x)(180-T) = (2x-1)T + 180 - 150x$$

根据随机变量函数期望和方差的性质,有

$$E(U) = E[(2x-1)T + 180 - 150x] = (2x-1)ET + 180 - 150x = 110 - 10x$$
$$SD(U) = |2x-1|SD(T) = 10|2x-1| \quad (SD\,表示标准差)$$

其中:

当 $x=1$ 时,$E(U)=100$,$SD(U)=10$;

当 $x=0$ 时,$E(U)=110$,$SD(U)=10$;

当 $x=0.5$ 时,$E(U)=105$,$SD(U)=0$。

因此,投资收益组合线为从点 $(0,105)$ 到点 $(10,110)$ 的直线和从点 $(0,105)$ 到点 $(10,100)$ 的直线,如图 13.4 所示。具体而言,当投资 A 公司的比例 $x \in [0.5,1]$ 时,组合线位于 A 线段上;当投资 A 公司的比例 $x \in [0,0.5]$ 时,组合线位于 B 线段上。

(2)据此,最安全的收益为在 A、B 公司上各投50%,此时期望收益为 105,标准差为 0(无风险收益)。

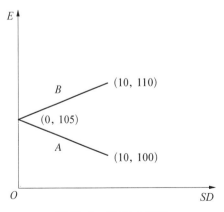

图 13.4 例 13.2 图示

(3) 若追求高收益,则全部投在 B 公司上,期望收益为 110,标准差为 10。

13.4.2 资产定价模型

包括所有风险资产的市场资产组合的期望报酬率就是市场期望报酬率 r_m,市场期望报酬率的标准差就是市场风险 σ_m。安全无风险资产报酬率为 r_f。

而由式(13-8)可知风险价格为 $p = \dfrac{r_m - r_f}{\sigma_m}$。

由式(13-10)可知某资产 i 的风险为 $\sigma_i = \beta_i \sigma_m$。

$$资产 i 风险调整 = \sigma_i \cdot p = \beta_i \sigma_m \cdot p = \beta_i \sigma_m \cdot \frac{r_m - r_f}{\sigma_m} = \beta_i(r_m - r_f) \quad (13-11)$$

所以,在一个均衡的风险市场中,所有资产都有相同的经过风险调整的报酬率,即

$$r_i - \beta_i(r_m - r_f) = r_j - \beta_j(r_m - r_f) \quad (13-12)$$

因此,风险资产 i 的经过风险调整的报酬率为

$$r_i = r_f + \beta_i(r_m - r_f) \quad (13-13)$$

式(13-13)说明任何资产的期望报酬率一定等于无风险报酬率加上风险调整。这个方程就叫作资本资产定价模型(capital asset pricing model,CAPM)。

市场上各类风险资产(如各类基金)都应该落在 $\beta - r$ 空间中的报酬线上。当然,实际计算表明,很多基金的业绩表现都位于该报酬线的下方。这也预示着投资指数型基金(可看成非常接近市场期望报酬与风险程度)也许是更明智的选择。

即便市场上会出现少数表现出色的明星基金,但会随着市场的追捧会产生价格上升(溢价)并降低报酬率。

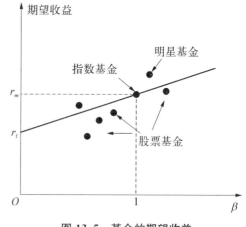

图 13.5　基金的期望收益

13.5　思考练习题

(1) 公司 A 卖柠檬水,公司 B 卖热巧克力。如果投资 A 公司 100 元,1 年后能收回 $(30+T)$ 元;如果投资 B 公司 100 元,1 年后能得到 $(150-T)$ 元。T 是这个夏天的平均温度(华氏温度),期望值是 70,标准差为 10。如果投资 A 公司 50 元,B 公司 50 元,那么投资收益的标准差是多少?

(2) 一项无风险资产可得到 5% 的利息,另一项资产可得到 15% 的平均收益率但是有

5％的标准差。一名投资者正在考虑包含着两种股票的投资组合。在一张图上横轴表示标准差,纵轴表示平均收益率,那么由这 2 项资产组合投资的各个可能平均收益率和方差组合的预算线是怎样的?

（3）你被一家股票经纪公司聘为投资组合经理。你得第一个工作就是在一个包含 2 项资产的投资组合上投资 100 000 元。第一项资产是有确定的 4％的利率的安全资产,第二项资产是有 26％的期望收益率的风险资产,但是标准差是 10％。如果你的客户希望在得到高收益的同时将标准差控制在 4％以下,你应当将她的多少钱投资在安全资产上?

（4）张女士可在一项 10％确定收益率的无风险资产和一项有 25％的期望收益率及 5％标准差的风险资产之间进行投资组合。如果这个投资组合的期望收益率为 25％,那么这样的投资组合收益的标准差为多少?

（5）如果斯密斯先生将他的投资划分成两类资产:一项是 15％确定收益率而标准差为零的无风险资产;另一项是 30％的期望收益率而标准差为 5％的资产。他可以通过改变持有这 2 项资产的比例来改变期望收益率和方差。如果以纵轴标记期望收益,用横轴标记标准差,则斯密斯先生可以得到的投资组合预算线的斜率为多少?

第 14 章

消费者剩余

本章主要根据消费者的需求函数得出能够用货币衡量的消费者消费商品获得的效用或者满足程度。

14.1 对离散商品的需求 ————————————————●

现假设消费者偏好为拟线性偏好，效用函数为 $U(x, y) = V(x) + y$，预算约束为 $px + y = m$，其中，x 为离散商品的数量，y 为花费在其他商品上的货币量，p 为离散商品 x 的价格。

如果离散商品 x 的价格为 p 时，消费者对该商品的需求量为 n，也就是说，其最优消费束为 $(n, m - pn)$，那么该消费束肯定是其他两个满足预算约束方程的消费束 $(n-1, m-p(n-1))$ 和 $(n+1, m-p(n+1))$ 的直接显示偏好，所以有

$$U(n, m - pn) \geqslant U(n-1, m - p(n-1)) \qquad (14-1)$$

$$U(n, m - pn) \geqslant U(n+1, m - p(n+1)) \qquad (14-2)$$

把式(14-1)和式(14-2)代入效用函数，可得

$$V(n) + m - pn \geqslant V(n-1) + m - p(n-1) \qquad (14-3)$$

$$V(n) + m - pn \geqslant V(n+1) + m - p(n+1) \qquad (14-4)$$

化简整理式(14-3)和式(14-4)，得

$$p \leqslant V(n) - V(n-1) \qquad (14-5)$$

$$p \geqslant V(n+1) - V(n) \qquad (14-6)$$

即

$$V(n+1) - V(n) \leqslant p \leqslant V(n) - V(n-1) \qquad (14-7)$$

由第1章、第4章有关保留价格和边际效用的内容可知，消费者消费第 n 单位商品 x 的保

留价格为 $r_n = V(n) - V(n-1)$，消费第 $n+1$ 单位商品 x 的保留价格为 $r_{n+1} = V(n+1) - V(n)$，于是，式(14-7)变为

$$r_{n+1} \leqslant p \leqslant r_n \qquad (14-8)$$

所以，如果商品价格为 p 时，消费者对该商品的需求量为 n，那么一定有 $r_{n+1} \leqslant p \leqslant r_n$。

因此，如果消费者消费第一单位某种商品的保留价格为 r_1，那么当该商品的价格 $p > r_1$ 时，对该商品的需求量为 0 单位；当该商品价格 $p = r_1$ 时，消费零单位该商品和一单位该商品无差异；如果消费者消费第 n 单位该商品的保留价格为 r_n，当该商品价格 $r_n < p < r_{n-1}$ 时，对该商品的需求量为 $(n-1)$ 单位；当该商品价格 $p = r_n$ 时，消费 $(n-1)$ 单位商品和 n 单位该商品无差异，即这个离散商品的需求曲线是阶梯状线段(见图 14.1)。

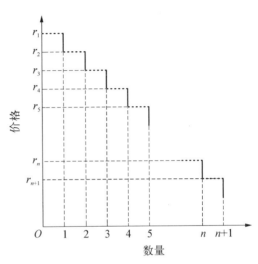

图 14.1 拟线性偏好离散商品的需求曲线

14.2 消费者剩余函数的构造

14.2.1 拟线性偏好离散需求

与上节假设一样，假设消费者偏好为拟线性偏好，效用函数为 $U(x, y) = V(x) + y$，预算约束为 $px + y = m$，其中，x 为离散商品的数量，y 为花费在其他商品上的货币量，p 为离散商品 x 的价格。

当商品 x 的价格 $p = r_1$ 时，消费 0 单位商品 x 和 1 单位商品 x 无差异，即

$$V(0) + m - r_1 \cdot 0 = V(1) + m - r_1 \cdot 1 \Rightarrow r_1 = V(1) - V(0) \qquad (14-9)$$

当商品 x 的价格 $p = r_2$ 时，消费 1 单位商品 x 和 2 单位商品 x 无差异，即

$$V(1) + m - r_2 \cdot 1 = V(2) + m - r_2 \cdot 2 \Rightarrow r_2 = V(2) - V(1) \qquad (14-10)$$

$$\cdots\cdots$$

当商品 x 的价格 $p = r_n$ 时，消费 $(n-1)$ 单位商品 x 和 n 单位商品 x 无差异，即

$$V(n-1) + m - r_n \cdot (n-1) = V(n) + m - r_n \cdot n \Rightarrow r_n = V(n) - V(n-1)$$
$$(14-11)$$

由式(14-9)～式(14-11)相加可得

$$r_1 + r_2 + \cdots + r_n = V(n) - V(0) \tag{14-12}$$

为了讨论方便，令 $V(0) = 0$，那么由式(14-12)可得

$$V(n) = r_1 + r_2 + \cdots + r_n = \sum_{i=1}^{n} r_i \tag{14-13}$$

由此可知，消费第一单位商品 x 的效用为 $r_1 = V(1)$，消费第二单位商品 x 的效用为 $r_2 = V(2) - V(1)$，……消费第 n 单位商品 x 的效用为 $r_n = V(n) - V(n-1)$，那么消费 n 单位商品 x 的总效用为 $V(n) = r_1 + r_2 + \cdots + r_n$（见图 14.2）。而消费者消费 n 单位商品 x 时支付了 np 单位的货币，那么消费者在消费 n 单位商品 x 的过程中获得的剩余为 $CS = V(n) - np$（见图 14.3）。可见，消费者剩余(consumer's surplus)指商品价格低于消费者的保留价格时，消费者消费商品获得的净效用，消费所有单位商品的净效用之和构成了消费者剩余。

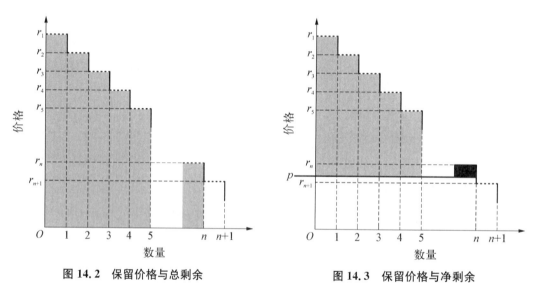

图 14.2　保留价格与总剩余　　　　图 14.3　保留价格与净剩余

另外，消费者花费了 np 的货币量购买了 n 单位的商品 x，那么补偿多少货币给该消费者可以使他愿意放弃消费 n 单位的商品 x 呢？假设补偿的货币数量为 R，那么有

$$V(0) + m + R = V(n) + m - np \Rightarrow R = V(n) - np$$

这就是消费者剩余，说明消费者剩余度量的是要使消费者放弃某种商品一定数量的消费而愿意接受补偿的货币量。

14.2.2　拟线性偏好连续需求

由于离散商品需求曲线以下的面积度量的是消费者消费商品的效用，因此，通过用分割的阶梯状需求函数来近似连续需求曲线的方法，可以计算连续需求曲线下的消费者剩余，即连续需求曲线下的面积就是总消费者剩余，减掉支付的货币量就是消费者剩余（见图 14.4）。

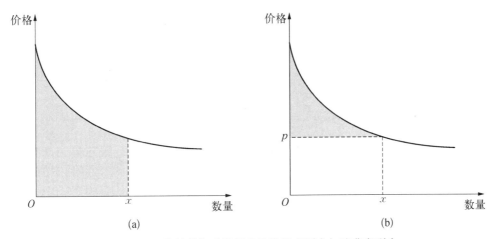

图 14.4　拟线性偏好连续需求总消费者剩余与消费者剩余

（a）总消费者剩余　（b）消费者剩余

14.2.3　一般偏好连续需求

通常,消费者购买一定数量的某种商品而愿意支付的价格受到该消费者购买其他商品所支付的货币量的影响,即某种商品的保留价格受到消费其他商品的数量的影响。

但是,在拟线性偏好这种情况下,由于收入不影响商品需求,即不存在收入效应,保留价格独立于消费其他商品的货币量。这样,用需求曲线下的面积计算消费者总剩余或者消费者净剩余是准确的。

如果收入变化对消费者的需求变化影响不大,价格变化引起的收入效应就比较小,那么我们就可以用一般偏好对应的需求曲线下的面积来近似计算消费者剩余及变化,以近似地度量消费者效用及变化。

14.2.4　市场需求的消费者剩余

根据单个消费者需求曲线求出来的是单个消费者剩余,根据市场需求曲线求出来的是市场消费者剩余。

消费者剩余的变化：当商品的价格发生变化时,消费者剩余大小的变化（见图 14.5）。如果商品的价格从 p' 上升到 p'',那么,R 度量的是消费者继续消费的商品数量需多支付的货币而造成的效用损失,T 度量的是消费者减少消费的商品数量而造成的效用损失。

例 14.1　假设消费者的收入为 $m=2$,分别考虑效用函数为 $u=xy$ 和 $u=y+\ln x$ 的情况下,求对商品 x 的需求函数以及消费者剩余（其中,y 表示一般等价物,如货币,$p_y=1$）。

解：第一个效用函数为柯布—道格拉斯效用

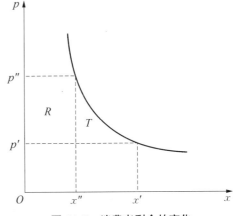

图 14.5　消费者剩余的变化

函数,根据该效用函数的特性(各商品消费支出之比等于系数之比),因此,x 的需求函数为
$x = \dfrac{m}{2p_x} = \dfrac{1}{p_x}$,相应的消费者剩余为 $CS = \displaystyle\int_p^\infty \dfrac{1}{x} \mathrm{d}x$。

第二个效用函数为拟线偏好的效用函数,根据最优选择下边际效用之比等于价格之比
$\left(\dfrac{MU_x}{MU_y} = \dfrac{p_x}{p_y} \right)$,$x$ 的需求函数为 $\dfrac{1/x}{1} = \dfrac{p_x}{p_y} \Rightarrow x = \dfrac{1}{p_x}$,相应的消费者剩余为 $CS = \displaystyle\int_p^\infty \dfrac{1}{x} \mathrm{d}x$。

因此,虽然两个效用函数下 x 的需求函数和消费者剩余相同,但这仅是在收入水平 $m = 2$ 情况下的一个特例。当收入发生变动时,基于柯布—道格拉斯效用函数下的需求函数和消费者剩余均会发生变化,而对拟线性偏好下的需求及消费者剩余则不产生影响。

例 14.2 某消费者的效用函数为 $u(x, y) = 100x - 0.5x^2 + y$,其中,$y$ 表示除商品 x 以外其他商品的消费金额。若该消费者的收入为 10 000 元,且商品 x 的价格从 50 元/单位 上升到 70 元/单位,则该消费者净剩余的变化量为多少?

解: 根据消费者最优选择(效用最大化),可得出相应的需求函数

$$\frac{MU_x}{MU_m} = \frac{p_x}{1} \Rightarrow p_x = 100 - x$$

因此,净消费者剩余变动为

$$\Delta CS = \int_{70}^\infty (100 - p_x) \mathrm{d}p_x - \int_{50}^\infty (100 - p_x) \mathrm{d}p_x = \int_{70}^{50} (100 - p_x) \mathrm{d}p_x = \left(100 p_x - \frac{1}{2} p_x^2 \right) \Big|_{70}^{50}$$
$$= -800$$

14.3　补偿变化与等价变化

在拟线性偏好的条件下,消费者剩余能够很好地衡量消费者的效用或者效用变化。即使在非拟线性偏好的条件下,如果收入效应比较小,消费者剩余也是一种消费者效用的合理度量方法。下面再介绍两种衡量消费者的效用或者效用变化的方法——补偿变化与等价变化。

14.3.1　补偿变化

初始时,消费者面临的商品 1 和商品 2 的价格为 $(p_1', 1)$,其预算方程为

$$p_1' x_1 + x_2 = m \qquad ①$$

其最优消费束为 $A[x_1(p_1', 1, m), x_2(p_1', 1, m)]$,如图 14.6 所示。

现在,两种商品的价格为 $(p_1'', 1)$,不妨假设 $p_1'' > p_1'$,其预算方程为

$$p_1'' x_1 + x_2 = m \qquad ②$$

其最优消费束为 $B[x_1(p''_1, 1, m), x_2(p''_1, 1, m)]$。

作与预算方程②平行并与经过初始最优消费束 $A[x_1(p'_1, 1, m), x_2(p'_1, 1, m)]$ 的无差异曲线相切的一条预算线,其预算方程为

$$p''_1 x_1 + x_2 = m + CV \qquad ③$$

其最优消费束为 $C[x_1(p''_1, 1, m + CV), x_2(p''_1, 1, m + CV)]$。

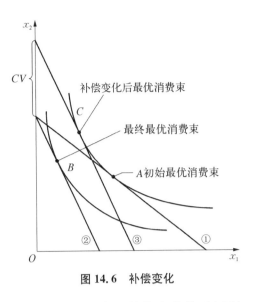

图 14.6　补偿变化

那么,CV 的大小就是补偿变化(compensating variation,CV)。商品 1 价格上升时,消费者预算线内旋,消费者到达一条更低的无差异曲线,消费者效用变差,价格变化后补偿给消费者一定收入使其回到原来的无差异曲线上。补偿给消费者的货币量就是补偿变化。补偿给消费者的货币量大小使得消费者在商品价格变化前后福利不变。

14.3.2　等价变化

预算方程①和预算方程②同讨论补偿变化时的相同(见图 14.7)。

作与预算方程①平行并与经过价格变化后最优消费束 $B[x_1(p''_1, 1, m), x_2(p''_1, 1, m)]$ 的无差异曲线相切的一条预算线,其预算方程为

$$p'_1 x_1 + x_2 = m - EV \qquad ③$$

其最优消费束为 $C[x_1(p'_1, 1, m - EV), x_2(p'_1, 1, m - EV)]$。

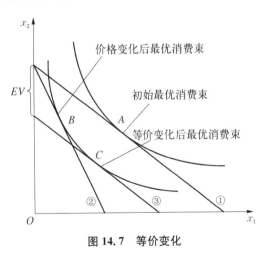

图 14.7　等价变化

那么,EV 的大小就是等价变化。即商品 1 价格上升使得消费者预算线内旋,消费者到达一条更低的无差异曲线时,消费者效用变差,现在在价格变化前取走一部分消费者的收入,使得保持价格不变收入减少的预算线与纯粹价格变化后的无差异曲线相切。即减少消费者收入使得其效用与商品 1 价格上升的效用相同。使得消费者与价格变化后效用相同的货币减少量就是等价变化。

例 14.3　某消费者的效用函数为 $U(x, y, z) = x \cdot \min\{y, z\}$,$x$ 的价格为 1 元,y 和 z 的价格都是 0.5 元,他的收入为 200 元。当 x 的价格涨至 2 元时,计算消费者剩余的变化、补偿变化和等价变化。

解:为计算消费者剩余的变化,应首先求出对商品 x 的需求函数,令 $t = \min\{y, z\}$,则效用函数简化为 $U(x, y, z) = x \cdot t$,其中 t 的价格为 $p_t = p_y + p_z = 0.5 + 0.5 = 1$。

设商品 x 价格为 p_x，根据柯布—道格拉斯偏好，得到消费者对商品 x 的需求函数为

$$x(p_x, p_t, m) = \frac{1}{2} \cdot \frac{m}{p_x} = \frac{100}{p_x}$$

消费者剩余的变化为

$$\Delta CS = \int_2^\infty \frac{100}{p_x}\mathrm{d}p_x - \int_1^\infty \frac{100}{p_x}\mathrm{d}p_x = \int_2^1 \frac{100}{p_x}\mathrm{d}p_x = -100\ln 2$$

商品价格变化前的最优消费为

$$x(1, 1, 200) = \frac{1}{2} \cdot \frac{200}{1} = 100, \; t(1, 1, 200) = \frac{1}{2} \cdot \frac{200}{1} = 100$$

对消费者补偿 CV 后的最优消费束为

$$x(2, 1, 200+CV) = \frac{1}{2} \cdot \frac{200+CV}{2} = \frac{200+CV}{4}$$

$$t(2, 1, 200+CV) = \frac{1}{2} \cdot \frac{200+CV}{1} = \frac{200+CV}{2}$$

价格变化前后效用相同，可得

$$100 \cdot 100 = \frac{200+CV}{4} \cdot \frac{200+CV}{2} \Rightarrow CV = 200(\sqrt{2}-1)$$

商品价格变化后的最优消费束为

$$x(2, 1, 200) = \frac{1}{2} \cdot \frac{200}{2} = 50, \; t(2, 1, 200) = \frac{1}{2} \cdot \frac{200}{1} = 100$$

现在假设价格变化前取走消费者收入大小为 EV，此时消费者最优消费束为

$$x(1, 1, 200-EV) = \frac{1}{2} \cdot \frac{200-EV}{1} = \frac{200-EV}{2}$$

$$t(1, 1, 200-EV) = \frac{1}{2} \cdot \frac{200-EV}{1} = \frac{200-EV}{2}$$

价格变化前后效用相同，可得

$$50 \cdot 100 = \frac{200-EV}{2} \cdot \frac{200-EV}{2} \Rightarrow EV = 100(2-\sqrt{2})$$

综上所述，消费者剩余的变化大小为 $100\ln 2$，补偿变化 CV 为 $200(\sqrt{2}-1)$，等价变化 EV 为 $100(2-\sqrt{2})$。

例 14.4 已知某个消费者的效用函数为 $U(x, y) = x + \min\{2x, y\}$，收入 $m=100$，开始时商品 x 的价格为 2，商品 y 的价格为 4，现商品 x 的价格变为 4，问：补偿变化 CV 和等价变化 EV 分别为多少？

解： 由于 $U(x, y) = x + \min\{2x, y\} = \begin{cases} 3x, & y \geqslant 2x \\ x+y, & y \leqslant 2x \end{cases}$。

商品 x 的价格为 2，商品 y 的价格 4 时，消费者的全部收入用于购买商品 x，即价格变化前的最优消费为 $x_1 = 50$，$y_1 = 0$，消费者效用 $U_1 = 50$。

商品 x 价格变为 4 时，消费者最优消费束位于 $U(x, y) = x + y$ 上，价格变化后的最优消费束在 $x + y = 25$ 的预算线上，所以此时消费者效用 $U_2 = 25$。

现在在价格变化后，补偿消费者收入 CV，使得消费者效用满足

$$\frac{100 + CV}{4} = U_1 = 50 \Rightarrow CV = 100 \quad \frac{100 + CV}{4} = U_1 = 50 \Rightarrow CV = 100$$

假设价格变化前取走消费者收入为 EV，此时消费者最优消费束为 $x_4 = \dfrac{100 - EV}{2}$，$y_4 = 0$，使得消费者效用满足

$$\frac{100 - EV}{2} = U_2 = 25 \Rightarrow EV = 50$$

综上所述，补偿变化为 100，等价变化为 50。

14.3.3 消费者剩余、补偿变化、等价变化间的关系

消费者剩余的变化量总是介于补偿变化和等价变化之间，而对于补偿变化和等价变化之间大小关系则不确定。当消费者偏好为拟线性偏好时，消费者剩余、补偿变化、等价变化三者相等。

例 14.5 请证明：拟线性偏好下，消费者剩余、补偿变化、等价变化三者大小相等。

证： 设拟线性偏好函数为 $U(x_1, x_2) = V(x_1) + x_2$，商品 1 价格由 $\hat{p}_1$ 变为 p_1^*，相应的 x_1 的最优解由 $\hat{x}_1$ 变为 x_1^*。那么消费者剩余变化

$$\Delta CS = CS(\hat{p}_1) - CS(p_1^*) = [V(\hat{x}_1) - V(0) - \hat{p}_1 \hat{x}_1] - [V(x_1^*) - V(0) - p_1^* x_1^*]$$

化简得

$$\Delta CS = [V(\hat{x}_1) - \hat{p}_1 \hat{x}_1] - [V(x_1^*) - p_1^* x_1^*]$$

设补偿变化为 CV，则

$$[V(x_1^*) + m - p_1^* x_1^*] + CV = [V(\hat{x}_1) + m - \hat{p}_1 \hat{x}_1]$$

化简得

$$CV = [V(\hat{x}_1) - \hat{p}_1 \hat{x}_1] - [V(x_1^*) - p_1^* x_1^*]$$

设等价变化为 EV，则

$$[V(\hat{x}_1) + m - \hat{p}_1 \hat{x}_1] - EV = [V(x_1^*) + m - p_1^* x_1^*]$$

化简得

$$EV = [V(\hat{x}_1) - \hat{p}_1 \hat{x}_1] - [V(x_1^*) - p_1^* x_1^*]$$

综上所述,拟线性偏好下消费者剩余变化、补偿变化、等价变化三者大小相等。

14.4 生产者剩余

需求曲线表示每个商品价格下的消费者对该商品的需求数量,供给曲线表示每个商品价格下的厂商供给该商品的数量。消费者需求曲线下方的面积度量的是消费者剩余,同样,供给曲线上方的面积度量的是生产者剩余(见图 14.8)。

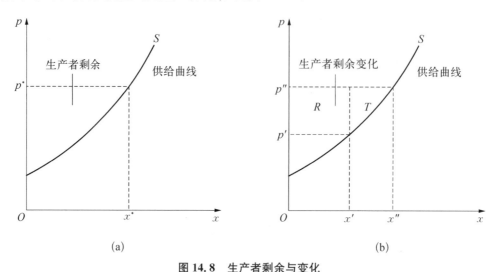

图 14.8　生产者剩余与变化

(a) 生产者剩余　(b) 生产者剩余变化

对于反供给函数来说,对于第一单位,生产者愿意出售的价格为 $p(1)$,而能够实际获得的市场价格为 p^*,因此,生产者出售第一单位获得剩余为 $p^* - p(1)$;对于第二单位,生产者愿意出售的价格为 $p(2)$,而能够实际获得的市场价格为 p^*,因此,生产者出售第二单位获得剩余为 $p^* - p(2)$;……直至生产者刚好愿意以 $p(x^*) = p^*$ 出售最后一单位。生产者出售 x^* 单位商品获得的货币量与他愿意出售的最小货币量之差就是生产者剩余,如图 14.8(a)所示。

图 14.8(b)描述的是商品价格从 p' 上升到 p'' 时生产者剩余的变化。矩形区域面积 R 度量的是原来出售部分由于价格上升而获得的剩余增加量,近似三角形区域面积 T 度量的是价格提高后多出售商品而获得的剩余增加量。

14.5 思考练习题

(1) 某消费者的效用函数为 $U(x, c) = x + 10c - 0.5c^2$,其中,$c$ 表示他每周的雪茄消耗量，x 为他在其他商品上的消费额。该消费者的收入为 200 元/周。若雪茄的价格由每支 1 元上升至每支 2 元，则相当于他的收入减少了多少？

（2）某消费者的效用函数为 $U(x, y) = \max\{x, y\}$，x、y 表示他消费 2 种商品的数量。若初始时他的收入为 600 元，商品 1 的价格为 0.5 元/单位，商品 2 的价格为 1 元/单位，若商品 1 的价格上升到 2 元/单位，则相当于他的收入减少了多少？

（3）某消费者的效用函数为 $U(x, y) = \min\{x, y\}$，x、y 表示他消费商品 1 和商品 2 的数量，该消费者收入为 12 元。若 2 种商品价格从 $(p_1, p_2) = (2, 1)$ 变为 $(p_1, p_2) = (3, 1)$，则相应的补偿变化为多少？

（4）张三在上海工作，其对商品 x 和 y 的效用函数为 $U(x, y) = xy$，其收入为 $m = 2\,400$。在上海，商品 x 和 y 的价格分别为 100 元和 200 元；在北京，商品 x 和 y 的价格都为 200 元。

① 张三去北京上班，相当于收入减少多少？

② 公司至少给张三多少钱他才愿意去北京上班？

第 15 章

市场需求

本章主要讨论市场需求函数及其性质。

15.1　市场需求曲线

　　企业做决策从需求曲线出发，然而根据效用函数得到的只是某一个人的需求函数，要将每个需求函数相加得到整个市场的需求函数，再进一步得出该企业面临的需求曲线，企业做决策则是根据其面临的需求曲线。市场需求曲线即为市场上所有消费者需求曲线的总和。

　　如果每个消费者 i 对商品 1 的需求函数为 $x_i^1 = x_i^1(p_1, p_2, m_i)$，对商品 2 的需求函数为 $x_i^2 = x_i^2(p_1, p_2, m_i)$。如果市场上有 n 个消费者，那么市场上对商品 1 和 2 的总需求为

$$X^1(p_1, p_2, m_1, \cdots, m_n) = \sum_{i=1}^{n} x_i^1(p_1, p_2, m_i)$$

$$X^2(p_1, p_2, m_1, \cdots, m_n) = \sum_{i=1}^{n} x_i^2(p_1, p_2, m_i)$$

　　单个消费者对商品的需求取决于商品价格和他的收入，而市场需求则取决于商品价格和收入的分配。经常把总需求看成是收入正好等于所有消费者收入之和的"代表性消费者"的需求，即

$$X^1(p_1, p_2, M) = X^1(p_1, p_2, m_1, \cdots, m_n)$$

其中，$M = \sum_{i=1}^{n} m_i$。根据这个假设，市场的总需求就相当于某个消费者在面临两种商品的价格（p_1, p_2）和收入 M 时的需求。

　　其他商品价格和收入发生变化时，需求曲线会发生移动。例如，如果商品是正常品，那么收入增加会使需求曲线往外平移。

　　需求函数表示为需求量为价格的函数，反需求函数表示为价格为需求量的函数。反需求函数 $P(X)$ 度量的是购买该商品的每个消费者的边际替代率或边际支付意愿。

例 15.1　假设市场上只有 2 个消费者,消费者 1 对商品 1 的需求函数为 $Q_1 = 20 - p$,消费者 2 对商品 1 的需求函数为 $Q_2 = 15 - p$,需求曲线如图 15.1 所示。求市场需求函数。

解:根据题意,当商品价格高于 20 时,2 个消费者都不消费商品;当商品价格高于 15 低于 20 时,消费者 2 不消费商品,市场需求函数为 $Q = Q_1$,即 $Q = 20 - p$;当商品价格介于 0 到 15 之间时,消费者 1 和消费者 2 均消费商品,市场需求函数为 $Q = Q_1 + Q_2$,即 $Q = 35 - 2p$,所以

$$Q = \begin{cases} 0, & p \geqslant 20 \\ 20 - p, & 15 \leqslant p < 20 \\ 35 - 2p, & 0 \leqslant p < 15 \end{cases}$$

整个市场需求曲线如图 15.1 所示。在由单个消费者需求曲线推导市场需求曲线时有两个注意点:一是存在阻断价格,在本例中为 $p = 15$,即超过某一阻断价格时有些消费者不消费商品,在图形上表现为市场需求曲线存在折点;二是市场需求函数由单个消费者的需求函数相加而来,反需求函数不能相加。

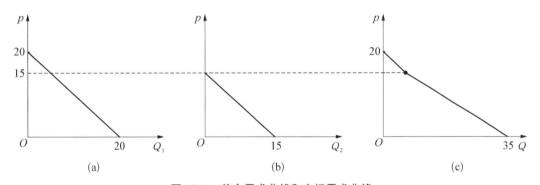

图 15.1　单个需求曲线和市场需求曲线

(a) 消费者 1 的需求曲线　(b) 消费者 2 的需求曲线　(c) 市场需求曲线

15.2　价格弹性

初始时用需求曲线的斜率来描述价格变化对需求量变化的影响,用斜率来描述存在一个问题,即横纵坐标轴单位不同,斜率大小不同,斜率不能很好地反映价格变化带来的影响,因此,通过去量纲化引入弹性来进行描述。

15.2.1　弹性的概念

需求价格弹性(若不特定说明,一般我们所说的需求弹性即为需求价格弹性)衡量的是需求对价格的敏感程度,是指由价格变化引起的需求数量变化的百分比除以价格变化的百分比的比值。其计算公式为

$$\varepsilon_p = \frac{\Delta q / q}{\Delta p / p} \qquad (15-1)$$

或者更容易计算的公式

$$\varepsilon_p = \frac{p}{q} \cdot \frac{\Delta q}{\Delta p} \qquad (15-2)$$

即需求弹性是价格与需求量之比乘以需求曲线的该点斜率(或者反需求曲线斜率的倒数)。

价格弹性一般情况均为负值,方便起见,我们一般以绝对值大小来讨论。

如果 $|\varepsilon_p| > 1$,即需求价格弹性的绝对值大于 1,这种商品具有弹性需求(或需求富有弹性),表明由价格变化引起的需求数量变化的百分比大于价格变化的百分比。

如果 $|\varepsilon_p| < 1$,即需求价格弹性的绝对值小于 1,这种商品无弹性需求(或需求缺乏弹性),表明由价格变化引起的需求数量变化的百分比小于价格变化的百分比。

如果 $|\varepsilon_p| = 1$,即需求价格弹性的绝对值等于 1,这种商品具有单位弹性需求,表明由价格变化引起的需求数量变化的百分比等于价格变化的百分比。

15.2.2　弹性的计算

对于一般性的需求曲线。假设消费者需求曲线为 $Q = Q(p)$,当价格为 p 时,消费者的需求量为 Q,如图 15.2 中的 B 点所示。过 B 点作一条需求曲线的切线,分别与横轴和纵轴相交于 A 点和 C 点。

那么,需求曲线上 B 点的需求价格弹性为

$$\varepsilon = \frac{p}{Q} \cdot \frac{\Delta Q}{\Delta p} = \frac{Op}{OQ} \cdot \frac{OC}{OA} = \frac{Op}{OQ} \cdot \frac{CQ}{BQ}$$
$$= \frac{CQ}{OQ} = \frac{BC}{AB}$$

所以

$$\varepsilon = \frac{BC}{AB} \qquad (15-3)$$

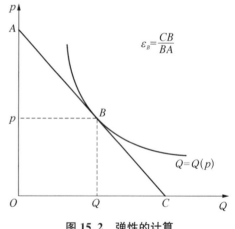

$$\varepsilon_B = \frac{CB}{BA}$$

图 15.2　弹性的计算

即对于任何形式的需求曲线上某点的弹性,为需求曲线的该点切线上该点到横轴长度(不是横坐标大小)与到纵轴长度(不是纵坐标大小)之比。线性需求下,每一点的弹性等于需求曲线上该点到横轴长度与到纵轴长度之比。

对于 $q = ap^{-c}$(c 为常数)形式的指数需求函数,其需求价格弹性为

$$\varepsilon = \frac{p}{q} \cdot \frac{\mathrm{d}q}{\mathrm{d}p} = \frac{p}{ap^{-c}} \cdot (-acp^{-c-1}) = -c$$

指数值即为需求的价格弹性(绝对值)。

对于水平的需求曲线,其需求价格弹性 ε 为无穷大。

对于垂直的需求曲线,其需求价格弹性 ε 为零。

例 15.2 假设消费者的需求曲线为 $q = a - bp$,求需求曲线上每点的需求价格弹性。

解:由式(15 - 3) $\varepsilon = \dfrac{BC}{AB}$,可得 C 点的弹性为 0,$|\varepsilon_C| = 0$;B 点(需求曲线的中点)的弹性为 1,$|\varepsilon_B| = 1$;A 点的弹性为无穷大,$|\varepsilon_A| = \infty$。

BC 段(B、C 点外)上每点的弹性小于 1;AB 段(A、B 点外)上每点的弹性大于 1(见图 15.3)。

也可以用弹性公式 $\varepsilon_p = \dfrac{p}{q} \dfrac{\Delta q}{\Delta p}$ 计算。

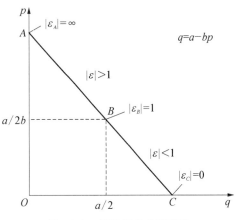

图 15.3 线性需求曲线弹性

15.2.3 弹性的影响因素

弹性的重要影响因素为该商品的可替代性,商品与其替代品越接近,弹性就越大,例如红铅笔和蓝铅笔,消费者对颜色无差异时,这两种铅笔均富有弹性,红铅笔价格上升时消费者会转而消费蓝铅笔。

15.2.4 弹性与收益

收益是一种商品的价格与它的销售量的乘积。如果商品的价格上升,那么其销售量就下降,其收入可能增加,也可能减少。厂商到底应该增加价格还是减少价格,显然取决于需求对价格的敏感程度,即与需求价格弹性有关。

商品的价格需求弹性不同,厂商为提高收入所做的价格决策也不同。

假设某厂商面临的需求曲线(某价格下厂商能够销售的数量的函数关系)为 $q(p)$,那么厂商收益为

$$R = p \cdot q(p) \tag{15 - 4}$$

由式(15 - 4)求关于价格的一阶导数,可得

$$\frac{\partial R}{\partial p} = q(p) + p \cdot \frac{\partial q}{\partial p} = q(p)\left[1 + \frac{p}{q} \cdot \frac{\partial q}{\partial p}\right] = q(p)[1 + \varepsilon]$$

由于价格需求弹性为负,可得

$$\frac{\partial R}{\partial p} = q(p)[1 - |\varepsilon|] \tag{15 - 5}$$

由式(15 - 5)可知:

当 $|\varepsilon| < 1$ 时,$\dfrac{\partial R}{\partial p} > 0$,此时若价格提高 10%,需求量减少小于 10%,因此,提高价格能使得厂商收益增加;

当 $|\varepsilon| > 1$ 时,$\dfrac{\partial R}{\partial p} < 0$,此时价格若降低 10%,需求量增加大于 10%,因此,降低价格能使得厂商收益增加;

当 $|\varepsilon| = 1$ 时,$\dfrac{\partial R}{\partial p} = 0$,此时若价格降低 10%,需求量增加刚好等于 10%,厂商收益达到最大。

15.2.5 弹性与边际收益

边际收益(MR)为销量增加一单位时收益增加的量。

由式(15-4)求关于销售量的一阶导数,可得

$$MR = \frac{\partial R}{\partial q} = p + q \cdot \frac{\partial p}{\partial q} = p\left(1 + \frac{q}{p} \cdot \frac{\partial p}{\partial q}\right) = p\left(1 + \frac{1}{\varepsilon}\right)$$

由于价格需求弹性为负,可得

$$MR = p\left(1 - \frac{1}{|\varepsilon|}\right) \tag{15-6}$$

当 $MR > 0$ 时,销量增加一单位,厂商收益增加;当 $MR < 0$ 时,销量增加一单位,厂商收益减少;当 $MR = 0$ 时,厂商收入达到最大,此时商品的价格需求弹性 $|\varepsilon| = 1$。

15.2.6 反需求曲线与边际收益曲线

假设消费者对某种商品的反需求函数为 $P = P(Q)$,那么边际收益函数为 $MR = \dfrac{\partial R}{\partial Q}$。

由于收益函数 $R = PQ$,所以平均收益函数 $AR = \dfrac{R}{Q} = \dfrac{PQ}{Q} = P$,因此,平均收益函数就是反需求函数。

反需求曲线与边际收益曲线间关系有以下特点。

(1) 反需求曲线与边际收益曲线在 $Q = 0$ 重合。证明:

$$\lim_{Q \to 0} AR = \lim_{Q \to 0} \frac{R}{Q} = \frac{\partial R / \partial Q}{\partial Q / \partial Q}\bigg|_{Q=0} = MR\mid_{Q=0}$$

所以,当 $Q = 0$ 时,商品的价格与边际收益相等。

(2) 边际收益曲线总是在反需求曲线下方。因为反需求曲线总是下降的,只有边际收益比价格低才能使得反需求曲线下降,所以,边际收益曲线总是在反需求曲线下方。

例 15.3 假设消费者对某种商品的反需求函数为 $P = a - bQ$,求其边际收益曲线。

解:收益函数 $R = PQ = (a - bQ)Q = aQ - bQ^2$,所以,边际收益函数为

$$MR = a - 2bQ$$

显然,反需求曲线与边际收益曲线在 $Q = 0$ 重合,边际收益曲线总是在反需求曲线下方,如图 15.4 所示。

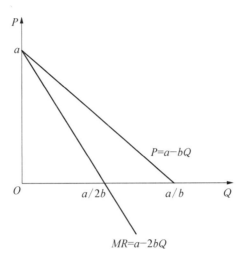

图 15.4 边际收益曲线和反需求曲线

15.3 收入弹性

需求的收入弹性描述的是需求量对收入变化作出的反应程度,其定义为

$$需求的收入弹性 = \frac{收入变化引起的需求量变化的百分比}{收入变化的百分比}$$

即

$$\varepsilon_M = \frac{\partial Q/Q}{\partial M/M} = \frac{M}{Q} \cdot \frac{\partial Q}{\partial M} \tag{15-7}$$

收入弹性小于 0 时,即收入增加导致对商品的需求量减少,说明该商品为劣等品;

收入弹性大于 0 时,即收入增加导致对商品的需求量增加,说明该商品为正常品;

收入弹性大于 1 时,说明需求量增加的比例高于收入增加的比例,说明该商品为奢侈品;

收入弹性大于 0 而小于 1 时,说明需求量增加的比例低于收入增加的比例,说明该商品为必需品。

例 15.4 请证明:所有消费品的收入弹性的加权平均为 1,权重为每个消费品的开支比例。

证明:假设只消费 2 种商品,商品 1 价格为 p_1,商品 2 价格为 p_2,消费者的收入为 m,那么消费者的预算约束为 $p_1 x_1 + p_2 x_2 = m$,对预算约束求全微分,得

$$p_1 \mathrm{d}x_1 + p_2 \mathrm{d}x_2 = \mathrm{d}m$$

两端同除以收入 m,得

$$\frac{p_1 \mathrm{d}x_1}{m} + \frac{p_2 \mathrm{d}x_2}{m} = \frac{\mathrm{d}m}{m}$$

进一步整理得

$$\frac{p_1 x_1}{m} \cdot \frac{\mathrm{d}x_1}{x_1} + \frac{p_2 x_2}{m} \cdot \frac{\mathrm{d}x_2}{x_2} = \frac{\mathrm{d}m}{m}$$

在两端同除以 $\frac{\mathrm{d}m}{m}$ 得

$$\frac{p_1 x_1}{m} \cdot \frac{\mathrm{d}x_1/x_1}{\mathrm{d}m/m} + \frac{p_2 x_2}{m} \cdot \frac{\mathrm{d}x_2/x_2}{\mathrm{d}m/m} = 1$$

令 $s_1 = \frac{p_1 x_1}{m}$ 为商品 1 消费支出的比重，$s_2 = \frac{p_2 x_2}{m}$ 为商品 2 消费支出的比重，即上式可化简为

$$s_1 \cdot \frac{\mathrm{d}x_1/x_1}{\mathrm{d}m/m} + s_2 \cdot \frac{\mathrm{d}x_2/x_2}{\mathrm{d}m/m} = 1$$

即

$$s_1 \cdot \varepsilon_m^1 + s_2 \cdot \varepsilon_m^2 = 1$$

综上可得，所有消费品的收入弹性的加权平均为 1，权重为每个消费品的开支比例。

例 15.5　欧内斯特对天然气的需求的收入弹性为 0.4，需求的价格弹性为 −0.3，他把收入的 10% 用于消费天然气。问：他的替代价格弹性是多少？

解： 比例形式的斯勒茨基方程为 $\frac{\Delta x_1}{\Delta p_1} = \frac{\Delta x_1^s}{\Delta p_1} - x_1 \frac{\Delta x_1^m}{\Delta m}$，通过整理可以得出

$$\frac{x_1}{p_1} \cdot \frac{\Delta x_1/x_1}{\Delta p_1/p_1} = \frac{x_1}{p_1} \cdot \frac{\Delta x_1^s/x_1}{\Delta p_1/p_1} - x_1 \cdot \frac{x_1}{m} \cdot \frac{\Delta x_1^m/x_1}{\Delta m/m}$$

两端同乘以 p_1/x_1 得

$$\frac{\Delta x_1/x_1}{\Delta p_1/p_1} = \frac{\Delta x_1^s/x_1}{\Delta p_1/p_1} - \frac{p_1 x_1}{m} \cdot \frac{\Delta x_1^m/x_1}{\Delta m/m}$$

由价格需求弹性为 −0.3，得 $\frac{\Delta x_1/x_1}{\Delta p_1/p_1} = -0.3$；由收入需求弹性为 0.4，得 $\frac{\Delta x_1^m/\Delta x_1}{\Delta m/m} = 0.4$；又消费天然气占收入的比重为 10%，可得替代价格弹性为 −0.26。

15.4　思考练习题 ⎯⎯⎯⎯⎯⎯⎯⎯⎯⎯●

（1）比较图 15.5 中 3 条需求曲线上 A、B、C 和 D 等点弹性的大小。

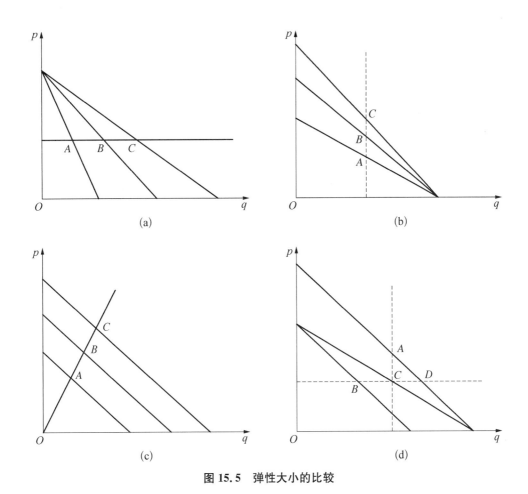

图 15.5　弹性大小的比较

（2）某地区中所有居民愿意出价其收入的 1% 用于购买浴缸,当地收入水平大于 ω 的居民数为 $\dfrac{1\,000\,000}{\omega}$,则该地区浴缸市场的需求价格弹性为多少?

（3）某地区中所有居民愿意出价其收入的 1% 用于购买浴缸,当地收入水平大于 ω 的居民数为 $\dfrac{1\,000\,000}{\omega^2}$,则该地区浴缸市场的需求价格弹性为多少?

（4）某城市有两类家庭:一类喜欢游泳池,一类不喜欢游泳池,每类家庭各占一半。喜欢游泳池的家庭每年愿意花费收入的 5% 在游泳池上,不喜欢的不会花任何钱在游泳池上。没人会想要多于 1 个的游泳池,也没人会去公用游泳池。该城市家庭收入在 10 000 元到 110 000 元之间,其中收入超过 M 的家庭数为 $22\,000 - 0.2M$($10\,000 \leqslant M \leqslant 110\,000$),两种家庭都有相同的收入分配。求该城市游泳池市场的总需求函数。

（5）假设全球市场羊毛的需求函数为 $q = \dfrac{A}{p}$,其中 A 为常数。已知世界羊毛 1/4 产自澳大利亚。

① 如果澳大利亚羊毛产出增长 1%,世界其他羊毛产区产出不变,会对世界羊毛价格有什么影响?

② 澳大利亚生产额外一单位羊毛的边际收益是羊毛价格的多少？

（6）某公司发现其产品在上海地区的需求函数为 $q=100p^{-3}M^{2.5}A^{0.5}$，其中，$q$ 为月人均需求量，p 为产品价格，M 为消费者人均可支配收入，A 为该公司在上海的每月广告费支出。请计算：

① 该公司产品的需求价格弹性、收入弹性和广告弹性。

② 如果上海人口增加 10%，其他因素保持不变，该公司的产品需求将怎么变化？

（7）经济型轿车已经全面进入中国家庭，不仅北京、上海等特大型城市已经开始出现严重的交通拥堵，甚至一些县级城市都开始出现原本不应该出现的交通问题。城市经济学者建议大力发展公共交通以解决交通拥堵和由此导致的严重的污染问题——例如 2013 年开始蔓延几乎整个中国中东部的严重雾霾。经济学家经过测算，发现某城市公共交通需求的价格弹性为 -0.17，汽车需求关于公共交通价格变化的交叉价格弹性为 0.10。如果如经济学家所建议的，市政部门提供免费公共交通：① 对公共交通服务的消费者意味着什么？② 对汽车使用者意味着什么？（提示：计算消费需求怎么变化。）

第16章
均　衡

本章分析竞争性市场中的均衡价格及均衡数量,并比较均衡状态变化及经济政策对社会总福利水平的影响。

16.1 供给

16.1.1 供给曲线

边际成本(marginal cost)是指厂商多生产一单位产品的成本增加量,是厂商愿意接受和销售一单位产品的最低价格,或者说该厂商对于销售与不销售一单位某种产品无差异或者无所谓的那个价格。把价格标在纵坐标上,把愿意接受该价格或更低价格的销售数量标在横坐标上,这样一条把价格与销售量联系起来的曲线就叫供给曲线。

16.1.2 供给弹性

1. 供给弹性的概念

供给弹性,即供给的价格弹性(price elasticity of supply)是指价格变化引起的商品供给量变化的百分比与价格变化的百分比之比率,用来衡量商品价格变化而引起商品供给量变化的敏感程度。其计算公式为

$$\varepsilon_s = \frac{\mathrm{d}Q/Q}{\mathrm{d}p/p} = \frac{p}{Q} \cdot \frac{\mathrm{d}Q}{\mathrm{d}p} \qquad (16-1)$$

其中,ε_s 表示供给的价格弹性,p 表示商品价格,Q 表示市场供给量。

2. 供给弹性的计算

如图 16.1 所示,由于 $p = OP$,$Q = OQ$,$\dfrac{\mathrm{d}Q}{\mathrm{d}p} = \dfrac{BQ}{AQ}$,代入供给弹性计算公式(16-1),可得

$$\varepsilon_s = \frac{p}{Q} \cdot \frac{\mathrm{d}Q}{\mathrm{d}p} = \frac{Op}{OQ} \cdot \frac{BQ}{AQ} = \frac{BQ}{OQ} \qquad (16-2)$$

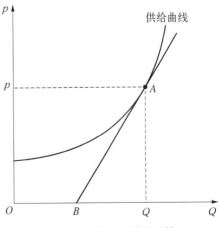

图 16.1　供给弹性的计算

所以,可得供给弹性 $\varepsilon_s = \dfrac{BQ}{OQ}$。

如果供给曲线是一条垂直于横轴的直线,那么该供给曲线上任何一点的价格供给弹性都为 0,如图 16.2(a)所示。

如果供给曲线是一条平行于横轴的直线,那么该供给曲线上任何一点的价格供给弹性都为无穷大,如图 16.2(b)所示。

如果供给曲线是一条经过原点向上倾斜的直线,那么该供给曲线上任何一点的价格供给弹性都为 1,如图 16.2(c)所示。

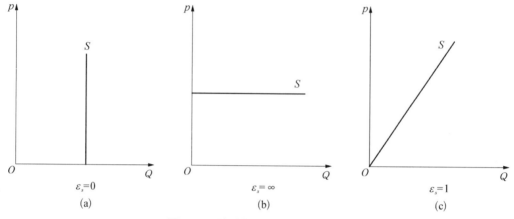

图 16.2 特殊供给曲线的供给弹性

(a)供给曲线垂直于横轴 (b)供给曲线平行于横轴 (c)供给曲线经原点向上倾斜

例 16.1 如图 16.3 所示,判断供给曲线上 A、B、C 三点的供给弹性大小。

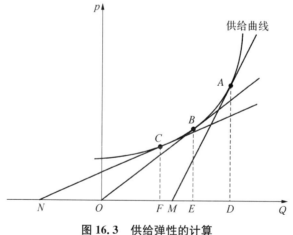

图 16.3 供给弹性的计算

解: A 的供给弹性:$\varepsilon_s^A = \dfrac{MD}{OD} < 1$;$B$ 的供给弹性:$\varepsilon_s^B = \dfrac{OE}{OE} = 1$;$C$ 的供给弹性:$\varepsilon_s^C = \dfrac{NF}{OF} > 1$。

16.2　市场均衡

16.2.1　竞争性市场

某同质商品存在很多的消费者,且每个消费者的消费量对市场价格没有影响;同时,存在很多生产该商品的厂商,且每个厂商的销售量对市场价格没有影响,即每个消费者和每个厂商都是价格的接受者,那么这个市场就是竞争性市场。

在竞争性市场上,每个经济主体对价格没有影响力,但是经济主体的整体行为决定了市场价格。即个人需求曲线加总而成的市场需求曲线和单个供给曲线加总而成的市场供给曲线决定了市场价格。

16.2.2　竞争性市场均衡

假设消费者购买商品实际支付的价格为 P_D,市场需求函数为 $Q_D = Q_D(P_D)$,即实际支付的价格决定了市场需求。假设供给者销售商品实际得到的价格为 P_S,市场供给函数为 $Q_S = Q_S(P_S)$,即实际得到的价格决定了市场供给。

假设没有政府干预的市场价格为 P,那么没有政府干预的竞争性市场均衡条件为

$$\begin{cases} Q_D(P_D) = Q_S(P_S) \\ P_D = P_S = P \end{cases} \qquad (16-3)$$

满足上述方程的解即是市场需求和市场供给相等的价格和销售量(见图 16.4)。

均衡状态是指有关的经济主体都选择了最佳行为,并且主体行为达到了一致性;如果不是均衡状态,那么某些主体的行为不一致的,会改变自己的行为,一直到均衡为止。如果 $p^* = P_D = P_S$,那么说明消费者和供给者的行为是一致的。

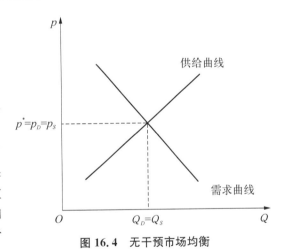

图 16.4　无干预市场均衡

如果 $P > P^*$,则市场供给大于市场需求,某些供给者的产品就销售不出去,只能降低价格,直到均衡价格为止。

如果 $P < P^*$,那么市场供给小于市场需求,供给者的产品能够以比市场价格更高的价格销售,直到均衡价格为止。

16.2.3　比较静态分析

当市场需求等于市场供给达到均衡时,价格外的其他外生变量发生变化会使得需求曲线或者供给曲线发生移动,从而达到新均衡。例如,需求曲线往右移动会使均衡价格和均衡供需量都增加。

16.3 税收对均衡的影响

16.3.1 税收下的均衡

假设消费者实际支付的价格为 P_D，市场需求函数为 $Q_D = Q_D(P_D)$。假设供给者实际得到的价格为 P_S，市场供给函数为 $Q_S = Q_S(P_S)$。现在假设政府对消费者购买的商品或者厂商出售的商品征收 t 单位的从量税（对所购买或者出售的商品按照每单位商品所征收的税收）。

那么在政府税收干预下的竞争性市场均衡条件为

$$\begin{cases} Q_D(P_D) = Q_S(P_S) \\ P_D - P_S = t \end{cases} \qquad (16-4)$$

征税以后，市场上供需的量依然相等，但是价格发生分离，分离的大小刚好等于消费者支付的价格 P_D 减去生产者得到的价格 P_S，税收由生产者、消费者共同分担。

式（16-4）的均衡表示具有不同的形式，下面分别展开讨论。

（1）把 $P_S = P_D - t$ 代入 $Q_D(P_D) = Q_S(P_S)$，可得

$$Q_D(P_D) = Q_S(P_D - t)$$

当纵坐标为消费者支付的价格 P_D 时，供给曲线向上移动 t 单位与需求曲线的交点就是均衡的消费者支付价格（见图 16.5）。即满足 $Q_D(P_D^*) = Q_S(P_D^* - t)$ 的消费者支付的价格 P_D 就是消费者购买商品所支付的均衡价格 P_D^*，而 $P_D^* - t$ 是厂商销售商品所获得的均衡价格。税收使得消费者支付的价格与厂商获得的价格发生分离。

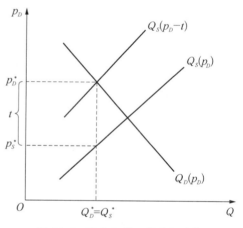

图 16.5 政府征税下的市场均衡

例 16.2 假设某产品市场需求函数为 $D = 20 - p$，市场供给函数为 $S = p$。若政府对商品买卖征收每单位 2 元的从量税，求征税后的均衡价格和销售量。

解：假设消费者支付的价格为 P_D，厂商获得的价格为 $P_S = P_D - 2$，那么由题意可知：需求曲线为 $D = 20 - p_D$，供给函数为 $S = P_D - 2$（见图 16.6）。

由供需相等可得

$$20 - p_D = p_D - 2 \Rightarrow P_D^* = 11, P_S^* = 9$$

均衡销售量为

$$Q_D^* = Q_S^* = 9$$

（2）把 $P_D = P_S + t$ 代入 $Q_D(P_D) = Q_S(P_S)$，可得

$$Q_D(P_S + t) = Q_S(P_S)$$

当纵坐标为生产者获得的价格 P_S 时，需求曲线向下移动 t 单位与供给曲线的交点就是均衡的厂商获得的价格（见图 16.7）；即满足 $Q_D(P_S^* + t) = Q_S(P_S^*)$ 的厂商获得的价格 P_S 就是厂商销售商品所获得的均衡价格 P_S^*，而 $P_S^* + t$ 是消费者购买商品所支付的均衡价格。

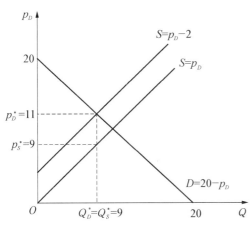

图 16.6　征税下市场均衡的例子

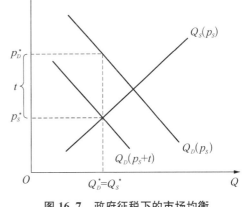

图 16.7　政府征税下的市场均衡

例 16.3　假设某产品市场需求函数为 $D = 20 - p$，市场供给函数为 $S = p$。若政府对商品买卖征收每单位 2 元的从量税，求征税后的均衡价格和销售量。

解：假设厂商获得的价格为 P_S，那么消费者支付的价格为 $P_D = P_S + 2$，那么由题意可知：需求曲线为 $D = 20 - (P_S + 2)$；供给函数为 $S = P_S$（见图 16.8）。

由供需相等可得

$$20 - (P_S + 2) = P_S \Rightarrow P_S^* = 9, P_D^* = 11$$

均衡销售量为

$$Q_D^* = Q_S^* = 9$$

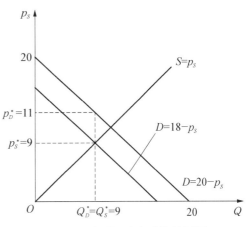

图 16.8　征税下市场均衡的例子

（3）在政府税收干预下的竞争性市场均衡条件为

$$\begin{cases} Q_D(P_D) = Q_S(P_S) \\ P_D - P_S = t \end{cases}$$

这种情况下，对于需求曲线来说纵坐标为消费者支付的价格 P_D，对于供给曲线来说纵坐标为厂商获得的价格 P_S，所以需求曲线与供给曲线均不移动，而是在两者之间打入一个高度为 t 单位的楔子，刚好碰到需求曲线和供给曲线时的消费者支付价格和厂商获得的价格为均衡的

消费者支付价格 P_D^* 和厂商获得的价格 P_S^*，以及它们对应的均衡消费量和销售量(见图 16.9)。

例 16.4　假设某产品的市场需求函数为 $D = 20 - p$，市场供给函数为 $S = p$。若政府对商品买卖征收每单位 2 元的从量税，求征税后的均衡价格和销售量。

解：假设厂商获得的价格为 P_S，消费者支付的价格为 P_D，那么由题意可知：需求曲线为 $D = 20 - p_D$；供给函数为 $S = p_S$(见图 16.10)。

均衡时

$$P_D^* = 20 - Q_D^*,\ P_S^* = Q_S^* = Q_D^*$$

所以

$$t = p_D^* - p_S^* \Rightarrow 2 = (20 - Q_D^*) - Q_D^* \Rightarrow Q_D^* = 9$$

因此可得

$$P_S^* = 9,\ P_D^* = 11$$

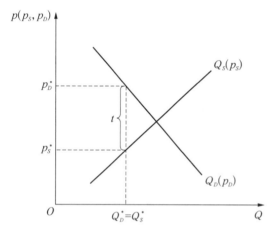

图 16.9　政府征税下的市场均衡

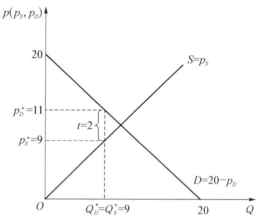

图 16.10　征税下市场均衡的例子

16.3.2　税收负担

一般来说，政府对商品的征税既提高了消费者支付的价格，同时又降低了厂商获得的价格，税收的转嫁程度取决于供给与需求的性质，即具体承担的比例由需求价格弹性及供给价格弹性共同决定。

如图 16.11 所示，设税前的均衡为 (p^*,q^*)。征收 t 元的从量税后，需求者实际付出的价格为 p_D，供给者实际得到的价格为 p_S，均衡数量为 $\hat{q}$，且 $p_D - p_S = t$。

税收前后的均衡销售量为 $D(p^*) = S(p^*) = q^*$；$D(p_D) = S(p_S) = \hat{q}$(见图 16.11)。

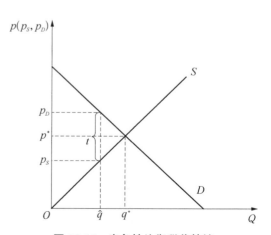

图 16.11　竞争性均衡税收转嫁

可得

$$D(p_D) - D(p^*) = S(p_S) - S(p^*)$$

$$\frac{p_D - p^*}{p^* - p_S} = \frac{[S(p_S) - S(p^*)]/[p^* - p_S]}{[D(p_D) - D(p^*)]/[p_D - p^*]} = \frac{\dfrac{[S(p_S) - S(p^*)]/q^*}{[p^* - p_S]/p^*}}{\dfrac{[D(p_D) - D(p^*)]/q^*}{[p_D - p^*]/p^*}}$$

$$= \frac{-\dfrac{[S(p_S) - S(p^*)]/q^*}{[p_S - p^*]/p^*}}{\dfrac{[D(p_D) - D(p^*)]/q^*}{[p_D - p^*]/p^*}} = \frac{-\varepsilon_S}{\varepsilon_D} = \frac{|\varepsilon_S|}{|\varepsilon_D|}$$

所以,可得消费者承担的税负比例为

$$\Delta C\% = \frac{p_D - p^*}{p_D - p_S} = \frac{|\varepsilon_S|}{|\varepsilon_S| + |\varepsilon_D|} = \frac{1}{\dfrac{|\varepsilon_D|}{|\varepsilon_S|} + 1} \tag{16-5}$$

可见,消费者承担的税负比例与消费者需求弹性的大小呈反向关系,与供给价格弹性呈正向关系。举例来说,消费者对某种商品越缺乏弹性,征税时消费者所需要承担的税负比例越大。可见,曲线更陡的一方承担更大比例的税收。

如图 16.12 所示,当厂商供给弹性无穷大时,那么 $\Delta C\% = \lim\limits_{\varepsilon_S \to \infty} \dfrac{1}{\dfrac{|\varepsilon_D|}{|\varepsilon_S|} + 1} = 1$,消费者承担所有的税负,即此时 $p_S = p^*$,$p_D = p^* + t$,税收全部由消费者承担。

如图 16.13 所示,当厂商供给弹性为 0 时,那么 $\Delta C\% = \lim\limits_{\varepsilon_S \to 0} \dfrac{1}{\dfrac{|\varepsilon_D|}{|\varepsilon_S|} + 1} = 0$,消费者承担

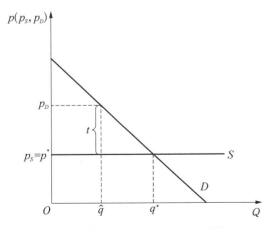

图 16.12　供给弹性无穷大时的税收转嫁

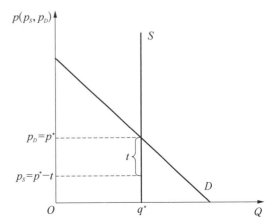

图 16.13　供给弹性为零时的税收转嫁

的税负为零,即此时 $p_D = p^*$, $p_S = p^* - t$,税收全部由生产者承担。

例 16.5　假设某产品市场需求函数为 $D = 20 - p$,市场供给函数为 $S = p$。若政府对商品买卖征收每单位 2 元的从量税,求征税后的消费者税负。

解:征税前供需相等,可得 $20 - p = p \Rightarrow p^* = 10$, $Q^* = 20$,所以征税后消费者税负

$$\Delta C\% = \frac{p_D^* - p^*}{p_D^* - p_S^*} = \frac{11 - 10}{11 - 9} = 50\%$$

或者,由于 $|\varepsilon_S| = |\varepsilon_D| = 1$,所以 $\Delta C\% = \frac{|\varepsilon_S|}{|\varepsilon_S| + |\varepsilon_D|} = \frac{1}{1 + 1} = 50\%$。

16.3.3　税收的无谓损失

假设征税前的均衡价格和数量为 (p^*, q^*)。征收 t 元的从量税后,需求者实际支付的价格为 p_D,供给者实际得到的价格为 p_S,均衡数量为 $\hat{q}$,且 $p_D - p_S = t$,如图 16.14 所示。

征收税收市场达到均衡时相对于征税前,消费者剩余减少的部分为 $\Delta CS = -(A + B)$,生产者剩余减少的部分为 $\Delta PS = -(C + D)$,政府征税所得为 $T = A + C$,征税后社会总福利减少的部分为 $-(B + D)$。其中,B 称为消费效率损失,D 称为生产效率损失,征税所带来的福利减少部分 $-(B + D)$ 称为无谓损失(deadweight loss,DWL),如图 16.14 所示。

表 16.1 为无谓损失计算。

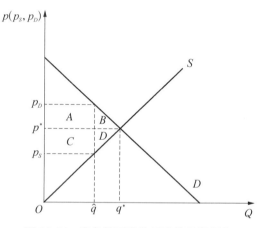

图 16.14　竞争性下税收导致的无谓损失

表 16.1　无谓损失计算

项　　目	数　　值
消费者剩余的变化量 ΔCS	$-(A + B)$
生产者剩余的变化量 ΔPS	$-(C + D)$
政府征税所得 T	$+(A + C)$
总福利变化量(DWL)	$-(B + D)$

16.4　补贴对均衡的影响

16.4.1　政府补贴下的均衡

假设消费者实际支付的价格为 p_D,市场需求函数为 $Q_D = Q_D(p_D)$。假设供给者实际

得到的价格为 p_S，市场供给函数为 $Q_S = Q_S(p_S)$。现在假设政府对消费者购买的商品或者厂商出售的商品给予 s 单位的从量补贴。

那么在政府补贴下的竞争性市场均衡条件为

$$\begin{cases} Q_D(p_D) = Q_S(p_S) \\ p_S - p_D = s \end{cases} \qquad (16-6)$$

补贴以后，市场上供需量依然相等，但是价格发生分离，分离的大小刚好等于生产者得到的价格 p_S 减去消费者支付的价格 p_D，补贴由生产者、消费者共同分享。

(16-6)式的均衡表示具有不同的形式，下面分别展开讨论。

(1) 把 $p_S = p_D + s$ 代入 $Q_D(p_D) = Q_S(p_S)$，可得

$$Q_D(p_D) = Q_S(p_D + s)$$

当纵坐标为消费者支付的价格 p_D 时，供给曲线向下移动 s 单位与需求曲线的交点就是均衡的消费者支付的价格（见图 16.15），即满足公式 $Q_D(p_D) = Q_S(p_D + s)$ 的消费者支付价格 p_D 就是消费者购买商品所支付的均衡价格 p_D^*，而 $p_D^* + s$ 是厂商销售商品所获得的均衡价格 p_S^*。

(2) 把 $p_D = p_S - s$ 代入 $Q_D(p_D) = Q_S(p_S)$，可得

$$Q_D(p_S - s) = Q_S(p_S)$$

当纵坐标为生产者获得的价格 p_S 时，需求曲线向上移动 s 单位与供给曲线的交点就是均衡的供给者获得的价格（见图 16.16），即满足 $Q_D(p_S - s) = Q_S(p_S)$ 的厂商获得的价格 p_S 就是厂商销售商品所获得的均衡价格 p_S^*，而 $p_S^* - s$ 是消费者购买商品所支付的均衡价格 p_D^*。

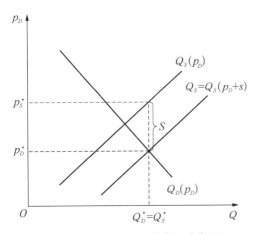

图 16.15　政府补贴下的市场均衡(1)

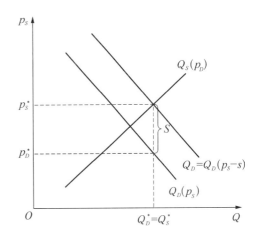

图 16.16　政府补贴下的市场均衡(2)

(3) 在政府税收干预下的竞争性市场均衡条件为

$$\begin{cases} Q_D(p_D) = Q_S(p_S) \\ p_S - p_D = s \end{cases}$$

这种情况下,对于需求曲线来说,纵坐标为消费者支付的价格 p_D,对于供给曲线来说,纵坐标为厂商获得的价格 p_S,所以,需求曲线与供给曲线均不移动,而是在两者之间从右边打入一个高度为 s 单位的楔子,刚好碰到需求曲线和供给曲线时的消费者支付的价格和厂商获得的价格为均衡的消费者支付的价格 p_D^* 和厂商获得的价格 p_S^*,以及它们对应的均衡消费量和销售量(见图16.17)。

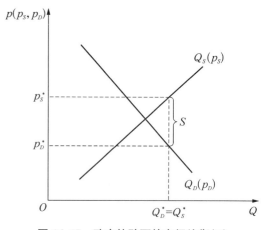

图 16.17   政府补贴下的市场均衡(3)

16.4.2   补贴分享

一般来说,政府对商品的补贴既提高了厂商获得的价格,同时又降低了消费者支付的价格,补贴的分享程度取决于供给与需求的性质,即具体分享的比例由需求价格弹性及供给价格弹性共同决定。

如图 16.18 所示,设补贴前的均衡为 (p^*, q^*)。给予 s 元的从量补贴后,需求者实际付出的价格为 p_D,供给者实际得到的价格为 p_S,均衡数量为 $\hat{q}$,且 $p_S - p_D = s$。

补贴前后的均衡销售量为 $D(p^*) = S(p^*) = q^*$;$D(p_D) = S(p_S) = \hat{q}$(见图16.18)。所以可得

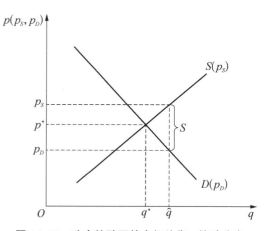

图 16.18   政府补贴下的市场均衡:补贴分享

$$D(p_D) - D(p^*) = S(p_S) - S(p^*)$$

$$\frac{p_S - p^*}{p^* - p_D} = \frac{[D(p_D) - D(p^*)]/[p^* - p_D]}{[S(p_S) - S(p^*)]/[p_S - p^*]} = \frac{\dfrac{[D(p_D) - D(p^*)]/q^*}{[p^* - p_D]/p^*}}{\dfrac{[S(p_S) - S(p^*)]/q^*}{[p_S - p^*]/p^*}}$$

$$= \frac{-\dfrac{[D(p_D) - D(p^*)]/q^*}{[p_D - p^*]/p^*}}{\dfrac{[S(p_S) - S(p^*)]/q^*}{[p_S - p^*]/p^*}} = \frac{-\varepsilon_D}{\varepsilon_S} = \frac{|\varepsilon_D|}{|\varepsilon_S|}$$

所以,可得供给者分享的补贴比例为

$$\Delta S\% = \frac{p_S - p^*}{p_S - p_D} = \frac{|\varepsilon_D|}{|\varepsilon_D| + |\varepsilon_S|} \tag{16-7}$$

因此,消费者分享的补贴比例为

$$\Delta C\% = 1 - \Delta S\% = \frac{|\varepsilon_S|}{|\varepsilon_D| + |\varepsilon_S|} \tag{16-8}$$

16.4.3 补贴的无谓损失

与税收所不同的是,补贴相当于在原均衡点的右侧打入一个楔子(见图 16.19)。而政府补贴由消费者和厂商共同分享,政府补贴后市场满足 $p_S - p_D = s$,消费者实际支付的价格 p_D 影响需求量,供给者实际得到的价格 p_S 影响供给量,市场均衡时满足 $D(p_D) = S(p_S)$。政府补贴后消费者剩余增加为 $\Delta CS = C$,生产者剩余增加 $\Delta PS = A$,政府补贴总额为 $S = A + B + C + D$,效率净损失为 $-(B+D)$(见表 16.2)。与征收税收时类似,$-(B+D)$ 为政府补贴所引起的无谓损失,其中,D 称为消费效率损失,B 称为生产效率损失。

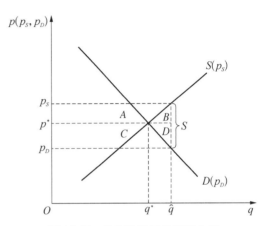

图 16.19 政府补贴下的福利分析

表 16.2 无谓损失计算

项 目	数 值
消费者剩余的变化量 ΔCS	C
生产者剩余的变化量 ΔPS	A
政府补贴支出 S	$-(A+B+C+D)$
总福利变化量 DWL	$-(B+D)$

16.5 资金的借贷市场

资金的贷款市场上,借款量与贷款量均和市场利率有关,市场利率类似于购买商品时商品的价格,借款人所愿意借的数量满足 $D = D(r_b)$,其中,r_b 为借款人支付的利率;贷款人愿意贷款的量满足 $S = S(r_1)$,其中,r_1 为贷款人获得的利率。而 r 表示市场上资金的利率。

资金的供需达到均衡时:$r^* = r_b = r_1$,$D^* = S^*$(见图 16.20)。

下面分析税收政策对资金借贷市场的影响:对借款人应支付的利息可以进行税收抵扣,对贷款人征收存款所得税。

假设借款人支付的利息可以进行税收抵扣,其抵扣率为 t_b,对贷款人征收存款所得税,

其税率为 t_1，r 表示市场上资金的利率。

进行税收抵扣和征收存款所得税后，借款人支付的利率为 $r_b = (1-t_b)r$，贷款人得到的利率为 $r_1 = (1-t_1)r$，所以，借款人所愿意借款的量满足 $D = D[(1-t_b)r]$，贷款人愿意贷款的量满足 $S = S[(1-t_1)r]$。

对利息进行税收抵扣后，借款人支付的利率为 $r_b = (1-t_b)r$，即借款人支付的利率小于市场利率 r，因此，借款人将增加借款量，即资金需求曲线向上转动，由于市场利率为零时借款人面临的利率也为零，此时借款人对资金需求量相同，即税收抵扣后的资金需求曲线与税收抵扣前的资金需求曲线横轴截距相同。

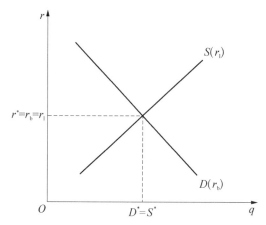

图 16.20　不考虑税收时的资金供需均衡

征收存款所得税后贷款人得到的利率为 $r_1 = (1-t_1)r$，贷款人得到的利率小于市场利率 r，因此，贷款人将减少贷款量，资金供给曲线也向上**转动**，市场利率为零时贷款人得到的利率也为零，贷款人资金供给量相同，即征收存款所得税后的资金供给曲线与征收存款所得税前的资金供给曲线横轴截距相同。

下面分析借款人抵扣税率和贷款人所得税率不同情况下资金需求曲线和资金供给曲线的变动及其均衡。

（1）当 $t_b < t_1$ 时，即贷款人处于更高的税率等级。

由 $r_b = (1-t_b)r$ 及 $r_1 = (1-t_1)r$，可得

$$\frac{r_b}{1-t_b} = \frac{r_1}{1-t_1} \Rightarrow \frac{r_b}{r_1} = \frac{1-t_b}{1-t_1}$$

此时贷款人得到的利率 r_1 小于借款人支付的利率 r_b，贷款人资金供给曲线转动的幅度更大，如图 16.21 所示，新的资金市场均衡点在原来资金市场均衡点的左侧，资金的需求量减少，市场利率变大，借款人支付的利率高于原均衡利率，而贷款人面临的利率低于原均衡利率。在原来均衡点的左侧打入一个楔子，类似于对资金的借贷进行征税的情况。

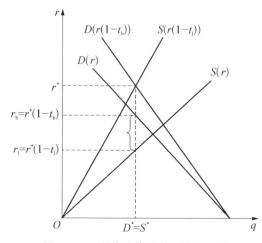

图 16.21　税收政策时资金供需均衡

（2）$t_b > t_1$ 时，即借款人处于更高的税率等级。

由 $r_b = (1-t_b)r$ 及 $r_1 = (1-t_1)r$，此时借款人支付的利率 r_b 小于贷款人得到的利率 r_1，借款人资金需求曲线转动的幅度更大（见图 16.22），新的资金市场均衡点在原来资金市场均衡点的右侧，资金的需求量增加，市场利率变大，借款人面临的利率低于原均衡利率，贷款人面临的利率高于原均衡利率。在原来均衡点的右侧打入一个楔子，类似于对资金借贷进行补贴的情况。

（3）即 $t_b = t_1 = t$ 时，即借款人和贷款人处于同一税率等级。

这种情况下 $r_b = r_1$，资金需求曲线和资金供给曲线向上转动的幅度相同（见图 16.23），由于移动幅度相同，借款人支付的利率与贷款人得到的利率都等于原资金市场均衡利率，新的政策下资金市场上利率上升，而资金需求量维持不变，相当于资金借贷市场既没有征税也没有补贴。

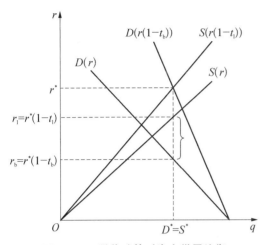

图 16.22　税收政策时资金供需均衡

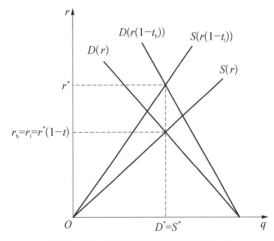

图 16.23　税收政策时资金供需均衡

例 16.6 食品补贴。假设一个村庄粮食供应量 S 固定，有一个富人和一群穷人，富人每年消费的粮食量不随市场价格变化而变化，固定为 K，而穷人对粮食的需求量随粮食价格的变化而变化，其需求函数为 $D = D(p)$。现在富人要做慈善，即把全部粮食按照市场价格购买，再按购买价格的一半卖给穷人。分析富人的慈善行为对穷人福利的影响。

解：在富人的慈善行为前，穷人支付的价格等于市场价格 $p_D = p$。由供需相等，可得

$$D(p_D) + K = S \Rightarrow D(p) = S - K$$

均衡时，$p_D^* = p^*$，满足 $D(p^*) = S - K$（见图 16.24）。

现在富人把全部粮食按照市场价格购买，再按照购买价格的一半卖给穷人。那么此时 $p_D = \dfrac{p}{2}$。由供需相等，可得 $D(p_D) + K = S \Rightarrow$ $D\left(\dfrac{p}{2}\right) = S - K$。

由于需求曲线 $D\left(\dfrac{p}{2}\right)$ 是由需求曲线 $D(p)$ 绕着横轴点往外转动 1 倍，所以均衡时：$\widetilde{p}_D = 2p^*$，满足 $D\left(\dfrac{2p^*}{2}\right) = S - K$。

综上所述，富人做慈善后，穷人支付的价格

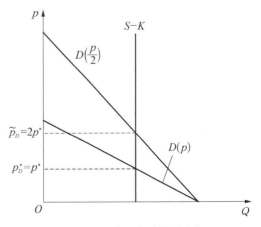

图 16.24　食品补贴供需均衡

以及消费的粮食量均与慈善前的情况相同,因此,穷人的福利并没有得到改善。消费者剩余没有发生变化,变化的是生产者剩余,即富人慈善活动是补贴了生产粮食的厂商。

例 16.7　某产品市场需求函数为 $D = 20 - p$,市场供给函数为 $S = 2p - 10$。

(1) 求市场均衡价格、数量、消费者剩余、生产者剩余。

(2) 若政府对该市场进行如下补贴:消费者在购买商品时,只需按市场价格的一半进行付费,另一半由政府"买单"。计算进行补贴后的消费者剩余、生产者剩余及政府补贴量,并综合以上分析社会总福利水平的变化。

(3) 若政府对该市场进行如下征税:在购买商品时,消费者按市场价格进行付费后,还要按照市场价格给政府交税。计算进行征税后的消费者剩余、生产者剩余及政府补贴量,并综合以上分析社会总福利水平的变化。

解:由题意可知,市场需求函数为 $D = 20 - p_D$,市场供给函数为 $S = 2p_S - 10$,如图 16.25 所示。

(1) 假设市场价格为 p,那么市场需求函数为 $D = 20 - p$,市场供给函数为 $S = 2p - 10$,由供需相等可得

$$20 - p = 2p - 10 \Rightarrow p_D = p_S = p^* = 10$$

所以,市场均衡价格为 $p_D = p_S = p^* = 10$,均衡数量为 $Q^* = 10$;

消费者剩余 $CS = \frac{1}{2} \cdot 10 \cdot (20 - 10) = 50$,生产者剩余为 $PS = \frac{1}{2} \cdot 10 \cdot (10 - 5) = 25$。

(2) 市场价格一半进行补贴,假设市场价格为 p,那么 $p_D = \frac{p}{2}$,$p_S = p$,则市场需求函数为 $D = 20 - p_D = 20 - \frac{p}{2}$,市场供给函数为 $S = 2p_S - 10 = 2p - 10$(见图 16.26)。由供需相等可得

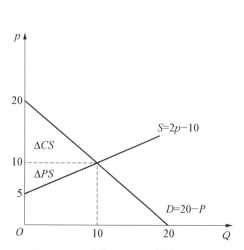

图 16.25　政府不干预下的市场均衡

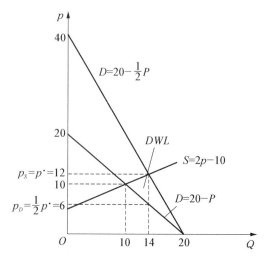

图 16.26　政府补贴下的市场均衡

$$20 - \frac{p}{2} = 2p - 10 \Rightarrow p^* = 2p_D = p_S = 12$$

均衡市场价格和厂商获得的价格为 $p^* = p_S = 12$，消费者支付的价格为 $p_D = 6$，均衡数量为 $Q^* = 14$；消费者剩余为 $CS = \frac{1}{2} \cdot 14 \cdot (20 - 6) = 98$，增加了 $\Delta CS = 98 - 50 = 48$；生产者剩余为 $PS = \frac{1}{2} \cdot 14 \cdot (12 - 5) = 49$，增加了 $\Delta PS = 49 - 25 = 24$；政府补贴量为 $S = -14 \cdot (12 - 6) = -84$。

无谓损失 $DWL = 48 + 24 - 84 = -12$ 或者 $DWL = -\frac{1}{2} \cdot (14 - 10) \cdot (12 - 6) = -12$。

综上分析，消费者和生产者福利共增加了 72，政府福利减少了 84，因此，社会总福利减少了 12。

（3）按照市场价格进行交税，假设市场价格为 p，那么 $p_D = 2p$，$p_S = p$，则市场需求函数为 $D = 20 - p_D = 20 - 2p$，市场供给函数为 $S = 2p_S - 10 = 2p - 10$（见图 16.27）。由供需相等可得

$$20 - 2p = 2p - 10 \Rightarrow p^* = \frac{p_D}{2} = p_S = 7.5$$

均衡市场价格和厂商获得的价格为 $p^* = p_S = 7.5$，消费者支付的价格为 $p_D = 15$，均衡数量为 $Q^* = 5$；消费者剩余为 $CS = \frac{1}{2} \cdot 5 \cdot$

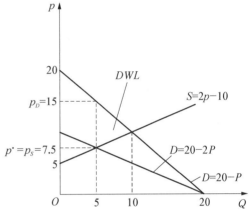

图 16.27　政府征税下的市场均衡

$(20 - 15) = 12.5$，消费者剩余减少了 $\Delta CS = 12.5 - 50 = -37.5$；生产者剩余为 $PS = \frac{1}{2} \cdot 5 \cdot (7.5 - 5) = 6.25$，生产者剩余减少了 $\Delta PS = 6.25 - 25 = -18.75$；政府税收收入量为 $T = 5 \cdot (15 - 7.5) = 37.25$。

无谓损失 $DWL = -37.5 - 18.75 + 37.5 = -18.75$，或者 $DWL = -\frac{1}{2} \cdot (15 - 7.5) \cdot (10 - 5) = -18.75$。

综上分析，消费者和生产者福利共减少了 56.25，政府福利增加了 37.5，因此，社会总福利减少了 18.75。

16.6　思考练习题

（1）比较图 16.28 中供给曲线上不同点供给弹性的大小。

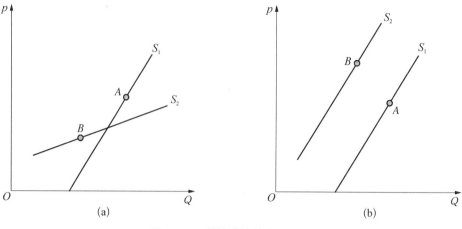

图 16.28　供给弹性的大小比较

（2）某岛国国民对椰子的需求函数为 $D(p)=1\,200-100p$，当地椰子的供给函数为 $S(p)=100p$。若法律规定国民每消费 1 个椰子就必须付给国王 1 个椰子，然后国王把他得到的所有椰子都吃掉，求该岛国的椰子产量；如果国王选择将所有得到的椰子都在当地市场上以市场价格进行出售，求新均衡时的椰子产量。

（3）某产品市场需求函数为 $D=30-2p$，市场供给函数为 $S=2p$。若考虑厂商在出售商品时，一半的销售收入被政府以税收的方式取走。求：

① 征税前的市场均衡价格、数量、消费者净剩余、生产者剩余。

② 征税后的消费者净剩余、生产者剩余及政府税收量，并分析征税前后社会总福利水平的变化。

（4）某产品的国内需求函数为：$Q=60-P$。国内厂商的供给函数为：$Q=P$。该国可以 10 元每单位的价格进口任何数量的产品。

① 在自由贸易条件下，求：国内市场上该产品的均衡价格和均衡产量，消费者剩余和生产者剩余。

② 如果国内政府禁止该产品的进口，求：国内市场上该产品的均衡价格和均衡产量，消费者剩余和生产者剩余，以及无谓损失。

③ 假设政府允许自由贸易，但是政府给国内生产者提供 15 元每单位的补贴，求：国内市场上该产品的均衡价格和均衡产量，国内生产者的产量和进口量，消费者剩余和生产者剩余，以及无谓损失。

④ 如果政府用进口配额代替补贴，多大的配额会使国内厂商生产与上述补贴情况下相同的产量？配额与补贴产生的效果有何异同？

第17章

拍　卖

拍卖是最古老的市场交易形式之一，也是近年来经济学家研究的热点方向。现在，各种商品都可以通过拍卖方式进行销售。本章主要介绍拍卖的种类及设计。

17.1　拍卖的种类 ————————————————————————●

根据拍卖商品的性质及拍卖规则，可以对拍卖进行分类。

17.1.1　根据商品性质分类

根据被拍卖商品的性质，拍卖可以分为**个人价值拍卖**（private-value auctions）和**共同价值拍卖**（common-value auctions）。

个人价值拍卖是指拍卖的商品对每个拍买人都有一个不同的潜在价值的商品拍卖模式。例如，对某一件艺术品，由于偏好不同，一个收藏家认为价值 2 000 元，另一个收藏家认为价值 1 000 元，那么对该艺术品的拍卖就是个人价值拍卖。

共同价值拍卖是指拍卖的商品对每个拍买人都具有相同的价值，尽管不同的拍买人对这个共同价值可能具有不同的预测。例如某矿产的开采权拍卖，矿产对所有拍买人具有相同的市场价值，但是不同的拍买人对矿产的储量的预测可能不一样。

17.1.2　根据拍卖规则分类

根据拍卖的规则，拍卖可以分为**英国式拍卖**（English auction）、**荷兰式拍卖**（Dutch auction）、**密封式拍卖**（sealed-bid auction）和**维克里拍卖**（Vickrey auction）。

最流行的竞价拍卖模式是英国式拍卖。在英国式拍卖中，首先拍卖人确定一个**保留价格**，这个保留价格是拍卖人愿意出售拍卖品的最低价格。然后，拍买人按照规则规定的最小**竞价增量**（bid increment）相继给出一个较高的价格，一直到没有拍买人愿意再提高价格时，出价最高的拍买人按照自己的最高竞价获得拍卖商品，这种拍卖形式就是**英国式拍卖**。

在荷兰式拍卖中，首先拍卖人以一个较高的价格起拍拍卖品，然后逐步降低价格，直到某个拍买人愿意接受这个价格为止，那么该拍买人就获得该拍卖品，这种拍卖形式就是**荷兰式拍卖**。

第三种拍卖模式是密封式拍卖,在这种形式的拍卖中,每个拍买人都把自己的出价写在一张纸条上,并密封在信封里。所有参与拍卖人中出价最高者获得该拍卖品,那么这种拍卖形式就是**密封式拍卖**。如果存在保留价格,而所有拍买人的出价都低于该保留价格,那么该拍卖品不属于任何拍买人,这种情况叫作**流拍**。

在密封式拍卖中,出价最高者获得该拍卖品,但是支付拍卖品的价格为第二高的出价,那么这种拍卖形式叫作**维克里拍卖**(Vickrey auction)或者**集邮者拍卖**(philatelist auction)。

17.2　拍卖设计

假设拍卖人准备拍卖一件物品,该物品对 n 个拍买人的个人价值为 v_1,v_2,$\cdots$,v_n,那么在拍卖设计中需要考虑以下两个目标。

(1)帕累托有效性:拍卖的设计是否能够实现帕累托有效的结果,即是否由支付意愿最高的拍买人最后得到拍卖的商品。

(2)利润最大化:拍卖的设计是否能使得拍卖人实现期望利润最大化。利润最大化条件下,拍卖品应该由评价最高的拍买人获得。

下面根据这两个目标分析各种拍卖模式。

17.2.1　英国式拍卖

没有规定保留价格的英国式拍卖是指拍买人按照规则规定的最小竞价增量相继给出一个较高的价格,一直到没有拍买人愿意再提高价格时,出价最高的拍买人获得拍卖商品,因此,这种拍卖形式能够实现帕累托有效性。具有保留价格的英国式拍卖不一定是帕累托有效的。

下面考察利润最大化的情况。假设有 2 个拍买人,其个人价值都为

$$v_i = \begin{cases} 10\,元, & 50\%\ 概率 \\ 100\,元, & 50\%\ 概率 \end{cases}, i=1,2$$

那么对于拍买人 1 和拍买人 2 来说,可能出现 4 种等可能的拍卖结果:(10,10)、(10,100)、(100,10)和(100,100)。并假定最小的竞价增量为 1 元,相同时通过投币决定。在 4 种结果中,拍买人获得拍卖品的出价分别为(10,11,11,100),如表 17.1 所示。

表 17.1　拍买人个人价值与获胜价

获胜价　　　　　　B1　　B2	10	100
10	10	11
100	11	100

其中 B1 和 B2 分别表示拍卖品对拍买人 1 和拍买人 2 的个人价值。

此时,拍卖人的期望收益为: $\dfrac{10+11+11+100}{4}=33$ 元。

现在假设拍卖人设定一个保留价格——最低起拍价格 100 元,那么拍卖人的个人价值与获胜价如表 17.2 所示。

表 17.2　拍买人个人价值与获胜价(保留价格)

获胜价　　　　　　B1 B2	10	100
10	0	100
100	100	100

此时,拍卖人的期望收益为 $\dfrac{0+100+100+100}{4}=75$ 元。但是设定保留价格是帕累托无效,因为有 25% 的概率所有人都不能获得拍卖品。

因此,没有设定保留价格的英国式拍卖是帕累托有效的;而通过设定一个适当的保留价格,英国式拍卖可以使得拍卖人获得最大的期望收益,但此时是帕累托无效的。

例 17.1　某汽车商决定用英国式拍卖法出售 1 辆汽车,最小竞价增量为 100 元,出价情况相同则投币决定。现有 2 个投标人。汽车商相信每个投标人的支付愿望只有 3 个可能值:6 300 元、3 600 元和 1 800 元。每个投标人对每个支付愿望都有 1/3 的概率,且这些概率相互独立。假设 2 个投标人理性出价且不串谋,那么,该汽车商出售该汽车的最大期望收入是多少?

解: 由于是英国式拍卖,如果拍卖人没有设定保留价格(见表 17.3),B1 表示投标人 1 的出价,B2 表示投标人 2 的出价。

表 17.3　没有保留价格的情况

获胜价　　　　　　B1 B2	1 800	3 600	6 300
1 800	1 800	1 900	1 900
3 600	1 900	3 600	3 700
6 300	1 900	3 700	6 300

所以,在没有保留价格的条件下,该汽车商出售该汽车的期望收入为

$$\frac{1}{9} \cdot (1\,800+4 \cdot 1\,900+3\,600+2 \cdot 3\,700+6\,300)=\frac{26\,700}{9} \approx 2\,967 \text{ 元}$$

如果拍卖人设定保留价格为 3 600 元(见表 17.4),B1 表示投标人 1 的出价,B2 表示投标人 2 的出价。

表 17.4　保留价格为 3 600 元的情况

获胜价 B1 / B2	1 800	3 600	6 300
1 800	0	3 600	3 600
3 600	3 600	3 600	3 700
6 300	3 600	3 700	6 300

所以,保留价格为 3 600 元时,该汽车商出售该汽车的期望收入为

$$\frac{1}{9} \cdot (0 + 5 \cdot 3\,600 + 2 \cdot 3\,700 + 6\,300) = \frac{31\,700}{9} \approx 3\,522\ \text{元}$$

如果拍卖人设定保留价格为 6 300 元,见表 17.5,B1 表示投标人 1 的出价,B2 表示投标人 2 的出价。

表 17.5　保留价格为 6 300 元的情况

获胜价 B1 / B2	1 800	3 600	6 300
1 800	0	0	6 300
3 600	0	0	6 300
6 300	6 300	6 300	6 300

所以,保留价格为 6 300 元时,该汽车商出售该汽车的期望收入为

$$\frac{1}{9} \cdot (4 \cdot 0 + 5 \cdot 6\,300) = \frac{31\,500}{9} = 3\,500\ \text{元}$$

综上所述,当该汽车商设定保留价格为 3 600 元时,出售该汽车的期望收入达到最大,为 3 522 元。

17.2.2　荷兰式拍卖

不具有保留价格的英国式拍卖能够实现帕累托有效,那么荷兰式拍卖怎么样呢?

假设有 2 个拍卖人,拍卖品对其个人价值分别为 v_1 和 v_2,并且 $v_1 > v_2$。由于荷兰式拍卖以一个较高的价格起拍,然后逐步降低价格,直到某个拍买人愿意接受这个价格为止。那么,如果具有较高评价的拍买人 1 认为拍买人 2 的评价低于 v_2,那么拍卖品价格下降到 v_2 以下且拍买人 1 认为的拍买人 2 的那个评价以上时就可能被拍买人 2 拍走。所以,荷兰式拍卖不能保证对拍卖品评价最高的拍买人获得拍卖品。

因此,荷兰式拍卖通常不能保证拍卖结果的帕累托有效。

17.2.3　密封式拍卖

在密封式拍卖中,每个拍买人都把自己的出价写在一张纸条上,并密封在信封里,出价

最高的拍买人获得该拍卖品。每个拍买人的出价取决于其对其他拍买人对拍卖品评价的信念。由于这些信念的不准确性,拍卖品就很可能被评价不是最高的拍买人获得。

所以,密封式拍卖通常不能保证拍卖结果的帕累托有效。

17.2.4 维克里拍卖

维克里拍卖或者**集邮者拍卖**是密封式拍卖的一种变形。是出价最高者获得该拍卖品,但是支付拍卖品的价格为第二高的出价。

在维克里拍卖里,显示真实的评价是每个拍买人的最优策略,也就是说维克里拍卖能使得拍买人"说真话"从而达到帕累托有效结果。

考虑 2 个拍买人 1 和 2 的情况,假设他们对拍卖品的评价分别为 v_1 和 v_2,出价分别为 b_1 和 b_2。那么拍买人 1 的期望收益为

$$\text{Prob}(b_1 > b_2) \cdot (v_1 - b_2)$$

其中第一项 $\text{Prob}(b_1 > b_2)$ 为拍买人 1 出价最高的概率,第二项 $(v_1 - b_2)$ 为拍买人获得拍卖品时的消费者剩余。

如果 $(v_1 - b_2) > 0$,那么第一项 $\text{Prob}(b_1 > b_2)$ 越大,拍买人 1 获得的消费者剩余越大,所以 v_1 越大越好,因此选择 $b_1 = v_1$。

如果 $(v_1 - b_2) < 0$,那么第一项 $\text{Prob}(b_1 > b_2)$ 越小,拍买人 1 获得的消费者剩余越大,所以 v_1 越小越好,因此选择 $b_1 = v_1$。

因此,拍买人 1 的最佳策略是其出价等于其真实评价,即 $b_1 = v_1$。因此,维克里拍卖和英国式拍卖具有相同的帕累托有效的结果。

例 17.2 某古董商计划拍卖出售一古董,现有 3 个投标人 A、B 和 C。古董商不知道投标人对该古董的真实支付意愿,但基于先前的经验,古董商相信不同投标人对古董的估值保持独立同分布,其中,每个投标人有 1/3 的概率对古董的估计值为 6 万元,有 1/3 的概率对古董的估计值为 5 万元,有 1/3 的概率对古董的估计值为 2 万元。如果古董商以维克里拍卖法出售该古董,那么古董商期望收入是多少?

解: 3 个投标人 A、B 和 C 的出价组合共有 27 种,具体分析如下:

对于其中 7 种情况 {(2, 2, 2)、(2, 2, 5)、(2, 5, 2)、(5, 2, 2)、(2, 2, 6)、(2, 6, 2)、(6, 2, 2)} 的每一种,如果采取维克里拍卖,古董商的收入都为 2 万元;

对于另外 7 种情况 {(6, 6, 6)、(6, 6, 5)、(6, 5, 6)、(5, 6, 6)、(2, 6, 6)、(6, 6, 2)、(6, 2, 6)} 的每一种,如果采取维克里拍卖,古董商的收入都为 6 万元;

对于其余 13 种情况,如 (2, 5, 6),如果采取维克里拍卖,古董商的收入都为 5 万元。

所以,古董商期望收入是 $\dfrac{7}{27} \cdot 2 + \dfrac{7}{27} \cdot 6 + \dfrac{13}{27} \cdot 5 \approx 4.48$ 万元。

17.3 共同价值拍卖

下面分析共同价值拍卖。

拍卖品对于所有参与的拍买人的共同价值相同,假定为 v。但是每个拍买人对拍卖品的预测价值会偏离共同价值。所以每个拍买人的预测价值为

$$v_i = v + \varepsilon_i$$

其中, v 为真实的共同价值, ε_i 为第 i 个拍买人的预测偏差值。

在封闭式拍卖条件下,具有最大偏差值 $\varepsilon_{\max}$ 的拍买人获得拍卖品。只要 $\varepsilon_{\max}$ 大于零,拍买人支付的价格就大于共同价值 v。这就是人们所熟知的**胜者诅咒**(the winner's curse)。也就是说,获得拍卖品是因为拍买人高估了拍卖品的价值,对拍卖品太乐观了。

所以,对于公共价值拍卖来说,拍买人的最优策略是使得其出价低于其估计值。拍买人越多,出价应该越低,不要盲目乐观。

17.4　思考练习题

(1) 一古董商通过英式拍卖法出售某古董。现有 4 个投标人,他们分别是 Z、C、A 和 D。他们彼此不了解而且不串谋。Z 投标人对古董的估计值为 800 元,C 投标人对古董的估计值为 550 元,A 投标人对古董的估计值为 1 300 元,而 D 投标人对古董的估计值为 300 元。如果 4 个投标人是理性的、自利的,那么,该古董最后的出售结果是怎样的?

(2) 某汽车商决定用英式拍卖法以保留价格为 2 700 元拍卖 1 辆汽车。现有 2 个投标人,汽车商相信每个投标人的支付愿望只有 3 个可能值:5 400 元、3 600 元和 2 700 元。每个投标人对每个支付愿望都有 1/3 的概率,且这些概率相互独立。该汽车商出售该汽车的期望收入大约是多少?

(3) 一商人决定以英国式拍卖法拍卖 1 幅油画。如果油画的价格没有达到该商人的保留价格,他将烧毁油画。现有 2 个投标人竞买油画。该商人认为每个投标人的支付愿望只有 3 种可能值:117 000 元、72 000 元和 27 000 元,对每种支付愿望都有 1/3 的概率,而且对每个投标人的概率独立于其他人的估计值。假设 2 个投标人理性出价且不串谋,那么,该商人出售该油画的最大期望收入大约是多少?

(4) 某拍卖人知道有 2 个投标人想购买其拍卖物。拍卖人相信一投标人有 1/2 的概率认为拍卖物的价值为 5 元,1/2 的概率认为拍卖物的价值为 8 元;而另一投标人有 1/2 的概率认为拍卖物的价值为 10 元,1/2 的概率认为拍卖物的价值为 15 元。拍卖人采取设定保留价格的英国式拍卖,为了达到期望收益最大,保留价格应该确定为多少?

(5) 某拍卖人知道有 2 个投标人想购买其拍卖物。拍卖人相信一投标人有 1/2 的概率认为拍卖物的价值为 5 元,1/2 的概率认为拍卖物的价值为 10 元;而另一投标人有 1/2 的概率认为拍卖物的价值为 12 元,1/2 的概率认为拍卖物的价值为 30 元。拍卖人采取设定保留价格的英国式拍卖,为了达到期望收益最大,保留价格应该确定为多少?

(6) 某拍卖人知道有 2 个投标人想购买其拍卖物。拍卖人运用无保留价格的维克里拍卖。他知道每个投标人都有 1/2 的概率认为拍卖物的价值为 600 元,有 1/2 的概率认为拍

卖物的价值为 200 元。每个投标人的概率相互独立。该拍卖人的期望收入是多少?

（7）某房产商以拍卖方式出售 1 栋房子。有 3 个投标人 E、M 和 B 想买该房子。房产商不知道 3 个投标人对该房子的实际支付愿望。但是,基于先前的经验,房产商相信每个投标人有 1/3 的概率对房子的估计值为 70 万元,有 1/3 的概率对房子的估计值为 40 万元,有 1/3 的概率对房子的估计值为 30 万元。而且这些概率在 3 个投标人中是相互独立的。如果房产商以维克里拍卖法出售该房子,那么,其期望收入是多少?

第 18 章

技　术

消费者理论是在预算约束下使得消费者效用最大化,从本章开始研究生产者理论,即厂商的决策行为。类似于消费者的最优选择模型,厂商是在面临不变的生产技术约束的条件下,如何选择生产要素量使得厂商的利润达到最大。本章主要讨论厂商的技术约束。

18.1　生产要素

生产产品所需要的投入品叫作生产要素。根据要素使用可变与否,可以将要素分为三类:可变要素、不变要素和准不变要素。可变要素指要素的使用量随着产量的变化而变化,一般情况下生产产量越大,需要投入的要素量越大,如劳动力的投入 L 与产量 Q 有关,即 $L = L(Q)$;不变要素指要素的使用量与产量无关,如工厂进行生产时的厂房规模短期内是固定不变的,与生产产量无关,即 $K = \bar{K}$;准不变要素指产量为零时对这种要素的需求量为零,产量不为零时对这种要素的需求量固定不变,为常数,即要素量 $x = \begin{cases} 0, & Q = 0 \\ 常数, & Q \neq 0 \end{cases}$。

18.2　技术约束

只有一定量的生产要素组合才能生产出既定的产量的技术条件就是厂商的技术约束,厂商的生产计划受到技术可行性的约束和限制。

在一定技术条件下厂商的所有投入与产出的组合的集合叫作生产集。假设只有一种生产要素 x,生产一种产品 y。如果点 (x, y) 在生产集里,表明投入的生产要素的数量为 x,生产出来的产品数量为 y,在技术上是可行的。生产集表示厂商所面临的可能技术选择(见图 18.1)。

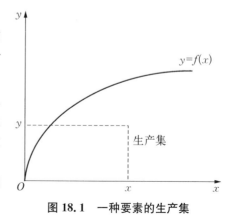

图 18.1　一种要素的生产集

18.3 生产函数

18.3.1 生产函数的概念

生产集的边界的轨迹叫作厂商的生产函数,表示在现有技术条件下一定的生产要素投入量可能生产出的最大产出的集合。所以,生产函数本身就表明厂商有效利用生产要素达到了生产的最优效率。而生产集内的任何投入产出点都是没有达到最优效率。

如果厂商使用 n 种生产要素 $(x_1, \cdots, x_i, \cdots, x_n)$ 生产产量 Q 的产出,其生产函数可表示为

$$Q = f(x_1, \cdots, x_i, \cdots, x_n)$$

该生产函数隐含了:一定要素投入量能够生产出的最大产出,或者一定的产出所使用的投入量是最小的。

经济学中根据要素的使用量是否可变分为短期生产函数和长期生产函数。短期生产函数是指在一定期限内至少有一种要素使用量是固定不变的,例如短期内资本要素 K 的使用量固定不变,为 $K = \bar{K}$,而劳动要素 L 的投入量短期内可变,那么,其生产函数可以表示为

$$Q = Q(L, \bar{K})$$

短期生产函数一般用如图 18.1 所示的生产集表示。

长期生产函数是指在一定期限内所有要素使用量都是可变的,例如长期内资本要素 K 的使用量和劳动要素 L 的投入量是可变的,那么,其生产函数可以表示为

$$Q = Q(L, K)$$

长期生产函数一般用等产量线描述(见图 18.2)。等产量线是指生产某一固定的产出的所有投入要素的组合。等产量线类似于无差异曲线。不同的等产量线不能相交,更高的等产量线代表更高的产量。无差异曲线表示能够提供既定效用水平的不同消费组合。更高的无差异曲线不一定代表更高的效用。等产量线对应的产量是由技术决定的,是实际存在的,而无差异曲线对应的效用是消费者的主观评价。

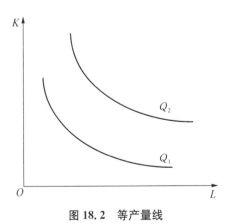

图 18.2 等产量线

18.3.2 生产函数的特征

如同研究消费者行为时假设消费者是理性的一样,讨论生产技术时也假设技术具有以下两个特征。

(1) 单调性。单调性是指某种要素投入量增加使得产出增加,至少跟原来一样,如完全

替代生产函数、固定比率生产函数均具有单调性。如果厂商能够不费成本地处置任何要素，那么多余的投入就不会产生损失，所以单调性又叫作自由处置性。现实生活中，如果企业不能自由决定和处置投入劳动要素量，那么对于该企业而言，技术的单调性不一定成立。例如机构臃肿、员工多余的企业。

（2）凸性。长期生产函数为凸的，即如果存在两种要素投入组合 (L_1, K_1) 和 (L_2, K_2) 都能够生产出 Q 单位的产出，那么它们的加权平均组合至少能够生产出 Q 单位的产出。如图 18.5 所示，A 点和 B 点处于同一条等产量线上，其中，A 为 (L_1, K_1)，B 为 (L_2, K_2)。那么

$$Q\left(\frac{L_1+L_2}{2}, \frac{K_1+K_2}{2}\right) \geqslant Q(L_1, K_1)$$

等产量为严格凸时有

$$Q\left(\frac{L_1+L_2}{2}, \frac{K_1+K_2}{2}\right) > Q(L_1, K_1)$$

18.3.3 生产函数的形式

下面是几个常见生产函数及其等产量线。

（1）完全替代生产函数。技术为完全替代的生产函数为 $Q(L, K) = aL + bK$，$Q(L, K) = (aL + bK)^2$ 也表示完全替代的生产函数，其等产量线如图 18.3 所示。

（2）固定比率生产函数。技术为固定比率的生产函数为 $Q(L, K) = \min\{aL, bK\}$，与效用理论的完全互补类似，这里两种生产要素以固定比率投入生产，其等产量线如图 18.4 所示。

（3）柯布道格拉斯生产函数。柯布道格拉斯生产函数形式为 $Q(L, K) = AL^\alpha K^\beta$，其等产量线为双曲

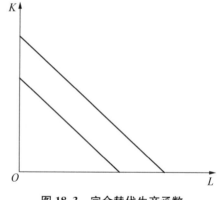

图 18.3　完全替代生产函数

线，其中，A 代表生产技术水平，其值越大表明相同的要素投入下产量越大，如图 18.5 所示。

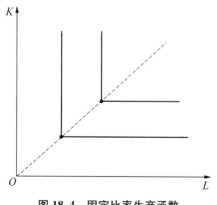

图 18.4　固定比率生产函数

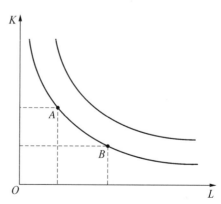

图 18.5　柯布道格拉斯生产函数

18.4 要素边际产出与平均产出

18.4.1 边际产出

假设厂商的生产函数为 $Q=Q(L,K)$，那么：

资本要素边际产出是指当劳动要素投入固定不变时，资本投入增加一单位使得产出增加的量，即 $MP_K = \dfrac{\partial Q(L,K)}{\partial K}$；

劳动要素边际产出是指当资本要素投入固定不变时，劳动投入增加一单位使得产出增加的量，即 $MP_L = \dfrac{\partial Q(L,K)}{\partial L}$。

因为分工合作的原因，要素的边际产出刚开始时一般会随着要素投入量的增加而增加；但是，由于其他要素投入量的固定不变，要素的边际产出最终会随着要素投入量的增加而下降（见图 18.6）。

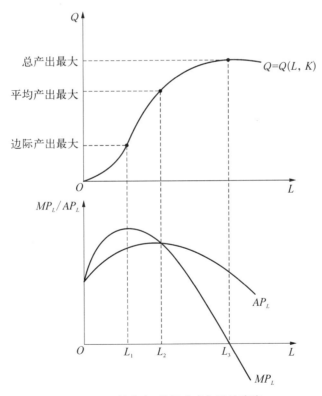

图 18.6 总产出、边际产出与平均产出

一般地，我们把某种要素的边际产出随着要素投入量的增加而递减的这种现象叫作边际产出递减规律。

18.4.2　平均产出

假设厂商的生产函数为 $Q = Q(L, K)$，那么：

资本要素的平均产出是指劳动要素投入固定不变时，总产出与资本要素投入量之比，即资本的平均产出为 $AP_K = \dfrac{Q(L, k)}{K}$；

劳动要素的平均产出是指资本要素投入固定不变时，总产出与劳动要素投入量之比，即劳动的平均产出为 $AP_L = \dfrac{Q(L, k)}{L}$。

18.4.3　边际产出与平均产出的关系

以劳动要素的投入为例，厂商的生产函数为 $Q = Q(L, K)$；

$$厂商的边际产出函数为 \quad MP_L = \frac{\partial Q(L, K)}{\partial L};$$

$$厂商的平均产出函数为 \quad AP_L = \frac{Q(L, k)}{L}。$$

由生产函数 $Q = Q(L, K)$ 的曲线可以得出劳动边际产出及平均产出曲线（见图18.6）。生产函数曲线上某点切线斜率为劳动要素的边际产出，曲线上一点与原点连线的斜率为劳动要素的平均产出。在图18.6中，劳动要素投入为 L_1 时，产量随劳动要素投入增加得最快，劳动要素边际产出达到最大；当劳动要素投入继续增加直到 L_3 时，产量继续增加，但是增长速度减小，即劳动要素边际产出仍为正但是处于下降阶段；劳动要素投入大于 L_3 时，产量下降，即劳动要素边际产出为负。

下面分析劳动平均产出和劳动边际产出之间的关系。

（1）劳动投入第一单位时，劳动平均产出与劳动边际产出相等，即劳动要素平均产出曲线与劳动要素边际产出曲线第一单位重合。证明：

$$AP_L \mid_{L=0} = \lim_{L \to 0} \frac{Q(L, K)}{L} = \frac{\partial Q(L, K)/\partial L}{\partial L/\partial L} \Bigg|_{L=0} = MP_L \mid_{L=0}$$

（2）劳动边际产出曲线穿过劳动平均产出曲线的最高点。由于开始增加劳动投入时，劳动要素边际产出随劳动投入的增加而增加，因此，劳动平均产出曲线在劳动边际产出曲线下方，如在图18.6中的劳动投入 $L < L_2$ 时，某点切线斜率大于与原点连线斜率，即劳动边际产出大于劳动平均产出，这时劳动平均产出 AP_L 上升；劳动投入 $L > L_2$ 时，某点切线斜率小于与原点连线斜率，即劳动边际产出小于劳动平均产出，这时劳动平均产出 AP_L 下降。所以，当劳动边际产出等于劳动平均产出时，劳动平均产出 AP_L 达到最大值。所以，劳动的边际产出曲线穿过劳动的平均产出曲线的最高点。

（3）边际产出等于零时，总产出达到最大。

18.4.4 边际产出与总产出的关系

边际产出曲线下方与坐标轴围成的面积大小刚好等于总产出大小,即 $\int_0^L MP_L(L,K)\mathrm{d}L = Q(L,K)$(见图 18.7)。

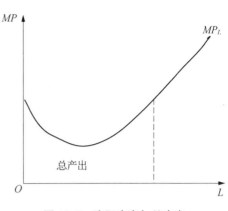

图 18.7 边际产出与总产出

18.5 技术替代率

与消费理论中的边际替代率 MRS 类似,边际技术替代率(marginal technical rate of substitution,MTRS)是指维持产量不变,多使用一单位某种生产要素而必须放弃的另外一种生产要素的数量(见图 18.8)。

假设生产函数 $Q(L,K)=C$,其中 C 为常数,两边求全微分可得

$$\frac{\partial Q(L,K)}{\partial L}\mathrm{d}L + \frac{\partial Q(L,K)}{\partial K}\mathrm{d}K = 0$$

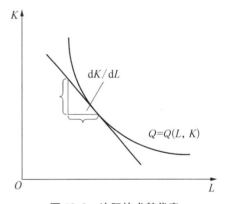

化简可得

$$\frac{\mathrm{d}K}{\mathrm{d}L} = -\frac{\partial Q(L,K)/\partial L}{\partial Q(L,K)/\partial K} = -\frac{MP_L}{MP_K}$$

即边际技术替代率

$$MTRS_{KL} = -\frac{MP_L}{MP_K}$$

图 18.8 边际技术替代率

表示以资本 K 来衡量的劳动 L 的边际技术替代率为劳动的边际产出除以资本的边际产出。

等产量线为凸状时对应的边际技术替代率递减(diminishing marginal technical rate of substitution)。

18.6 规模报酬

当生产产品的所有要素投入量变为原来的 λ 倍时产出也变为原来的 λ 倍,其中 $\lambda > 1$,

那么该厂商的生产技术具有**不变的规模报酬**(constant returns to scale),即 $Q(\lambda L,\lambda K)=\lambda Q(L,K)$;

当生产产品的所有要素投入量变为原来的 λ 倍时产出大于原来的 λ 倍,其中 $\lambda>1$,那么该厂商的生产技术具有**递增的规模报酬**(increasing returns to scale),即 $Q(\lambda L,\lambda K)>\lambda Q(L,K)$;

当生产产品的所有要素投入量变为原来的 λ 倍时产出小于原来的 λ 倍,其中 $\lambda>1$,那么该厂商的生产技术具有**递减的规模报酬**(decreasing returns to scale),即 $Q(\lambda L,\lambda K)<\lambda Q(L,K)$。

规模报酬递增可能是由于要素投入增加时对于要素的利用率提高,实际生活中规模报酬递减的情况更为普遍,因为没有考虑到某种要素没有同时增加,如企业的管理问题等。

例 18.1 判断下列生产函数的规模报酬特性:

① $Q(L,K)=aL+bK$;② $Q(L,K)=\min\{aL,bK\}$;③ $Q(L,K)=AL^{\alpha}K^{\beta}$。

解: ① 由于 $Q(\lambda L,\lambda K)=a\lambda L+b\lambda K=\lambda(aL+bK)=\lambda Q(L,K)$,所以
$Q(L,K)=aL+bK$ 是规模报酬不变。

② 由于 $Q(\lambda L,\lambda K)=\min\{a\lambda L,b\lambda K\}=\lambda\min\{aL,bK\}=\lambda Q(L,K)$,所以
$Q(L,K)=\min\{aL,bK\}$ 是规模报酬不变。

③ 由于 $Q(\lambda L,\lambda K)=A(\lambda L)^{\alpha}(\lambda K)^{\beta}=\lambda^{\alpha+\beta}AL^{\alpha}K^{\beta}=\lambda^{\alpha+\beta}Q(L,K)$,所以
当 $\alpha+\beta>1$ 时,$Q(L,K)=AL^{\alpha}K^{\beta}$ 是规模报酬递增;
当 $\alpha+\beta=1$ 时,$Q(L,K)=AL^{\alpha}K^{\beta}$ 是规模报酬不变;当 $\alpha+\beta<1$ 时,$Q(L,K)=AL^{\alpha}K^{\beta}$ 是规模报酬递减。

18.7 思考练习题

(1) 边际产出递减,那么规模报酬肯定递减? 对或错。

(2) 边际产出递减,那么边际技术替代率肯定递减? 对或错。

(3) 某厂商生产函数为 $f(x,y)=(x^{0.5}+y^{0.5})^2$,则两种要素为完全替代关系? 对或错。

(4) 完全替代关系的生产函数肯定是规模报酬不变? 对或错。

(5) 请判断以下生产函数,哪些属于规模报酬不变、递增或递减。

① $f(x,y)=\min\{5x+y,x+5y\}$;

② $f(x,y)=x+\min\{x,y\}$;

③ $f(x,y)=\min\{12x,3y\}$;

④ $f(x,y)=x^{\frac{2}{5}}+y^{\frac{2}{5}}$;

⑤ $f(x,y)=x+\sqrt{y}$;

⑥ $f(x,y)=\min\{2x+y,x+2y\}$。

第 19 章
利润最大化

本章基于竞争性要素市场和竞争性产品市场(厂商是要素价格与产品价格的接受者)讨论厂商的利润最大化问题,并导出相应的要素需求函数。

19.1 利润

生产理论中厂商在一定约束下追求利润最大化,利润为厂商收入减去生产成本的差额。假设一家厂商使用 m 种生产要素 $(x_1, x_2, \cdots, x_m)$,相应的要素价格为 $(\omega_1, \omega_2, \cdots, \omega_m)$,生产 n 种产品,产出为 $(q_1, q_2, \cdots, q_n)$,产品价格分别为 $(p_1, p_2, \cdots, p_n)$。

那么,该厂商获得的利润函数为

$$\pi = R - C = \sum_{i=1}^{n} p_i q_i - \sum_{i=1}^{m} \omega_i x_i \tag{19-1}$$

这里的成本指的是机会成本,即厂商运用某种要素作为生产产品的生产要素时必须放弃的用于其他用途可能获得的最大收入。要素价格按照各要素可以获得的最高机会成本来计算。

19.2 短期利润最大化

在短期中,假设资本的投入量固定在 $\bar{K}$ 保持不变,厂商利用劳动 L 和资本 $\bar{K}$ 生产产品,产出为 $Q(L, \bar{K})$。假设产品市场为竞争性的,价格为 p,要素市场也为竞争性的,劳动和资本的要素价格分别为 ω_L 和 ω_K。

那么,厂商获得的利润为

$$\pi = p \cdot Q(L, \bar{K}) - \omega_L \cdot L - \omega_K \cdot \bar{K} \tag{19-2}$$

企业可以决策的量为劳动要素的雇用量,利润公式对劳动投入求一阶导数,并令其为零,可得

$$\frac{\partial \pi}{\partial L} = p \cdot MP_L - \omega_L = 0 \Rightarrow MP_L(L) = \frac{\omega_L}{p} \tag{19-3}$$

其中，$MP_L(L)$ 为劳动的边际产出，$\frac{\omega_L}{p}$ 为劳动的实物工资。由式(19-3)可得企业对劳动的需求量为 $L = L\left(\frac{\omega_L}{p}\right)$。企业雇用劳动量为 L 时支付的总实物工资量为 $L \cdot \frac{\omega_L}{p}$，劳动量为 L 时劳动总的产出量为 $L \cdot AP_L$，只有当劳动总产量大于支付的实物工资量时企业才获得生产者剩余，此时才会雇用劳动力，即 $AP_L > MP_L$，而且边际产出必须大于零，因此，企业雇用劳动力的决策区间为 $L_2 \leqslant L \leqslant L_3$ (见图 19.1)。

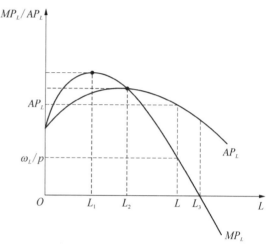

图 19.1 要素需求函数

所以，企业的要素需求函数为劳动平均产出最高点下方的劳动要素边际产出函数 MP_L，即企业的反要素需求函数为

$$\frac{\omega_L}{p} = MP_L \quad (L_2 \leqslant L \leqslant L_3) \tag{19-4}$$

或者

$$\omega_L = p \cdot MP_L \quad (L_2 \leqslant L \leqslant L_3) \tag{19-5}$$

即要素的边际产出等于要素的实际工资或者要素的边际产出价值等于要素的价格（名义工资）。

例 19.1 某企业生产函数为 $Q(L, K) = -KL^3 + 4KL^2 + 3KL$，资本要素投入为 $K = 1$，求该企业的反要素需求函数。

解： 资本要素投入固定，企业处于短期，生产函数为 $Q(L) = -L^3 + 4L^2 + 3L$。

劳动要素的边际产出为：$MP_L = \frac{\partial Q}{\partial L} = -3L^2 + 8L + 3$。

令 $MP_L = 0$，解得 $L_3 = 3$。

劳动要素的平均产出为：$AP_L = \frac{Q}{L} = -L^2 + 4L + 3$。

令 $MP_L = AP_L$，可得 $L_2 = 2$，此时劳动的平均产出达到最大值。

由于企业要素需求函数为劳动平均产出最高点下方的劳动要素边际产出 MP_L，因此可得该企业的反要素需求函数为

$$\frac{\omega_L}{p} = -3L^2 + 8L + 3 \quad (L_2 \leqslant L \leqslant L_3)$$

19.3 长期利润最大化

假设产品市场为竞争性,要素市场也为竞争性。长期生产投入要素为劳动 L 和资本 K,劳动工资为 ω_L,资本价格为 ω_K。产品在市场上的价格为 p,企业生产函数为 $Q = Q(L, K)$,那么企业长期生产利润函数为

$$\pi = p \cdot Q(L, K) - \omega_L \cdot L - \omega_K \cdot K \tag{19-6}$$

利润函数分别对劳动要素和资本要素求一阶偏导可得

$$\begin{cases} \dfrac{\partial \pi}{\partial L} = p \cdot MP_L - \omega_L \\ \dfrac{\partial \pi}{\partial K} = p \cdot MP_K - \omega_K \end{cases} \tag{19-7}$$

一阶偏导为零时企业达到利润最大化,由此可得长期劳动和资本的反要素需求函数为

$$\begin{cases} \dfrac{\omega_L}{p} = MP_L \\ \dfrac{\omega_K}{p} = MP_K \end{cases} \tag{19-8}$$

或者

$$\begin{cases} \omega_L = p \cdot MP_L \\ \omega_K = p \cdot MP_K \end{cases} \tag{19-9}$$

即每种要素的边际产出等于该要素的实际工资或者每种要素的边际产出价值等于该要素的价格(名义价格)。由式(19-8)或者式(19-9)联立即可得劳动和资本的反要素需求函数或要素需求函数。

技术为规模报酬不变的竞争性企业长期利润水平为零,有以下原因。

(1) 如果企业的规模无限扩张,以致难以有效运作,这时企业已经不是规模报酬不变,而是规模报酬递减了。

(2) 如果企业的规模如此扩张,市场已经不是竞争性了,而是垄断或者寡头等市场结构。

(3) 规模报酬不变的竞争性企业有正利润,其他拥有相同技术的企业也有正利润。那么就会有新的企业进入,使得产量增加价格下降,利润开始减少。

所以,当竞争性市场处于均衡状态时,企业获得的长期利润为零。

例 19.2 某竞争性厂商的生产函数为 $f(L, K) = L^{1/2}K^{1/2}$,L、K 表示劳动要素和资本要素的使用量。如果劳动要素的价格是 12 元/单位,资本要素的价格是 24 元/单位。请

问：利润最大化条件下劳动要素和资本要素的使用比例为多少？

解： 由利润最大化条件"生产要素的边际产品价值等于其价格"可得

$$\begin{cases} pMP_L = \omega_L \\ pMP_K = \omega_K \end{cases} \Rightarrow \begin{cases} p \cdot \dfrac{1}{2} L^{-1/2} K^{1/2} = \omega_L \\ p \cdot \dfrac{1}{2} L^{1/2} K^{-1/2} = \omega_K \end{cases} \Rightarrow \dfrac{K}{L} = \dfrac{\omega_L}{\omega_K}$$

如果劳动要素的价格是 12 元/单位，资本要素的价格是 24 元/单位，那么

$$\frac{K}{L} = \frac{12}{24} \Rightarrow L = 2K$$

所以，利润最大化条件下劳动要素和资本要素的使用比例为 2。

19.4 利润最大化弱公理

利润最大化弱公理（weak axiom of profit maximization，WAPM）是指在要素价格和产品价格不变的条件下，追求利润最大化的企业所选择的投入产出组合肯定比其他能够选择而没有选择的投入产出组合更有利可图，否则就达不到利润最大化。

假设在 t 期，厂商面临的劳动工资为 ω_L^t，资本价格为 ω_K^t，产品价格为 p^t，即面临的要素和产品价格为 $(p^t, \omega_L^t, \omega_K^t)$，厂商达到利润最大化所选择的劳动投入量为 L^t，资本投入量为 K^t，生产量为 Q^t，即厂商的选择为 (Q^t, L^t, K^t)；假设在 s 期，厂商面临的劳动工资为 ω_L^s，资本价格为 ω_K^s，产品价格为 p^s，即面临的要素和产品价格为 $(p^s, \omega_L^s, \omega_K^s)$，厂商达到利润最大化所选择的劳动投入量为 L^s，资本投入量为 K^s，生产量为 Q^s，即厂商的选择为 (Q^s, L^s, K^s)。

由于在要素和产品价格 $(p^t, \omega_L^t, \omega_K^t)$ 的条件下，企业选择要素量和产出 (Q^t, L^t, K^t) 比能够选择而没有选择要素量和产出 (Q^s, L^s, K^s) 能获得更大利润，因此

$$\underbrace{p^t \cdot Q^t - \omega_L^t \cdot L^t - \omega_K^t \cdot K^t}_{①} \geqslant \underbrace{p^t \cdot Q^s - \omega_L^t \cdot L^s - \omega_K^t \cdot K^s}_{②} \qquad (19-10)$$

同理，由于在要素和产品价格 $(p^s, \omega_L^s, \omega_K^s)$ 的条件下，企业选择要素量和产出 (Q^s, L^s, K^s) 比能够选择而没有选择要素量和产出 (Q^t, L^t, K^t) 能获得更大利润，因此

$$\underbrace{p^s \cdot Q^s - \omega_L^s \cdot L^s - \omega_K^s \cdot K^s}_{③} \geqslant \underbrace{p^s \cdot Q^t - \omega_L^s \cdot L^t - \omega_K^s \cdot K^t}_{④} \qquad (19-11)$$

由式（19-10）和式（19-11）两式中①-④≥②-③，可得

$$(p^t - p^s)Q^t - (\omega_L^t - \omega_L^s)L^t - (\omega_K^t - \omega_K^s)K^t \geqslant (p^t - p^s)Q^s - (\omega_L^t - \omega_L^s)L^s - (\omega_K^t - \omega_L^s)K^s$$

化简可得

$$(p^t - p^s)(Q^t - Q^s) - (\omega_L^t - \omega_L^s)(L^t - L^s) - (\omega_K^t - \omega_L^s)(K^t - K^s) \geqslant 0$$
$$(19-12)$$

令 $\Delta p = p^t - p^s$，$\Delta Q = Q^t - Q^s$，$\Delta \omega_L = \omega_L^t - \omega_L^s$，$\Delta \omega_K = \omega_K^t - \omega_K^s$，$\Delta L = L^t - L^s$，$\Delta K = K^t - K^s$，那么式(19-12)就化简为

$$\Delta p \cdot \Delta Q - \Delta \omega_L \cdot \Delta L - \Delta \omega_K \cdot \Delta K \geqslant 0 \qquad (19-13)$$

即当企业生产决策满足式(19-13)时，企业满足利润最大化弱公理。由利润最大化弱公理可以得出两个结论。

（1）假设要素市场价格不变，即 $\Delta \omega_L = 0$，$\Delta \omega_K = 0$，那么可以得出 $\Delta p \cdot \Delta Q \geqslant 0$，说明产品价格上升时企业生产量也会上升，所以厂商的产品供给曲线向上倾斜。

（2）若产品市场价格不变，其他要素价格不变，如 $\Delta p = 0$，$\Delta \omega_K = 0$，那么可以得出 $\Delta \omega_L \cdot \Delta L \leqslant 0$，说明劳动要素价格上升时企业雇用劳动量会下降，所以厂商的反要素需求曲线向下倾斜。

例 19.3　某竞争性厂商投入几种要素来生产某种产品。若该产品的价格每单位上升了 3 元/单位，而其中某种要素的价格上升了 6 元/单位，并且这种要素使用量上升了 12 个单位，其他要素价格保持不变，那么产出至少增加多少？

解：根据利润最大化行为弱公理 $\Delta p \cdot \Delta y - \Delta \omega \cdot \Delta x \geqslant 0$，由题中相关数据可知

$$\Delta p = 3, \ \Delta \omega = 6, \ \Delta x = 12$$

代入上式得

$$3\Delta y - 6 \times 12 \geqslant 0 \Rightarrow \Delta y \geqslant 24$$

所以，产出至少增加了 24 单位。

19.5　思考练习题

（1）某竞争性厂商的生产函数为 $f(L) = 30L^2 - L^3$，L 表示厂商雇用的劳动者人数，若产品价格为 1 元/单位，求该厂商对劳动要素的反需求函数。

（2）竞争性厂商的生产函数可以描述如下："每星期的产量是每星期使用的资本和雇用的劳动中较小数的平方根。"假设在短期中，厂商必须使用 16 单元的资本，以 p 表示产品价格，ω_L 表示劳动力工资，求厂商的短期劳动力需求函数。

（3）某企业生产函数为 $Q(L, K) = -KL^3 + 11KL^2 + 16KL$，资本要素投入为 $K = 1$，求该企业的反要素需求函数。

第20章

要素选择

厂商理论分为生产理论和成本理论两个部分。以生产函数为基础的生产理论通过利润最大化研究要素投入和产出之间的关系。从本章开始,转向应用成本理论来分析厂商决策。由于厂商利润最大化的必要条件是厂商成本最小化,所以本章主要讨论有关厂商成本最小化的要素选择问题。

20.1　成本最小化

厂商成本最小化是指在既定的要素价格条件下,如何以最佳要素组合生产既定的产量使得要素投入的成本最小。

20.1.1　等成本线

等成本线是指在某种生产技术下,面对既定的生产要素价格,厂商花费相同的成本(或费用)所能购买的不同要素使用量的所有可能的各种组合的轨迹。

假设厂商使用两种生产要素:劳动和资本,花费 C 的成本购买劳动量 L 和资本量 K,那么当厂商面临的生产要素劳动和资本的价格分别为 ω_L 和 ω_K 时,等成本线方程可以表示为

$$\omega_L L + \omega_K K = C \tag{20-1}$$

当所有的花费 C 都用来购买劳动要素时,可以购买的劳动量为 C/ω_L;当所有的花费 C 都用来购买资本要素时,可以购买的资本量为 C/ω_K(见图 20.1)。

所以,等成本线的斜率(要素的相对价格)或者要素的机会成本为

$$OC_{KL} = -\frac{\omega_L}{\omega_K} \tag{20-2}$$

式(20-2)表示厂商多购买一单位劳动必须

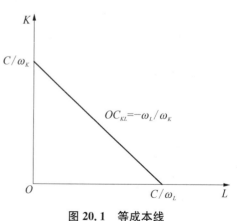

图 20.1　等成本线

放弃购买 ω_L/ω_K 单位的资本,所以式(20-2)也表示以资本来衡量劳动的机会成本。

20.1.2　最优要素选择

若面临的生产要素劳动和资本的价格分别为 ω_L 和 ω_K,厂商如何选择生产要素量使得生产 Q 的产量的成本最小,该最优化问题可以表示为

$$\begin{cases} \min C(Q) = \omega_L L + \omega_K K \\ \text{s. t. } Q(L, K) = Q \end{cases} \tag{20-3}$$

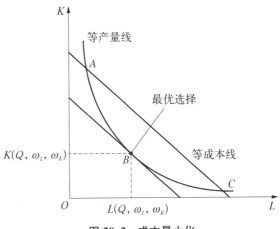

该最优化选择问题就是给定等产量线,厂商选择投入的资本要素和劳动要素量使得成本最小化,即在等产量线上找到一个要素组合使得其位于最低的等成本线上(见图 20.2)。

图 20.2　成本最小化

如果厂商选择 A 点,此时以资本衡量劳动的边际技术替代率大于以资本衡量劳动的机会成本,即 $MTRS_{KL}^A > OC_{KL}$,等产量线与成本线相交,如果厂商沿着等产量线增加劳动要素投入量,减少资本要素投入量,那么厂商可以在保持产量不变的同时到达更低的成本线,直到等成本线和等产量线相切于 B 点,此时厂商生产成本达到最小。

如果厂商选择 C 点,此时以资本衡量劳动的边际技术替代率小于以资本衡量劳动的机会成本,即 $MTRS_{KL}^C < OC_{KL}$,等产量线与成本线相交,如果厂商沿着等产量线减少劳动要素投入量,增加资本要素投入量,那么厂商可以在保持产量不变的同时到达更低的成本线,直到等成本线和等产量线相切于 B 点,此时厂商生产成本达到最小。

因此,以资本衡量劳动的边际技术替代率等于以资本衡量劳动的机会成本,等产量线与等成本线相切,厂商生产既定的产量所花费的成本达到最小。所以,成本最小化条件为

$$MTRS_{KL} = OC_{KL} \tag{20-4}$$

由于以资本要素表示劳动要素的边际技术替代率 $MTRS_{KL} = -\dfrac{MP_L}{MP_K}$,对应于等成本线的以资本要素表示劳动要素的机会成本 $OC_{KL} = -\dfrac{\omega_L}{\omega_K}$,因此,在给定产量时,厂商选择投入要素量使边际技术替代率等于机会成本可以达到成本最小化,即

$$\frac{MP_L}{MP_K} = \frac{\omega_L}{\omega_K} \tag{20-5}$$

由式(20-5)结合 $Q(L, K) = Q$ 就可以获得生产要素的最优选择解 $L(Q, \omega_L, \omega_K)$ 和 $K(Q, \omega_L, \omega_K)$ 使得生产量为 Q 时成本最小。我们把 $L(Q, \omega_L, \omega_K)$ 和 $K(Q, \omega_L, \omega_K)$ 叫作

条件要素需求函数(conditional factor demand functions)。即厂商生产一定产量下,使得生产成本最小时对各种要素的需求函数。由于消费者对产品的需求 Q,进而派生出厂商对要素的需求,因此,条件要素需求函数又称为派生要素需求函数(derived factor demand functions)。

20.1.3 成本函数

厂商面临的生产要素劳动和资本的价格分别为 ω_L 和 ω_K,那么生产 $Q(L,K)=Q$ 所需的生产要素的最优选择为 $L(Q,\omega_L,\omega_K)$ 和 $K(Q,\omega_L,\omega_K)$,于是就可以得出成本函数

$$C(Q,\omega_L,\omega_K)=\omega_L \cdot L(Q,\omega_L,\omega_K)+\omega_K \cdot K(Q,\omega_L,\omega_K) \tag{20-6}$$

根据该成本函数就可以得出各种成本曲线,而成本曲线是成本理论分析厂商决策的重要工具。

例 20.1 求下列生产函数的条件要素需求函数和成本函数,其中,x_1 和 x_2 为生产投入的要素,y 为产品的生产量。

① $y=\min(x_1,2x_2)$;② $y=x_1+2x_2$;③ $y=x_1^a \cdot x_2^b$。

解:① 这一生产函数为完全互补生产函数,厂商按固定比例同时投入要素 1 和要素 2,为使得生产成本最小,厂商选择的要素为 $x_1=2x_2=y$,因此,厂商对要素 1 的条件要素需求函数为 $x_1=y$,对要素 2 的条件要素需求函数为 $x_2=\dfrac{1}{2}y$;成本函数为 $C(y)=w_1 \cdot x_1+w_2 \cdot x_2=w_1 \cdot y+w_2 \cdot \dfrac{y}{2}$。

② 这一生产函数为完全替代函数,厂商选择成本最小的某一种要素投入生产。以要素 2 表示要素 1 的边际技术替代率为 $MTRS_{21}=\dfrac{MP_1}{MP_2}=\dfrac{1}{2}$,以要素 2 表示要素 1 的机会成本为 $OC_{21}=\dfrac{\omega_1}{\omega_2}$。

当 $MTRS_{21}>OC_{21}$ 时,厂商用要素 1 进行生产,对要素 2 的需求为 0,此时,对要素 1 的条件要素需求函数为 $x_1=y$,对要素 2 的条件要素需求函数为 $x_2=0$,成本函数为 $C(y)=w_1 \cdot x_1+w_2 \cdot x_2=w_1 \cdot y$。

同理,当 $MTRS_{21}<OC_{21}$ 时,厂商用要素 2 进行生产,对要素 1 的需求为 0,此时,对要素 2 的条件要素需求函数为 $x_2=\dfrac{y}{2}$,对要素 1 的条件要素需求函数为 $x_1=0$,成本函数为 $C(y)=w_1 \cdot x_1+w_2 \cdot x_2=w_2 \cdot \dfrac{y}{2}$。

综上所述,成本函数为 $C(y)=\min\left\{w_1 \cdot y,w_2 \cdot \dfrac{y}{2}\right\}=y \cdot \min\left\{w_1,\dfrac{w_2}{2}\right\}$。

③ 这一生产函数为柯布—道格拉斯生产函数,以要素 2 表示要素 1 的边际技术替代率为 $MTRS_{21}=\dfrac{ax_2}{bx_1}$,以要素 2 表示要素 1 的机会成本为 $OC_{21}=\dfrac{\omega_1}{\omega_2}$,柯布—道格拉斯生产函数

等产量线为严格凸,因此,当等成本线与等产量相切时厂商达到成本最小化,即 $MTRS_{21} = OC_{21}$ 时成本最小,可以得出 $\dfrac{\omega_1 x_1}{\omega_2 x_2} = \dfrac{a}{b}$,结合生产函数得:

要素 1 的条件要素需求函数为 $x_1 = y^{\frac{1}{a+b}} \cdot \left(\dfrac{aw_2}{bw_1}\right)^{\frac{b}{a+b}}$;

要素 2 的条件要素需求函数为 $x_2 = y^{\frac{1}{a+b}} \cdot \left(\dfrac{bw_1}{aw_2}\right)^{\frac{a}{a+b}}$;

成本函数为 $C(y) = w_1 \cdot x_1 + w_2 \cdot x_2 = y^{\frac{1}{a+b}}\left[w_1 \cdot \left(\dfrac{aw_2}{bw_1}\right)^{\frac{b}{a+b}} + w_2 \cdot \left(\dfrac{bw_1}{aw_2}\right)^{\frac{a}{a+b}}\right]$。

例 20.2　某企业的生产函数 $y = (x_1 + 2x_2)^{\frac{1}{4}} \cdot \left[\min(2x_3, x_4)\right]^{\frac{1}{4}}$,其中,$x_1$、$x_2$、$x_3$、$x_4$ 是生产产品所需的 4 种生产要素 1、2、3 和 4 的数量,均为可变要素,而第 5 种生产要素 5 是不变要素,恒为 50。5 种生产要素 1、2、3、4 和 5 的价格分别为 $\omega_1 = 1$,$\omega_2 = 3.5$,$\omega_3 = 1$,$\omega_4 = 0.5$ 及 $\omega_5 = 2$。求出该企业的条件要素需求函数及成本函数。

解:要素 1 和要素 2 为完全替代关系,以要素 2 表示要素 1 的边际技术替代率为 $MTRS_{21} = \dfrac{1}{2}$,以要素 2 表示要素 1 的机会成本为 $OC_{21} = \dfrac{1}{3.5}$,由恒有 $MTRS_{21} > OC_{21}$,得企业对要素 2 的需求为 0。

要素 3 和要素 4 为完全互补关系,令 $t = \min(2x_3, x_4)$,有

$$\omega_t = \frac{1}{2}\omega_3 + \omega_4 = \frac{1}{2} \cdot 1 + 0.5 = 1$$

因此,企业的生产函数化简为 $y = x_1^{\frac{1}{4}} \cdot t^{\frac{1}{4}}$,即柯布—道格拉斯生产函数,根据例 20.1 可以得出 $\dfrac{\omega_1 x_1}{\omega_t t} = 1 \Rightarrow x_1 = t$,所以

$$y = x_1^{1/4} \cdot t^{1/4} = t^{1/4} \cdot t^{1/4} = t^{1/2} \Rightarrow t = x_1 = y^2$$

综上所述,厂商的条件要素需求为

$$x_1 = y^2,\ x_2 = 0,\ x_3 = \frac{y^2}{2},\ x_4 = y^2,\ x_5 = 50$$

厂商的成本函数为

$$C(y) = w_1 \cdot x_1 + w_2 \cdot x_2 + w_3 \cdot x_3 + w_4 \cdot x_4 + w_5 \cdot x_5 = 2y^2 + 100$$

20.2　成本最小化弱公理

在不同要素价格下,厂商总是选择使得成本最小的要素投入量,称厂商满足成本最小化

弱公理(weak axiom of cost minimization，WACM)，类似于利润最大化弱公理。

假设在 s 期厂商面临的要素1和要素2的价格分别为 ω_1^s 和 ω_2^s，对2种要素的投入量分别为 x_1^s 和 x_2^s；在 t 期厂商面临的要素1和要素2的价格分别为 ω_1^t 和 ω_2^t，对2种要素的投入量分别为 x_1^t 和 x_2^t。假设这2期的生产要素投入量都能生产相同的产量，且厂商追求成本最小化，那么以下式子成立

$$\underset{①}{\omega_1^s \cdot x_1^s + \omega_2^s \cdot x_2^s} \leqslant \underset{②}{\omega_1^s \cdot x_1^t + \omega_2^s \cdot x_2^t} \tag{20-7}$$

$$\underset{③}{\omega_1^t \cdot x_1^t + \omega_2^t \cdot x_2^t} \leqslant \underset{④}{\omega_1^t \cdot x_1^s + \omega_2^t \cdot x_2^s} \tag{20-8}$$

由于式(20-7)和式(20-8)满足①-④≤②-③，可得

$$(\omega_1^s - \omega_1^t) \cdot x_1^s + (\omega_2^s - \omega_2^t) \cdot x_2^s \leqslant (\omega_1^s - \omega_1^t) \cdot x_1^t + (\omega_2^s - \omega_2^t) \cdot x_2^t \tag{20-9}$$

由式(20-9)化简可得

$$(\omega_1^s - \omega_1^t) \cdot (x_1^s - x_1^t) + (\omega_2^s - \omega_2^t) \cdot (x_2^s - x_2^t) \leqslant 0 \tag{20-10}$$

令 $\Delta\omega_1 = \omega_1^s - \omega_1^t$，$\Delta\omega_2 = \omega_2^s - \omega_2^t$，$\Delta x_1 = x_1^s - x_1^t$，$\Delta x_2 = x_2^s - x_2^t$，那么式(20-10)变成：

$$\Delta\omega_1 \cdot \Delta x_1 + \Delta\omega_2 \cdot \Delta x_2 \leqslant 0 \tag{20-11}$$

若要素2价格不变，即令 $\Delta\omega_2 = \omega_2^s - \omega_2^t = 0$，那么得出

$$\Delta\omega_1 \cdot \Delta x_1 \leqslant 0 \tag{20-12}$$

可以看出当要素价格上升时，厂商对要素的需求量下降；当要素价格下降时，厂商对要素的需求量上升，即条件要素需求曲线向下倾斜。

20.3 规模报酬与平均成本

企业为规模报酬递增时，所有投入要素量同比例增加一倍使得生产成本增加一倍，而企业规模报酬递增使得产量增加超过一倍，企业生产的平均成本减小。推导如下。

由 $Q(\lambda L, \lambda K) > \lambda Q(L, K)$，平均成本 $AC = \dfrac{C(Q)}{Q} = \dfrac{\omega_L L + \omega_K K}{Q}$。

要素投入增加使得平均成本为

$$AC' = \frac{\omega_L \cdot \lambda L + \omega_K \cdot \lambda K}{Q(\lambda L, \lambda K)} < \frac{\omega_L \cdot \lambda L + \omega_K \cdot \lambda K}{\lambda Q(L, K)} = \frac{\omega_L \cdot L + \omega_K \cdot K}{Q(L, K)} = AC$$

即 $AC' < AC$。

同理，当企业为规模报酬递减时，所有投入要素量同比例增加使得企业生产的平均成本

变大;当企业为规模报酬不变时,所有投入要素量同比例增加不改变企业生产的平均成本。

20.4 短期成市、长期成市与沉没成市

短期中,厂商投入的资本要素固定不变,成本函数为 $C_S(Q) = \omega_L \cdot L + \omega_K \cdot \bar{K}$,短期条件下,根据产量要求可以直接求解出成本大小。

长期中,两种要素投入量均可变,成本函数为 $C_L(Q) = \omega_L \cdot L + \omega_K \cdot K$,厂商选择资本要素投入量使得成本为所有短期成本中的最小量,即 $C_L(Q) \leqslant C_S(Q)$。

沉没成本(sunk cost)指企业经营过程中投入成本中不可收回的部分,如厂房装修费 10 万元,企业出售厂房时装修费是无法收回的。实际生活中,沉没成本不应再作为决策依据。

20.5 思考练习题

(1) 某厂商的生产函数为 $y = x_1^{1/2} x_2^{1/2}$,x_1、x_2 表示要素 1 和要素 2 的使用量。若厂商可选择 A 国或者 B 国两地建厂。其中,在 A 国要素 1 的价格是 17 元/单位,要素 2 的价格是 7 元/单位;在 B 国要素 1 的价格是 8 元/单位,要素 2 的价格是 6 元/单位。问:该厂商会选择在哪个国家建厂?

(2) 某竞争性厂商生产函数为 $f(x_1, x_2, x_3, x_4) = \min\{x_1, x_2\} + \min\{x_3, x_4\}$,4 种要素价格为 $(\omega_1, \omega_2, \omega_3, \omega_4) = (2, 1, 5, 3)$,那么生产 1 单位产品的价格为多少?

(3) 某厂商的生产函数为 $y = \max\{10x_1, 4x_2\}$,x_1、x_2 表示要素 1 和要素 2 的使用量,2 种要素价格用 ω_1、ω_2 表示,求该厂商的成本函数。

(4) 某企业的生产函数 $y = [\min(x_1 + 2x_2, x_3)]^{\frac{1}{3}} \cdot [\min(2x_4, x_5)]^{\frac{1}{3}}$,其中,$x_1$、$x_2$、$x_3$、$x_4$ 和 x_5 是生产产品所需的 5 种生产要素 1、2、3、4 和 5 的数量,是可变要素,而第 6 种生产要素是不变要素,恒为 50。6 种生产要素 1、2、3、4、5 和 6 的价格分别为:$\omega_1 = 1$,$\omega_2 = 3.5$,$\omega_3 = 1$,$\omega_4 = 2$,$\omega_5 = 1$,$\omega_6 = 2$。求出该企业的条件要素需求函数及成本函数。

(5) 某竞争性厂商生产函数为 $f(x, y, z) = (x + y)^{\frac{1}{2}} z^{\frac{1}{2}}$,要素价格分别是 $\omega_x = 1$,$\omega_y = 2$,$\omega_z = 3$。假如要素 y 的价格翻一番,而其他 2 种要素的价格保持不变,那么总生产成本将变化多少?

第 21 章

成本曲线

本章主要讨论由成本函数怎么得出相应的成本曲线,并讨论各种成本曲线的特征及它们之间的相互关系。成本曲线是成本理论分析厂商决策的重要工具。成本曲线包括短期成本曲线和长期成本曲线。

21.1　短期成本曲线

厂商面临的生产要素劳动和资本的价格分别为 ω_L 和 ω_K,我们可以得出相应的成本函数为 $C(Q, \omega_L, \omega_K)$。 由于竞争性的 ω_L 和 ω_K 是外生的,所以成本函数 $C(Q, \omega_L, \omega_K)$ 只讨论成本跟产量的关系,即成本函数可以表示为 $C(Q)$。 下面讨论短期成本曲线。

在短期中,成本包括短期固定成本和短期可变成本两部分,厂商生产投入的固定资本量产生固定成本,而厂商生产投入的劳动量会随着产量的变化而变化,形成可变成本,因此,短期成本函数可以表示为

$$STC(Q) = VC(Q) + FC \qquad (21-1)$$

其中, $VC(Q)$ 为可变成本,随产量的变化而改变;FC 为不变成本(或固定成本),不随产量的变化而变化;$STC(Q)$ 为短期总成本。短期总成本由短期可变成本向上平移而得,平移单位为短期固定成本的量(见图 21.1)。

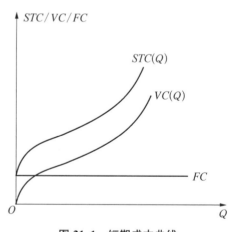

图 21.1　短期成本曲线

21.1.1　平均成本曲线

短期内由于存在固定成本,因此,平均成本函数包括短期总平均成本函数、平均可变成本函数、平均不变成本函数。平均成本函数度量的是每单位产量分摊的成本,平均可变成本度量的是每单位产量分摊的可变成本,平均不变成本度量的是每单位产量分摊的不变成本。根据式(21-1),可得

$$\frac{STC(Q)}{Q} = \frac{VC(Q)}{Q} + \frac{FC}{Q} \qquad (21-2)$$

令 $AC(Q) = \dfrac{STC(Q)}{Q}$ 表示平均成本,$AVC(Q) = \dfrac{VC(Q)}{Q}$ 表示平均可变成本,$AFC(Q) =$

$\dfrac{FC}{Q}$ 表示平均不变成本,那么有

$$AC(Q) = AVC(Q) + AFC(Q) \qquad (21-3)$$

对于平均不变成本曲线来说,由于不变成本的总量固定,随着产量增加,平均不变成本一直处于下降状态。实际上平均不变成本曲线 $AFC(Q)$ 是一条双曲线,横轴和纵轴是两条渐近线,即 $Q = 0$ 时,平均不变成本为无穷大,Q 趋于无穷大时,平均不变成本趋于零,见图 21.2 中 $AFC(Q)$ 曲线。

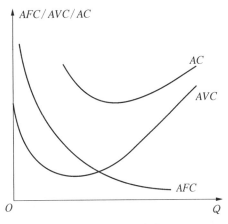

图 21.2　平均成本曲线

对于平均可变成本曲线来说,初始增加产量时劳动资本之比较低,所以平均可变成本先是下降(有可能一开始就上升),然后当产量增加到一定程度,生产受到不变要素的制约时,平均可变成本开始上升。另外,由于不变成本的存在,平均可变成本曲线比总平均成本曲线先达到最低点,见图 21.2 中 $AVC(Q)$ 曲线。

对于平均成本曲线来说,由于平均不变成本和平均可变成本都下降,所以,初始增加产量时会使得平均成本下降,而最终平均成本曲线上升源于平均可变成本上升幅度大于平均不变成本下降幅度,故平均成本曲线呈 U 型,见图 21.2 中 $AC(Q)$ 曲线。

21.1.2　边际成本曲线

边际成本(marginal cost curve,MC)指产出每增加一单位产量成本增加的量,是总成本函数对产量的一阶导数的概念。即

$$MC(Q) = \frac{\partial TC(Q)}{\partial Q} = \frac{\partial VC(Q)}{\partial Q} \qquad (21-4)$$

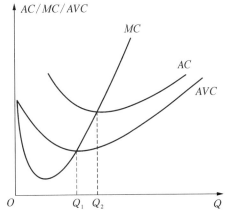

图 21.3　边际成本曲线与平均成本曲线

产量从零开始增加时劳动资本之比较低,边际成本先是下降(有可能一开始就上升),当产量增加到一定程度时,由于受到不变要素的制约,边际成本开始增加(见图 21.3)。

边际成本曲线有以下特点。

(1) 边际成本曲线与平均可变成本曲线第一个点重合(连续的话 $Q = 0$ 时相等),利用洛必达法则推导如下

$$\lim_{Q \to 0} AVC = \lim_{Q \to 0} \frac{VC(Q)}{Q} = \frac{\partial VC(Q)/\partial Q}{\partial Q/\partial Q}\bigg|_{Q=0} = \frac{\partial VC(Q)}{\partial Q}\bigg|_{Q=0} = MC(Q)\big|_{Q=0}$$

（2）边际成本曲线经过平均可变成本曲线和平均成本曲线的最低点。如图 21.3 所示，当 $Q < Q_1$ 时，边际成本曲线在平均可变成本曲线下方，即 $MC < AVC$，所以平均可变成本曲线下降；当 $Q > Q_1$ 时，边际成本曲线在平均可变成本曲线上方，即 $MC > AVC$，所以平均可变成本曲线上升；当 $Q = Q_1$ 时，边际成本曲线与平均可变成本曲线相交，即 $MC = AVC$，平均可变成本达到最小值。

同理，可以分析边际成本曲线和平均成本曲线的关系，当 $Q < Q_2$ 时，边际成本曲线在平均成本曲线下方，即 $MC < AC$，平均成本曲线下降；当 $Q > Q_2$ 时，边际成本曲线在平均成本曲线上方，即 $MC > AC$，平均成本曲线上升；当 $Q = Q_2$ 时，边际成本曲线与平均成本曲线相交，即 $MC = AC$，平均成本达到最小值。

（3）边际成本曲线下方与坐标轴围成的面积大小刚好等于总可变成本大小，即 $\int_0^Q MC(q)\mathrm{d}q = VC(Q)$，如图 21.4 所示。

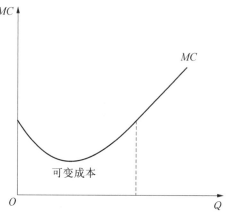

图 21.4　边际成本与可变成本

例 21.1　求总成本函数 $C(Q) = \frac{1}{3}Q^3 - Q^2 + 2Q + 4$ 对应的各种平均成本函数，并图示。

解：由成本函数可知，可变成本 $VC(Q) = \frac{1}{3}Q^3 - Q^2 + 2Q$，不变成本 $FC = 4$。

平均可变成本：$AVC(Q) = \frac{VC(Q)}{Q} = \frac{1}{3}Q^2 - Q + 2$，为抛物线；

平均不变成本：$AFC(Q) = \frac{FC}{Q} = \frac{4}{Q}$，为双曲线；

平均成本：$AC(Q) = \frac{C(Q)}{Q} = \frac{1}{3}Q^2 - Q + 2 + \frac{4}{Q}$，为抛物线；

边际成本：$MC(Q) = \frac{\partial C(Q)}{\partial Q} = Q^2 - 2Q + 2$，为抛物线。

由边际成本等于平均可变成本，可得平均可变成本最小时的生产量

$$MC(Q) = AVC(Q) \Rightarrow Q^2 - 2Q + 2 = \frac{1}{3}Q^2 - Q + 2 \Rightarrow Q_1 = \frac{3}{2}$$

由边际成本等于平均成本，可得平均成本最小时的生产量

$$MC(Q) = AC(Q) \Rightarrow Q^2 - 2Q + 2 = \frac{1}{3}Q^2 - Q + 2 + \frac{4}{Q} \Rightarrow Q_2 \approx 2.5$$

边际成本

$$MC(Q) = Q^2 - 2Q + 2 = (Q-1)^2 + 1$$

所以，$Q_3 = 1$ 时，边际成本最小，如图 21.5 所示。

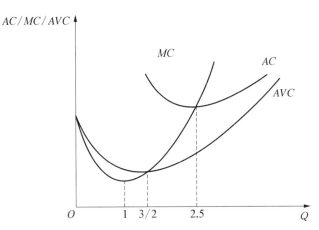

图 21.5　边际成本曲线与平均成本曲线例子

21.1.3　成本曲线与产出曲线的关系

由于劳动要素的平均产出 $AP_L = \dfrac{Q}{L}$，因此有

$$AVC(Q) = \frac{VC(Q)}{Q} = \frac{\omega_L \cdot L(Q)}{Q} = \frac{\omega_L}{Q/L(Q)} = \frac{\omega_L}{AP_L}$$

$$AVC(Q) = \frac{\omega_L}{AP_L} \tag{21-5}$$

所以，平均可变成本与劳动要素的平均产出呈反比例关系，平均可变成本的最低点为要素平均产出的最高点，如图 21.6 所示。

由于劳动要素的边际产出 $MP_L = \dfrac{\partial Q}{\partial L}$，因此有

$$MC(Q) = \frac{\partial C(Q)}{\partial Q} = \frac{\partial [\omega_L \cdot L(Q)]}{\partial Q} = \frac{\omega_L \cdot \partial L(Q)}{\partial Q} = \frac{\omega_L}{\partial Q/\partial L(Q)} = \frac{\omega_L}{MP_L}$$

$$MC(Q) = \frac{\omega_L}{MP_L} \tag{21-6}$$

所以，边际成本与要素的边际产出呈反比例关系，边际成本的最低点为要素边际产出的最高点，如图 21.6 所示。

可见，成本理论建立在生产理论基础上，成本曲线与生产曲线具有对应关系：如图 21.7 所示，短期边际成本线最低点对应的产量水平即为短期边际产量线最高点对应的产量水平；边际成本下降（上升）对应边际产量递增（递减）；短期边际成本线与平均可变成本线交点对

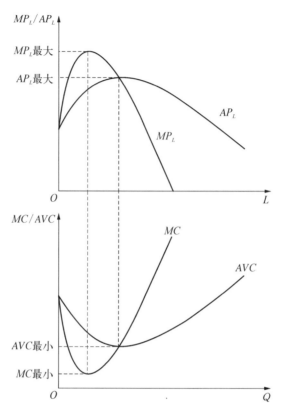

图 21.6　边际成本、平均成本与边际产出、平均产出

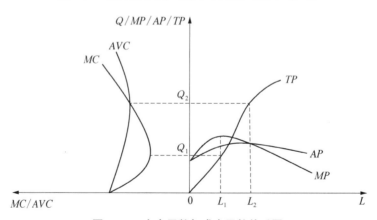

图 21.7　生产函数与成本函数关系图

应的产量水平即为短期边际产量线与平均产量线交点对应的产量水平;平均可变成本下降(上升)对应平均产量增加(减少)。

21.1.4　多工厂厂商的边际成本

假设厂商拥有工厂 1 和工厂 2,生产同一种产品,生产产品总量为 Q,工厂 1 生产产量为 Q_1, 工厂 2 生产产量为 Q_2,厂商生产的总成本为 2 个工厂生产成本之和,即 $C(Q) = C_1(Q_1) + C_2(Q_2)$,其中,产量 $Q = Q_1 + Q_2$。

总成本函数左边右边分别对产量 1 求偏导,可得 左边 $= \dfrac{\partial C(Q)}{\partial Q_1} = \dfrac{\partial C(Q)}{\partial Q} \cdot \dfrac{\partial Q}{\partial Q_1} =$

$MC(Q)$;右边 $= \dfrac{\partial C_1(Q_1)}{\partial Q_1} = MC_1(Q_1)$,所以有

$$MC(Q) = MC_1(Q_1) \tag{21-7}$$

总成本函数左边和右边分别对产量 2 求偏导,可得左边 $= \dfrac{\partial C(Q)}{\partial Q_2} = \dfrac{\partial C(Q)}{\partial Q} \cdot \dfrac{\partial Q}{\partial Q_2} =$

$MC(Q)$;右边 $= \dfrac{\partial C_2(Q_2)}{\partial Q_2} = MC_2(Q_2)$,所以有

$$MC(Q) = MC_2(Q_2) \tag{21-8}$$

综上可得厂商追求生产成本最小化时应满足条件

$$MC(Q) = MC_1(Q_1) = MC_2(Q_2) \tag{21-9}$$

其中,$Q = Q_1 + Q_2$,式(21-9)表明只有当厂商在两工厂生产最后一单位产品成本相同时,厂商达到了总成本最小化。如果工厂 1 生产最后一单位产品的成本大于工厂 2 生产最后一单位产品的成本,那么减少工厂 1 的生产量增加工厂 2 的生产量可以降低厂商总成本。同理,如果工厂 2 生产最后一单位产品的成本大于工厂 1 生产最后一单位产品的成本,那么减少工厂 2 的生产量增加工厂 1 的生产量可以降低厂商总成本。因此,当工厂 1 生产最后一单位产品的成本等于工厂 2 生产最后一单位产品的成本时,厂商达到了总成本最小化。

式(21-9)表示厂商的总边际成本曲线是 2 家工厂的边际成本曲线的水平加总(见图 21.8)。

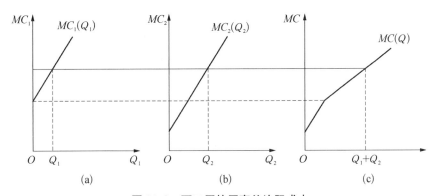

图 21.8　两工厂的厂商总边际成本

(a) 工厂 1 的边际成本　(b) 工厂 2 的边际成本　(c) 两工厂的总边际成本

例 21.2　某企业下属 2 个工厂,工厂 1 的成本函数为 $C_1(Q_1) = \dfrac{1}{2}Q_1^2 + 10$,工厂 2 的成本函数为 $C_2(Q_2) = 3Q_2 + \dfrac{1}{4}Q_2^2$。求该企业的边际成本函数和总成本函数。

解:由成本函数可得工厂 1 的边际成本函数为 $MC_1(Q_1) = Q_1$,工厂 2 的边际成本函数为 $MC_2(Q_2) = 3 + \dfrac{1}{2}Q_2$,它们的边际成本曲线如图 21.9 所示。

当产量小于 3 时,企业全部用工厂 1 进行生产,边际成本函数为 $MC(Q)=Q$,成本函数为 $C(Q)=\dfrac{1}{2}Q^2+10$。

当产量大于 3 时,企业使用工厂 1 生产量为 Q_1,使用工厂 2 生产量为 Q_2,为取得成本最小化,两工厂生产边际成本相等,记为 MC。 那么有

$$Q_1=MC,\quad 3+\frac{1}{2}Q_2=MC$$

由此得出

$$Q_1=MC,\quad Q_2=2(MC-3)$$

所以有

$$Q=Q_1+Q_2=MC+2(MC-3)\Rightarrow MC=\frac{1}{3}Q+2$$

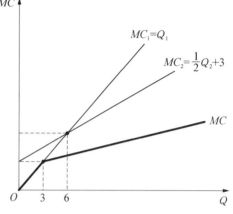

图 21.9 两工厂的厂商边际成本曲线

因此,产量大于 3 时,总成本函数为

$$C(Q)=\int_0^Q MC(Q)\mathrm{d}Q+FC=\int_0^3 Q\mathrm{d}Q+\int_3^Q\left(\frac{1}{3}Q+2\right)\mathrm{d}Q+10=\frac{1}{6}Q^2+2Q+7$$

综上所述,总边际成本函数为

$$MC(Q)=\begin{cases}Q, & Q\leqslant 3\\[2mm]\dfrac{1}{3}Q+2, & Q\geqslant 3\end{cases}$$

总成本函数为

$$C(Q)=\begin{cases}\dfrac{1}{2}Q^2+10, & Q\leqslant 3\\[3mm]\dfrac{1}{6}Q^2+2Q+7, & Q\geqslant 3\end{cases}$$

21.2 长期成本曲线

21.2.1 长期总成本曲线

各产量水平下的长期总成本对应不同固定成本(生产规模,如资本量)下最小的短期总成本:$LTC(Q)=\min_K STC(Q,K)$。 从几何图形上观察,长期总成本线为短期总成本线的下包络线(参照图 21.10)。即厂商的长期成本函数是厂商把固定要素规模调整到最优时生

产某个产量的总成本,所以,厂商的长期成本函数为不变要素最优选择上的短期成本函数

$$LTC(Q) = STC(Q, K(Q)) \qquad (21-10)$$

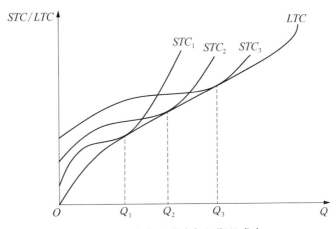

图 21.10 长期总成本与短期总成本

例 21.3 某厂商的短期成本函数为 $STC(Q) = \frac{1}{3}Q^3 - Q^2 + (10-20K)Q + 10K^2$,其中,$K$ 为资本规模,求长期成本函数。

解:长期成本函数为 $LTC(Q) = \frac{1}{3}Q^3 - Q^2 + (10-20K(Q))Q + 10K^2(Q)$。

由上式对 K 求导,并令其为零,可得

$$\frac{\partial LTC}{\partial K} = 0 \Rightarrow -20Q + 20K(Q) = 0 \Rightarrow K(Q) = Q$$

把 $K(Q) = Q$ 代入短期成本函数,可得长期成本函数为

$$LTC(Q) = \frac{1}{3}Q^3 - 11Q^2 + 10Q$$

21.2.2 长期平均成本曲线

各产量水平的长期平均成本也对应不同固定成本(生产规模)下的最小短期平均成本

$$LAC(Q) = SAC(Q, K(Q)) \qquad (21-11)$$

长期不存在不变成本,长期成本包括可变成本和准不变成本。厂商在长期生产时可以调整资本的量使得生产成本达到最小,因此,长期成本低于所有短期成本,即长期平均成本曲线为短期平均成本曲线的下包络线,如图 21.11 所示。只有当产量 $Q = Q_2$ 时,长期平均成本曲线最低点与短期平均成本曲线最低点相切;当 $Q < Q_2$ 时,长期平均成本曲线与短期平均成本曲线相切于 SAC 最低点的左边;当 $Q > Q_2$ 时,长期平均成本曲线与短期平均成本曲线相切于 SAC 最低点的右边。以短期平均成本曲线 SAC_1 的最低点产量 Q' 为例,存在另一条短期平均成本曲线可以以更低成本来进行生产,所以,长期生产 Q' 时不再选择 SAC_1 所对应的资本量。

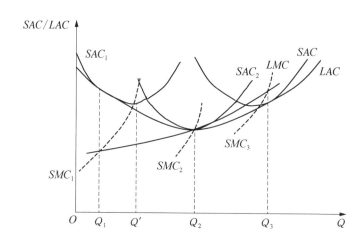

图 21.11　长期平均成本与短期平均成本

长期中,平均成本递增(递减)对应于规模报酬递减(递增)。

例 21.4　某厂商的短期成本函数为 $STC(Q) = \frac{1}{3}Q^3 - Q^2 + (10-20K)Q + 10K^2$,其中,$K$ 为资本规模。求长期平均成本函数。

解:长期平均成本函数为 $LAC(Q) = \frac{1}{3}Q^2 - Q + (10-20K(Q)) + \frac{10K^2(Q)}{Q}$。

由上式对 K 求导,并令其为零,可得

$$\frac{\partial LAC}{\partial K} = 0 \Rightarrow -20 + \frac{20K(Q)}{Q} = 0 \Rightarrow K(Q) = Q$$

把 $K(Q) = Q$ 代入短期平均成本函数,可得长期平均成本函数为

$$LAC(Q) = \frac{1}{3}Q^2 - 11Q + 10$$

21.2.3　长期边际成本曲线

各产量水平的长期边际成本与该产量水平对应最优生产规模的短期边际成本相等,即

$$LMC(Q) = SMC(Q, K(Q)) \tag{21-12}$$

由于长期存在准不变成本,与短期中边际成本曲线与平均可变成本曲线第一点重合不同的是,长期边际成本曲线与长期平均成本曲线的第一点并不重合。同样,由于准不变成本的存在,长期边际成本开始下降然后随着产量增加到一定程度后开始上升。如图 21.12 所示,当 $Q < Q_1$ 时,长期边际成

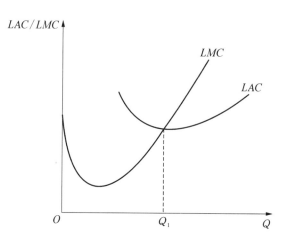

图 21.12　长期边际成本曲线与长期平均成本曲线

本曲线在长期平均成本曲线下方,即 $LMC < LAC$;当 $Q > Q_1$ 时,长期边际成本曲线在平均成本曲线上方,即 $LMC > LAC$;当 $Q = Q_1$ 时,长期边际成本曲线与平均成本曲线相交,即 $LMC = LAC$,长期平均成本达到最小值。

21.3　思考练习题

(1) 试证明短期边际成本线与平均可变成本线的交点为平均可变成本的最低点。

(2) 某竞争性厂商短期总成本函数为 $C(y) = 2y^3 - 16y^2 + 128y + 10$,则使得该厂商最小平均可变成本对应的产量为多少?

(3) 某厂商的短期成本函数为 $STC(Q) = \dfrac{1}{3}Q^3 - Q^2 + (20 - 10K)Q + 5K^2$,其中,$K$ 为资本规模,求长期成本函数、长期平均成本函数和长期边际成本函数。

(4) 某竞争性厂商的生产函数为 $f(x) = 300x - 6x^2$,另有固定成本 400 元。证明:短期边际成本曲线始终位于平均可变成本曲线的上方。

(5) 某企业下属 2 个工厂,工厂 1 的成本函数为 $C_1(Q_1) = \dfrac{1}{2}Q_1^2 + 2Q_1 + 10$,工厂 2 的成本函数为 $C_2(Q_2) = 5Q_2 + \dfrac{1}{4}Q_2^2 + 20$。求该企业的边际成本函数和总成本函数。

第22章

厂商供给

本章主要运用利润最大化模型,并结合厂商面临的需求曲线和厂商的成本函数,讨论竞争性厂商的决策,同时推导出厂商的供给曲线并得到生产者剩余。

22.1 厂商面临的需求曲线

市场上产品的价格与任何一家厂商的销量无关,那么这个市场就叫完全竞争市场。完全竞争市场上销售产品的价格由市场供给与市场需求共同决定,与某个厂商的销量无关,任何一家厂商都是价格的接受者。由图22.1可知,市场的供给与需求共同决定了市场的均衡价格 p^e 和均衡销量 Q^e。

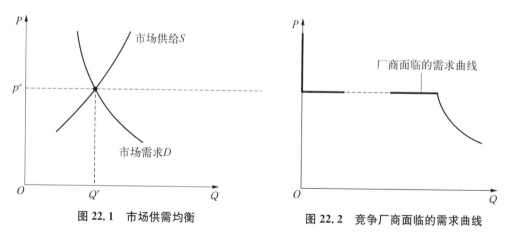

图 22.1　市场供需均衡　　　　　　图 22.2　竞争厂商面临的需求曲线

厂商面临的需求曲线是指厂商销售产品的价格与该价格下能够销售的产品数量之间的函数关系。在完全竞争市场条件下,当厂商的销售价格大于市场均衡价格时,厂商能够销售的产品数量为零;当厂商的销售价格等于市场均衡价格时,厂商能够销售任何数量的产品;当厂商的销售价格小于市场均衡价格时,厂商能够销售的产品数量为整个市场的消费者需求量(见图22.2)。

市场需求曲线只取决于消费者的行为。而厂商面临的需求曲线不仅取决于消费者的行为,还与其他厂商的定价有关。例如,竞争性市场时所有厂商面临的需求曲线都是一条相同的水平线。

22.2　厂商短期供给函数

由于竞争性厂商的利润函数为

$$\pi = p \cdot Q - C(Q) \tag{22-1}$$

其中，Q 为厂商的生产量或者销售量，$C(Q)$ 为厂商的成本函数，p 为厂商销售产品的价格。在利润最大化弱公理的推导中已经得出竞争性市场中厂商的供给曲线向上倾斜。厂商决策时所依据的另一条曲线为厂商面临的需求曲线，整个市场需求曲线并不能作为厂商决策的依据。即在完全竞争市场条件下，厂商销售产品的价格为市场供需均衡的市场价格，为外生的，与厂商无关。

对利润函数求产量的一阶导数，并令其为零，可以得出

$$\frac{\partial \pi}{\partial Q} = p - MC(Q) = 0 \Rightarrow p = MC(Q) \tag{22-2}$$

即价格与边际成本相同时厂商利润最大。竞争性市场中价格为外生决定，厂商在给定价格下进行决策，厂商选择生产的量为边际收益等于边际成本的点，又竞争性市场上厂商的边际收益 $MR(Q)$ 等于商品的竞争性价格，可以得出厂商生产使得边际成本等于商品的竞争性价格的产量。

竞争性市场价格是外生变量，价格不同，厂商决策不同，由前述分析可知，竞争性市场中厂商为追求利润最大化，总是选择价格和边际成本相等的产量进行决策，下面依次分析价格由高到低变化时企业决策的变化情况。

（1）市场价格高于总平均成本曲线最低点时，价格为 p_1，见图 22.3(a)，由式（22-2）价格等于边际成本可得厂商生产量为 Q_1，见图 22.3(b)。此时厂商利润为

$$\pi_1 = p_1 \cdot Q_1 - C(Q_1) = p_1 \cdot Q_1 - AC(Q_1) \cdot Q_1$$

当价格在平均成本曲线最低点上方时，利润最大化时的边际成本总是大于平均成本，由于企业决策使得边际成本等于市场价格，因此有价格大于平均成本，厂商生产获得的利润为

$$\pi_1 = p_1 \cdot Q_1 - AC(Q_1) \cdot Q_1 > 0$$

（2）市场价格等于总平均成本最低点时，价格为 p_2（见图 22.4），此时利润最大化产量为 Q_2，于是可得厂商利润为

$$\pi_2 = p_2 \cdot Q_2 - C(Q_2) = p_2 \cdot Q_2 - AC(Q_2) \cdot Q_2$$

当价格等于平均成本曲线最低点时，此时边际成本等于平均成本，厂商收入与厂商生产

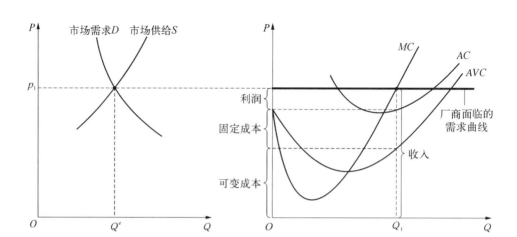

图 22.3 竞争厂商的决策

（a）市场 （b）厂商

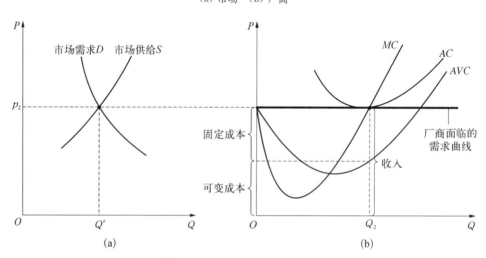

图 22.4 竞争厂商的决策

（a）市场 （b）厂商

成本相等，所以厂商生产获得利润 $\pi_2 = p_2 \cdot Q_2 - AC(Q_2) \cdot Q_2 = 0$，平均成本曲线最低点又称为"盈亏平衡点"。

（3）市场价格高于平均可变成本曲线最低点且低于平均成本曲线最低点时，价格为 p_3（见图 22.5），此时厂商利润最大化产量为 Q_3，厂商利润为

$$\pi_3 = p_3 \cdot Q_3 - C(Q_3) = p_3 \cdot Q_3 - AC(Q_3) \cdot Q_3$$

价格在平均成本曲线下方，厂商生产获得利润 $\pi_3 = p_3 \cdot Q_3 - AC(Q_3) \cdot Q_3 < 0$，厂商选择生产时亏损为 $p_3 \cdot Q_3 - AC(Q_3) \cdot Q_3$，厂商选择停产则亏损了投入的固定成本，大小为 $AC(Q_3) \cdot Q_3 - AVC(Q_3) \cdot Q_3$，又价格高于平均可变成本，因此厂商选择生产时亏损量更小，生产可以弥补一部分固定成本。

（4）市场价格等于平均可变成本曲线最低点时，价格为 p_4（见图 22.6），此时厂商利润最

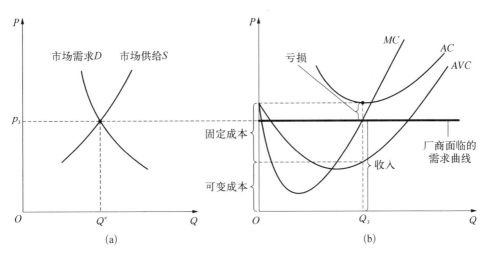

图 22.5　竞争厂商的决策

（a）市场　（b）厂商

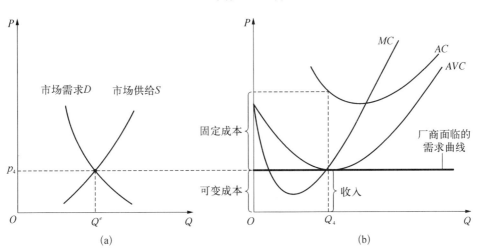

图 22.6　竞争厂商的决策

（a）市场　（b）厂商

大化产量为 Q_4。根据图 22.6 分析可知,此时亏损大小与固定成本大小相同。所以厂商生产与不生产无差异,所以平均可变成本曲线最低点又称为"停止营业点"。

（5）当市场价格低于平均可变成本最低点时,厂商选择生产不仅亏损固定成本,而且亏损了部分可变成本,此时厂商选择不生产。

由上述（1）至（5）的分析可以得出,竞争性市场厂商短期供给曲线为平均可变成本曲线最低点上方的边际成本曲线（见图 22.7 中的黑粗线）。

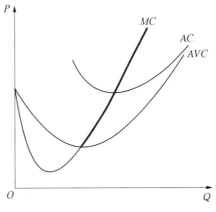

图 22.7　竞争性厂商的供给曲线

22.3 生产者剩余

由上述分析可知,如果竞争性厂商的收入大于可变成本,即竞争性厂商的收入与可变成本之差大于零,那么该厂商就应该生产。我们把竞争性厂商的收入与可变成本之差叫作生产者剩余(PS),因此

$$PS = p \cdot Q - VC(Q) \tag{22-3}$$

(1) 如图 22.8(a)所示,直接用式(22-3)来表示生产者剩余,产量为 Q 时的可变成本大小即为产量与该点平均可变成本大小乘积,公式表示为

$$PS = p \cdot Q - VC(Q) = p \cdot Q - AVC(Q) \cdot Q \tag{22-4}$$

(2) 如图 22.8(b)所示,由于边际成本下方的面积总和为可变成本,因此式(22-3)生产者剩余可以表示为

$$PS = p \cdot Q - \int_0^Q MC(Q) \mathrm{d}Q \tag{22-5}$$

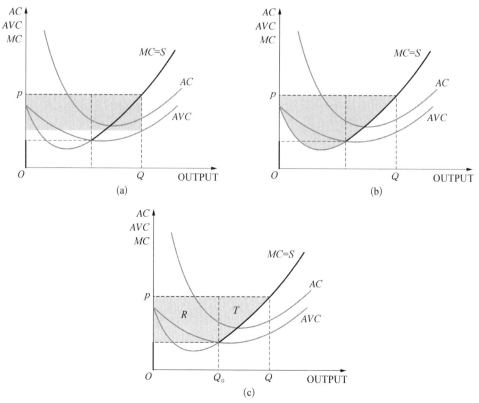

图 22.8　生产者剩余

(a) 收益与可变成本的差额　(b) 边际成本曲线与价格线围成的面积　(c) 供给曲线与价格线围成的面积

（3）图 22.8(c)综合了上述两种定义来表示生产者剩余,产量到达平均可变成本曲线最低点 Q_0 以前利用图 22.8(a)来计算,以式(22-4)衡量可变成本大小;当产量高于 Q 时,利用图 22.8(b)中边际成本下方面积为可变成本。两块面积之和表示生产者剩余。

22.4　厂商长期供给函数

长期不存在固定成本,与短期相类似,长期厂商供给曲线为平均成本曲线最低点上方的边际成本曲线,见图 22.9。

例 22.1　求下列成本函数的供给曲线:

① $C(y) = y^2 + 1$；② $C(y) = y^2 + 1$,$C(0) = 0$。

解：① 成本函数 $C(y) = y^2 + 1$ 存在固定成本,表示短期成本函数,供给曲线为平均可变成本最低点上方的边际成本曲线,供给曲线为 $p = MC(y)$。平均可变成本为 $AVC(y) = y$,边际成本为 $MC(y) = 2y$,令 $MC(y) \geqslant AVC(y)$ 得,$y \geqslant 0$,故 $p \geqslant 0$,可得供给曲线为

$$y = \frac{p}{2},\ p \geqslant 0$$

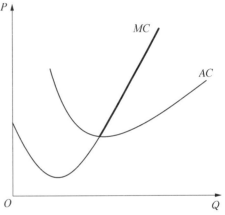

图 22.9　竞争性厂商的长期供给曲线

② 由 $C(y) = y^2 + 1$,$C(0) = 0$ 函数可知,生产存在准不变成本,不存在固定成本,表示长期成本函数,供给曲线为平均成本曲线最低点上方的边际成本曲线。平均成本为 $AC(y) = y + \dfrac{1}{y}$,边际成本为 $MC(y) = 2y$,令 $MC(y) = AC(y)$ 得 $y = 1$,即平均成本曲线最低点为 $y = 1$,供给函数定义域为 $y \geqslant 1$,长期供给函数为

$$y = \begin{cases} \dfrac{p}{2}, & p > 2 \\ 0\ \text{或}\ 1, & p = 2 \\ 0, & 0 \leqslant p < 2 \end{cases}$$

22.5　思考练习题

（1）求下列成本函数的供给曲线:

① $C(y) = 8y^2 + \dfrac{1}{8}$；② $C(y) = 8y^2 + \dfrac{1}{8}$，$C(0) = 0$。

（2）某竞争性厂商有两家工厂，短期成本函数分别为 $C_1(y_1) = y_1^2 + 10y_1 + 10$ 和 $C_2(y_2) = y_2^2 + 4y_2 + 20$，求该厂商的短期总成本函数和短期反供给曲线。

（3）某竞争性厂商生产函数为 $f(x_1, x_2) = \min\{x_1, x_2\}$，$x_1$、$x_2$ 表示要素 1 和要素 2 的使用量。要素 1 和要素 2 的价格分别为 4 元/单位和 1 元/单位。因为仓库的空间有限，公司不能够使用超过 15 单位的要素 1。此外，厂商生产中存在准不变成本 90 元。请问使得厂商生产的最低产品价格为多少？

（4）某汽车修理厂平均每个月的长期总成本为 $C(s) = 3s^2 + 75$，$C(0) = 0$，s 表示修理的汽车数量。如果修理汽车的价格为 18 元/辆。那么，为了达到利润最大化，他每个月会修理多少辆汽车？

（5）在某自然保护区有 n 头鹿，每头鹿发现 1 片新鲜的草地并且花费 h 分钟来牧草，那么它就会获得 $\sqrt{h}$ 单位的草，每头鹿需要花费 n^2 分钟的时间才找到 1 片新鲜的草地。如果 1 头鹿每 200 分钟能够获得 1 单位的草，它就能生存下去。

① 如果 1 头鹿从 1 片草地中得到 y 单位的草，那么获得 1 单位的草平均需要花费多少时间？

② 1 头能干的鹿会选择在 1 片草地上花费多少时间？

③ 根据自然淘汰的规律，最后均衡下鹿群可达到的最大数量是多少头？

第 23 章

行业供给

本章分别讨论短期和长期的行业供给问题，并介绍经济租金等概念。

23.1 短期行业供给

短期中，由于市场中厂商的数量是既定的，那么有 n 家厂商的行业供给或者市场供给 $S(p)$ 为给定价格下现有厂商供给量 $S_i(p)$ 的总和：

$$S(p) = \sum_{i=1}^{n} S_i(p)$$

与市场需求类似，行业供给是指每个价格水平下各厂商供给量的水平相加。于是得到一条水平加总的更加平坦的供给曲线。如果各厂商之间成本存在差异，短期行业供给线可能会出现折点，如图 23.1 所示。

行业供给曲线 $(S_1 + S_2)$ 是单个供给曲线 S_1 和 S_2 的水平加总。

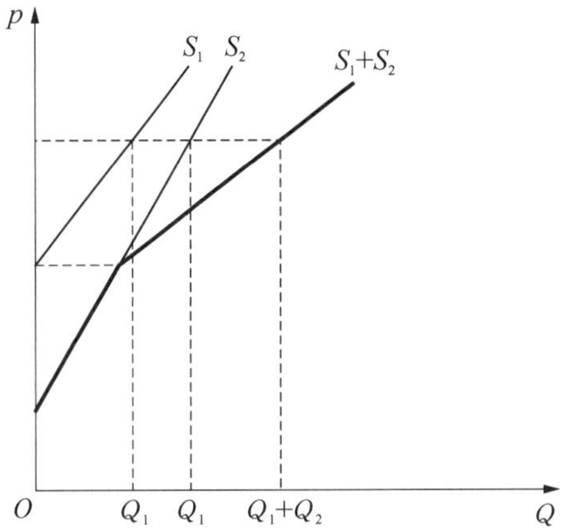

例 23.1 在短期中，某行业有 200 个厂商，其中 100 个厂商单个的供给函数为 $S_i = \dfrac{1}{100}p - \dfrac{1}{10}$，$(1 \leqslant i \leqslant 100)$；另 100 个厂商单个的供给函数为 $S_j = \dfrac{1}{100}p - \dfrac{1}{20}$，$(1 \leqslant j \leqslant 100)$。求行业供给函数。

图 23.1 短期行业供给曲线

解：其中 100 个厂商的供给函数为 $S_1 = \sum\limits_{i=1}^{100} S_i = \sum\limits_{i=1}^{100} \left(\dfrac{1}{100}p - \dfrac{1}{10} \right) = p - 10$；

另外 100 个厂商的供给函数为 $S_2 = \sum\limits_{j=1}^{100} S_j = \sum\limits_{i=1}^{100} \left(\dfrac{1}{100}p - \dfrac{1}{20} \right) = p - 5$；

所以,行业供给函数为 $S = S_1 + S_2 = \begin{cases} 0, & p \leqslant 5 \\ p-5, & 5 < p \leqslant 10 \\ 2p-15, & 10 \leqslant p \end{cases}$,如图 23.2 所示。

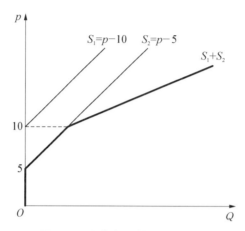

图 23.2 短期行业供给曲线例子

23.2 短期行业均衡

由于竞争性市场价格是外生的,每个企业所面临的价格相同,因此短期行业供给量为所有现存企业供给量的水平相加,即市场供给量为 $Q^e = \sum_{i=1}^{n} Q_i$。下面举例中的企业 1、2、3 分别代表三种类型的企业,并不是指市场中只包含三家企业。

在短期竞争性市场中,厂商不能自由进出一个行业,由于厂商拥有不同生产技术,从而它们相应的成本函数不同。

如图 23.3(b)中的企业 1,市场价格大于其平均成本最低点,企业利润大于零,生产者剩余也大于零;

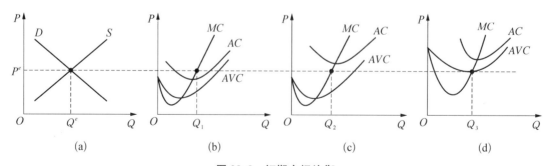

图 23.3 短期市场均衡

(a)市场均衡 (b)企业 1 (c)企业 2 (d)企业 3

如图 23.3(c)中的企业 2,市场价格大于平均可变成本最低点同时小于平均成本最低点,企业利润为负,生产者剩余人于零,可以弥补一部分不变成本,企业将继续生产;

如图 23.3(d)中的企业 3,市场价格等于平均可变成本最低点,企业利润为负,生产者剩余等于零,企业选择生产或不生产无差异。

对于市场价格低于平均可变成本的企业,企业利润为负,生产者剩余为负,所以企业选择退出市场。

因此,短期中单个厂商利润可能为正、负或者为零,但是生产者剩余肯定大于等于零。生产者剩余小于零的厂商会退出市场。

23.3 长期行业均衡

长期中,竞争性市场对于厂商进入与退出没有限制,这就是所谓的自由进入退出行业。只要某种技术的厂商有利可图(即生产者剩余大于零),那么该种技术的其他厂商就会进入该市场,如果某种技术的厂商无利可图(即生产者剩余小于零),那么该种技术的厂商就会退出该市场。因此,能够留在市场上的厂商一定是其最低平均成本是所有厂商中最小的。

由于厂商基于长期成本函数和市场价格来选择是否进入该行业,只要市场均衡价格高于长期平均成本的最低点,就会有新的厂商进入该行业并相应增加行业总供给,否则会退出。

假设市场中所有厂商具有相同的长期平均曲线和长期边际成本曲线,那么长期竞争性市场均衡时应满足的条件为:

如果当市场上有 n 家厂商时,供需决定的市场价格大于等于厂商的最低平均成本,当增加一家厂商时,供需决定的市场价格小于厂商的最低平均成本,那么该市场具有 n 家厂商,这时的市场价格即为均衡价格。

即均衡条件可以表示为

$$\begin{cases} p_n \geqslant \min AC & n \text{ 家相同企业} \\ p_{n+1} < \min AC & n+1 \text{ 家相同企业} \end{cases}$$

其中,p_n 表示市场里存在 n 家厂商时的市场价格,p_{n+1} 表示市场里存在 $n+1$ 家厂商时的市场价格,$\min AC$ 表示最低平均成本。

例 23.2 已知某个行业中有 n 家技术相同的企业,每个企业的成本函数为 $C(y)=y^2+1$,$C(0)=0$,产品市场需求函数为 $D(p)=52.5-p$,求长期均衡价格、厂商个数以及每个厂商的利润。

解: 由于 $C(0)=0$,存在准不变成本,为长期均衡。

每个厂商的边际成本为 $MC(y)=2y$,平均成本为 $AC(y)=y+\dfrac{1}{y}$,由 $MC(y)=AC(y)$ 得产量 $y=1$ 时平均成本达到最小值,最小值为 $\min AC(y)=2$。

由 $MC(y) = p$ 得每个厂商的供给曲线为：

$$
y = \begin{cases} p/2, & p > 2 \\ 0 \text{ 或 } 1, & p = 2 \\ 0, & 0 \leqslant p < 2 \end{cases}
$$
，因此当行业中存在 n 家企业时，行业供给曲线为

$$
S_n(p_n) = \begin{cases} \dfrac{np_n}{2}, & p_n > 2 \\ 0, 1, \ldots, n, & p_n = 2 \\ 0, & 0 \leqslant p_n < 2 \end{cases}
$$

由供求均衡 $S_n(p_n) = D(p_n)$ 得，$\dfrac{np_n}{2} = 52.5 - p_n$，解得 $p_n = \dfrac{105}{n+2}$，同理可得存在 $n +$

1 家企业时，市场均衡价格为 $p_{n+1} = \dfrac{105}{n+3}$；

长期竞争性市场均衡条件为
$$
\begin{cases} \dfrac{105}{n+2} \geqslant 2 \\ \dfrac{105}{n+3} < 2 \end{cases}
$$
，解得 $n = 50$。

因此，均衡时共有 50 家厂商，均衡价格为 $p_n = \dfrac{105}{n+2} = \dfrac{105}{52}$；

每家厂商的均衡产量为 $y = \dfrac{p_n}{2} = \dfrac{105}{104}$；

每家厂商获得利润为 $\pi = P_n y - C(y) = \dfrac{105}{52} \cdot \dfrac{105}{104} - \left[\left(\dfrac{105}{104} \right)^2 + 1 \right] = 0.019\,3$。

由此可见，长期均衡时每家厂商不一定是零利润，因为厂商的最小有效规模不为零。

23.4　长期行业供给曲线

长期中，厂商基于长期成本函数和市场价格来选择是否进入该行业。只要市场均衡价格高于长期平均成本的最低点，就会有新的厂商进入该行业并相应增加行业总供给。

因此，长期行业供给曲线逐渐由一个锯齿形状趋向于最低平均成本的水平线。在一个竞争性市场中，单个厂商占市场总供给的份额非常小。因此，我们可以把长期行业供给曲线看成是等于最低平均成本的水平线。

图 23.4　长期行业供给曲线

23.5　经济租金

　　行业自由进出隐含着给定要素价格下要素市场供给无限这一前提。然而，一些行业存在有限要素供给问题，如土地、稀缺人才等。此外，一些行业受政府规则并非是自由进出，如大多数城市的出租车运营都涉及由政府颁发牌照问题。所以，政府限制要素供给时，相对供给量而言有较大的需求量，企业为得到要素愿意出高于自然均衡（没有政府限制）时的实际价格。政府不加以限制时，要素价格等于要素边际成本，政府限制后要素价格高出边际成本的部分为经济租（economic rent）。即这些有限要素的供给或者进入许可就使得市场中厂商数量减少，因此，市场均衡价格可能远远高于最低平均成本，此时在位的厂商能获得正利润。为了获得这个利润，厂商可能为这些有限要素或者经营许可支付一个高额费用，这个费用就相当于这些有限要素或者许可证的经济租，相应的行为即为"寻租"。

　　以上海牌照为例，牌照生产的边际成本可能只有 10 元，但是对上海牌照的需求远大于政府供给的牌照量，最终上海牌照实际售价可能达到 8 万元，多出边际成本的部分即为购买者上交的经济租金。

　　支付经济租金后得到要素的厂商并不会因此而获得暴利，如果得到要素可以牟取暴利，那么总会有人愿意出更高的经济租来得到这一要素，因此政府管制时长期企业利润仍是接近于零利润。

　　例 23.3　现假设政府规定例 23.2 的行业中只能进入 19 家厂商，而且每家厂商都是价格接受者，那么从每家厂商那里政府能够获得多少经济租金？

　　解：只有 19 家厂商时行业供给为 $S_n(p_n) = \dfrac{n \cdot p_n}{2} = \dfrac{19 \cdot p_{19}}{2}$，市场需求量为 $D(p_n) =$
$52.5 - p_{19}$，由均衡条件 $S_n(p_n) = D(p_n)$ 得 $\dfrac{19 \cdot p_{19}}{2} = 52.5 - p_{19}$，解得均衡价格为 $p_{19} = 5$，
每家厂商生产量为 $y = \dfrac{5}{2}$，如果不存在政府管制，那么每家厂商可获得利润为 $\pi = P_n y -$
$C(y) = 5 \cdot \dfrac{5}{2} - \left[\left(\dfrac{5}{2} \right)^2 + 1 \right] = \dfrac{21}{4} = 5.25$，那么从每家厂商那里政府能够获得的经济租金为
$5.25 - 0.019\,3 = 5.230\,7$。

23.6　思考练习题

　　（1）某竞争性行业厂商长期成本函数均为 $C(y) = \begin{cases} y^2 + 4, & y > 0 \\ 0, & 0 \end{cases}$，市场总需求函数
为 $D(p) = 50 - p$。求长期竞争性均衡的厂商数量。

（2）某竞争性行业中所有厂商都具有相同的长期成本函数 $C(y) = \begin{cases} \dfrac{1}{8}y^2 + 8, & y > 0 \\ 0, & y = 0 \end{cases}$，

市场总需求函数为 $D(p) = 231 - p$，求：

① 长期市场均衡价格和均衡的厂商数量。

② 若政府规定该行业中只能有 5 家厂商，但行业的竞争性使得每家厂商仍是市场价格的接受者，那么从每家厂商那里政府能够获得多少经济租金？

（3）捕获美冠鹦鹉并运到美国的边际成本是每只 40 美元。美冠鹦鹉被麻醉后用手提箱运进美国。有一半的走私鹦鹉会死在运输过程中。全部走私的鹦鹉中（包括死掉的），有 10％的可能被发现并被没收。此外，走私者会被罚，每只走私鹦鹉的罚款为 1 100 美元。如果走私美冠鹦鹉是一个竞争性行业，那么美国市场上美冠鹦鹉的均衡价格是多少？

第 24 章

垄　断

　　本章开始讨论产品市场为完全垄断时厂商利润最大化决策。垄断分为一般垄断和价格歧视，一般垄断(standard monopoly)是指垄断厂商销售给消费者的任何一单位产品的价格相同的市场结构(market structure)。因此，在一般垄断市场结构下的市场需求曲线即为该一般垄断厂商面临的需求曲线。

24.1　垄断利润最大化条件 ————————————————●

　　一般垄断(standard monopoly)是指整个行业中只有一个厂商而且销售给消费者的任何一单位产品的价格相同的市场结构(market structure)。这时整个市场的需求曲线即为企业面临的需求曲线。

　　假设该垄断厂商生产产量为 Q 的产品的成本函数为 $C(Q)$，在市场上销售而获得的收益函数为 $R(Q)$，那么，该垄断厂商所得利润为

$$\pi = R(Q) - C(Q)$$

由 $\dfrac{\partial \pi}{\partial Q} = 0$，可得

$$\frac{\partial R(Q)}{\partial Q} = \frac{\partial C(Q)}{\partial Q}$$

所以，一般垄断厂商利润最大化的条件为：

$$MR(Q) = MC(Q) \tag{24-1}$$

即边际收益等于边际成本。

24.2　垄断厂商的平均收益与边际收益 ————————●

　　假设消费者对该垄断产品的反需求函数为 $p = p(Q)$。那么，该垄断厂商获得的收益函

数为 $R(Q)=p(Q)\cdot Q$。因此,该垄断厂商的平均收益函数为

$$AR=\frac{R(Q)}{Q}=\frac{p(Q)\cdot Q}{Q}=p(Q)$$

所以,垄断厂商的平均收益函数即为市场的反需求函数。由于

$$\lim_{Q\to 0}AR=\lim_{Q\to 0}\frac{R(Q)}{Q}=\frac{\partial R(Q)/\partial Q}{\partial Q/\partial Q}\bigg|_{Q=0}=MR\big|_{Q=0}$$

所以,当 $Q=0$ 时,$AR=MR$。

当 $Q\neq 0$ 时,$AR>MR$,因为,只有边际收益小于平均收益(价格),才会使平均收益曲线(反需求函数)向下倾斜。

例如,如果某垄断厂商面临的反需求函数为 $p=a-bQ$,其中 Q 为垄断厂商的销售量,p 为产品的市场价格,a、b 为常数。那么该垄断厂商的平均收益函数和边际收益函数分别为

$$AR=a-bQ,\ MR=a-2bQ$$

由此可见,当 $Q=0$ 时,$AR=MR$;当 $Q\neq 0$ 时,$AR>MR$(见图 24.1)。

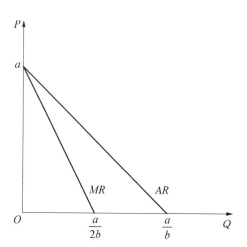

图 24.1 线性反需求函数的边际收益与平均收益

24.3 垄断厂商没有供给曲线

垄断厂商不能决定面临的需求曲线,给定一条它所面临的需求曲线和成本函数,垄断厂商可以根据边际收益与边际成本相等决定产品的销售量,根据消费量确定产品价格,从而市场达到均衡产量和均衡价格。对于不同需求曲线可能出现产量相同但是价格不同的情况,如图 24.2 所示。即垄断厂商提供的产量与价格并不是一一对应关系,因此不存在供给曲线。厂商依据边际成本曲线进行决策。

当消费者需求函数为 D_1 时,垄断厂商根据边际收益 MR_1 等于边际成本 MC,确定 Q_1 的销售量,此时由对应的需求曲线可知价格为 P_1;当消费者需求函数为 D_2 时,垄断厂商根据边际收益 MR_2 等于边际成本 MC,确定 $Q_2=Q_1$ 的销售量,但此时由对应的需求曲线可知价格为 P_2。因此,对应于不同的市场价格,出现了垄断厂商相同的

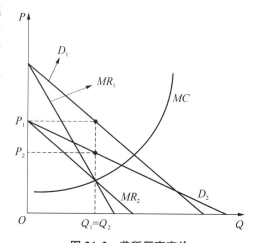

图 24.2 垄断厂商定价

销售量,即市场价格与垄断厂商的销售量不是一一对应的关系。也就是说垄断厂商不存在供给曲线。

24.4　垄断加成定价

一般垄断厂商利润最大化的条件为:边际收益等于边际成本,即 $MR(Q) = MC(Q)$。由于边际收益为

$$MR = \frac{\partial(p \cdot Q)}{\partial Q} = p + \frac{\partial p}{\partial Q} \cdot Q = p\left(1 + \frac{\partial p}{\partial Q} \cdot \frac{Q}{p}\right) = p\left(1 - \frac{1}{|\varepsilon|}\right)$$

把边际收益代入利润最大化条件,可得

$$p = \frac{MC}{1 - \dfrac{1}{|\varepsilon|}} \qquad (24-2)$$

由于厂商边际成本为正,那么有 $1 - \dfrac{1}{|\varepsilon|} \geqslant 0$,进一步得出需求价格弹性 $|\varepsilon| \geqslant 1$。即垄断厂商在位于富有需求价格弹性处定价。

式(24-2)称为垄断厂商边际成本加成定价:即一般垄断厂商的定价是根据边际成本进行一个与市场需求弹性相关的系数进行调整。也可以用 $\dfrac{p - MC}{p} = \dfrac{1}{|\varepsilon|}$ 表示成本加成的幅度,也称为逆弹性准则,因为价格加成幅度与弹性倒数相关。可以看出,如果弹性系数 $|\varepsilon|$ 越大,即市场越富有弹性,消费者对价格越敏感,此时厂商的价格加成幅度也越低。因此,系数 $\dfrac{1}{|\varepsilon|}$ 是一般垄断厂商垄断势力的一种度量,我们称为勒纳指数(Lerner index)。

由上述的分析可以得出垄断厂商利润最大化时定价为 $p = \dfrac{MC}{1 - \dfrac{1}{|\varepsilon|}}$,由于 $|\varepsilon| \geqslant 1$,

因此 $1 - \dfrac{1}{|\varepsilon|} \leqslant 1$,可以得出价格 $p \geqslant MC(Q)$,加成定价指在边际成本基础上的定价。当厂商面临的需求弹性越小时,厂商可以加成的程度越大,反之亦然。如图 24.3 所示,需求曲线 D_2 上点 (P_2, Q^*) 的需求弹性比需求曲线 D_1 上点 (P_1, Q^*) 的需求弹性

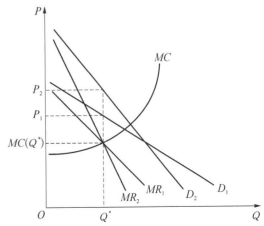

图 24.3　需求弹性对加成定价的影响

小（思考一下为什么小），而边际成本相同，因此 $P_2 > P_1$。 可见需求弹性小时厂商定价加成更大。

24.5　无谓损失

在完全竞争市场结构中，单个厂商面临的需求曲线为给定市场均衡价格下的水平线，此时边际收益恒等于产品的市场价格，即 $MR = p$，因此利润最大化条件为 $MR = p = MC$。 与完全竞争市场结构中厂商为市场价格的接受者不同，一般垄断市场结构中，厂商是价格的设定者，厂商在确定利润最大化产量的同时，市场均衡价格也就相应被决定了，也就是说垄断厂商面临的需求曲线是向下倾斜的。

完全竞争市场均衡中价格等于边际成本（$p = MC$），而一般垄断市场均衡在边际收益等于边际成本（$MR = MC$）处。与完全竞争市场相比，完全垄断市场的消费者剩余变化量（减少量）为：$\Delta CS = -(A + B)$，生产者剩余变化量为 $\Delta PS = A - D$。 如图24.4 所示。

所以，与完全竞争市场相比，完全垄断市场的社会福利变化量为

$$\Delta W = \Delta CS + \Delta PS = -(B + D)$$

其中，B 为消费效率损失，D 为生产效率损失。这就是一般垄断市场导致的社会无谓损失（Dead Weight Loss，DWL）。

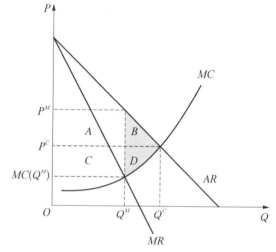

图 24.4　垄断与完全竞争社会福利比较

可见，垄断市场价格高于边际收益与边际成本，相应的市场均衡量低于完全竞争市场的均衡水平。一般垄断市场均衡下，厂商虽然获得了超额利润，但考虑到消费者剩余以及市场均衡量的减少，社会总福利水平是下降的。因此，垄断市场产生了图24.4 中三角的福利净损失。

Q^M 和 P^M 分别为一般垄断市场下的垄断均衡产量和垄断均衡价格；Q^C 和 P^C 分别为完全竞争市场下的均衡产量和均衡价格。

例24.1　给定需求函数 $p = 20 - y$，成本函数 $C(y) = 15 + 2y$。

（1）在垄断的市场下，均衡价格、均衡产量和利润分别为多少？ 消费者剩余、生产者剩余和无谓损失为多少？

（2）如果企业按照竞争市场定价，均衡价格、均衡产量、利润分别为多少？ 消费者剩余、生产者剩余和无谓损失为多少？

解：（1）企业边际收益为 $MR = 20 - 2y$；企业边际成本为 $MC = 2$。

垄断定价时，由 $MR(y) = MC(y) \Rightarrow 20 - 2y = 2$，可得垄断产量为 $y^M = 9$。

垄断定价为 $p^M = 20 - 9 = 11$(见图 24.5)。

企业利润为 $\pi = p^M y^M - c(y^M) = 11 \times 9 - (15 + 2 \times 9) = 66$。

消费者剩余: $CS = \frac{1}{2} \cdot (20 - 11) \cdot 9 = 40.5$。

生产者剩余: $PS = (11 - 2) \cdot 9 = 81$。

无谓损失: $DWL = \frac{1}{2} \cdot (18 - 9) \cdot (11 - 2) = 40.5$。

（2）如果企业按照竞争市场定价，市场均衡价格则为 $p^C = MC = 2$。

市场均衡产量为 $y^C = 20 - p^C = 20 - 2 = 18$。

企业利润 $\pi = p^C y^C - c(y^C) = 2 \times 18 - (15 + 2 \times 18) = -15$。亏损 15 单位，刚好等于固定成本大小。

消费者剩余: $CS = \frac{1}{2} \cdot (20 - 2) \cdot 18 = 162$。

生产者剩余: $PS = (2 - 2) \cdot 18 = 0$。

无谓损失: $DWL = 0$，社会福利达到最大。

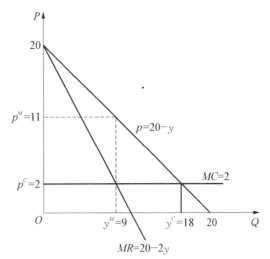

图 24.5 垄断与完全竞争比较例子

24.6 垄断产生的原因

1. 自然垄断

我们经常会发现固定成本投入很大、边际成本很小的生产行业，诸如公共事业部门。例如，铁路建造列车或航空公司建造飞机时需要投入大量固定成本，建成后每增加一名乘客带来的成本很小，有时可以忽略不计。图 24.6 所示的就是这种例子。图中需求曲线与平均成本曲线的交点位于平均成本曲线最低点的左边，而需求曲线与边际成本曲线的交点位于平均成本曲线最低点的下方。这种行业一般来说不会有两个或以上厂商同时经营，容易形成垄断。我们把固

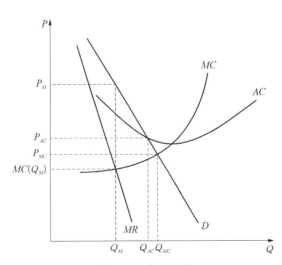

图 24.6 自然垄断

定成本投入很大、边际成本很小而形成的垄断叫作自然垄断(natural monopoly)。

自然垄断有三种定价模式:

(1) 一般垄断定价。如果这些行业进行一般垄断定价:$MR = MC$,即边际收益曲线与边际成本曲线的交点决定产量,如图 24.6 所示,那么此时厂商获得的利润达到最大,定价 P_M 非常高而销售量 Q_M 很小,而且产生的无谓损失也会很大,政府不允许这些部门进行垄断定价。

(2) 边际成本定价。如果这些行业进行边际成本定价:$P_{MC} = MC$,即需求曲线与边际成本曲线的交点决定产量,如图 24.6 所示,那么此时社会福利达到最大,定价 P_{MC} 非常低而销售量 Q_{MC} 很大,但是厂商经营亏损,无法长期经营。

(3) 平均成本定价。如果这些行业进行平均成本定价:$P_{AC} = AC$,即需求曲线与平均成本曲线的交点决定产量,如图 24.6 所示,那么此时厂商经营处于盈亏平衡点,可以长期经营,无谓损失相对较小,定价 P_{AC} 也较低而销售量 Q_{AC} 较大,是相对比较理想的定价模式。

三种定价模式的比较如表 24.1 所示。

表 24.1　自然垄断定价模式比较

定价模式 ＼ 内容	定价原则	利润	无谓损失	定价	产量
一般垄断定价	边际收益等于边际成本	最大	最大	最大	最小
边际成本定价	价格等于边际成本	最小	最小	最小	最大
平均成本定价	价格等于平均成本	较小	较小	较小	较大

2. 最低效率规模

最低效率规模(minimum efficient scale,MES)指长期平均成本取得最小值时企业的产量。当最低效率规模相对于市场需求规模很小时一般来说为竞争性情况,如图 24.7 所示;当最低效率规模相对于市场需求规模很大时会形成垄断,如图 24.8 所示。

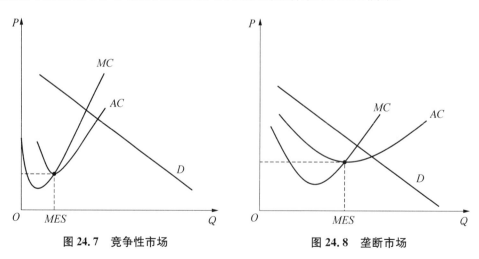

图 24.7　竞争性市场　　　　　　　　图 24.8　垄断市场

3. 卡特尔

行业中厂商串谋形成卡特尔时同样可以按照垄断定价,但是卡特尔集团内成员有违约动机,具体有关卡特尔的情况将在博弈论章节中详细描述。

24.7 多工厂垄断

假设一垄断厂商下属 2 个工厂,由这 2 个工厂生产的产品在垄断市场上销售。其中,工厂 1 生产的产量为 Q_1,其成本函数为 $C_1(Q_1)$;工厂 2 生产的产量为 Q_2,其成本函数为 $C_2(Q_2)$。 垄断厂商面临的市场反需求函数为 $P = P(Q)$,其中,Q 为总销售量,$Q = Q_1 + Q_2$(见图 24.9)。

那么,该垄断厂商的利润函数为 $\pi = R(Q) - C(Q)$,其中,$C(Q) = C_1(Q_1) + C_2(Q_2)$。

由于

$$\frac{\partial C(Q)}{\partial Q_1} = \frac{\partial C(Q)}{\partial Q} \cdot \frac{\partial Q}{\partial Q_1} = \frac{\partial C_1(Q_1)}{\partial Q_1} \Rightarrow$$
$$MC(Q) = MC_1(Q_1)$$

$$\frac{\partial C(Q)}{\partial Q_2} = \frac{\partial C(Q)}{\partial Q} \cdot \frac{\partial Q}{\partial Q_2} = \frac{\partial C_2(Q_2)}{\partial Q_2} \Rightarrow$$
$$MC(Q) = MC_2(Q_2)$$

所以,两工厂的垄断厂商利润最大化条件为

$$MR = MC = MC_1 = MC_2$$

垄断厂商的总边际成本函数 MC 由工厂 1 的边际成本函数 MC_1 与工厂 2 的边际成本函数 MC_2 水平相加而成(见图 24.10)。

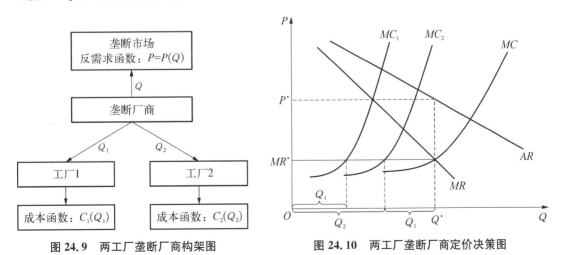

图 24.9　两工厂垄断厂商构架图　　　　图 24.10　两工厂垄断厂商定价决策图

两工厂垄断厂商由 $MR = MC$ 确定该垄断厂商总产量 $Q^{\cdot}$,由该总产量确定了该垄断厂商的边际收益或边际成本,从而由 $MR = MC = MC_1 = MC_2$ 决定了每个工厂的生产量 Q_1 和

Q_2。同时，由该总产量也决定了市场均衡价格 $P^{\cdot}=P(Q^{\cdot})$。

例 24.2 某垄断厂商下属 2 个工厂。工厂 1 的成本函数为 $C_1(Q_1)=\dfrac{1}{2}Q_1^2$，工厂 2 的成本函数为 $C_2(Q_2)=3Q_2+\dfrac{1}{4}Q_2^2$。消费者对该垄断厂商生产的产品的需求函数为 $Q=20-2P$。求该垄断厂商的均衡产量、市场均衡价格以及每个工厂的产量。

解： 工厂 1 的边际成本函数为 $MC_1=Q_1$，工厂 2 的边际成本函数为 $MC_2=3+\dfrac{Q_2}{2}$。

当 $Q\leqslant 3$ 时，$MC=Q$；

当 $Q>3$ 时，$MC=MC_1=Q_1\Rightarrow Q_1=MC$，

$MC=MC_2=3+\dfrac{Q_2}{2}\Rightarrow Q_2=2MC-6$。

由此，$Q=Q_1+Q_2=MC+2MC-6\Rightarrow MC=2+\dfrac{Q}{3}$。

所以，该垄断厂商的总边际成本函数为

$$MC=\begin{cases}Q, & Q\leqslant 3 \\ 2+\dfrac{Q}{3}, & Q>3\end{cases}$$

如图 24.11 所示。

由 $MR=MC\Rightarrow 10-Q=Q\Rightarrow \bar{Q}=5$，矛盾，不可能，舍去。

由 $MR=MC\Rightarrow 10-Q=2+\dfrac{Q}{3}\Rightarrow Q^{\cdot}=6\Rightarrow MC^{\cdot}=4$。

所以，工厂 1 的产量为 $Q_1^{\cdot}=MC^{\cdot}=4$，工厂 2 的产量为 $Q_2^{\cdot}=2MC^{\cdot}-6=2\times 4-6=2$；市场均衡价格 $P^{\cdot}=10-\dfrac{Q^{\cdot}}{2}=10-\dfrac{6}{2}=7$。

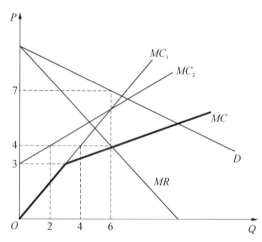

图 24.11 两工厂垄断厂商决策过程例子

24.8 思考练习题

(1) 一家厂商开发出一种新型饮料，因为该厂商对该新型饮料拥有专利，他在这个市场上是完全垄断者。市场对该新型饮料的需求函数是 $q=14-p$。生产新型饮料的边际成本为 0。但在生产新型饮料之前，厂商要投入固定成本 54 元。请问：

① 该厂商将生产多少单位的该新型饮料？

② 上述结果是否为社会最优？即是否存在帕累托改进，如何改进？

（2）设消费者对某商品的需求量 q 取决于厂商对该商品的定价 p 和厂商的广告投入 a，即 $q = D(p, a)$。记厂商的生产成本函数为 $C(q)$（不包括广告投入）。令 ε_p 为需求价格弹性，ε_a 为需求广告投入弹性（需求量相对变化除以广告投入相对变化的比率）。证明 $\dfrac{\varepsilon_a}{\varepsilon_p} = \dfrac{a}{pq}$，即广告投入 (a) 占销售额 (pq) 的比例应等于需求的广告投入弹性与需求的价格弹性之比（该结论也称为多夫曼—斯泰勒条件，来自 Dorfman - Steiner 1954 年对广告的一篇创造性研究论文）。

（3）给定需求函数 $q = 2\,000 - 100p$，成本函数 $c(y) = 1\,000 + 4y$。求：

① 在垄断的市场下，价格、产量和利润分别为多少？

② 如果企业按照竞争市场定价，价格、产量、利润分别为多少？

（4）本国某企业垄断发油的生产和销售，其生产成本函数为：$C(Q) = Q^2$。该国对发油的需求函数为：$Q = 40 - P$。

① 求该企业在国内的定价和销量。

② 如果除了自己生产外，该垄断厂商还能以固定的价格每单位 \$10 在世界市场上购买，那么该产品的市场销售价格是多少？进口量是多少？消费者剩余和生产者剩余是多少？

第 25 章

垄断行为

如果垄断厂商除了有关市场需求信息外还了解更多有关消费者需求的信息,那么垄断厂商就能通过一些垄断行为(如歧视性定价、两部定价、捆绑销售等)来获得更多的消费者剩余并增加利润。价格歧视(price discrimination)是指垄断厂商对于其生产的每单位或者多单位产品以不同的价格销售给消费者的垄断行为,包括一级价格歧视(first-degree price discrimination)、二级价格歧视(second-degree discrimination)和三级价格歧视(third-degree discrimination)三种情况。

25.1　价格歧视

如果垄断厂商只了解总市场需求(函数),那么他只能通过单一定价来实现利润最大化。所以一般垄断厂商根据边际收益等于边际成本确定一个垄断价格,不会因人而异,也不会因为消费量不同确定不同的价格。但更多有关消费者个体的需求信息使得垄断厂商可通过歧视性定价来增加垄断利润。价格歧视指企业针对不同人或不同消费量制订不同的价格,有时对于同一个人消费第一单位和第二单位制订不同价格,这种情况也是价格歧视。根据歧视类别的不同,价格歧视分为一级价格歧视、二级价格歧视和三级价格歧视。对于厂商实施任何一种价格歧视都有一个前提条件,即不同消费者之间不可转让商品。若垄断厂商不能阻断消费者之间转让产品,只能实行一般垄断。

25.1.1　一级价格歧视

一级价格歧视是指垄断厂商对其生产的每单位产品以消费者的保留价格销售给对该单位产品评价最高的消费者。

如果有一具有不变边际成本 MC 的垄断厂商面临两个消费者 A 和 B,其保留价格如图 25.1 所示。

在完全竞争性市场下:

产品的竞争性市场均衡价格为 $P=MC$,这时消费者 A 获得的消费者剩余为 $CS_A = (r_1^1-MC)+(r_1^2-MC)+(r_1^3-MC)$,消费者 B 获得的消费者剩余为 $CS_B = (r_2^1-MC)+(r_2^2-MC)$,而竞争性厂商获得的生产者剩余为 $PS=0$。

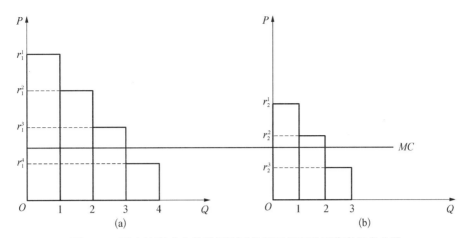

图 25.1 不变边际成本垄断厂商面临的两条离散消费者需求曲线

(a) 消费者 A (b) 消费者 B

在一级价格歧视下：

由于 $r_1^1 > r_1^2 > r_2^1 > r_1^3 > r_2^2$，该垄断厂商以 r_1^1 的价格把第一单位产品出售给消费者 A，同样以 r_1^2 的价格把第二单位产品出售给消费者 A，以 r_2^1 的价格把第三单位产品出售给消费者 B，以 r_1^3 的价格把第四单位产品出售给消费者 A，以 r_2^2 的价格把第五单位产品出售给消费者 B。这样，消费者 A 和 B 获得的消费者剩余为零，而垄断厂商获得的生产者剩余为

$[(r_1^1 - MC) + (r_1^2 - MC) + (r_1^3 - MC)] + [(r_2^1 - MC) + (r_2^2 - MC)]$，即 $CS_A + CS_B$。

可见，在一级价格歧视下，垄断厂商把消费者在竞争性市场结构下能够获得的剩余都剥夺走了。

假设 2 个消费者 A 和 B 的需求曲线为光滑的、连续的，如图 25.2 所示。

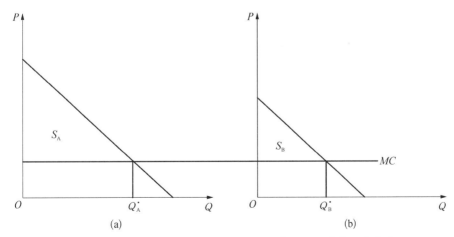

图 25.2 不变边际成本垄断厂商面临的两条连续消费者需求曲线

(a) 消费者 A (b) 消费者 B

在完全竞争性市场下：

产品的竞争性市场均衡价格为 $P = MC$，这时消费者 A 获得的消费者剩余为 $CS_A = S_A$，

S_A 为消费者 A 图所示的三角形面积,消费者 B 获得的消费者剩余为 $CS_B = S_B$,S_B 为消费者 B 图所示的三角形面积,而竞争性厂商获得的生产者剩余为 $PS = 0$。

在一级价格歧视下:

垄断厂商可以以消费者需求的保留价格销售每单位产品,也可以以打包的形式销售产品。在图 25.2 中,垄断厂商可以把数量为 Q_A^* 的产品以价格大小等于三角形面积 S_A 加上该产量生产成本(即对 Q_A^* 单位商品的总消费者剩余)销售给消费者 A,记为 $[Q_A^*, S_A + Q_A^* \cdot MC]$;可以把数量为 Q_B^* 的产品以价格大小等于三角形面积 S_B 加上该产量生产成本(即对 Q_B^* 单位商品的总消费者剩余)销售给消费者 B,记为 $[Q_B^*, S_B + Q_B^* \cdot MC]$。 这样,消费者 A 和 B 获得的消费者剩余为零,而垄断厂商获得的剩余为 $S_A + S_B$。

可见,在一级价格歧视下,垄断厂商把消费者在竞争性市场结构下能够获得的剩余都剥夺走了。

由上可见,实施一级价格歧视的条件如下:① 销售产品的厂商是垄断厂商;② 垄断厂商了解每个消费者的需求曲线,也可以识别消费者的类型;③ 垄断厂商能有效阻止产品在不同消费者之间的相互买卖(套利)。满足上述条件的垄断厂商就能进行一级价格歧视——向不同消费者索取每单位产品的最高的不同保留价格。此时,消费者剩余和生产者剩余的总和实现了最大化,社会处于最优产量水平,但所有的剩余都被厂商获得,消费者剩余为零。

例 25.1 某垄断性市场有 200 个消费者。其中 100 个高消费者中每个消费者对产品的反需求函数为 $P = 15 - Q$,其余 100 个低消费者中每个消费者对产品的反需求函数为 $P = 10 - Q$。垄断厂商生产产品的边际成本为 5,且无固定成本。如果垄断厂商能实行一级价格歧视,求垄断厂商的最优销售—定价方案、厂商总利润及每个消费者净剩余。

解: 由于垄断厂商能实行一级价格歧视,如图 25.3 所示。

对低消费者的打包定价为 $\left[5, \frac{1}{2} \times (10-5) \times 5 + 5 \times 5\right]$,即 $[5, 37.5]$。

对高消费者的打包定价为 $\left[10, \frac{1}{2} \times (15-5) \times 10 + 5 \times 10\right]$,即 $[10, 100]$。 所以,每个消费者获得的消费者剩余都为零。

厂商总利润为:$12.5 \times 100 + 50 \times 100 = 6\ 250$。

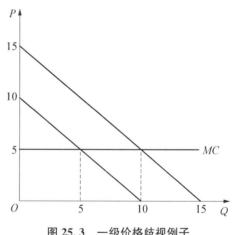

图 25.3 一级价格歧视例子

25.1.2 二级价格歧视

一级价格歧视的要求是非常高的,因此,较难找到现实中的例子。有些情况下,我们可能只知道市场上消费者大致分为几种类型,但并不能区分消费者属于哪种类型。如果垄断厂商能有效阻止商品在不同消费者之间相互买卖的套利行为,依然可以进行二级价格歧视。

二级价格歧视下,垄断厂商实际上是根据市场需求类型设计不同的数量(质量)包,让消费者自己选择对号入座。一般情况下,含商品数量越多的消费包平均价格越低,因此,二级价格歧视也称为数量折扣,通俗来讲就是买得越多越便宜。例如,商场中"满 100 送 50"就是给高需求消费者一个价格折扣。现实情况下,因为不能有效阻止消费者之间相互买卖的套利行为,二级价格歧视更多的是通过两部定价或者质量歧视的方案来实施。

实施二级价格歧视的条件为:① 销售产品的厂商是垄断厂商;② 垄断厂商了解每类消费者的需求曲线,却不能识别需求曲线是谁的;③ 垄断厂商能有效阻止产品在不同消费者之间的相互买卖(套利)。

为了研究方便,假设垄断厂商的边际成本为零。垄断厂商面临两个消费者:一个为低消费者 A;另一个为高消费者 B(见图 25.4)。

二级价格歧视定价过程如下。

(1) 垄断厂商按照一级价格歧视打包定价如下:$[Q_A = Q_A^0, T_A = S_A]$,$[Q_B, T_B = S_A + S_B + S_C]$,其中,$T_A$ 为 Q_A 数量的费用,T_B 为 Q_B 数量的费用,S_A 为三角形 $\triangle OAQ_A^0$ 的面积,S_B 为四边形 $ABCQ_A^0$ 的面积,S_C 为三角形 $Q_A^0 C Q_B$ 的面积(见图 25.4)。

那么,消费者 A 只能选择 $[Q_A^0, S_A]$,因为 $[Q_B, S_A + S_B + S_C]$ 支付不起;消费者 B 选择 $[Q_B, S_A + S_B + S_C]$ 时消费者剩余为零,而选择 $[Q_A^0, S_A]$ 时消费者剩余为 S_B,因而消费者 B 也选择 $[Q_A^0, S_A]$。

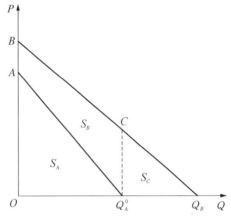

图 25.4 二级价格歧视定价过程

这时,消费者 A 获得的消费者剩余为零,消费者 B 获得的消费者剩余为 S_B,垄断厂商获得的剩余为 $2S_A$。

(2) 垄断厂商如是打包定价:$[Q_A^0, S_A]$,$[Q_B, S_A + S_C]$,如图 25.4 所示。

那么,消费者 A 只能选择 $[Q_A^0, S_A]$,因为 $[Q_B, S_A + S_C]$ 支付不起;消费者 B 选择 $[Q_B, S_A + S_C]$ 或选择 $[Q_A^0, S_A]$ 时消费者剩余都为 S_B,因而消费者 B 选择 $[Q_B, S_A + S_C]$(假设消费者剩余相同时按照有利于厂商的利益来选择)。

这时,消费者 A 获得的消费者剩余为零,消费者 B 获得的消费者剩余为 S_B,垄断厂商获得的剩余为 $2S_A + S_C$。

(3) 垄断厂商如是打包定价:$[Q_A^1, S_A - S_{\triangle Q_A^1 E Q_A^0}]$,$[Q_B, S_A + S_C + S_{EDCQ_A^0}]$,如图 25.5 所示。

那么,消费者 A 只能选择 $[Q_A^1, S_A - S_{\triangle Q_A^1 E Q_A^0}]$;

消费者 B 选择 $[Q_B, S_A + S_C + S_{EDCQ_A^0}]$,消费

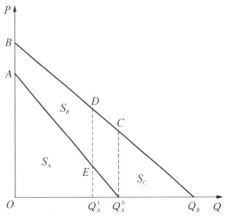

图 25.5 二级价格歧视定价过程

者剩余为 $S_B - S_{EDCQ_A^0}$。

这时,消费者 A 获得的消费者剩余为零,消费者 B 获得的消费者剩余为 $S_B - S_{EDCQ_A^0}$,垄断厂商获得的剩余为 $2S_A + S_C + S_{EDCQ_A^0} - S_{\Delta Q_A^1 EQ_A^0}$,大于 $2S_A + S_C$。

从 $Q_A^0 \rightarrow Q_A^1$ 的变化过程中,垄断厂商从低消费者 A 上获得的剩余减少了三角形 $Q_A^1 EQ_A^0$ 大小的面积 $S_{\Delta Q_A^1 EQ_A^0}$,而从高消费者 B 上获得的剩余增加了四边形 $EDCQ_A^0$ 大小的面积 $S_{EDCQ_A^0}$。

（4）垄断厂商最大化剩余时打包定价。当垄断厂商如是打包定价：$[Q_A^\cdot, S_A - S_{\Delta Q_A^\cdot EQ_A^0}]$，$[Q_B, S_A + S_C + S_{EDCQ_A^\cdot}]$，如图 25.6 所示。此时,垄断厂商获得的剩余 $2S_A + S_C + S_{EDCQ_A^0} - S_{\Delta Q_A^1 EQ_A^0} = 2S_{OAEQ_A^1} + S_{\Delta Q_A^1 DQ_B}$，即 $\dfrac{\partial (2S_{OAEQ_A^1} + S_{\Delta Q_A^1 DQ_B})}{\partial Q_A} = 0$ 达到最大,此时 $DE = EQ_A^\cdot$，也就是说从 $Q_A^1 \rightarrow Q_A^\cdot$ 的变化过程中,当从低消费者 A 上减少的边际剩余等于从高消费者 B 上增加的边际剩余时,垄断厂商获得的剩余达到最大。

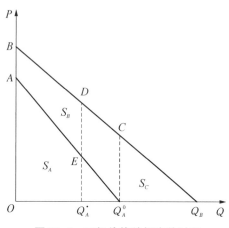

图 25.6 二级价格歧视定价过程

例 25.2 某垄断性市场有 200 个消费者。其中 100 个高消费者中每个消费者对产品的反需求函数为 $P = 15 - Q$，其余 100 个低消费者中每个消费者对产品的反需求函数为 $P = 10 - Q$。垄断厂商生产产品的边际成本为 0,且无固定成本。如果垄断厂商能实行二级价格歧视,求垄断厂商的最优销售—定价方案、厂商总剩余及每个消费者的净剩余。

解： 由于垄断厂商能实行二级价格歧视(见图 25.7),具体打包如下。

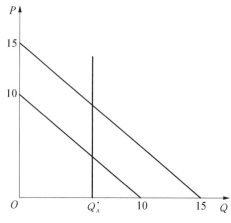

图 25.7 二级价格歧视例子

小包：$\left[Q_A^\cdot, \dfrac{1}{2} \cdot Q_A^\cdot \cdot (10 - Q_A^\cdot + 10)\right]$，大包：$\left[15, \dfrac{1}{2} \cdot Q_A^\cdot \cdot (10 - Q_A^\cdot + 10) + \dfrac{1}{2} \cdot (15 - Q_A^\cdot)^2\right]$。

那么低消费者选择小包,高消费者选择大包。

垄断厂商获得的剩余：$PS = 200 \cdot \dfrac{1}{2} \cdot Q_A^\cdot \cdot (10 - Q_A^\cdot + 10) + 100 \cdot \dfrac{1}{2} \cdot (15 - Q_A^\cdot)^2$。

由 $\dfrac{\partial PS}{\partial Q_A^\cdot} = 0 \Rightarrow Q_A^\cdot = 5$。

因此,低消费者获得的消费者剩余为零。

高消费者获得的剩余为 $=5\times(15-10)=25$。

垄断厂商获得的剩余为 $PS=200\times\dfrac{1}{2}\times5\times(10-5+10)+100\times\dfrac{1}{2}\times(15-5)^2=12\,500$。

另解：垄断厂商从低消费者 A 上减少的边际剩余等于从高消费者 B 上增加的边际剩余时获得的剩余达到最大，即

$$(15-Q_A^*)-(10-Q_A^*)=(10-Q_A^*)\Rightarrow Q_A^*=5$$

例 25.3　假设厂商生产的边际成本为零，市场上存在两类消费者，人数相同。A 类型消费者需求函数为 $p=a-b\cdot Q$，需求曲线如图 25.8 内侧；B 型消费者需求函数为 $p=c-d\cdot Q$，需求曲线为图 25.8 外侧。厂商实行两级价格歧视。证明：当厂商设定小包数量 Q^* 使得 GH 长度等于 HM 长度时，厂商可以获得最大的生产者剩余。

证明：厂商设定小包数量为 Q_1 时，厂商获得生产者剩余为

$$PS=2T_1+T$$

其中，$T_1=\dfrac{1}{2}\cdot Q_1\cdot(a+a-b\cdot Q_1)$，$T=\dfrac{1}{2}\cdot\left(\dfrac{c}{d}-Q_1\right)\cdot(c-d\cdot Q_1)$。可得出生产者剩余

$$PS=Q_1\cdot(2a-b\cdot Q_1)+\dfrac{1}{2d}\cdot(c-d\cdot Q_1)^2$$

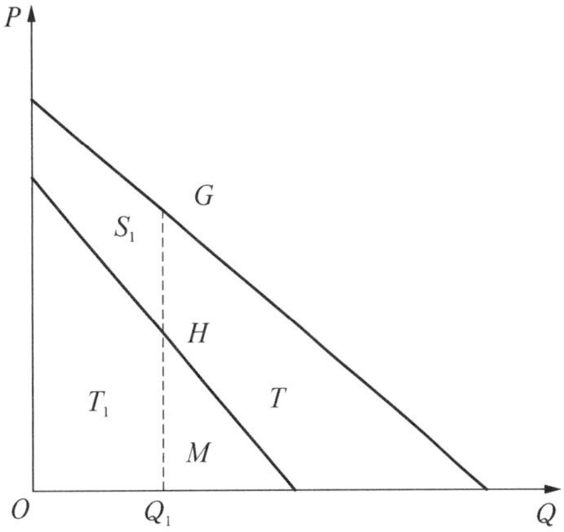

生产者剩余对数量 Q_1 一阶偏导为零时厂商获得最大生产者剩余。

图 25.8　二级价格歧视例子

由 $\dfrac{\partial PS}{\partial Q_1}=2a-2b\cdot Q_1+d\cdot Q_1-c=0$，可以求出消费量 $Q_1=\dfrac{c-2a}{d-2b}$。

进一步可以求出线段 HM 长度为 $a-b\cdot Q_1=a-b\cdot\dfrac{c-2a}{d-2b}=\dfrac{ad-bc}{d-2b}$；

线段 GH 长度为 $c-d\cdot Q_1-(a-b\cdot Q_1)=\dfrac{ad-bc}{d-2b}$。

可见，当厂商设定小包数量 Q^* 使得 GH 长度等于 HM 长度时，厂商可以获得最大的生产者剩余。

25.1.3　三级价格歧视

在一些情况下，垄断厂商能根据消费者的有关特征（如性别、年龄、职业等）识别不同需求类型的消费者，这样厂商就可以把整个市场分为几个不同类型的子市场。如果厂商能有效阻止产品在不同需求市场之间的买卖行为，那么厂商就能实行三级价格歧视。三级价格歧视下，垄断厂商会在不同需求市场给出不同的价格。如有些商家会在居民楼里统一派发一些折扣券，那些对价格敏感的消费者（如学生、老年人等）就会持券来购买商品，商家通过

消费者是否持券来辨析消费者的需求类型并相应索取不同价格。

实施三级价格歧视的条件为：① 销售产品的厂商是垄断厂商；② 垄断厂商面临多个需求弹性不一样的市场；③ 垄断厂商能有效阻止产品在不同市场之间的相互买卖（套利）。三级价格歧视构架如图 25.9 所示。

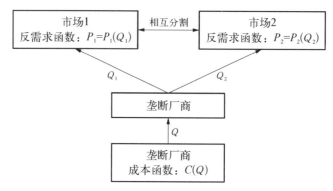

图 25.9 垄断厂商三级价格歧视构架

1. 利润最大化条件

假设垄断厂商的成本函数为 $C(Q)$，其生产的产品在 2 个相互分割的市场上销售，其中，市场 1 的反需求函数为 $P_1(Q_1)$，市场 2 的反需求函数为 $P_2(Q_2)$，如图 25.9 所示。

$$\pi = R(Q) - C(Q) = R_1(Q_1) + R_2(Q_2) - C(Q)$$

由于

$$\frac{\partial \pi}{\partial Q_1} = \frac{\partial R_1(Q_1)}{\partial Q_1} - \frac{\partial C(Q)}{\partial Q_1} = \frac{\partial R_1(Q_1)}{\partial Q_1} - \frac{\partial C(Q)}{\partial Q} \cdot \frac{\partial Q}{\partial Q_1} = \frac{\partial R_1(Q_1)}{\partial Q_1} - \frac{\partial C(Q)}{\partial Q} = 0$$

即

$$MR_1 = MC$$

$$\frac{\partial \pi}{\partial Q_2} = \frac{\partial R_2(Q_2)}{\partial Q_2} - \frac{\partial C(Q)}{\partial Q_2} = \frac{\partial R_2(Q_2)}{\partial Q_2} - \frac{\partial C(Q)}{\partial Q} \cdot \frac{\partial Q}{\partial Q_2} = \frac{\partial R_2(Q_2)}{\partial Q_2} - \frac{\partial C(Q)}{\partial Q} = 0$$

即

$$MR_2 = MC$$

$$\frac{\partial \pi}{\partial Q} = \frac{\partial R(Q)}{\partial Q} - \frac{\partial C(Q)}{\partial Q} = 0$$

即

$$MR = MC$$

所以，三级价格歧视垄断厂商利润最大化条件为

$$MR = MR_1 = MR_2 = MC$$

由于 $Q=Q_1+Q_2$，所以垄断厂商的总边际收益曲线 MR 为每个市场上所获得的边际收益 MR_1 与 MR_2 的水平加总（见图 25.10）。

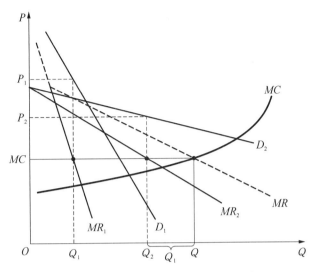

图 25.10 三级价格歧视边际收益曲线

2. 价格与弹性的关系

由于 $MR_1=P_1\left(1-\dfrac{1}{|\varepsilon_1|}\right)$，$MR_2=P_2\left(1-\dfrac{1}{|\varepsilon_2|}\right)$，其中 ε_1、ε_2 分别为垄断厂商面临的市场 1 和市场 2 的需求弹性。因此有

$$p_1\left[1-\frac{1}{|\varepsilon_1|}\right]=p_2\left[1-\frac{1}{|\varepsilon_2|}\right]\Rightarrow\frac{p_1}{p_2}=\frac{1-1/|\varepsilon_2|}{1-1/|\varepsilon_1|}$$

如果 $|\varepsilon_1|>|\varepsilon_2|$，那么 $P_1<P_2$。

也就说，垄断厂商所面临的消费者市场需求函数弹性越小，那么，该垄断厂商向该市场的消费者所索取的价格越高。反之亦然。

例 25.4 某垄断厂商面临 2 个市场的反需求函数为 $P_1=10-Q_1$ 和 $P_2=8-Q_2/2$，其总成本函数为 $C(Q)=Q^2/2+Q/3+10$。若该厂商可以在 2 个市场进行三级价格歧视，则垄断厂商利润最大化时在 2 个市场上销售量和价格分别为多少？

解： 由于 $P_1=10-Q_1\Rightarrow MR_1=10-2Q_1$，$P_2=8-Q_2/2\Rightarrow MR_2=8-Q_2$。

当 $Q<1$ 时，恒有 $MR_1>MR_2$，所以 $MR=MR_1=10-2Q$。

当 $Q\geqslant1$ 时

$$MR=MR_1=10-2Q_1\Rightarrow Q_1=5-MR/2$$
$$MR=MR_2=8-Q_2\Rightarrow Q_2=8-MR$$

因此

$$Q_1+Q_2=5-MR/2+8-MR\Rightarrow MR=\frac{26}{3}-\frac{2Q}{3}$$

所以,垄断厂商的总边际收益函数(如图 25.11 所示)

$$MR(Q) = \begin{cases} 10 - 2Q & Q < 1 \\ \dfrac{26}{3} - \dfrac{2Q}{3} & Q \geqslant 1 \end{cases}$$

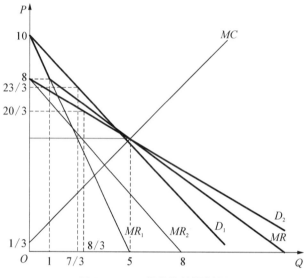

图 25.11　三级价格歧视例子

垄断厂商的边际成本函数为: $MC = Q + \dfrac{1}{3}$。

因此,$MR = MC \Rightarrow \dfrac{26}{3} - \dfrac{2Q}{3} = Q + \dfrac{1}{3} \Rightarrow Q = 5$;

$$Q = 5 \Rightarrow MR = \frac{16}{3} \Rightarrow MR_1 = MR_2 = \frac{16}{3} \Rightarrow Q_1 = \frac{7}{3}, \ Q_2 = \frac{8}{3};$$

$$P_1 = 10 - Q_1 = \frac{23}{3}, P_2 = 8 - \frac{Q_2}{2} = \frac{20}{3}。$$

25.2　两部定价

两部定价(two-part tariffs)是指垄断厂商在销售产品或服务时一般先向消费者收取为获得消费权而支付的一笔固定费(lump sum fee,记为 T),然后对消费的产品或服务按照固定价格收取使用费(usage fee)。这样,消费者消费数量为 Q 的产品所支付的货币量或者说厂商获得的收入为

$$T + P \cdot Q$$

其中，T 为消费者为获得消费权而支付的固定费，Q 为消费者消费产品或服务的数量，p 为消费者消费产品或服务的价格。

25.2.1 一个消费者或一类消费者

如果某垄断厂商具有不变的边际成本 MC，其面临的某个消费者（或者一类消费者中的一个消费者）的反需求函数为 $P = P(Q)$，如图 25.12 所示。

假如垄断厂商把价格 P 定在 MC 之上，令 $T = CS$，于是消费者消费数量为 Q 的产品所支付的货币量为：$CS + P \cdot Q$，而垄断厂商生产数量为 Q 的产品的成本为 $Q \cdot MC$。

因此，可得垄断厂商获得的剩余为

$$CS + (P - MC) \cdot Q$$

当垄断厂商把价格 P 定在 $P^{\cdot} = MC$ 时，垄断厂商获得的剩余可以增加图 25.12 中所示三角形面积，达到最大。

所以，实行两部定价的垄断厂商把消费单位商品价格定为边际成本与个人反需求函数交点处，而把消费者为获得消费权而支付的固定费 T 定为此时的消费者剩余，那么，此时的垄断厂商获得的利润达到最大。

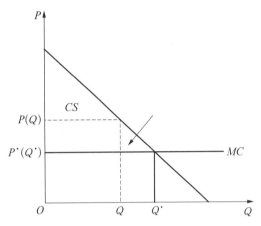

图 25.12　单个消费者两部定价

由于价格定为边际成本与个人反需求函数交点处，所以，此时消费者剩余和生产者剩余的总和实现了最大化，社会处于最优产量水平，但所有的剩余都被厂商获得，消费者剩余为零。

例 25.5　某垄断企业生产某产品的成本函数为 $C(Q) = Q^2 + 4Q$，市场上只有 1 个消费者，且其对该产品的反需求函数为 $P = 100 - Q$。如果实行两部定价制，应如何定价？此时企业利润、消费者剩余及无谓损失是多少？

解：由于 $MC = 2Q + 4$，由 $P = MC \Rightarrow Q = 32 \Rightarrow P = 68$（见图 25.13）。

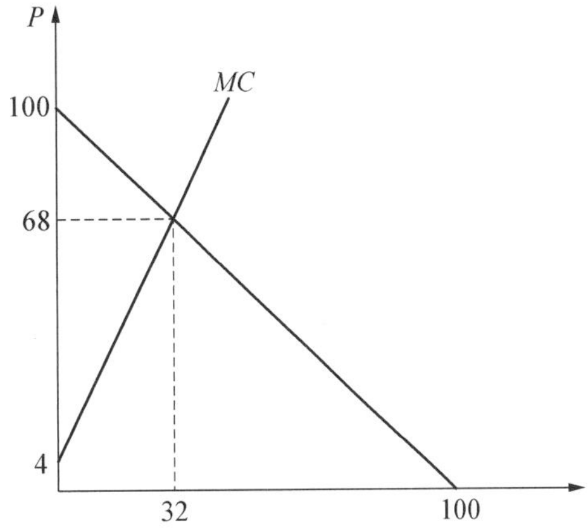

由于实行两部定价制，$T + P \cdot Q$ 的 $T = \dfrac{1}{2} \times (100 - 68) \times 32 = 512$，$P = 68$，$Q = 32$。

可得消费者剩余 $CS = 0$，无谓损失 $DWL = 0$。

企业利润 $\pi = T + P \cdot Q - C(Q) = 512 + 68 \times 32 - (32^2 + 4 \times 32) = 1\,536$，

或者 $\pi = \dfrac{1}{2} \cdot (100 - 4) \times 32 = 1\,536$。

图 25.13　单个消费者两部定价例子

25.2.2 多个消费者或多类消费者

如果某垄断厂商具有不变的边际成本 MC，其面临的两个消费者（或者两类消费者）的反需求函数分别为 $P_1=P_1(Q_1)$ 和 $P_2=P_2(Q_2)$，如图 25.14 所示。

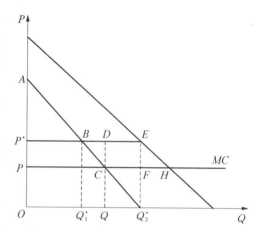

假设垄断厂商按照 $T+P \cdot Q$ 的收费模式实行两部定价制。

假如垄断厂商把价格 P 定在 $P=MC$，令 $T=CS=S_{\triangle APC}$，这样，垄断厂商销售数量为 Q 所获得的剩余为 $PS=2T=2S_{\triangle APC}$（见图 25.14）。

假如垄断厂商把价格 P 定在 $P>MC$，譬如 $P^{\cdot}$，见图 25.14，令 $T=CS=S_{\triangle AP^{\cdot}B}$，这样，垄断厂商销售数量为 Q 所获得的剩余为

图 25.14 两个（或两类）消费者两部定价

$$
\begin{aligned}
PS &= 2T+(P^{\cdot}-MC) \cdot Q_1^{\cdot}+(P^{\cdot}-MC) \cdot Q_2^{\cdot} \\
&= 2S_{\triangle AP^{\cdot}B}+(P^{\cdot}-MC) \cdot Q_1^{\cdot}+(P^{\cdot}-MC) \cdot Q_2^{\cdot} \\
&= 2S_{\triangle APC}+S_{\square CDEF} \geqslant 2S_{\triangle APC}。
\end{aligned}
$$

可见，垄断厂商把价格 P 定在 $P>MC$ 比把价格 P 定在 $P=MC$ 时获得的剩余更大。若垄断厂商把价格 P 定在 $P>MC$ 并且使得 $\dfrac{\partial PS}{\partial P}=0$，可得 $CF=FH$（即 F 为 CH 的中点，此时 $S_{\square CDEF}$ 面积最大）时垄断厂商获得的剩余达到最大（见图 25.14）。

例 25.6 某垄断厂商生产某产品的成本函数为 $C(Q)=5Q$，市场上只有 2 个消费者购买该产品，且他们对该产品的反需求函数分别为 $P_1=15-1.25Q_1$ 和 $P_2=18-Q_2$。 如果实行两部定价制，应如何定价？此时企业利润、消费者剩余及无谓损失是多少？

解：由于实行两部定价制 $T+P \cdot Q$，令 $T=\dfrac{1}{2} \cdot (15-P) \cdot Q_1=\dfrac{1}{2} \cdot (15-P) \cdot (12-0.8P)$，此时，垄断厂商获得的剩余为

$$
\begin{aligned}
PS &= 2T+(P-5)(Q_1+Q_2) \\
&= 2 \cdot \dfrac{1}{2} \cdot (15-P) \cdot (12-0.8P)+ \\
&\quad (P-5) \cdot (12-0.8P+18-P)
\end{aligned}
$$

由

$$
\dfrac{\partial PS}{\partial P}=0 \Rightarrow P^{\cdot}=7.5 \Rightarrow Q_1^{\cdot}=6, Q_2^{\cdot}=10.5
$$

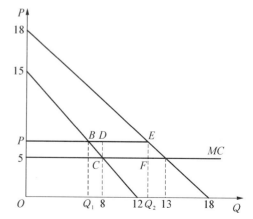

图 25.15 两个（或两类）消费者两部定价例子

所以

$$T = \frac{1}{2} \cdot (15 - P^{\cdot}) \cdot (12 - 0.8P^{\cdot}) = \frac{1}{2} \times (15 - 7.5) \times (12 - 0.8 \times 7.5) = \frac{45}{2}$$

$$PS = 2 \times \frac{45}{2} + (7.5 - 5) \times (6 + 10.5) = 86.25$$

$$CS_1 = 0, CS_2 = \frac{1}{2} \times (18 - 7.5) \times (18 - 7.5) - T = 55.125 - 22.5 = 32.625$$

$$DWL = \frac{1}{2} \cdot (P^{\cdot} - 5) \cdot (8 - Q_1^{\cdot}) + \frac{1}{2} \cdot (P^{\cdot} - 5) \cdot (13 - Q_2^{\cdot})$$

$$= \frac{1}{2} \cdot (7.5 - 5)(8 - 6) + \frac{1}{2} \cdot (7.5 - 5)(13 - 10.5) = 5.625$$

另解：由于 $Q_2^{\cdot} = 8 + \dfrac{13 - 8}{2} = 10.5 \Rightarrow P^{\cdot} = 7.5$，其余同。

例 25.7　台球俱乐部有 2 类消费者，每类消费者人数均为 1 000 人，运营俱乐部的固定成本为每周 5 000 元，边际成本为 0。S 类消费者需求函数为 $Q_S = 6 - p$，C 类消费者需求函数为 $Q_C = 3 - 0.5p$。试分析不同价格歧视下利润最大化的定价情况。

解：（1）一般垄断。一般垄断情况下，垄断厂商制定统一价格使得边际收益等于边际成本，总消费量为 $Q = Q_S + Q_C = \sum\limits_{i=1}^{1\,000} [(6 - p) + (3 - 0.5p)] = 9\,000 - 1\,500p$，反需求函数为 $p = 6 - \dfrac{1}{1\,500}Q$，边际收益为 $MR = 6 - \dfrac{2}{1\,500}Q$，由一般垄断利润最大化条件 $MR = MC$ 得总消费量 $Q = 4\,500$，价格 $p = 3$。俱乐部利润为 $\pi = P \cdot Q - FC = 8\,500$。

（2）一级价格歧视。一级价格歧视下，厂商制定价格为每个消费者的总剩余，S 类每个消费者剩余为 $CS_1 = \dfrac{1}{2} \times 3 \times 6 = 9$，因此，对 S 类每个消费者制定销售量为 3，价格为 9；而 C 类每个消费者剩余为 $CS_2 = \dfrac{1}{2} \times 6 \times 6 = 18$，因此，对 C 类消费者制定销售量为 6，价格为 18。俱乐部生产者剩余为 $PS = (9 + 18) \times 1\,000 = 27\,000$，俱乐部利润为 $\pi = PS - FC = 22\,000$。

（3）二级价格歧视。由二级价格歧视条件可得，$6 - 2Q = (6 - Q) - (6 - 2Q)$ 时俱乐部利润最大化，解得 $Q = 2$。因此，对 C 类消费者出售 2 单位，收取费用为 $T_1 = \dfrac{1}{2} \cdot 2 \cdot (6 + 2) = 8$，对 S 类消费者出售 6 单位，收取费用为 $T_2 = T_1 + \dfrac{1}{2} \cdot (6 - 2)^2 = 16$，生产者剩余为 $PS = 1\,000 \cdot (T_1 + T_2) = 24\,000$，俱乐部利润为 $\pi = PS - FC = 19\,000$。

（4）三级价格歧视。由 S 类消费者总需求函数 $Q_S = 6\,000 - 1\,000p$ 可得反需求函数为 $p = 6 - \dfrac{1}{1\,000}Q_S$；由 C 类消费者总需求函数 $Q_C = 3\,000 - 500p$ 可得反需求函数为 $p = 6 - \dfrac{1}{500}Q_C$。

S 类消费者边际收益为 $MR_S = 6 - \frac{2}{1\,000}Q_S$，C 类消费者边际收益为 $MR_C = 6 - \frac{2}{500}Q_C$。由三级价格歧视利润最大化条件 $MR_1(Q_1) = MR_2(Q_2) = MR(Q) = MC$ 得，$Q_S = 3\,000$，$Q_C = 1\,500$。相应地，S 类消费价格为 $p_S = 3$，C 类消费价格为 $p_C = 3$。生产者剩余为 $PS = P_S Q_S + P_C Q_C = 13\,500$，俱乐部利润为 $\pi = PS - FC = 8\,500$。

（5）两部定价。两部定价下生产者剩余为 $PS = 2 \cdot \frac{1}{2} \cdot (6 - p) \cdot (3 - 0.5p) + p \cdot (3 - 0.5p) + p \cdot (6 - p)$，由 $\frac{\partial PS}{\partial p} = 0$ 得，$p = 1.5$ 时生产者剩余最大，生产者剩余为 $PS = 20.25 \times 1\,000 = 20\,250$，俱乐部利润为 $\pi = PS - FC = 15\,250$。

由以上分析可得，厂商实施一级价格歧视获得的利润最高，其次是二级价格歧视，再次是两部定价，然后是三级价格歧视，一般垄断获得的利润最低。（思考：为什么该题目三级价格歧视和一般垄断定价时厂商利润一样？）

25.3 捆绑

捆绑定价是指垄断厂商将 2 种或者 2 种以上产品打包出售的定价模式。假设消费者对垄断厂商的 2 种商品具有相反的偏好，即一部分消费者对商品 1 比对商品 2 更偏好，而一部分消费者对商品 2 比对商品 1 更偏好，也就是说一部分消费者对商品 1 的保留价格比对商品 2 的保留价格更高，而一部分消费者对商品 2 的保留价格比对商品 1 的保留价格更高，如果垄断厂商不能实施价格歧视，那么运用捆绑销售显然是比较合理的定价模式。见例 25.8。

例 25.8 某制片厂向 2 个剧院出售 2 部电影，假设边际成本为 0，已知各剧院对电影的保留价格如表 25.1 所示。

表 25.1　两剧院对两影片的保留价格　　　　　　　　　　　　　　　单位：元

	GWTW	GGG
剧院 A	12 000	3 000
剧院 B	10 000	4 000

2 部电影单独定价时，按照 2 个剧院的最低保留价格定价，即电影 GWTW 定价为 10 000 元，电影 GGG 定价为 3 000 元，此时企业获得生产者剩余为 26 000 元。

如果制片厂将 2 部电影捆绑销售，可以得出剧院 A 对 2 部影片的保留价格为 15 000 元，剧院 B 对 2 部影片的保留价格为 14 000 元，此时制片厂可以将 2 部电影捆绑定价为 14 000 元，制片厂将获得生产者剩余 28 000 元，高于单独定价所获得的生产者剩余。

假设消费者对垄断厂商的 2 种商品具有同向的偏好，即所有消费者对商品 1 比对商品 2

更偏好,也就是说所有消费者对商品 1 的保留价格比对商品 2 的保留价格更高(见表 25.2),这时捆绑定价就没有意义。

表 25.2 两剧院对两影片的保留价格   单位:元

	GWTW	GGG
剧院 A	12 000	4 000
剧院 B	10 000	3 000

垄断厂商有时候为了增加生产者剩余,把单独定价和捆绑同时使用,即混合捆绑(mixed bundling),而把单独使用的捆绑叫作纯捆绑(pure bundling),如例 25.9 所示。

例 25.9 某垄断厂商向 4 类消费者 A、B、C 和 D 销售商品 1 和商品 2,消费者的保留价格与商品的边际成本如表 25.3 所示。

表 25.3 消费者的保留价格及商品边际成本   单位:元

	商品 1 ($MC_1 = 200$)	商品 2 ($MC_2 = 300$)
消费者 A	100	900
消费者 B	500	500
消费者 C	600	400
消费者 D	900	100

2 种商品单独定价时,商品 1 定价为 $P_1 = 500$,厂商从销售商品 1 上获得的生产者剩余为 $PS_1 = 500 \times 3 - 200 \times 3 = 900$;商品 2 定价为 $P_2 = 900$,厂商从销售商品 2 上获得的生产者剩余为 $PS_2 = 900 - 300 = 600$。 所以单独定价时厂商获得的最大生产者剩余为 1 500。如表 25.4 所示。

表 25.4 垄断厂商的定价   单位:元

定价模式	P_1	P_2	P_b	PS
单独定价	500	900		$900 + 600 = 1\,500$
纯捆绑			1 000	$(1\,000 - 500) \times 4 = 2\,000$
混合捆绑	900	900	1 000	$(900 - 300) + (900 - 200) + 2(1\,000 - 500) = 2\,300$

如果厂商将 2 种商品捆绑销售,由于 4 个消费者对 2 种商品的保留价格之和都为 1 000,此时厂商可以将 2 种商品捆绑定价为 $P_b = 1\,000$,厂商将获得生产者剩余为 $PS = (1\,000 - 500) \times 4 = 2\,000$,高于单独定价所获得的生产者剩余。

如果厂商实施混合捆绑定价,单独购买商品 1 的价格定为 $P_1 = 900$,单独购买商品 2 的价格定为 $P_2 = 900$,同时购买商品 1 和商品 2 的捆绑价格定为 $P_b = 1\,000$。 那么消费者 A 单独购买商品 2,消费者 D 单独购买商品 1,消费者 B 和 C 同时购买商品 1 和 2。厂商获得的生产者剩余为 $PS = (900 - 300) + (900 - 200) + 2(1\,000 - 500) = 2\,300$。(思考一下每种定价模式下无谓损失为多少?)

25.4　垄断竞争

垄断竞争介于竞争性市场和垄断市场之间,垄断竞争性市场上两家厂商生产的产品都很接近,在商品商标或者技术方面拥有垄断地位。例如可口可乐和百事可乐是属于垄断竞争的情形,两家企业生产的产品均为可乐,但是商标有所不同。垄断竞争厂商的销量不仅受自身价格的影响,也与其他厂商定价相关。垄断竞争是现实中最为常见的市场结构。

垄断竞争厂商有三个特点:一是垄断竞争厂商定价在其面临的需求曲线上;二是垄断竞争厂商由于具有一定的垄断地位,其面临的需求曲线向下倾斜;三是垄断竞争厂商均衡时接近零利润。垄断竞争厂商面临的需求曲线与平均成本曲线相切时达到利润最大化,即厂商边际收益等于边际成本对应的产量恰好使得需求曲线与平均成本曲线相切,如图 25.16 所示。

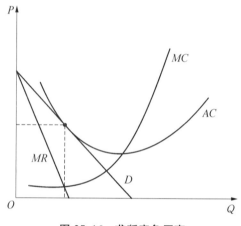

图 25.16　垄断竞争厂商

25.5　产品差异的位置模型

厂商生产相同产品,有时因为位置不同,厂商也具有一定的垄断地位。假设一条大道上有 2 家冰激凌小贩,开始时每家小贩均位于大道两端。此时一家小贩向中间移动一定位置,原有顾客不会减少,并且会得到另一家小贩的部分顾客。另一家小贩也会做相同的推理,最终 2 家小贩都位于大道中央。当大道存在 3 家小贩时,两端小贩向中间移动以抢夺中间小贩市场,中间小贩会选择跳到两端,不断循环往复,因此,大道上有 3 家小贩时市场不会出现均衡状态。可以证明的是,当大道存在 3 家以上小贩时又可以达到均衡,本书不予证明。

例 25.10　考虑在一个长度 $\overline{T}=10$ 长滩的两端存在 2 个厂商 A 和 B(也可以把这个长滩理解为 2 个厂商提供了具有差异化的 2 类产品)。长滩上需求者总人数 $N=10\,000$(这个数字其实并不重要,实际上我们可以一般化假设为 $N=1$),在长滩上呈均匀分布。每个消费者对商品的保留价格 $\overline{S}=10$。长滩上的消费者到距离为 x 的厂商需要支付 tx 的运输成本,单位距离运输成本 $t=1$。厂商 A 的单位产品边际成本为 0。给定厂商 B 设定价格 $\overline{P}_B=6$,求厂商 A 面临的需求曲线及定价。

解:如图 25.17 所示,位置 x 的消费者,从厂商 B 处购买产品的剩余为

$$CS_B = \overline{S} - \overline{p}_B - t_B(10-x) = 4 - (10-x) = x - 6$$

所以，厂商 B 的市场需求消费者位于[6，10]区间。

从厂商 A 处购买产品的消费者剩余为 $CS_A = \bar{S} - p_A - t_A x = 10 - p_A - x$。

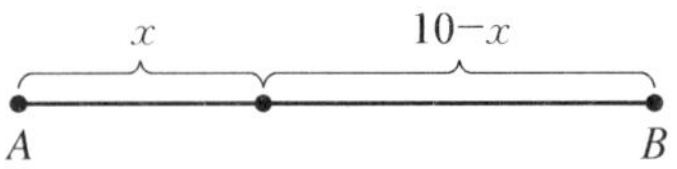

图 25.17 例 25.9 示意图

① 若 $4 \leqslant p_A \leqslant 10$，则厂商 A 的市场需求位于[0，6]之间，与厂商 B 并未发生冲突。当 $CS_A = 0$ 时，$x = 10 - p_A$。所以，此时厂商 A 面临的市场需求函数为 $D_A = N(10 - p_A)/10$。

② 若 $0 \leqslant p_A \leqslant 4$，则厂商 A 进一步将面临与厂商 B 的竞争问题，消费者根据 2 个厂商的价格以及运输成本来比较选择购买哪个厂商的产品。厂商 A 的最终市场需求量取决于 $CS_A = CS_B$ 的均衡解，所以 $10 - p_A - x = x - 6$，可得：$x = 8 - \dfrac{p_A}{2}$。所以，此时厂商 A 面临的市场需求函数 $D_A = N\left(8 - \dfrac{p_A}{2}\right)\Big/10$。

综上所述，厂商 A 面临的需求函数为 $D_A = \begin{cases} N(10 - p_A)/10 & 4 \leqslant p_A \leqslant 10 \\ N\left(8 - \dfrac{p_A}{2}\right)\Big/10 & 0 \leqslant p_A \leqslant 4 \end{cases}$。

给定厂商 A 的边际成本为 0，利润最大化时厂商定价为 $p_A^* = 5$。

25.6 思考练习题

(1) 已知某产品市场有 1 个垄断厂商及 2 个消费者。第一个消费者对产品的反需求函数为 $P = 21 - Q$，第二个消费者对产品的反需求函数为 $P = 15 - 2Q$。垄断厂商生产该产品的边际成本为 0。如果垄断厂商实施二级价格歧视，那么该垄断厂商应该怎样定价才能获得利润最大？并求垄断厂商获得的剩余及消费者剩余。

(2) 已知某产品市场有 1 个垄断厂商及 3 个消费者。第一个消费者对产品的反需求函数为 $P = 21 - Q$，其余消费者对产品的反需求函数为 $P = 15 - 2Q$。垄断厂商生产该产品的边际成本为 0。如果垄断厂商实施二级价格歧视，那么该垄断厂商应该怎样定价才能获得利润最大？并求垄断厂商获得的剩余及消费者剩余。

(3) 已知某产品市场有 1 个垄断厂商及 2 个消费者。第一个消费者对产品的反需求函数为 $P = 21 - Q$，第二个消费者对产品的反需求函数为 $P = 15 - 2Q$。垄断厂商生产该产品的边际成本为 $MC = 2$。如果垄断厂商实施二级价格歧视，那么该垄断厂商应该怎样定价才能获得利润最大？并求垄断厂商获得的剩余及消费者剩余。

(4) 某垄断性市场有 5 个消费者。其中 2 个消费者（不妨记为消费者 1 和 2）对产品的反需求函数为 $P = 20 - Q$，其余 3 个消费者对产品的反需求函数为 $P = 16 - 2Q$。垄断厂商生产的边际成本为 0，且无固定成本。如果垄断厂商不能辨析每个消费者属于哪种类型，但可以有效阻止产品在消费者之间的买卖行为，请问厂商可以进行哪类价格歧视，求垄断厂商的最优销售—定价方案、厂商总利润及每个消费者的净剩余。

（5）已知某产品市场有 1 个垄断厂商及 2 类市场消费者。第一类市场对产品的反需求函数为 $P_1 = 20 - Q_1$，第二类市场对产品的反需求函数为 $P_2 = 16 - 2Q_2$。垄断厂商生产该产品的边际成本为 5。如果垄断厂商实施三级价格歧视，那么该垄断厂商应该怎样定价才能获得利润最大？

（6）某垄断厂商生产某产品的成本函数为 $C(Q) = 5Q$，市场上只有 2 个消费者购买该产品，且他们对该产品的反需求函数分别为 $P_1 = 15 - 1.25Q_1$ 和 $P_2 = 20 - Q_2$。如果实行两部定价制，应如何定价？此时企业利润、消费者剩余及无谓损失是多少？

（7）有 2 类不同的消费者都愿意消费某垄断厂商的产品，他们的反需求函数分别为 $P_1 = 25 - 2q_1$ 和 $P_2 = 17 - \frac{1}{3}q_2$，垄断厂商的边际成本为 1。求三级价格歧视下，这 2 类消费者所面临的价格以及垄断者的总利润。

（8）若市场上有 3 类需求者，需求函数分别为 $D_3 = 12 - p$，$D_2 = 10 - p$，$D_1 = 8 - p$，3 类需求者的比例为 1：1：1。若厂商生产边际成本为 0，且无固定成本，求厂商最优二级价格歧视的销售—定价方案。

（9）市场上共有 500 名消费者，所有消费者都具有相同的收入水平 $m = 100$。但消费者的偏好有所不同，其中 100 名 A 类消费者的效用函数为 $u^A(x, y) = y + 10x - \frac{1}{2}x^2$，另有 400 名 B 类消费者的效用函数为 $u^B(x, y) = y + 6x - \frac{1}{2}x^2$。$x$ 代表商品 x 的数量，y 代表除商品 x 以外的其他商品的货币支出量。商品 x 为某完全垄断厂商生产，生产商品 x 的固定成本和边际成本均为 0。

① 若该垄断厂商了解每个消费者具有何种偏好（效用函数），且能阻止消费者之间进行商品 x 的转售行为，求该垄断厂商的定价策略和总利润。

② 若该垄断厂商不了解每个消费者具有何种偏好（效用函数），但了解市场上 2 类消费者的构成情况，且能阻止消费者之间进行商品 x 的转售行为，求该垄断厂商的定价策略和总利润。

③ 若该垄断厂商了解每个消费者具有何种偏好（效用函数），但不能阻止消费者之间进行商品 x 的转售行为，求该垄断厂商的定价策略和总利润。

④ 若该垄断厂商了解每个消费者具有何种偏好（效用函数），且能阻止不同类型消费者之间进行转售，但不能阻止同类消费者之间进行商品 x 的转售行为，求该垄断厂商的定价策略和总利润。

（10）本国某企业垄断发油的生产和销售，其生产成本函数为：$C(Q) = Q^2$。该国对发油的需求函数为：$Q = 40 - P$。

① 该企业在国内的定价和销量。

② 如果除了自己生产外，该垄断厂商还可以以固定的价格每单位 \$10 在世界市场上购买，那么该产品的市场销售价格是多少？进口量是多少？消费者剩余和生产者剩余是多少？

③ 如果该垄断厂商生产的产品既可进口也可出口，又假设该发油的世界价格上升到每单位 \$30，那么该发油的国内价格为多少？进口量（或出口量）为多少？

第 26 章
要素市场

要素市场结构也是厂商约束的来源之一,来自产品市场的垄断与否将影响厂商对要素的需求情况。本章将分别讨论要素市场为买方垄断和卖方垄断两种情况下对要素的需求情况,并分析多重垄断市场结构的有关特征。

26.1 单重市场结构

前面对于市场的分析是指有消费者进行消费的产品市场分析,实际上厂商不仅面临着产品市场,同时也面临着要素市场。厂商在要素市场上购买生产产品所需要投入的要素,如劳动要素、资本要素以及其他原材料。完整的产品生产流程如图 26.1 所示。

图 26.1　产品生产流程图

生产厂商以生产要素价格为 $\omega(x)$ 从要素市场上购买生产要素量 x,并利用厂商的生产技术生产出 $Q=Q(x)$,并在产品市场上以价格 $p(Q)$ 出售给消费者。

我们把厂商从要素市场购买生产要素,然后生产成商品,并在产品市场上销售给消费者的市场结构叫作单重市场结构,单重指的是中间只有一家厂商。

根据要素市场和产品市场属性是竞争性还是垄断性,我们分以下四种情况进行讨论。

26.1.1　要素市场和产品市场均为竞争性

要素市场和产品市场均为竞争性,说明厂商获得生产要素 x 支付的价格 ω 是外生的,厂商供给产品 Q 得到的价格 p 也是外生的。产品生产流程如图 26.2 所示。

由假设条件可得,厂商的利润函数为

$$\pi = p \cdot Q - \omega \cdot x \tag{26-1}$$

把厂商的生产函数为 $Q=Q(x)$ 代入利润函数,可得

图 26.2 产品生产流程图：要素和产品市场均为竞争性

$$\pi = p \cdot Q(x) - \omega \cdot x \qquad (26-2)$$

由式（26-2）利润函数对要素投入 x 求一阶偏导，并令其为零，可得

$$p \cdot MP_x = \omega \text{ 或 } MP_x = \frac{\omega}{p} \qquad (26-3)$$

其中，MP_x 为边际产品，即投入一单位要素 x 得到的产出为 MP_x，$p \cdot MP_x$ 为边际产品价值。即当多投入一单位的要素增加的产品价值等于多投入一单位的要素增加的成本时，利润达到最大。

利润函数对要素投入一阶偏导为零时厂商获得利润最大化，即 $p \cdot MP_x - \omega = 0$，由此可以推得厂商反要素需求函数为 $MP_x = \frac{\omega}{p}$。

例 26.1 假设劳动力市场是竞争性的，劳动力工资为每小时 20 美元，厂商利用劳动量 L 的生产函数为 $Q = 2\sqrt{L}$，生产产品在竞争性市场上的销售价格为每单位 80 美元，求厂商会雇用多少劳动力。

解： 由于要素市场和产品市场都是竞争性的，所以利润最大化条件为

$$p \cdot MP_L = \omega_L$$

而由题意可知 $p = 80, \omega_L = 20, MP_L = \frac{1}{\sqrt{L}}$，代入上式可得

$$80 \cdot \frac{1}{\sqrt{L}} = 20 \Rightarrow L = 16$$

所以，厂商会雇用 16 单位劳动力。

26.1.2 要素市场为竞争性，产品市场为卖方垄断

要素市场为竞争性说明厂商获得生产要素 x 支付的价格 ω 是外生的，同时，厂商在产品市场上具有垄断地位，可以采取垄断定价使得利润最大化。产品生产流程如图 26.3 所示。

图 26.3 产品生产流程图：要素市场为竞争性和产品市场卖方垄断

此时厂商利润函数为

$$\pi = R(Q) - \omega \cdot x \qquad (26-4)$$

对要素投入一阶偏导为零时厂商获得利润最大化,即

$$\frac{\partial \pi}{\partial x} = \frac{\partial R(Q)}{\partial Q} \cdot \frac{\partial Q}{\partial x} - \omega = 0$$

也即

$$MR_Q \cdot MP_x = \omega \qquad (26-5)$$

其中,MR_Q 为产品边际收益 $\dfrac{\partial R(Q)}{\partial Q}$,$\dfrac{\partial Q}{\partial x}$ 为要素边际产品 MP_x,利润最大化条件可以化简为 $MR_y \cdot MP_x - \omega = 0$。$MRP_x = MR_y \cdot MP_x$ 叫作要素的边际产品收益。

所以,当要素的边际产品收益等于要素的边际成本时,厂商利润达到最大。

例 26.2　假设劳动力市场是竞争性的,劳动力工资为每小时 20 美元,厂商利用劳动量 L 的生产函数为 $Q = 2\sqrt{L}$,厂商在处于垄断地位的产品市场上销售,其反需求函数为 $p = 120 - Q$,求厂商会雇用多少劳动力及产品的市场价格。

解:由于要素市场是竞争性的,产品市场是垄断的,所以利润最大化条件为

$$MR_Q \cdot MP_L = \omega_L$$

而由题意可知

$$MR_Q = 120 - 2Q = 120 - 4\sqrt{L}, \omega_L = 20, MP_L = \frac{1}{\sqrt{L}}$$

代入上式,可得

$$(120 - 4\sqrt{L}) \cdot \frac{1}{\sqrt{L}} = 20 \Rightarrow L = 25$$

由此可得

$$Q = 2\sqrt{L} = 2\sqrt{25} = 10, p = 120 - Q = 120 - 10 = 110$$

所以,厂商会雇用 25 单位劳动力,产品的市场价格为 110。

26.1.3　要素市场为买方垄断,产品市场为竞争性

1. 买方垄断厂商利润最大化

卖方垄断指市场上只有一家厂商供给产品,买方垄断指市场上只有一家厂商对产品或生产要素有需求。

本节讨论要素市场为买方垄断,说明厂商以要素价格 ω 获得生产要素 $x(\omega)$,同时,厂商以生产函数 $Q = Q(x)$ 生产的产品在竞争性产品市场上出售给消费者。产品生产流程如图 26.4 所示。

图 26.4 产品生产流程图：要素市场买方垄断和产品市场竞争性

厂商在要素市场上为买方垄断，所以要素的价格随着厂商购买的要素数量变化而变化。假设要素供给曲线为 $\omega(x)$，即购买要素量 x 时要素价格为 $\omega(x)$；又假设产品市场的竞争性价格为 p，厂商的生产函数 $Q = Q(x)$。

于是可得厂商利润函数为

$$\pi = p \cdot Q(x) - C(x) \qquad (26-6)$$

其中，购买要素的成本函数为 $C(x) = \omega(x) \cdot x$。

利润函数对生产要素求一阶偏导，并令其为零，可得

$$p \cdot MP_x = MC_x \qquad (26-7)$$

即要素的边际产品价值等于要素的边际成本时，厂商利润达到最大化。

又由式 $(26-7)$ 可知，$p \cdot MP_x = \left[\omega(x) + x \cdot \dfrac{\partial \omega(x)}{\partial x} \right]$，记 $\eta = \dfrac{\partial x}{\partial \omega(x)} \cdot \dfrac{\omega(x)}{x}$，表示要素供给弹性，可以得出 $p \cdot MP_x = \omega(x) \cdot \left[1 + \dfrac{1}{\eta} \right]$，此时厂商达到利润最大化。

由于 $AC(x) = \dfrac{C(x)}{x} = \dfrac{\omega(x) \cdot x}{x} = \omega(x)$，所以说要素的平均成本曲线就是要素的供给曲线。

厂商使用要素的边际成本 $MC(x)$，可以证明要素平均成本曲线和要素边际成本曲线第一个点重合，且要素的边际成本 $MC(x)$ 总是在要素的平均成本曲线上方（见图 26.5）。

厂商在生产要素市场上具有垄断地位时，要素需求量由 $P \cdot MP_x = MC(x)$ 的交点即图 26.5 中 M 点，决定了均衡的厂商要素需求量 x_b，厂商使用要素 x_1 的对应的价格为 ω_b，价格低于要素市场为竞争性时厂商支付的价格 ω_e。

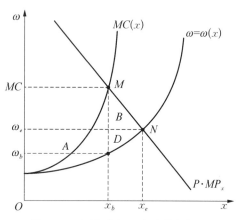

图 26.5 买方垄断厂商决策与福利

2. 买方垄断福利分析

买方垄断下厂商对要素的定价 ω_b 低于要素市场为竞争性时厂商支付的价格 ω_e，而买方垄断厂商购买的要素量 x_b 小于竞争性要素市场的均衡数量 x_e。厂商在买方垄断下获得的生产者剩余比竞争性下获得的剩余增加面积 A，同时减少面积 B。要素所有者在买方垄断下获得的剩余比竞争性下获得的剩余减少面积 $A + D$。所以，买方垄断下造成的社会无谓损失为面积 $B + D$（见表 26.1）。

表 26.1 买方垄断下社会福利分析

项　　目	数　　值
生产者剩余变化量（垄断下剩余与竞争性下剩余之差）	$A-B$
要素所有者剩余变化量（垄断下剩余与竞争性下剩余之差）	$-(A+D)$
总福利变化量（垄断下总剩余与竞争性下总剩余之差）	$-(B+D)$

例 26.3 假设劳动力市场为买方垄断，劳动力反供给函数为 $\omega_L=10+L$，厂商利用劳动量 L 的生产函数为 $Q=10L-\dfrac{L^2}{20}$，生产产品在竞争性市场上销售，价格为每单位 10 美元，求劳动力均衡价格及数量，并计算无谓损失。

解：由于要素市场是买方垄断，产品市场是竞争性的，所以利润最大化条件为

$$p \cdot MP_L=MC_L$$

由题意可知

$$C(L)=\omega_L L=(10+L)L\Rightarrow MC_L=10+2L$$

又 $p=10$，$MP_L=10-\dfrac{L}{10}$，代入上式，可得

$$10 \cdot \left(10-\frac{L}{10}\right)=10+2L\Rightarrow \hat{L}=30$$

$$\hat{\omega}_L=10+L=10+30=40$$

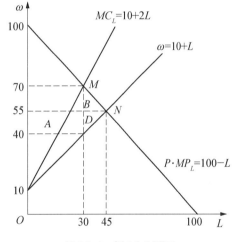

图 26.6 例 26.3 图示

所以，买方垄断厂商会以每单位 40 美元雇用 30 单位劳动力。

要素市场和产品市场都是竞争性的均衡条件为

$$p \cdot MP_L=\omega_L$$

所以，$10 \cdot \left(10-\dfrac{L}{10}\right)=10+L\Rightarrow \tilde{L}=45$

$$\tilde{\omega}_L=10+L=10+45=55$$

福利分析如表 26.2 所示。

表 26.2 例子 26.3 福利分析

项　　目	买方垄断下剩余	竞争性下剩余	两　者　之　差
买方垄断厂商	1 350	1 012.5	337.5（或 $A-B$）
要素所有者	450	1 012.5	−562.5（或 $-A-D$）
总福利变化量	1 800	2 025	−225（或 $-B-D$）

其中 $A=30\times 15=450$，$B=15\times 15/2=112.5$，$D=15\times 15/2=112.5$。

无谓损失 $DWL = B + D = 225$。

26.1.4 要素市场为买方垄断,产品市场为卖方垄断

厂商在要素市场上为买方垄断,所以要素的价格随着厂商购买的要素数量变化而变化。假设要素供给曲线为 $\omega(x)$,即购买要素量 x 时要素价格为 $\omega(x)$;厂商的生产函数为 $Q = Q(x)$;同时厂商在产品市场上具有垄断地位,面临的反需求函数为 $p(Q)$。产品生产流程如图 26.7 所示。

图 26.7 产品生产流程图:要素市场和产品市场都垄断

于是可得厂商利润函数为

$$\pi = R(x) - C(x) \qquad (26-8)$$

其中,销售收入为 $R(x) = p(Q) \cdot Q(x)$,购买要素的成本函数为 $C(x) = \omega(x) \cdot x$。

利润函数对生产要素求一阶偏导,并令其为零,可得

$$MR_Q \cdot MP_x = MC_x \qquad (26-9)$$

即当要素的边际产品收益等于要素的边际成本时,厂商利润达到最大。

厂商在生产要素市场上具有垄断地位时,要素需求量由 $MR_Q \cdot MP_x = MC(x)$ 的交点即图 26.8 中 M 点,决定了均衡的厂商要素需求量 x_1,厂商使用要素 x_1 的对应的价格为 ω_1,价格低于要素市场为竞争性时厂商支付的价格 ω_e。

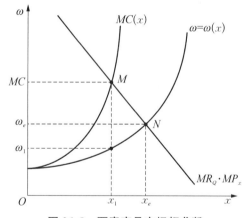

图 26.8 要素产品市场都垄断

例 26.4 假设劳动力市场为买方垄断,劳动力反供给函数为 $\omega = 8 + \dfrac{3}{16}L$,厂商利用劳动量 L 的生产函数为 $Q = 2\sqrt{L}$,生产产品在处于垄断地位的产品市场上销售,其反需求函数为 $p = 72 - Q$,求厂商会雇佣多少劳动力。

解: 由于要素市场和产品市场都是垄断性的,所以利润最大化条件为

$$MR_Q \cdot MP_L = MC_L$$

由题意可知,$C(L) = \omega_L L = \left(8 + \dfrac{3}{16}L\right)L \Rightarrow MC_L = 8 + \dfrac{3}{8}L$;

又 $MR_Q=72-2Q$，$MP_L=\dfrac{1}{\sqrt{L}}$，代入上式，可得

$$\left(72-2\cdot2\sqrt{L}\right)\cdot\dfrac{1}{\sqrt{L}}=8+\dfrac{3}{8}L\Rightarrow L=16。$$

所以，厂商会雇佣 16 单位劳动力。

26.2　双重市场结构

现在分析一种特殊的市场结构。

假设上游厂商从要素市场上购买生产要素，利用自己的生产函数生产出产品（我们称之为中间品），并把中间品按照一定的价格卖给下游厂商作为生产最终品的生产要素，下游厂商运用中间品生产出最终产品，且出售给市场上的消费者，其中上游厂商和下游厂商都是按照卖方垄断定价，这种双重市场结构称为上下游垄断。产品生产流程如图 26.9 所示。

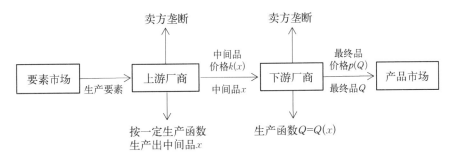

图 26.9　产品生产流程图：上下游垄断

上下游卖方垄断模型运用逆向归纳法求解，首先利用最优原理求解下游卖方垄断厂商的决策，并利用下游厂商的生产函数得出上游卖方垄断厂商面临的反需求函数，然后利用上游卖方垄断厂商面临的反需求函数与成本函数得出上游厂商的决策（见例 26.5）。

例 26.5　上游厂商面临竞争性要素市场，有不变的要素价格为 ω。上游厂商生产中间产品 x，并且以价格 $p_x(x)$ 销售给下游厂商作为生产最终商品的生产要素，假设下游厂商除了购买生产要素外无其他成本。下游厂商每投入一单位要素 x 可以生产一单位最终产品 y，即 $y=x$，假设最终产品市场的反需求函数为 $p=a-by$。已知上游厂商和下游厂商均为卖方垄断，求解两家厂商为实现利润最大化制定的价格和产量。

解：首先考虑下游厂商决策。

下游垄断厂商利润最大化条件为

$$MR_D=MC_D$$

其中，边际收益为 $MR_D=a-2by$，厂商生产产品 y 的边际成本为 $MC_D=p_x$，代入上式可得

$$a - 2by = p_x$$

再考虑上游厂商的决策。

上游厂商利润最大化决策为

$$MR_U = MC_U$$

由于 $y = x$，所以上游厂商面临的反需求函数为 $p_x = a - 2bx$。

上游厂商的边际收益为 $MR_U = a - 4bx$，上游厂商的边际成本为 $MC_U = \omega$，代入上式可得

$$a - 4bx = \omega \Rightarrow x = \frac{a - \omega}{4b}$$

所以可得上游垄断厂商确定的价格 $p_x = a - 2bx = \frac{a + \omega}{2}$；

最终产品 y 价格为 $p = a - by = a - bx = \frac{3a + \omega}{4}$。

综上可见，当存在双重垄断时，最终产品市场价格高于只存在一重垄断的价格。
其中 y_I、p_I 为纵向下一体化后的垄断产量水平、价格水平。

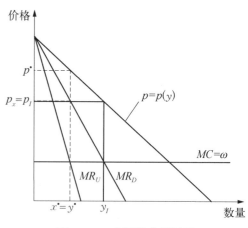

图 26.10　上下游垄断例子

26.3　思考练习题

　　(1) 证明：买方垄断下要素的边际成本曲线在要素的供给曲线上方，且要素为零时重合。

　　(2) 矿泉水市场反需求函数为 $p = 40 - 0.02q$，其中数量 q 以瓶计算。该市场具有双重垄断的结构特征：上游制造商与下游零售商均为卖方垄断者。若上游矿泉水制造商生产矿泉水的边际成本为零，且无其他固定成本，那么制造商向下游零售商的批发价格为多少元/瓶？市场零售价格为多少元/瓶？

　　(3) 考虑在上下游垄断中，上游中间品 x 的生产商和下游最终品 y 的生产商都具有卖方完全垄断地位。下游生产商的生产函数为 $y = 2x$，且除了 x 外没有其他生产投入和成本。最终品的市场需求为 $y = 200 - 2p$。上游中间品的边际成本为 40。试问：上游生产商对 x 的定价为多少？下游生产商对 y 的定价为多少？最终品的市场均衡产量为多少？

　　(4) 上游厂商面临竞争性要素市场，有不变的要素价格 ω。上游厂商生产中间产品 x，并且以价格 $p_x(x)$ 销售给下游厂商作为生产最终商品的生产要素。下游厂商每投入 2 单位要素 x 可以生产 1 单位最终产品 y，即 $y = x/2$，假设最终产品市场的反需求函数为 $p = a - by$。已知上游厂商和下游厂商均为卖方垄断，求解 2 家厂商为实现利润最大化制订的价格

和产量。

（5）假设劳动力市场为买方垄断，劳动力供给函数为 $\omega = 10 + \dfrac{3}{25}L$，厂商利用劳动量 L 的生产函数为 $Q = 2\sqrt{L}$，生产产品在竞争性市场上的销售价格为每单位 80 美元，求厂商会雇佣多少劳动力。

（6）假设要素市场为买方垄断，要素反供给函数为 $\omega = 10 + \dfrac{1}{2}x$，厂商利用要素量 x 的生产函数为 $Q = \ln x$，生产产品在竞争性市场上的销售价格为每单位 200 单元，求生产要素的均衡价格和数量。

（7）假设劳动力市场买方垄断，劳动力供给函数为 $\omega_L = L$，厂商利用劳动量 L 的生产函数为 $Q = 12L - \dfrac{L^2}{10}$，生产产品在竞争性市场上销售，价格为每单位 5 美元，求劳动力均衡价格及数量，并计算无谓损失。

第 27 章

寡头垄断

本章将以双寡头垄断(duopoly)为代表,介绍寡头厂商在产量决策和价格决策等不同情况下的四个寡头垄断模型:同时定产模型、产量领导模型、同时定价模型以及价格领导模型。这四个模型是分析寡头垄断市场的基础。

27.1 古诺模型

参与产量竞争的每家厂商根据对其他参与竞争厂商的产量选择作出合理猜测后选择自己的产量使得自己的利润达到最大化,这是一种同时产量博弈(simultaneous game),叫古诺竞争模型,是法国经济学家奥古斯汀·古诺(Augustin Cournot)首先提出和研究的。根据参与人数多少,分为双寡头古诺模型和多寡头古诺模型。只有两家厂商参与古诺竞争的模型叫双寡头古诺模型,而三家及以上厂商参与古诺竞争的模型叫多寡头古诺模型。

27.1.1 双寡头古诺模型

假设市场上只有两家厂商,两家厂商生产完全相同的产品。并假设两家厂商面临的消费者反需求函数为

$$p = p(q_1 + q_2^e) \qquad (27-1)$$

其中,q_1 为厂商 1 的产量,q_2 为厂商 2 的产量。

假设厂商 1 预期厂商 2 的产量为 q_2^e(e 表示预期),那么厂商 1 面临的市场反需求函数为

$$p = p(q_1 + q_2^e) \qquad (27-2)$$

于是,厂商 1 的利润函数为

$$\pi_1 = p(q_1 + q_2^e) \cdot q_1 - c_1(q_1) \qquad (27-3)$$

利润最大化条件为

$$MR_1 = MC_1 \qquad (27-4)$$

其中，MR_1 根据厂商 1 面临的需求曲线得出，MC_1 根据厂商 1 的成本函数得出。

根据式(27-4)，可得

$$q_1 = q_1(q_2^e) \tag{27-5}$$

当预期厂商 2 的产量为 q_2^e，选择式(27-5)所表示的产量时厂商 1 达到利润最大化，所以式(27-5)叫作厂商 1 对厂商 2 的反应函数(reaction function)。

同理，根据厂商 2 的利润最大化条件 $MR_2 = MC_2$，我们可得厂商 2 对于厂商 1 的反应函数

$$q_2 = q_2(q_1^e) \tag{27-6}$$

同时满足式(27-5)和式(27-6)的产量组合水平 (q_1^*, q_2^*) 叫作**古诺均衡产量**，如图 27.1 所示。达到古诺均衡时，每家厂商的产量选择在对方产量既定下实现了利润最大化；没有一家厂商在对方产量既定下可以通过改变产量增加自己的利润。

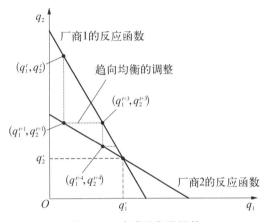

图 27.1　古诺均衡及调整

我们可以利用图 27.1 来说明趋向古诺均衡的调整过程。假设在 t 时期两厂商的不处于均衡产量为 (q_1^t, q_2^t)，那么，在 $t+1$ 期，根据反应函数，厂商 1 和厂商 2 的产量选择为

$$\begin{cases} q_1^{t+1} = q_1(q_2^t) \\ q_2^{t+1} = q_2(q_1^t) \end{cases}$$

一直调整，直至趋向均衡产量组合水平 (q_1^*, q_2^*)，双方不再调整，即达到所谓的古诺均衡。

例 27.1　市场上存在两家厂商生产产品，消费者对产品的需求函数为 $Q = 60 - P$，厂商 1 生产的产量为 Q_1，厂商 2 生产的产量为 Q_2，两家厂商同时设定产量，两家厂商生产边际成本均为零。厂商追求利润最大化，求两厂商的均衡产量。

解：消费者对产品的反需求函数化为 $P = 60 - Q_1 - Q_2$。

厂商 1 的决策：

由于厂商 1 面临的反需求函数为 $P = (60 - Q_2) - Q_1$，厂商 1 的边际收益为 $MR_1 = (60 - Q_2) - 2Q_1$，厂商 1 的边际成本为 $MC = 0$。

因为厂商 1 利润最大化条件为 $MR_1 = MC_1$，可得

$$(60 - Q_2) - 2Q_1 = 0$$

于是可得厂商 1 对于厂商 2 的反应函数为

$$Q_1 = 30 - \frac{1}{2}Q_2$$

同理,可得厂商 2 对于厂商 1 的反应函数为

$$Q_2 = 30 - \frac{1}{2}Q_1$$

联立两反应函数可得古诺均衡产量

$$Q_1^* = Q_2^* = 20$$

此时,市场上产品总产量为 $Q = 40$,价格为 $P = 20$,厂商收益为 $R_1 = R_2 = 400$(见图 27.2)。

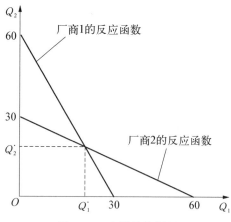

图 27.2 古诺均衡例子

27.1.2 多寡头古诺模型

假设现在处在古诺竞争的厂商有 n 家,那么市场总量为 $q = q_1 + \cdots + q_i + \cdots + q_n$。 那么厂商 i 的利润最大化条件为

$$MR_i(q_i) = MC_i(q_i) \tag{27-7}$$

由于

$$MR_i(q_i) = \frac{\partial(p \cdot q_i)}{\partial q_i} = p(q) + \frac{\partial p}{\partial q} \cdot q_i = p(q)\left(1 + \frac{\partial p}{\partial q} \cdot \frac{q_i}{p}\right) = p(q)\left(1 + \frac{\partial p}{\partial q} \cdot \frac{q}{p} \cdot \frac{q_i}{q}\right)$$

其中,市场需求弹性 $\varepsilon = \frac{p}{q} \cdot \frac{\partial q}{\partial p}$,令 $s_i = \frac{q_i}{q}$,为厂商 i 在市场总量中所占份额。

于是

$$MR_i(q_i) = p(q)\left(1 + \frac{\partial p}{\partial q} \cdot \frac{q}{p} \cdot \frac{q_i}{q}\right) = p(q)\left(1 - \frac{s_i}{|\varepsilon|}\right)$$

代入式(27-7),可得

$$p(q)\left(1 - \frac{s_i}{|\varepsilon|}\right) = MC_i(q_i) \tag{27-8}$$

或者式(27-8)可以表示成

$$p(q)\left(1 - \frac{1}{|\varepsilon|/s_i}\right) = MC_i(q_i) \tag{27-9}$$

其中,$|\varepsilon|/s_i$ 为厂商 i 面临的需求曲线的弹性;所占份额越小,厂商面临的需求曲线的弹性就越大。

如果 $s_i = 1$,表明一家厂商所占份额是 1,就是垄断厂商,这时式(27-9)变成垄断厂商利润最大化条件,即 $p\left(1 - \frac{1}{|\varepsilon|}\right) = MC$。

如果 $s_i=0$，$i=1$，…，n，表明任何一家厂商所占份额是 0，就是竞争性厂商，这时式 (27-9)变成竞争性厂商利润最大化条件，即 $p=MC$。

27.1.3　串谋

1. 利润最大化

串谋是指参与寡头竞争的厂商联合决定总产量以实现总利润最大化，然后再瓜分利润。串谋一起实行利润最大化并瓜分利润的厂商叫作**卡特尔**(cartel)。以双寡头为例。

因此，串谋后两家厂商面临的利润函数为

$$\pi_c=p(q_1+q_2)\cdot(q_1+q_2)-c_1(q_1)-c_2(q_2) \tag{27-10}$$

式(27-10)的最优化条件为

$$MR(q_1+q_2)=MC_1(q_1)=MC_2(q_2) \tag{27-11}$$

所以，最优化条件为

$$p(q_1^*+q_2^*)+\frac{\partial p}{\partial q}\cdot(q_1^*+q_2^*)=MC_1(q_1^*) \tag{27-12}$$

$$p(q_1^*+q_2^*)+\frac{\partial p}{\partial q}\cdot(q_1^*+q_2^*)=MC_2(q_2^*) \tag{27-13}$$

这就是串谋合作总利润最大化条件。其最优解 (q_1^*,q_2^*) 就是总利润最大化产量。

2. 违约动机

假设两厂商都按照总利润最大化产量 (q_1^*,q_2^*) 进行生产。那么厂商 1 增加产量，自己的利润变化量为

$$\frac{\partial\pi_1}{\partial q_1}=p(q_1^*+q_2^*)+\frac{\partial p}{\partial q}\cdot q_1^*-MC_1(q_1^*) \tag{27-14}$$

结合式(27-12)可得

$$\frac{\partial\pi_1}{\partial q_1}=p(q_1^*+q_2^*)+\frac{\partial p}{\partial q}\cdot q_1^*-MC_1(q_1^*)=-\frac{\partial p}{\partial q}\cdot q_2^* \tag{27-15}$$

由于 $\frac{\partial p}{\partial q}<0$，因此有

$$\frac{\partial\pi_1}{\partial q_1}>0$$

也就是说，在厂商 2 产量不变的条件下，厂商 1 增加产量可以增加自己的利润，即厂商 1 具有违约动机。对于厂商 2 也是如此。

例 27.2　两寡头厂商面临的产品市场的反需求函数为 $p(Y)=100-2Y$，两个厂商具有相同的成本函数为 $c(y_i)=4y_i$，$i=1$、2，$Y=y_1+y_2$。求：

（1）古诺均衡的价格和产量。

（2）卡特尔均衡时的价格和产量，并说明违约动机。

解：（1）厂商 1 的决策。

厂商 1 面临的反需求函数为：$p = (100 - 2y_2) - 2y_1$；

所以，厂商 1 边际收益函数为：$MR_1 = (100 - 2y_2) - 4y_1$。

由利润最大化条件：$MR_1 = MC_1$，可得

$$(100 - 2y_2) - 4y_1 = 4$$

所以，厂商 1 的反应函数为 $y_1 = 24 - \dfrac{y_2}{2}$。

厂商 2 的决策。

同理，可得厂商 2 的反应函数为 $y_2 = 24 - \dfrac{y_1}{2}$；

联立反应函数可得 $y_1^* = y_2^* = 16$，$Y = 32$。

市场均衡价格为 $p = 100 - 2 \times 32 = 36$。

（2）卡特尔时利润最大化条件为 $MR = MC_1 = MC_2$。

所以，可得 $100 - 4Y = 4 \Rightarrow Y^* = 24$，$p^* = 52$。

假设 Y^* 在两个厂商间分摊的量为 $\bar{y}_1$ 和 $\bar{y}_2$，$Y^* = \bar{y}_1 + \bar{y}_2$。

对于厂商 1 来说，没有违约时利润为 $\bar{\pi}_1 = 52\bar{y}_1 - 4\bar{y}_1 = 48\bar{y}_1$。

如果厂商 2 产量不变的条件下，厂商 1 违约，那么厂商 1 利润最大化产量为

$$\hat{y}_1 = 24 - \frac{\bar{y}_2}{2} = 24 - \frac{24 - \bar{y}_1}{2} = 12 + \frac{\bar{y}_1}{2}$$

违约后总产量为 $\hat{Y} = \hat{y}_1 + \bar{y}_2 = 12 + \dfrac{\bar{y}_1}{2} + 24 - \bar{y}_1 = 36 - \dfrac{\bar{y}_1}{2}$。

违约后市场价格为 $\hat{p} = 100 - 2\hat{Y} = 100 - 2\left(36 - \dfrac{\bar{y}_1}{2}\right) = 28 + \bar{y}_1$。

因此，违约后厂商 1 的利润为

$$\hat{\pi}_1 = \hat{p} \cdot \hat{y}_1 - 4\hat{y}_1 = (28 + \bar{y}_1)\left(12 + \frac{\bar{y}_1}{2}\right) - 4\left(12 + \frac{\bar{y}_1}{2}\right)$$

$$= (24 + \bar{y}_1)\left(12 + \frac{\bar{y}_1}{2}\right) = \frac{1}{2}(24 + \bar{y}_1)^2$$

违约时利润与不违约时的利润之差为

$$\hat{\pi}_1 - \bar{\pi}_1 = \frac{1}{2}(24 + \bar{y}_1)^2 - 48\bar{y}_1 = \frac{1}{2}(24 - \bar{y}_1)^2 \geqslant 0$$

所以，实行卡特尔时每家厂商都有违约动机。

27.2　斯塔克尔伯格模型

如果一家厂商在知道另一家厂商的产量情况下选择自己的产量以实现利润最大化,那么这种寡头叫作**斯塔克尔伯格模型**(stackelberg)。先行决策产量的厂商叫作**产量领导者**(quantity leader),根据其他厂商的产量来选择自己产量的厂商叫作**产量跟随者**(quantity follower)。

假设厂商 L 是产量领导者,选择的产量为 q_L。厂商 F 是产量跟随者,选择的产量为 q_F。两个厂商面临的市场需求函数为 $p(q)$,其中 $q = q_L + q_F$。

27.2.1　产量跟随者的决策

产量跟随者的利润函数为

$$\pi_F = p(q_L + q_F)q_F - c_F(q_F) \tag{27-16}$$

根据利润最大化条件:$MR_F = MC_F$,可得

$$p(q_L + q_F) + \frac{\partial p}{\partial q_F} \cdot q_F = MC_F \tag{27-17}$$

显然,跟随者产量的选择与领导者现行选择的产量有关,所以,由式(27-17)可得

$$q_F = q_F(q_L) \tag{27-18}$$

式(27-18)就是产量跟随者对于产量领导者的反应函数。

27.2.2　产量领导者的决策

假设产量领导者了解厂商跟随者的产量选择决策,即知道跟随者的反应函数,那么,产量领导者的利润函数为

$$\pi_L = p(q_L + q_F(q_L))q_L - c_L(q_L) \tag{27-19}$$

根据利润最大化条件:$MR_L = MC_L$,可得产量领导者的最优产量 q_L^*,把它代入式(27-18)即可得产量跟随者的最优产量 q_F^*。

例 27.3　市场上存在两家厂商生产产品,消费者对产品的需求函数为 $Q = 60 - P$,厂商 1 生产产量为 Q_1,厂商 2 生产产量为 Q_2,厂商 1 为产量领导者,厂商 2 为产量跟随者,两家厂商生产边际成本均为零,求两厂商的均衡产量、市场价格及利润。

解: 厂商 2 的决策。

厂商 2 面临的反需求函数为 $p = (60 - Q_1) - Q_2$,所以厂商 2 的边际收益函数为 $MR_2 = (60 - Q_1) - 2Q_2$,而厂商 2 的边际成本为 $MC_2 = 0$。

由厂商 2 的利润最大化条件:$MR_2 = MC_2$,可得

$$(60 - Q_1) - 2Q_2 = 0$$

所以,可得厂商 2 的反应函数为 $Q_2 = 30 - \dfrac{1}{2}Q_1$。

厂商 1 的决策。

此时厂商 1 面临的反需求函数为

$$p = 60 - Q_1 - Q_2 = 60 - Q_1 - \left(30 - \dfrac{1}{2}Q_1\right) = 30 - \dfrac{1}{2}Q_1$$

所以厂商 1 的边际收益函数为 $MR_1 = 30 - Q_1$。

而厂商 1 的边际成本为 $MC_1 = 0$。

由厂商 1 的利润最大化条件 $MR_1 = MC_1$,可得

$$MR_1 = 30 - Q_1 = 0$$

由此,厂商 1 的产量为 $Q_1 = 30$,厂商 2 的产量为 $Q_2 = 15$。 市场价格为 $p = 15$,厂商 1 的利润为 $\pi_1 = 450$,厂商 2 的利润为 $\pi_2 = 225$。

例 27.4　某最终产品市场只有两家厂商,其中厂商 1 是产量领导者,而厂商 2 是产量跟随者。厂商 1 生产最终产品 y 需要厂商 3 生产的 x 作为生产要素,而且其生产函数为 $y_1 = 2x$,并且厂商 3 是卖方垄断且实行一般垄断定价,而厂商 3 生产 x 具有不变的单位边际成本,恒为 20(厂商 3 的产品只供给厂商 1,不供给厂商 2,厂商 1 没有其他成本)。厂商 2 生产产品 y 具有不变的单位边际成本,恒为 40。最终产品的市场需求函数为 $y = 100 - p$。 请问:厂商 3 对产品 x 的定价为多少? 最终产品 y 的均衡价格为多少? 最终产品的市场均衡量为多少?

解:题目所示的整个产量生产销售流程如图 27.3 所示。

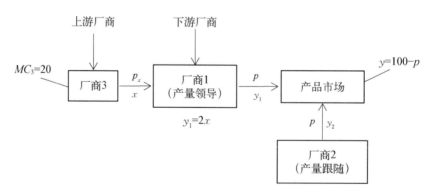

图 27.3　例 27.4 生产销售产品流程图

记厂商 1 的产量为 y_1,厂商 2 的产量为 y_2,产品价格为 p,要素 x 价格为 p_x。

(1) 产品市场上的均衡。

① 产量跟随者厂商 2 的决策。

由厂商 2 面临的反需求曲线 $p = (100 - y_1) - y_2 \Rightarrow MR_2 = (100 - y_1) - 2y_2$。

而厂商 2 面临的边际成本为 $MC_2 = 40$。

由厂商 2 利润最大化条件 $MR_2 = MC_2$，可得

$$(100 - y_1) - 2y_2 = 40$$

所以，厂商 2 对于厂商 1 的反应函数为

$$y_2 = 30 - \frac{y_1}{2}$$

② 产量领导者厂商 1 的决策。

由厂商 1 面临的反需求曲线 $p = 100 - y_1 - \left(30 - \dfrac{y_1}{2}\right) \Rightarrow MR_1 = 70 - y_1$。

厂商 1 的边际成本为 $MC_1 = \dfrac{p_x}{2}$。

由厂商 1 的利润最大化条件 $MR_1 = MC_1$，可得

$$70 - y_1 = \frac{p_x}{2}$$

化简可得

$$y_1 = 70 - \frac{p_x}{2}$$

（2）要素市场上的均衡。

上游卖方垄断厂商 3 的决策如下。

由 $y_1 = 70 - \dfrac{p_x}{2}$ 可得厂商 3 面临的反需求函数：$p_x = 140 - 4x$。

于是厂商 3 的边际收益函数为：$MR_3 = 140 - 8x$。

厂商 3 的边际成本为：$MC_3 = 20$。

由厂商 3 的利润最大化条件 $MR_3 = MC_3$ 可得：$x = \dfrac{120}{8} = 15$。

从而 $p_x = 140 - 4x = 80$，$y_1 = 30$，$y_2 = 15$，$y = 45$，$p = 55$。

27.3　伯特兰模型

假设参与博弈的厂商是价格的联合制定者（同时制定者），而销售数量由市场决定，那么这种定价模型称为伯特兰模型（以法国经济学家 Bertrand 命名）。

在该模型下，假设两家厂商边际成本相同，生产的产品为完全替代，两家寡头厂商同时设定价格。如果各厂商都有足够的市场供给能力，为了争夺整个市场，厂商会相互竞价直到价格等于边际成本（这里隐含认为厂商边际成本相等，否则高边际成本的厂商会被挤出市

场）。这种与完全竞争市场中价格等于边际成本一样的现象也称为寡头垄断市场中的"伯特兰悖论"，现实中考虑到产能约束和信息等客观条件，"伯特兰悖论"实际上不容易发生。

27.4　价格领导模型

价格领导者（price leader）先确定产品价格，然后由价格跟随者（price follower）根据价格领导者来决定自己生产的产量以实现自己的利润最大化，这种寡头定价模型叫作价格领导模型。

价格领导模型的决策过程如下：① 价格领导者先确定价格；② 价格跟随者根据这一价格确定自己的产量；③ 领导者根据自己面临的需求函数决定自己的销售量。

27.4.1　价格跟随者的决策

假设价格领导者确定的价格为 p，那么价格跟随者的利润函数为

$$\pi_F = p \cdot q_F - c_F(q_F) \qquad (27-20)$$

由价格跟随者利润最大化条件 $MR_F = MC_F$，可得

$$p = MC_F(q_F) \qquad (27-21)$$

即价格跟随者按照价格领导者确定的价格等于边际成本来确定自己的产量，就是价格跟随者的供给曲线 $S_F(p)$，如图 27.4 所示。

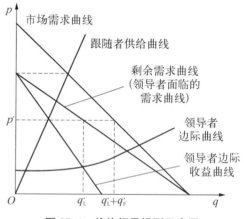

图 27.4　价格领导模型示意图

27.4.2　价格领导者的决策

因为价格领导者设定价格 p 时，价格跟随者的供给量为 $S_F(p)$，那么价格领导者能够出售的产量为

$$R(p) = D(p) - S_F(p) \qquad (27-22)$$

其中，$D(p)$ 为市场需求函数。

式（27-22）就叫剩余需求曲线，即价格领导者面临的需求曲线。

于是，价格领导者的利润函数为

$$\pi_L = R^{-1}(p) \cdot q_L - c_L(q_L)$$

其中，$R^{-1}(p)$ 为剩余需求曲线的反函数，即剩余反需求曲线。

由价格领导者的利润最大化条件 $MR_L = MC_L$ 可得价格领导者的最优生产量 q_L^*（见图27.4），把价格领导者的最优生产量 q_L^* 代入剩余需求曲线可得市场价格 p^*，由价格 p^* 可以

得到总市场销量。

例 27.5　假设市场需求函数为 $Q = a - bp$，价格跟随者的成本函数为 $C_F = \dfrac{1}{2}Q_F^2$，价格领导者的生产边际成本为常数 c，求均衡市场价格。

解：假设给定领导者设定的价格为 p。

（1）价格跟随者决策。

根据 $MR_F = MC_F$，可得价格跟随者供给曲线为

$$Q_F = p$$

（2）价格领导者决策。

价格领导者面临的需求曲线为：$Q_L = Q - Q_F = a - (b+1)p$。

可得领导厂商边际收益为：$MR_L = \dfrac{a}{b+1} - \dfrac{2Q_L}{b+1}$。

由边际收益等于边际成本：$\dfrac{a}{b+1} - \dfrac{2Q_L}{b+1} = c$，

所以，$Q_L = \dfrac{a - c(b+1)}{2}$，代入剩余需求函数可得市场价格为

$$p = \frac{a + c(b+1)}{2(b+1)}$$

27.5　四种模型均衡解比较

如今已经讨论了古诺竞争模型、斯塔克尔伯格模型、伯特兰模型和价格领导模型。

提出串谋时市场均衡价格最高，产量最小；伯特兰均衡价格最小，产量最大；其余介于两者之间。

古诺竞争模型、斯塔克尔伯格模型和价格领导模型均衡时价格大于厂商的边际成本，而伯特兰模型均衡时价格等于边际成本，如表 27.1 所示。

表 27.1　四种寡头垄断模型

	同时博弈	序贯博弈
产量决策	古诺模型 （$p > MC$）	斯塔克尔伯格模型 （$p > MC$）
价格决策	伯特兰模型 （$p = MC$）	价格领导 （$p > MC$）

27.6 思考练习题

（1）市场上存在 2 家厂商生产产品，消费者对产品需求函数为 $Q = 100 - P$，厂商 1 生产产量为 Q_1，厂商 2 生产产量为 Q_2。2 家厂商生产边际成本均为 10。厂商追求利润最大化。

① 2 家厂商同时设定产量，求两厂商均衡产量。

② 厂商 1 先设定产量，求两厂商的均衡产量。

（2）两寡头厂商面临的产品市场的反需求函数为 $p(Y) = 100 - Y$。厂商 1 具有的成本函数为：$c(y_1) = 0.5y_1^2 + 10$，厂商 2 具有的成本函数为：$c(y_2) = 0.25y_2^2 + 2y_2 + 20$，$Y = y_1 + y_2$。求：

① 古诺均衡的价格和产量。

② 卡特尔均衡时的价格和产量，并说明违约动机。

（3）某最终产品市场只有 2 家厂商，其中厂商 1 是产量领导者，而厂商 2 是产量跟随者。厂商 1 生产最终产品 y 需要厂商 3 生产的 x 作为生产要素，其生产函数为 $y_1 = 2x$，并且厂商 3 是卖方垄断且实行一级价格歧视，而厂商 3 生产 x 具有不变的单位边际成本，恒为 60（厂商 3 的产品只供给厂商 1，不供给厂商 2，厂商 1 没有其他成本）。厂商 2 生产产品 y 具有不变的单位边际成本，恒为 40。最终产品的市场需求函数为 $y = 100 - p$。请问：厂商 3 对产品 x 的定价为多少？最终产品 y 的均衡价格为多少？最终产品的市场均衡量为多少？

（4）某最终产品市场只有 2 家厂商，其中厂商 1 是产量领导者，而厂商 2 是产量跟随者。厂商 1 生产最终产品 y 需要厂商 3 生产的 x 作为生产要素，其生产函数为 $y_1 = 2x$，并且厂商 3 是卖方垄断且两部定价，而厂商 3 生产 x 具有不变的单位边际成本，恒为 20（厂商 3 的产品只供给厂商 1，不供给厂商 2，厂商 1 没有其他成本）。厂商 2 生产产品 y 具有不变的单位边际成本，恒为 40。最终产品的市场需求函数为 $y = 100 - p$。请问：厂商 3 对产品 x 的定价为多少？最终产品 y 的均衡价格为多少？最终产品的市场均衡量为多少？

（5）假设世界只有 2 个国家：本国和外国。本国只有 1 家生产钢铁的企业，其生产钢铁的成本函数为 $C(Q_d) = Q_d^2$，本国市场对钢铁的反需求函数为 $p = 100 - Q$。外国也只有 1 家生产钢铁的企业，其生产钢铁的成本函数为 $C(Q_f) = \frac{1}{3}Q_f^2$，外国市场对钢铁的反需求函数为 $p = 200 - Q$。如果本国政府禁止钢铁进口，但允许出口；而外国政府实行自由贸易。假设在国外市场上国外企业为产量领导者，本国企业为产量跟随者，求均衡时两家钢铁企业各自的产量以及国内外钢铁市场的均衡价格。

（6）2 家厂商生产同质商品并且具有相同的成本函数 $C(Q) = F + \frac{1}{2}Q^2$。厂商 A 的产品可以在 2 个市场销售：市场 1 为完全竞争市场，市场 2 中，厂商 A 与厂商 B 处于古诺产量竞争均衡；厂商 B 的产品只在市场 2 销售。市场 2 的反需求函数为 $p_2 = 200 - q_A - q_B$。

① 若市场 1 的价格为 50，求 A、B 厂商的利润以及相应两个市场的产量。

② 若市场 1 的价格上升为 55,求 A、B 厂商的利润以及相应两个市场的产量;将该结果与前一问的结果进行比较。

(7) 2 家双寡头厂商 A 和 B 生产同质的商品且具有相同的成本函数 $C(Q) = 0.5Q^2$。厂商 A 和 B 生产的产品全都在 2 个相互分割的市场 1 和市场 2 上销售(即实行三级价格歧视),市场 1 上的消费者对产品的需求函数为 $Q = 30 - P$,市场 2 上的消费者对产品的需求函数为 $Q = 40 - P$。2 个厂商在 2 个市场上实行古诺产量竞争。

① 求 2 个市场上产品的销售价格及每个厂商的销量。

② 如 2 个厂商实行卡特尔,求 2 个市场上产品的销售价格及每个厂商的产量。

(8) 假设劳动力市场为双买方寡头,劳动力供给函数为 $\omega = 10 + L$;寡头厂商 1 的生产函数为 $Q_1 = -0.5L_1^2 + 75L_1$,其中 L_1 为厂商 1 在劳动力市场上雇用的劳动量,Q_1 为厂商 1 的生产产品数量,其竞争性价格为 2;寡头厂商 2 的生产函数为 $Q_2 = -L_2^2 + 120L_2$,其中 L_2 为厂商 2 在劳动力市场上雇用的劳动量,Q_2 为厂商 2 的生产产品数量,其竞争性价格为 1。求:

① 如果厂商 1 和 2 在劳动力市场上同时决策雇用劳动量,劳动力市场的均衡劳动力价格以及 2 个厂商雇用的劳动量;

② 如果厂商 1 在劳动力市场上是雇用劳动量领导者,厂商 2 是雇用劳动量跟随者,劳动力市场的均衡劳动力价格以及 2 个厂商雇用的劳动量;

③ 如果厂商 1 和厂商 2 形成卡特尔,劳动力市场的均衡劳动力价格以及 2 个厂商雇用的劳动量。

第28章

博弈论

寡头理论阐述了厂商之间策略互动的经典经济理论,但是现实中很多经济主体是以各种各样的方式进行策略性互动的,因此,需要运用博弈论对策略互动进行一般性分析。作为经济专业的学生,博弈论应该作为一门单独的课程来学习。在中级微观经济学中,我们仅介绍一些基本概念和初步的应用,有兴趣的同学可以参考其他教材进一步学习。本章主要介绍博弈论的有关基本概念,有关博弈均衡求解及其应用将在下一章展开。

28.1 博弈的基本概念

在一个博弈里涉及很多基本概念:参与人(players)、行动(actions)、行动顺序(order of play)、信息(information)、策略(strategies)、收益(payoffs)、结果(outcomes)和均衡(equilibrium)等。

28.1.1 参与人

博弈里的**参与人**是指能够做决策且其决策会影响其他参与人收益的个体。所有参与博弈的参与人的目标是通过选择自己的行动追求自己的效用最大化。

价格接受者厂商或消费者由于他们的销售量或者消费量对其他厂商的收益没有影响,所以,价格接受者厂商或消费者不能作为博弈的参与人,而叫作非参与人。"自然"也是一个非参与人,因为它是以一种机械般的方式按照特定的概率随机出现某种行动,不以参与人的意志为转移。

28.1.2 行动

博弈人的一个**行动**是指博弈参与人能够做的某一选择。

行动集(action set)是指某个博弈人能够采取的所有行动的集合。博弈人 i 的行动集记为 $A_i = \{a_i\}$。

行动组合(action profile)是指一个博弈中每个博弈人都选择一个行动所组成的有序集,记为 $a = (a_1, \cdots a_i \cdots, a_n)$,其中 a_i 表示第 i 个参与人的行动。

28.1.3 行动顺序

博弈的行动顺序是指博弈参与人从行动集合中选择自己行动的先后次序,可以分为"同时(simultaneously)"和"序贯(sequential)"。"同时"是指博弈参与人同时从其相应的行动集选择自己的行动,这里的"同时"不是指选择自己行动的时间上相同,而是指选择自己的行动时不了解其他博弈人的行动,而"序贯"是指博弈参与人了解其他博弈人的行动后再选择自己的行动。

28.1.4 信息

信息集(information set)是指在博弈的某个时间点上对于不同变量的取值的了解。在对称信息(symmetric information)博弈中,任何一个博弈参与人在任何时间点上的信息集至少包括与其他博弈参与人的信息集相同的元素。否则就是不对称信息博弈。

28.1.5 策略

博弈参与人的**策略**是指在某个信息集下博弈参与人行动的规则,即按照自己的行动规则从行动集中选择自己的行动。也就是说决策决定了博弈参与人的行动选择。

参与人的**策略集**(strategy set)是指参与人的可行策略的集合,记为 $S_i = \{s_j\}$, $j = 1, \cdots, m$。

博弈的**策略组合**(strategy profile)是指参与博弈的 n 个参与人每人选择一个策略所组成的一个有序集,记为 $S = (s_1, \cdots, s_i, \cdots s_n)$。

28.1.6 收益

某个参与人的**收益**是指:

(1) 在所有参与人和自然都选择了各自的策略且完成博弈后,参与人 i 获得的收益,记为 $\pi_i = \pi_i(s_1, \cdots, s_n)$。

(2) 期望收益。

28.1.7 结果

一个博弈的**结果**是指某个博弈结束后,建模者从行动、收益和其他变量中挑选出来的一组建模者感兴趣的要素的集合。结果不等于收益,收益是指博弈结束后给参与人带来的效用,而结果既包括效用,也包括其他有关要素。

28.1.8 均衡

博弈的**均衡组合**是指所有参与人在最大化自己的收益时所采取的策略组合。就是说,均衡是在策略集上定义的,是每个参与人的最优策略组成的一个组合。由均衡组合所形成的结果就叫作均衡结果。

28.2　策略式博弈

28.2.1　策略式博弈的定义

策略式博弈(strategy game)又叫标准型博弈(normal from game),由以下三个要素构成。

(1)博弈的参与人。

(2)每个参与人的行动集或者策略集。

(3)每个行动组合对应的每个参与人的收益集。

所以,对于策略式博弈我们用收益矩阵来表示(见表 28.1)。

例 28.1　请看表 28.1。

表 28.1　博弈的收益矩阵

企业 2

		15	20
企业 1	15	450, 450	375, 500
	20	500, 375	400, 400

其中,收益矩阵中的第一列为企业 1 的收益,第二列为企业 2 的收益。

那么,该博弈中,博弈的参与人为企业 1 和企业 2;企业 1 的行动集合为(15, 20),企业 2 的行动集合为(15, 20);行动组合为(15, 15),(15, 20),(20, 15),(20, 20),其中第一个数字为企业 1 的行动,第二个数字为企业 2 的行动;对应的收益为(450, 450),(375, 500),(500, 375),(400, 400),其中第一个数字为企业 1 的收益,第二个数字为企业 2 的收益。

28.2.2　最优反应与占优策略

对于某个策略组合 $s = (s_1, \cdots, s_{i-1}, s_i, s_{i+1}, \cdots, s_n)$,那么

$$s_{-i} = (s_1, \cdots, s_{i-1}, s_{i+1}, \cdots, s_n) \tag{28-1}$$

称为参与人 i 外所有其他参与人的策略。

给定所有其他参与人的策略 s_{-i},那么参与人 i 的**最优反应**(best response)是指从自己的策略集选择使得自己收益最大的策略,记为 s_i^*,即

$$U_i(s_i^*, s_{-i}) \geqslant U_i(s_i', s_{-i}) \quad \forall s_i' \neq s_i^* \tag{28-2}$$

如果无论其他参与人选择什么策略,参与人的选择策略 s_i^* 所带来的收益总是大于选择策略 s_i' 所带来的收益,即

$$U_i(s_i^*, s_{-i}) > U_i(s_i', s_{-i}) \quad \forall s_{-i}, \quad \forall s_i' \neq s_i^* \tag{28-3}$$

那么参与人的策略 s_i^* 是策略 s_i' 的**占优策略**（dominant strategy）。

例 28.2 收益矩阵如表 28.2 所示。

表 28.2 博弈的收益矩阵

参与人 B

		U	M	D
参与人 A	L	8, 6	9, 4	6, 8
	R	6, 3	4, 4	5, 5
	W	9, 5	5, 6	3, 4

举例说明最优反应和找出占优策略。

解：参与人 B 选择 U 策略时，参与人 A 选择 W 策略的收益为 9，大于选择 R 策略时的收益 6 和选择 L 策略时的收益 8，所以，在给定参与人选择 U 策略的条件下，W 策略是参与人 A 的最优反应。

当参与人 B 选择 U 这个策略时，参与人 A 选择 L 这个策略的收益是 8，选择 R 这个策略的收益是 6，8>6；当参与人 B 选择 M 这个策略时，参与人 A 选择 L 这个策略的收益是 9，选择 R 这个策略的收益是 4，9>4；当参与人 B 选择 D 这个策略时，参与人 A 选择 L 这个策略的收益是 6，选择 R 这个策略的收益是 5，6>5。所以，对参与人 A 来说，L 这个策略是 R 这个策略的占优策略。

28.2.3 纳什均衡

在某博弈中，如果策略组合 $s^* = (s_1^*, s_2^*, \cdots, s_n^*)$ 中任何一个参与人 i 的策略 s_i^* 都是其他参与人的策略组合 $s_{-i}^* = (s_1^*, s_2^*, \cdots, s_{i-1}^*, s_{i+1}^*, \cdots, s_n^*)$ 的最优反应，即 $u_i(s_1^*, s_2^*, \cdots, s_{i-1}^*, s_i^*, s_{i+1}^*, \cdots s_n^*) \geqslant u_i(s_1^*, s_2^*, \cdots, s_{i-1}^*, s_i', s_{i+1}^*, \cdots s_n^*)$，$i = 1, \cdots, n$，那么策略组合 $s^* = (s_1^*, s_2^*, \cdots, s_n^*)$ 就是一个**纳什均衡**（Nash equilibrium）。

或者，如果在某博弈的策略组合 $s^* = (s_1^*, s_2^*, \cdots, s_n^*)$ 中，在其他参与人都不改变自己的策略的条件下，没有参与人有动机去改变自己的策略，那么策略组合 $s^* = (s_1^*, s_2^*, \cdots, s_n^*)$ 就称为一个**纳什均衡**。

例 28.3 请看收益矩阵表 28.3。

表 28.3 博弈的收益矩阵

参与人 B

		U	D
参与人 A	L	4, 5	3, 2
	R	2, 1	1, 2

求纳什均衡解。

解：该博弈的策略组合 $s = (L, U)$，当参与人 B 选择策略 U 时，参与人 A 的最优反应

为策略 L；当参与人 A 选择策略 L 时，参与人 B 的最优反应为策略 U。所以策略组合 $s = (L, U)$ 是该博弈的一个纳什均衡。或者，对于该博弈的策略组合 $s = (L, U)$，当参与人 B 选择策略 U 不变时，参与人 A 的策略没有动机从策略 L 变成策略 R；当参与人 A 选择策略 L 不变时，参与人 B 的策略没有动机从策略 U 变成策略 D。所以策略组合 $s = (L, U)$ 是该博弈的一个纳什均衡。

例 28.4 请看收益矩阵表 28.4。

表 28.4 博弈的收益矩阵

参与人 B

		U	D
参与人 A	L	4, 5	3, 2
	R	2, 1	4, 2

求纳什均衡解。

解： 由例 28.3 可知，策略组合 (L, U) 是一个纳什均衡。

同理，当参与人 B 选择策略 D 时，参与人 A 的最优反应为策略 R；当参与人 A 选择策略 R 时，参与人 B 的最优反应为策略 D。所以，策略组合 (R, D) 也是该博弈的一个纳什均衡。

因此，该博弈有两个纳什均衡：(L, U) 和 (R, D)。

例 28.5 求下列收益矩阵（见表 28.5）的纳什均衡解。

表 28.5 博弈的收益矩阵

参与人 B

		B_1	B_2	B_3	B_4	B_5
参与人 A	A_1	9, 6	5, 4	4, 2	6, 7	2, 1
	A_2	7, 5	4, 7	3, 2	5, 3	1, 10
	A_3	5, 3	6, 8	6, 3	4, 3	1, 2
	A_4	8, 9	7, 3	7, 5	4, 4	5, 3

解： 由于参与人 A 的策略 A_1 是策略 A_2 的占优策略，策略 A_4 是策略 A_3 的占优策略，所以，参与人 A 不可能选择策略 A_2 和策略 A_3，于是收益矩阵可以变为：

参与人 B

		B_1	B_2	B_3	B_4	B_5
参与人 A	A_1	9, 6	5, 4	4, 2	6, 7	2, 1
	A_4	8, 9	7, 3	7, 5	4, 4	5, 3

对于上述博弈矩阵而言，参与人 B 的策略 B_1 或者 B_4 是策略 B_2、B_3 和 B_5 的占优策略，所以，参与人 B 不可能选择策略 B_2、B_3 和 B_5，于是收益矩阵又可以变为：

参与人 B

		B_1	B_4
参与人 A	A_1	9, 6	6, 7
	A_4	8, 9	4, 4

根据纳什均衡定义可得,策略组合(A_1, B_4)是该博弈唯一的一个纳什均衡。

28.2.4　混合纳什均衡

上述所讲的纳什均衡中,每个参与人都是百分之百地选择某种策略,即每个参与人只选择一种策略且不会单方面改变这个选择,这种策略就叫**纯策略**,相应的均衡叫**纯纳什均衡**。

但是有时候参与人的策略选择会随机化——按照一定的概率对策略进行选择。例如 2 个人掷 2 枚均质硬币,当 2 枚硬币朝向方向相同时,参与人 B 向参与人 A 支付 1 元,反之,当 2 枚硬币朝向方向相反时,参与人 A 向参与人 B 支付 1 元,收益矩阵如表 28.6 所示。当参与人 A 选择"正"时,参与人 B 选择"反"收益最大;参与人 A 选择"反"时,参与人 B 选择"正"收益最大,这一博弈不存在纯粹纳什均衡。而参与人 A 可能有 50% 的概率选择"正",50% 的概率选择"反";参与人 B 可能有 50% 的概率选择"正",50% 的概率选择"反",这种策略就叫作**混合策略**。

表 28.6　不存在纯粹纳什均衡的博弈

参与人 B

		正	反
参与人 A	正	1, -1	-1, 1
	反	-1, 1	1, -1

混合策略的定义如下:

对于参与人 i,混合策略是其策略集 S_i 的每个策略 $s_i \in S_i$ 都按照一个概率 $\sigma_i(s_i) \geqslant 0$ 且 $\sum_{s_i \in S_i} \sigma_i(s_i) = 1$ 进行选择。

混合策略纳什均衡:如果对于某博弈的所有参与人 i,$u_i(\sigma^*) \geqslant u_i(\sigma_i, \sigma_{-i}^*), \forall \sigma_i \in \{\sigma_i\}$,那么 σ^* 为一个混合策略的纳什均衡。

等收益原则:如果 σ^* 为一个混合策略的纳什均衡,σ_{-i}^* 为参与人 i 以外其他参与人的均衡概率分布,参与人 i 的策略集为 $(s_i^1, \cdots, s_i^j, \cdots, s_i^m)$,那么有

$$u_i(s_i^1, \sigma_{-i}^*) = \cdots = u_i(s_i^j, \sigma_{-i}^*) = \cdots = u_i(s_i^m, \sigma_{-i}^*)$$

等收益原则告诉我们:当博弈处于混合策略纳什均衡时,参与人从其策略集中选择任何一个策略是无差异的,即效用是一样。所以,根据等收益原则可以很容易地寻找混合纳什均衡。

例 28.6　参与人 1 和参与人 2 的收益矩阵如表 28.7 所示,求解这一博弈的混合纳什均衡。

表 28.7 混合策略纳什均衡

参与人 2

		左	右
参与人 1	上	1, 2	0, 4
	下	0, 5	3, 2

解：当参与人 1 选择"上"时，参与人 2 选择"右"；参与人 1 选择"下"时，参与人 2 选择"左"。当参与人 2 选择"左"时，参与人 1 选择"上"；参与人 2 选择"右"时，参与人 1 选择"下"。可见这一博弈不存在纯粹纳什均衡。

假设参与人 1 选择"上"的概率为 π_U，参与人 2 选择"左"的概率为 π_L。那么参与人 1 选择"下"的概率为 $1-\pi_U$，参与人 2 选择"右"的概率为 $1-\pi_L$。

参与人 1 选择"上"获得的期望收益为 $E\pi_U^1 = \pi_L \cdot 1 + (1-\pi_L) \cdot 0$；

参与人 1 选择"下"获得的期望收益为 $E\pi_D^1 = \pi_L \cdot 0 + (1-\pi_L) \cdot 3$。

根据等收益原则，可得

$$\pi_L \cdot 1 + (1-\pi_L) \cdot 0 = \pi_L \cdot 0 + (1-\pi_L) \cdot 3 \Rightarrow \pi_L^* = \frac{3}{4}$$

同理，参与人 2 选择"左"获得的期望收益为 $E\pi_L^2 = \pi_U \cdot 2 + (1-\pi_U) \cdot 5$；

参与人 2 选择"右"获得的期望收益为 $E\pi_R^2 = \pi_U \cdot 4 + (1-\pi_U) \cdot 2$。

根据等收益原则，可得

$$\pi_U \cdot 2 + (1-\pi_U) \cdot 5 = \pi_U \cdot 4 + (1-\pi_U) \cdot 2 \Rightarrow \pi_U^* = \frac{3}{5}$$

由上述分析可以得出 $\sigma_1 = \left(\frac{3}{5}, \frac{2}{5}\right)$，$\sigma_2 = \left(\frac{3}{4}, \frac{1}{4}\right)$ 就是一个混合策略纳什均衡。

即该博弈混合纳什均衡为参与人 1 以 $\frac{3}{5}$ 的概率选择"上"，以 $\frac{2}{5}$ 的概率选择"下"；参与人 2 以 $\frac{3}{4}$ 的概率选择"左"，以 $\frac{1}{4}$ 的概率选择"右"。

28.2.5 重复博弈

上述讨论的博弈只考虑进行一次博弈。如果相同的参与人重复地进行这个博弈，那么结果可能会不一样。在重复博弈下，每个参与人可能面临新的可选择策略。参与人在观察到对方第一轮的策略后会根据对方"违约或背信"与否，来决定自己在第二轮博弈中是否采取惩罚措施。所以，在一个重复博弈中，每个参与人会有动机建立合作的声誉，从而激励博弈对方不违约。

重复博弈根据次数是否有限分为"有限次重复博弈"和"无限次重复博弈"。

首先，考虑"有限次重复博弈"。

"有限次重复博弈"下,由于最后一次博弈与单次博弈一样(见表 28.8),每个参与人都会选择 20 这个策略。由于倒数第二次博弈时博弈参与人都能够预测最后一次博弈与单次博弈一样,所以倒数第二次博弈结果与单次博弈一样。以此类推,有限次重复博弈的每次博弈结果与单次一样。

下面考虑"无限次重复博弈"。

以表 28.8 的收益矩阵为例,假设市场利率为 r。 两个人约定均选择产量为 15 的策略,当博弈为"无限次重复博弈"时,参与人选择不违约获得的收益为

$$R_1 = 450 + \frac{450}{1+r} + \frac{450}{(1+r)^2} + \cdots = 450 + \frac{450}{r}$$

参与人如果从第一轮开始违约选择了产量为 20 的策略,另一参与人为了惩罚违约者,将从第二轮开始永久选择产量为 20 的策略,那么参与人违约时获得的收益为

$$R_2 = 500 + \frac{400}{1+r} + \frac{400}{(1+r)^2} + \cdots = 500 + \frac{400}{r}$$

参与人将通过衡量获得的收益大小决定违约与否,当 $R_2 > R_1 \Rightarrow 500 + \frac{400}{r} > 450 + \frac{450}{r}$,即利率 $r > 1$ 时,参与人将选择违约。

表 28.8 博弈的收益矩阵

		厂商 2	
		15	20
厂商 1	15	450, 450	375, 500
	20	500, 375	400, 400

28.3 扩展式博弈

28.3.1 扩展式博弈的概念

除了策略式博弈外还有一种扩展式(extensive form)博弈。该博弈适合用于分析动态博弈过程,主要关注参与人行动的先后次序及策略时所掌握的信息集。理解扩展式博弈需要了解的构成要素有以下几个。

结(node)是指在扩展式博弈中某个参与人或者自然决策行动的时间点,包括博弈结束的时间点。

后续结(successor)是指在扩展式博弈中到达某个结后才有可能在随后的博弈中出现的结。

前续结(predecessor)是指在扩展式博弈中到达某个结前必须到达的结。

起始结(starting node)是指不存在前续结的结。

终点结(end node)是指不存在后续结的结。

枝(branch)是指一个特定结上某参与人的行动集中的一个行动。

路径(path)是指从起始结到终点结由结和枝所组成的系列。

理解了这些概念后,就可以定义扩展式博弈了。扩展式是对博弈的一种描述,由以下几方面组成。

(1) 由结和枝所组成的从单个起始结开始直至终点结的整体结构,其中不存在闭合环(closed loops)。

(2) 每个结点上都需要明确说明由哪个参与人决策。

(3) 由自然做选择的结点上有选择不同枝的概率。

(4) 参与人做决策时所依据的信息集,信息集把参与人在某结点分成若干类。

(5) 在终点结上每个参与人的收益。

通常,扩展式博弈用博弈树(game tree)表示。

例 28.7 请见图 28.1。

在起始结 A,参与人 A 的行动集为 (L, R),所以在该结点有两枝 L 和 R。 在结点 B_1 和 B_2,参与人 B 充分了解参与人 A 在起始结 A 时的策略是 L 还是 R。 在终点结显示了两个参与人的收益,第一列为参与人 A 的收益,第二列为参与人 B 的收益。

由于参与人 B 做决策时完全了解参与人 A 的信息,所以,图 28.1 的博弈是**动态**(dynamic)**博弈**。

例 28.8 请见图 28.2。

图 28.2 中的椭圆表示参与人 A 行动后参与人 B 不知道参与人 A 的行动是 L 还是 R,因此,图 28.2 的博弈是**静态**(static)**博弈**。

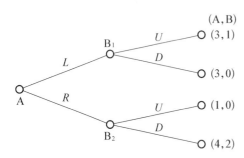

图 28.1 博弈树表示扩展式博弈

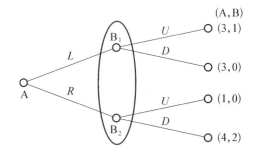

图 28.2 博弈树表示扩展式博弈

28.3.2 策略式博弈与扩展式博弈间的转换

策略式博弈与扩展式博弈间可以相互转化。

1. 从策略式博弈到扩展式博弈

给定一个策略式博弈,一般来说,存在若干与此相对应的扩展式博弈。由于策略式博弈是同时博弈,因此,在转化为扩展式博弈时需要注意信息集,要把一个参与人对另一个参与人的不确定的策略用椭圆圈起来或者用虚线连接。

例 28.9 把表 28.9 所示的策略式博弈转化为扩展式博弈。

表 28.9 博弈的收益矩阵

参与人 B

		U	D
参与人 A	L	4, 5	3, 2
	R	2, 1	1, 2

解： 参与人 A 首先做决策的情况（见图 28.3）。

参与人 B 首先做决策的情况（见图 28.4）。

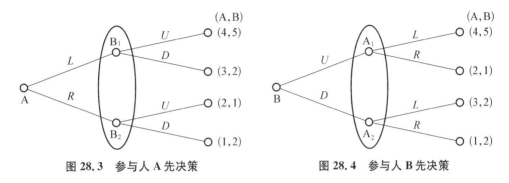

图 28.3 参与人 A 先决策   图 28.4 参与人 B 先决策

2. 从扩展式到策略式

对于每个扩展式博弈，都存在一个对应的策略式博弈，可以将扩展式博弈看作参与人同时选择策略的结果。

例 28.10 讲真话博弈

假设两个企业 S 和 R 进行产量博弈。首先，自然 N 选择消费者需求是高需求 H 还是低需求 L，而且这个选择结果 S 知道而 R 不知道。所以，由自然 N 到企业 S 的 2 个策略枝用实线表示。假设高需求 H 的概率为 0.8，低需求 L 的概率为 0.2（见图 28.5）。

但是 S 可以对 R 讲真话，也可以讲假话。如果自然选择 H，而 S 对 R 讲了真话，以"H"表示，然后 R 再决策选择高产量 h 或者低产量 l。R 选择 h 时，S 和 R 分别获得 30 和 10 的收益；R 选择 l 时，S 和 R 分别获得 10 和 0 的收益。

如果自然选择 H，而 S 对 R 讲了假话，以"L"表示，然后 R 再决策选择高产量 h 或者低产量 l。R 选择 h 时，S 和 R 分别获得 20 和 10 的收益；R 选择 l 时，S 和 R 分别获得 0 和 0 的收益。

如果自然选择 L，而 S 对 R 讲了真话，以"L"表示，然后 R 再决策选择高产量 h 或者低产量 l。R 选择 h 时，S 和 R 分别获得 30 和 0 的收益；R 选择 l 时，S 和 R 分别获得 10 和 10 的收益。

如果自然选择 L，而 S 对 R 讲了假话，以"H"表示，然后 R 再决策选择高产量 h 或者低产量 l。R 选择 h 时，S 和 R 分别获得 20 和 0 的收益；R 选择 l 时，S 和 R 分别获得 0 和 10 的收益。

由于 R 面对 S 的报"H"或者"L"时，不能确定是真还是假，所以用虚线连接。

由于自然有 2 种选择，而企业 S 有讲真话或者假话 2 种选择，所以有 4 种策略。

策略 1(S_1)：自然选择 H，报"H"；自然选择 L，报"H"。

策略 2(S_2)：自然选择 H，报"H"；自然选择 L，报"L"。

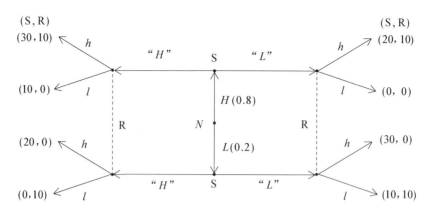

图 28.5　讲真话博弈树

策略 3(S_3)：自然选择 H，报 "L"；自然选择 L，报 "H"。

策略 4(S_4)：自然选择 H，报 "L"；自然选择 L，报 "L"。

同理，R 也有 4 种策略。

策略 1(R_1)：S 报 "H"，选择 h；S 报 "L"，选择 h。

策略 2(R_2)：S 报 "H"，选择 h；S 报 "L"，选择 l。

策略 3(R_3)：S 报 "H"，选择 l；S 报 "L"，选择 h。

策略 4(R_4)：S 报 "H"，选择 l；S 报 "L"，选择 l。

根据企业 S 和企业 R 的策略，我们可以得出表 28.10 的策略型收益矩阵。可以计算出每一对策略 S_i 与 $R_j (i=1, 2, 3, 4; j=1, 2, 3, 4)$ 所对应的收益。例如，S 选择 S_2，R 选择 R_3，那么 S 的收益为 $0.8 \times 10 + 0.2 \times 30 = 14$，而 R 的收益为 $0.8 \times 0 + 0.2 \times 0 = 0$。

表 28.10　讲真话博弈策略型

		企业 R			
		R_1	R_2	R_3	R_4
企业 S	S_1	28, 8	28, 8	8, 2	8, 2
	S_2	30, 8	26, 10	14, 0	10, 2
	S_3	20, 8	4, 0	16, 10	0, 2
	S_4	22, 8	2, 2	22, 8	2, 2

这就是由扩展式博弈转化而成的策略式博弈矩阵。

28.3.3　逆向归纳法

如果在扩展式博弈中每个结都只有一个信息集，那么该博弈是信息完美的。对于完美信息的扩展式博弈，可以用逆向归纳法（backward induction）求解。

逆向归纳法是指最后博弈参与人在最终结局的决策点上选择决策使自己的收益最大化；然后根据最后参与人的选择结果，在次结局的决策点上次博弈参与人选择决策使自己的收益最大化；然后再逆退到次次结局上的决策点……直至博弈的初始决策点。初始结上参与人的选择决定了整个博弈的过程及最后结果。

例 28.11 图 28.6 为某扩展式博弈的博弈树,运用逆向归纳法求均衡解。

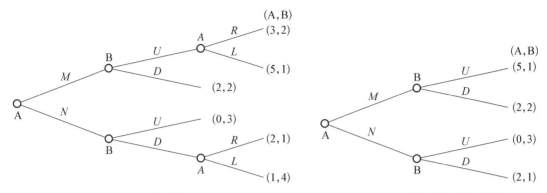

图 28.6 初始的博弈树　　　　　　　图 28.7 最终决策后的博弈树

解:根据逆向归纳法,首先参与人 A 在终局说做决策,其会选择 L(因为 5>3)或者 R(因为 2>1)。所以,最终决策后扩展式博弈树变成如图 28.7 所示。

现在逆推到参与人 B 做决策,其选择为 D(因为 2>1)或者 U(因为 3>1)。于是,次终决策后扩展式博弈树变成如图 28.8 所示。

最后,逆推到参与人 A 做决策,显然其会选择 M(因为 2>0)。所以,最后均衡策略为参与人 A 选择 M,参与人 B 选择 D。

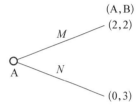

图 28.8 次终决策后的博弈树

28.4 思考练习题

(1) 求以下收益矩阵中的占优策略。

参与人 B

		U	M	D
参与人 A	L	6, 6	7, 3	8, 8
	R	4, 3	4, 4	5, 5
	W	5, 5	5, 3	3, 4

(2) 求下列收益矩阵的纳什均衡解。

参与人 B

		U	D
参与人 A	L	4, 5	5, 6
	R	8, 5	4, 2

（3）求下列收益矩阵的纳什均衡解。

参与人 B

	B_1	B_2	B_3	B_4	B_5
A_1	9，6	5，4	4，2	6，7	2，1
A_2	6，5	8，7	7，2	5，3	1，10
A_3	5，3	6，8	6，3	4，3	1，2
A_4	10，9	7，3	7，5	8，4	5，3

参与人 A（行标签）

（4）假设 2 个企业生产同样的产品。它们在价格上竞争。每家企业可以采取 3 种定价策略之一：高、中、低。如果定不同的价格，定低价的一方占有整个市场；如果定同样的价格，它们将平分总利润。高价时总利润是 12，中价时总利润是 10，低价时总利润是 8。收益矩阵如下所示，求该博弈均衡。

企业 2

企业 1	高	中	低
高	6，6	0，10	0，8
中	10，0	5，5	0，8
低	8，0	8，0	4，4

（5）对下述收益矩阵：

参与人 2

参与人 1	e	f	g	h
a	2，1	3，5	−1，3	4，2
b	2，3	1，2	1，4	0，3
c	3，2	4，1	0，1	5，0
d	1，5	3，4	1，0	−1，5

① 2 个参与者是否存在占优策略？

② 能否应用重复剔除劣策略方法求解均衡？

③ 应用最优反应分析求解全部纳什均衡。

（6）某博弈收益矩阵如下所示，其中，a、b、c 和 d 是大于零的常数。若其中只有一个纳什均衡为（A 选下，B 选右），那么 a、b、c 和 d 应满足什么条件？

参与人 B

参与人 A	左	右
上	a，1	b，1
下	1，c	1，d

（7）参与人 1 和参与人 2 收益矩阵如下所示,求解这一博弈的纳什均衡解。

参与人 2

		左	右
参与人 1	上	1, 2	0, 0
	下	0, 0	3, 2

（8）参与人 1 和参与人 2 收益矩阵如下所示,求解这一博弈的纳什均衡解。

参与人 2

		左	右
参与人 1	上	1, 2	6, 4
	下	6, 9	3, 2

（9）求出下列博弈树对应的策略式收益矩阵。

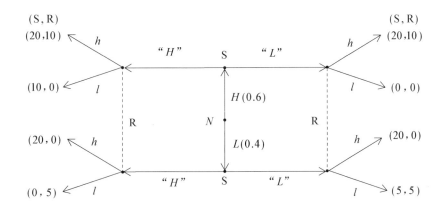

（10）下图为某扩展式博弈的博弈树,运用逆向归纳法求均衡解。

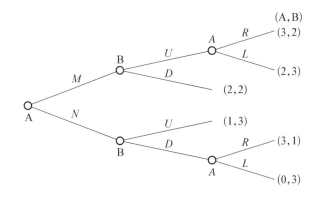

第 29 章

博弈论的应用

本章将结合博弈论在现实中的应用，介绍各类博弈的求解方法及均衡特点。

29.1 最优反应曲线

在寡头垄断一章分析古诺模型时用到了最优反应函数，即给定对方厂商生产量时，该厂商总有一个最优产量与之对应。而对于策略式的博弈，也有最优反应曲线，是指对应于其他参与人的选择使自己的收益最大化的选择的集合。

考虑如表 29.1 所示的参与人 A 和参与人 B 的博弈收益矩阵。

表 29.1　某博弈的收益矩阵

<table>
<tr><td></td><td></td><td colspan="2">列参与人</td></tr>
<tr><td></td><td></td><td>U</td><td>D</td></tr>
<tr><td rowspan="2">行参与人</td><td>L</td><td>1, 2</td><td>0, 0</td></tr>
<tr><td>R</td><td>0, 0</td><td>2, 1</td></tr>
</table>

如果列参与人选择"U"，那么行参与人的最优反应为"L"；如果列参与人选择"D"，那么行参与人的最优反应为"R"。同理，如果行参与人选择"L"，那么列参与人的最优反应为"U"；如果行参与人选择"R"，那么列参与人的最优反应为"D"。

策略组合 (L, U) 和 (R, D) 是相互一致的，即这两个组合里的每个选择都是对方选择的最优反应。所以 (L, U) 和 (R, D) 是纳什均衡。

一般来说，对于一个双人策略式博弈，行参与人的可能选择为 $r_1, \cdots, r_R$，列参与人的可能选择为 $c_1, \cdots, c_C$。对行参与人的每个选择 r，列参与人的最优反应表示为 $b_c(r)$；同样，对列参与人的每个选择 c，行参与人的最优反应表示为 $b_r(c)$。如果一个策略组合 (r^*, c^*) 满足

$$\begin{cases} c^* = b_c(r^*) \\ r^* = b_r(c^*) \end{cases}$$

那么该策略组合 (r^*, c^*) 是一个纳什均衡，体现了均衡时两个参与人策略的一致性。

例 29.1　利用最优反应曲线求出表 29.1 的纳什均衡解。

解：假设参与人 A 选择"L"的概率为 π_L，选择"R"的概率为 $1-\pi_L$；参与人 B 选择"U"的概率为 π_U，选择"D"的概率为 $1-\pi_U$。

所以，行参与人的期望收益为

$$\pi_R^e = \pi_L \cdot \pi_U \cdot 1 + \pi_L \cdot (1-\pi_U) \cdot 0 + (1-\pi_L) \cdot \pi_U \cdot 0 + (1-\pi_L) \cdot (1-\pi_U) \cdot 2$$
$$= (3\pi_U - 2) \cdot \pi_L + 2(1-\pi_U)$$

由于 $2(1-\pi_U)$ 总是大于零，因此，行参与人的期望收益大小有下列关系：当列参与人选择"U"的概率满足 $(3\pi_U-2)>0$，即 $\pi_U>2/3$ 时，行参与人选择"L"的概率越大，收益越大，所以，最优选择为 $\pi_L=1$；当列参与人选择"U"的概率满足 $(3\pi_U-2)<0$，即 $\pi_U<2/3$ 时，行参与人选择"L"的概率越小，收益越大，所以，最优选择为 $\pi_L=0$；当列参与人选择"U"的概率满足 $(3\pi_U-2)=0$，即 $\pi_U=2/3$ 时，行参与人选择"L"的概率对自己的收益没有影响，所以，最优选择为 $\pi_L=[0,1]$。由此分析可以得出行参与人的最优反应函数为

$$\pi_L = \begin{cases} 1, & \pi_U > 2/3 \\ [0,1], & \pi_U = 2/3 \\ 0, & \pi_U < 2/3 \end{cases}$$，其曲线如图 29.1 所示。

同理，列参与人的期望收益为：

$$\pi_C^e = \pi_L \cdot \pi_U \cdot 2 + \pi_L \cdot (1-\pi_U) \cdot 0 + (1-\pi_L) \cdot$$
$$\pi_U \cdot 0 + (1-\pi_L) \cdot (1-\pi_U) \cdot 1$$
$$= (3\pi_L - 1) \cdot \pi_U + (1-\pi_L)$$

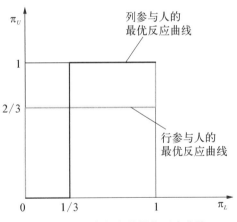

图 29.1　两参与人的最优反应曲线

由于 $(1-\pi_L)$ 总是大于零，因此，列参与人的期望收益大小有下列关系：当行参与人选择"L"的概率满足 $(3\pi_L-1)>0$，即 $\pi_L>1/3$ 时，列参与人选择"U"的概率越大，收益越大，所以，最优选择为 $\pi_U=1$；当行参与人选择"L"的概率满足 $(3\pi_L-1)<0$，即 $\pi_L<1/3$ 时，列参与人选择"U"的概率越小，收益越大，所以，最优选择为 $\pi_U=0$；当行参与人选择"L"的概率满足 $(3\pi_L-1)=0$，即 $\pi_L=1/3$ 时，行参与人选择"L"的概率对自己的收益没有影响，所以，最优选择为 $\pi_U=[0,1]$。由此分析可以得出列参与人的最优反应函数为

$$\pi_U = \begin{cases} 1, & \pi_L > 1/3 \\ [0,1], & \pi_L = 1/3 \\ 0, & \pi_L < 1/3 \end{cases}$$，其曲线如图 29.1 所示。

最优反应曲线如图 29.1 所示，横轴表示行参与人选择"L"的概率，纵轴表示列参与人选择"U"的概率。灰实线为行参与人的最优反应曲线，黑实线为列参与人的最优反应曲线。2 条最优反应曲线相交于 3 个点 $(0,0)$、$(1/3,2/3)$ 和 $(1,1)$，分别对应于该博弈的 3 个纳什均衡。其中 2 个为纯纳什均衡，1 个为混合纳什均衡。

29.2 精炼纳什均衡

介绍精炼纳什均衡前,首先需要理解子博弈的概念。

29.2.1 子博弈的概念

子博弈是指在扩展式博弈中从某个单结开始的包括所有后续结的能够自成博弈的一个扩展式博弈。

从子博弈的定义可知:一个子博弈必须从一个单结信息集开始,即在该结做决策的博弈参与人确切地知道自己的决策集;子博弈是源于原扩展式博弈的一个博弈,所以,信息和收益都跟原扩展式博弈的一样。

例 29.2 求图 29.2 中的子博弈。

解:图 29.2 的扩展式博弈有 3 个子博弈:1 个为原博弈本身(见图 29.2),1 个以 B_1 为初始结的子博弈[见图 29.3(a)]以及 1 个以 B_2 为初始结的子博弈[见图 29.3(b)]。

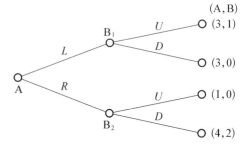

图 29.2 扩展式博弈中的子博弈

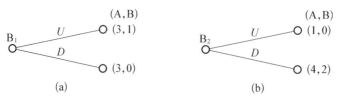

图 29.3 扩展式博弈中子博弈

(a)原扩展式博弈的子博弈 (b)原扩展式博弈的子博弈

例 29.3 求图 29.4 中的子博弈。

解:只有原博弈 1 个子博弈。因为 B 的信息集有 2 个决策集,所以不能作为初始结。

29.2.2 子博弈精炼纳什均衡

了解了子博弈的概念后,就容易理解子博弈精炼纳什均衡。

对于扩展式博弈的策略组合 $s^* = (s_1^*, s_2^*, \cdots, s_n^*)$,如果满足以下两个条件:① 是原博弈的纳什均衡;② 在原博弈的每个子博弈里也是纳什均衡。那么该策略组合是原博弈的一个**子博弈精炼纳什均衡**。

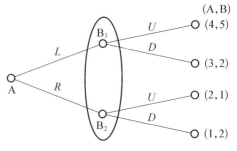

图 29.4 扩展式博弈

可见,当且仅当一个策略组合在所有子博弈(包括原博弈)中都是纳什均衡时才是子博弈精炼纳什均衡。子博弈精炼纳什均衡是纳什均衡,而纳什均衡不一定是子博弈精炼纳什均衡。

例 29.4　请看表 29.2 所示的策略式收益矩阵。

表 29.2　博弈的收益矩阵

<table>
<tr><td></td><td></td><td colspan="2">参与人 B</td></tr>
<tr><td></td><td></td><td>U</td><td>D</td></tr>
<tr><td rowspan="2">参与人 A</td><td>L</td><td>3,1</td><td>0,0</td></tr>
<tr><td>R</td><td>2,5</td><td>1,6</td></tr>
</table>

(1) 求该博弈中纳什均衡。

(2) 如果参与人 A 先决策,B 后决策,求子博弈精炼纳什均衡。

解:(1) 显然该博弈有 2 个纳什均衡(R,D)和(L,U)。

(2) 如果参与人 A 先决策,B 后决策,那么该博弈的博弈树如图 29.5 所示。

如果 A 选择 L,那么 B 肯定选择 U,此时 A 的收益为 3 单位;如果 A 选择 R,那么 B 肯定选择 D,此时 A 的收益为 1 单位。(L,U) 是作为子博弈的原博弈的纳什均衡,又 (L,U) 是 B 结点后的子博弈的纳什均衡,所以 (L,U) 是子博弈精炼纳什均衡。

(R,D) 不是作为子博弈的原博弈的纳什均衡,所以 (R,D) 不是子博弈精炼纳什均衡。

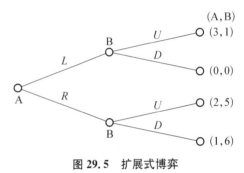

图 29.5　扩展式博弈

29.3　合作博弈

利用最优反应曲线可以分析叫作**协调博弈**的一类博弈类型。这类博弈中,当博弈参与人能够协调他们之间的策略时,他们的收益会实现最大化。现实中需要建立使得参与人能够协调的机制。

29.3.1　性别战

性别战是一个典型的协调博弈。在该博弈里,1 对男女朋友对武打片和爱情片 2 部影片的收益矩阵如表 29.3 所示。

由上述分析可知该性别战博弈有 3 个纳什均衡:(武打片,武打片)、(爱情片、爱情片)及双方分别按照 2/3 的概率选择自己偏好的影片。但是到底哪个均衡会发生并不能确定。

表 29.3 性别战收益矩阵

		女朋友	
		武打片	爱情片
男朋友	武打片	2, 1	0, 0
	爱情片	0, 0	1, 2

如果所有参与人都有理由相信某个均衡会发生,那么该纳什均衡就是该博弈的**聚点**(focal point)。

29.3.2 囚徒困境

囚徒困境也是一个协调博弈。在该博弈里,囚徒 A 和囚徒 B 可以选择坦白和不坦白 2 种策略,对应于不同策略组合的收益矩阵如表 29.4 所示。

表 29.4 囚徒困境收益矩阵

		囚徒 B	
		坦　白	不坦白
囚徒 A	坦　白	$-3, -3$	$0, -6$
	不坦白	$-6, 0$	$-1, -1$

对于囚徒 A 和 B 来说,坦白是不坦白的占优策略,因此,(坦白,坦白)是该博弈的纳什均衡解。但是协调(双方都选择不坦白)对两个囚徒来说是更优的选择,能够使得囚徒获得更大的收益,然而(不坦白,不坦白)不是均衡解,双方都有偏离该策略的动机。

解决囚徒困境的方法有两个。① 通过无限次重复博弈。博弈参与人通过未来的博弈来奖励合作及惩罚不合作,从而达到合作协调的结果。② 增加违约成本。例如通过缔结合约缴纳押金,一旦违约就没收。

29.3.3 保证博弈

20 世纪 50 年代冷战时期,美国与苏联之间进行核武器竞赛。2 个国家的选择都是生产和不生产 2 种策略。对应于不同策略组合的收益矩阵如表 29.5 所示。

表 29.5 保证博弈收益矩阵

		苏　联	
		生　产	不生产
美国	生　产	2, 2	3, 1
	不生产	1, 3	4, 4

根据本章 29.1 节最优反应曲线理论可得:该博弈有 2 个纯策略纳什均衡(生产,生产)和(不生产,不生产),以及 1 个混合纳什均衡(50% 的概率选择生产,50% 的概率选择不生产)。显然(不生产,不生产)是最优的选择。但是参与人一方选择不生产策略时担心其他参

与人可能选择生产。

解决办法是给对方提供保证：参与人选择不生产，并接受对方的检查，那么另一方也会选择不生产。

29.3.4　胆小鬼博弈

胆小鬼博弈是一个比较流行的协调博弈。在该博弈中，2 个年轻人分别从马路的两端驾车向对方行驶。转向的年轻人被认为是胆小鬼从而因为羞辱而收益减少，如果都没有转向则会碰撞在一起。对应于不同策略组合的收益矩阵如表 29.6 所示。

表 29.6　胆小鬼博弈收益矩阵

		年轻人 2	
		转　向	不转向
年轻人 1	转　向	0, 0	−1, 1
	不转向	1, −1	−2, −2

该博弈有 2 个纯纳什均衡：(转向，不转向)和(不转向，转向)。但是每个纳什均衡对博弈参与人的收益不一样。

能够达到有利于参与人自己的均衡办法：作出威胁。例如某参与人出发前把方向盘焊死了，那么对方的最优选择就是转向。

综上所述，在性别博弈、保证博弈和胆小鬼博弈中，参与人可以通过先采取行动，并承诺选择某策略的方法来实现协调，从而实现收益最大化。而囚徒困境中可通过重复博弈和缔结合约的方法解决困境、实现协调。

29.4　竞争博弈

合作博弈中博弈参与人策略协调能够取得收益最大化，而竞争博弈刚好相反，对方的策略与自己的策略协调时收益最小。它就是有名的**零和博弈**：博弈参与人一方的收益刚好等于对方的损失。

以足球比赛为例。行参与人主罚点球，列参与人防守。行参与人可以踢向左方或者右方；列参与人可以扑向左方或者右方。对应于不同策略组合的收益矩阵如表 29.7 所示。由于行参与人擅长的踢球方向不同，列参与人擅长的防球方向不同，所以收益会不对称。

表 29.7　点球博弈收益矩阵

		列参与人	
		扑向左方	扑向右方
行参与人	踢向左方	50, −50	80, −80
	踢向右方	90, −90	20, −20

如果列参与人知道行参与人的踢球方向,那么列参与人会具有很大优势,相反,行参与人会有很大的劣势。因此,行参与人会尽量使得列参与人不了解踢球方向。这样,行参与人有时会踢向自己擅长的方向,有时会踢向自己不擅长的方向。也就是说,该博弈没有纯策略纳什均衡,只有混合纳什均衡。

假设行参与人踢向左方的概率为 π_R,那么踢向右方的概率为 $1 - \pi_R$;列参与人扑向左方的概率为 π_C,那么扑向右方的概率为 $1 - \pi_C$。

所以,行参与人的期望收益为

$$\pi_R^e = \pi_R \cdot \pi_C \cdot 50 + \pi_R \cdot (1 - \pi_C) \cdot 80 + (1 - \pi_R) \cdot \pi_C \cdot 90 + (1 - \pi_R) \cdot (1 - \pi_C) \cdot 20$$
$$= (60 - 100\pi_C)\pi_R + 20 + 70\pi_C$$

所以,行参与人的最优反应函数为

$$\pi_R = \begin{cases} 0, & \pi_C > 0.6 \\ [0, 1], & \pi_C = 0.6 \\ 1, & \pi_C < 0.6 \end{cases}$$

其曲线见图 29.6 中的灰实线。

同理,列参与人的期望收益为

$$\pi_C^e = \pi_R \cdot \pi_C \cdot (-50) + \pi_R \cdot (1 - \pi_C) \cdot$$
$$(-80) + (1 - \pi_R) \cdot \pi_C \cdot$$
$$(-90) + (1 - \pi_R) \cdot (1 - \pi_C) \cdot (-20)$$
$$= (100\pi_R - 70)\pi_C - 20 - 60\pi_R$$

所以列参与人的最优反应函数为

$$\pi_C = \begin{cases} 1, & \pi_R > 0.7 \\ [0, 1], & \pi_R = 0.7 \\ 0, & \pi_R < 0.7 \end{cases}$$

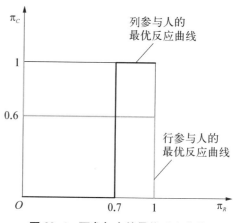

图 29.6 两参与人的最优反应曲线

其曲线见图 29.6 中的黑实线中。

所以,行参与人以 0.7 的概率踢向左方,而列参与人以 0.6 的概率扑向右方,即黑实线与灰实线的交点,是唯一的混合纳什均衡。

29.5 共存博弈

鹰鸽博弈并不是指老鹰与鸽子之间的博弈,而是指博弈参与人的 2 种性格。鹰派是指喜欢采取激进措施的性格,喜欢争斗;鸽派是指喜欢采取温和措施的性格,喜欢分享。博弈参与人在不同的条件下可以选择鹰派或者鸽派。对应于 2 个博弈参与人不同策略组合的收

益矩阵如表 29.8 所示。如果 2 个参与人都采用鸽派策略,双方都获得 2 单位的收益;如果
一个参与人采用鹰派策略,而另一个参与人采用鸽派策略,鹰派参与人获得全部 4 单位的收
益;如果 2 个参与人都采用鹰派策略,双方都获得负 2 单位的收益。

表 29.8 鹰鸽博弈收益矩阵

		列参与人	
		鹰派	鸽派
行参与人	鹰派	$-2, -2$	$4, 0$
	鸽派	$0, 4$	$2, 2$

假设行参与人采取鹰派策略的概率为 π_R,那么采取鸽派策略的概率为 $1-\pi_R$;列参与
人采取鹰派策略的概率为 π_C,那么采取鸽派策略的概率为 $1-\pi_C$。

所以,行参与人的期望收益为

$$\pi_R^e = \pi_R \cdot \pi_C \cdot (-2) + \pi_R \cdot (1-\pi_C) \cdot 4 + (1-\pi_R) \cdot$$
$$\pi_C \cdot 0 + (1-\pi_R) \cdot (1-\pi_C) \cdot 2$$
$$= (2-4\pi_C)\pi_R + 2 - 2\pi_C$$

所以,行参与人的最优反应函数为

$$\pi_R = \begin{cases} 0, & \pi_C > 0.5 \\ [0, 1], & \pi_C = 0.5 \\ 1, & \pi_C < 0.5 \end{cases}$$

其最优反应曲线见图 29.7 中的黑实线。

同理,列参与人的期望收益为

$$\pi_C^e = \pi_R \cdot \pi_C \cdot (-2) + \pi_R \cdot (1-\pi_C) \cdot 0 + (1-\pi_R) \cdot$$
$$\pi_C \cdot 4 + (1-\pi_R) \cdot (1-\pi_C) \cdot 2$$
$$= (2-4\pi_R)\pi_C + 2 - 2\pi_R$$

所以,列参与人的最优反应函数为

$$\pi_C = \begin{cases} 0, & \pi_R > 0.5 \\ [0, 1], & \pi_R = 0.5 \\ 1, & \pi_R < 0.5 \end{cases}$$

其最优反应曲线见图 29.7 中的灰实线。

所以,有 2 个纯策略纳什均衡(鹰派,鸽派)和
(鸽派,鹰派),1 个混合纳什均衡(2 个参与人都以
50%的概率选择鹰派策略)。纯策略纳什均衡说明
当其他参与人采取鹰派策略时自己的最优策略为
鸽派,而当其他参与人采取鸽派策略时自己的最优

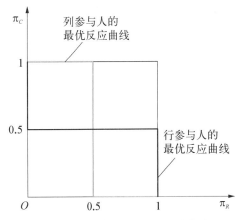

图 29.7 鹰鸽博弈的最优反应曲线

策略为鹰派。混合纳什均衡说明达到均衡时不同性格类型参与人所占比例出现了一个不变常数。

29.6 承诺博弈

前面我们用策略型收益矩阵讨论了同时行动的博弈,下面讨论一些先后行动的序贯博弈。

29.6.1 青蛙蝎子博弈

青蛙和蝎子在河边准备过河,青蛙会游泳而蝎子不会。蝎子希望青蛙驮着自己过河,青蛙担心自己驮蝎子过河会被蝎子蜇,青蛙和蝎子的博弈树如图29.8所示。

青蛙如果选择驮蝎子过河,蝎子为了使得自身效用最大化,将会选择"蜇青蛙",此时青蛙的效用为−8,如果青蛙不驮蝎子可以使得自身效用为0,大于驮蝎子时的效用。

因此,青蛙将选择不驮蝎子过河。最终,青蛙和蝎子的收益都为0。

如果博弈参与人实施承诺的行为时获得的收益小于不实施承诺的行为时获得的收益,那么我们称之为**承诺不可信**。反之,称为**承诺可信**。

在青蛙和蝎子的博弈中,如果在得知青蛙不愿驮自己过河后,蝎子承诺在青蛙驮自己过河过程中不蜇青蛙,这个承诺就是不可信的,因为承诺"不蜇青蛙"的行为实施时蝎子获得3单位收益,而承诺"不蜇青蛙"的行为不实施时蝎子获得6单位收益,所以,蝎子依然会选择蜇青蛙。

如果把蝎子的尾巴绑起来,使得蝎子无法蜇青蛙,收益情况如图29.9所示。这时蝎子承诺在青蛙驮自己过河的过程中不蜇青蛙,这个承诺就是可信的。这样均衡就变成(驮,不蜇),青蛙获得4单位收益,而蝎子获得3单位的收益。

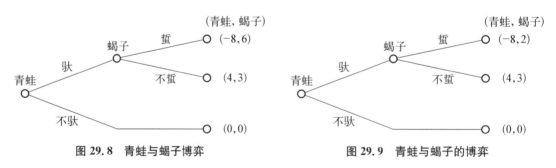

图 29.8 青蛙与蝎子博弈　　　　　图 29.9 青蛙与蝎子的博弈

29.6.2 绑匪人质博弈

在绑架模型中,绑匪可以选择释放人质或者杀死人质。人质获得释放后有2种选择:一种是告发绑匪,另一种是不告发。假设双方的博弈树如图29.10所示,绑匪在释放人质后,人质将选择告发来使得自身收益最大,绑匪考虑到人质选择这一策略时自己的收益为−5,小于杀死人质获得的收益,因此,绑匪将选择杀死人质。

在绑匪与人质的博弈中,人质承诺不告发是不可信。如果人质让绑匪对人质的不雅行为拍照并保留,一旦人质告发,就曝光这些照片。这时,绑匪与人质的博弈树变成如图 29.11 所示。这样的话,人质承诺不告发就是可信的。

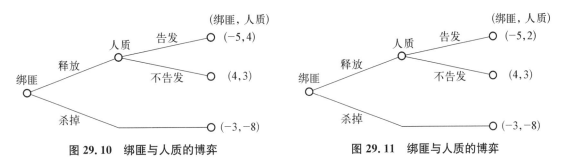

图 **29.10**　绑匪与人质的博弈　　　　　　　　图 **29.11**　绑匪与人质的博弈

29.6.3　智猪博弈

在 1 个猪圈里有 2 头猪:一头是控制猪,另一头是从属猪。猪圈的一边有个控制杆,另一边是食槽。只有按下控制杆,食物才会释放到食槽。

2 头猪都有 2 种选择(不按控制杆,按控制杆),对应于 2 头猪的不同策略组合的收益矩阵如表 29.9 所示。

表 **29.9**　智猪博弈的收益矩阵

		支配猪	
		不按控制杆	按控制杆
从属猪	不按控制杆	0,0	4,1
	按控制杆	0,5	2,3

显然,最终的纳什均衡为(不按控制杆,按控制杆),即从属猪选择“不按控制杆”,而支配猪选择“按控制杆”。

如果支配猪威胁选择“不按控制杆”,那么该威胁是不可信的。

29.7　讨价还价

在该博弈模型里,假设有 2 个博弈参与人 A 和 B,分配 1 元钱。分配规则如下:第一轮,由参与人 A 提出分配法(例如 A 获得 0.6 元,B 获得 0.4 元),如果参与人 B 接受 A 提出的分配法,博弈结束;第二轮,如果参与人 B 不接受 A 提出的分配法,那么由参与人 B 提出分配法,如果参与人 A 接受 B 提出的分配法,博弈结束;第三轮,如果参与人 A 不接受 B 提出的分配法,那么由参与人 A 提出分配法,如果参与人 B 接受,博弈结束,否则 A 和 B 都获得 0。假设对于参与人 A 来说,下一轮的 1 元相当于这一轮的 $\alpha(\alpha < 1)$;对于参与人 B 来说,下一轮的 1 元相当于这一轮的 $\beta(\beta < 1)$。那么第一轮参与人 A 应该提出怎么个分配法,能够使得自己获得最大的收益并且参与人 B 能够接受?

运用逆向归纳法求解。

第三轮：由参与人 A 提出分配法,如果拒绝,参与人 B 获得 0 元,所以,参与人 A 自己获得 1 元,而参与人 B 获得 0 元,如图 29.12 所示(假设收益无差异时按照有利于对方做选择)。

第二轮：由参与人 B 提出分配法,由于第三轮参与人 A 能够获得 1 元,相当于第二轮的 α 元,所以,参与人 B 要给参与人 A 至少 α 元,而参与人 B 自己获得 $(1-\alpha)$ 元(见图 29.13)。

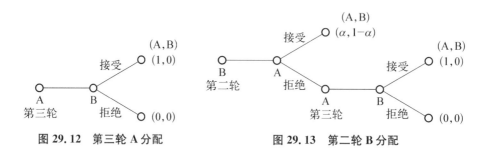

图 29.12　第三轮 A 分配　　　　图 29.13　第二轮 B 分配

第一轮：由参与人 A 提出分配法,由于第二轮参与人 B 能够获得 $(1-\alpha)$ 元,相当于第一轮的 $(1-\alpha)\beta$ 元,所以,参与人 A 要给参与人 B 至少 $(1-\alpha)\beta$ 元,而参与人 A 自己获得 $[1-(1-\alpha)\beta]$ 元(见图 29.14)。

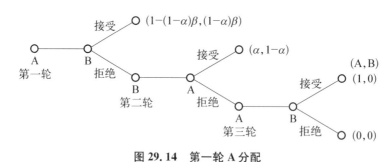

图 29.14　第一轮 A 分配

所以,第一轮参与人 A 给参与人 B 分配 $(1-\alpha)\beta$ 元,自己获得 $[1-(1-\alpha)\beta]$ 元,能够使得参与人 A 自己获得最大的收益并且参与人 B 能够接受。

29.8　思考练习题

(1) 考虑下图的参与人 A 和参与人 B 的博弈收益矩阵,利用最优反应曲线求纳什均衡解。

		列参与人	
		U	D
行参与人	L	3, 2	0, 0
	R	0, 0	2, 5

（2）考虑下图的参与人 A 和参与人 B 的博弈收益矩阵,利用最优反应曲线求纳什均衡解。

列参与人

		U	D
行参与人	L	6, 3	1, 1
	R	2, 2	3, 6

（3）考虑下图的参与人 A 和参与人 B 的博弈收益矩阵,利用最优反应曲线求纳什均衡解。

列参与人

		U	D
行参与人	L	4, 5	3, 2
	R	6, 1	2, 5

（4）对下述收益矩阵:

参与人 2

		L_2	R_2
参与人 1	L_1	5, 1	0, 0
	M_1	4, 4	2, 5
	R_1	2, 3	1, 4

① 应用最优反应分析求解纳什均衡。

② 如果在该博弈中,参与人 2 先于参与人 1 选择行动,请画出该序贯博弈的博弈树,并应用逆向归纳方法求解子博弈完美均衡。

（5）现在有 2 个参与人分钱,总额为 100 元。游戏规则如下:第一轮中,由参与人 A 提供给参与人 B 一个份额,如果 B 接受,那么游戏结束,每人得到相应的份额;如果 B 拒绝,那么此时总额变为 90 元,由 B 提供给 A 一个份额,A 可以选择接受或者拒绝,如果 A 选择拒绝,那么两人收益均为 0,游戏结束。其中,参与人提供的份额只能为整数,并且假设 2 个参与人均追求效用最大化。画出这一博弈的博弈树。

（6）追求自己利润最大化的 A 和 B 两人谈判分割 200 美元货币,谈判规则如下:A 首先提出一种分配方法(只能是整数,比如 A 自己获得 120 美元,B 获得 80 美元),如果 B 接受,谈判结束;如果 B 拒绝 A 提出的分配方法,那么货币总量减少到 180 美元,同时 B 提出一种分配方法,如果 A 接受,谈判结束;如果 A 拒绝 B 提出的分配方法,那么货币总量减少到 160 美元,同时 A 提出一种分配方法,如果 B 接受,谈判结束,如果拒绝,A 和 B 都获得 0 美元。共三轮,谈判结束。画出博弈树并求均衡解(自己收益无差异时按有利于对方来选择)。

第 30 章

交 换

到目前为止,我们分析的均衡为某一种商品的均衡,即在给定其他商品价格保持不变的情况下,讨论某一种商品的需求、供给以及市场均衡等问题,这种分析方法叫**局部均衡**(partial equilibrium)分析法。实际上,经济体中所有商品市场之间也是相互联系、相互影响的。即多个市场的需求与供给互相影响,从而共同决定多种商品价格,这种分析方法叫**一般均衡**(general equilibrium)分析法。本章讨论纯交换下的一般均衡。

30.1 埃奇沃思方框图

考虑一个最简单的模型:只存在两个消费者和两种商品,只限于竞争性市场的行为,只考虑纯交换的情况。不存在货币量的问题,每个消费者初始拥有商品的量为其禀赋量,每个人为追求自身效用最大化按照竞争性价格与对方进行商品交换。

假设参与交换的消费者为 A 和 B,所交换的商品为商品 1 和商品 2。消费者 A 的效用函数为 $U_A(x_1^A, x_2^A)$,初始禀赋为 (ω_1^A, ω_2^A),两种商品交换价格为 (p_1, p_2),可得消费者 A 的预算约束为

$$p_1 x_1^A + p_2 x_2^A = p_1 \omega_1^A + p_2 \omega_2^A \qquad (30-1)$$

假设消费者 B 的效用函数为 $U_B(x_1^B, x_2^B)$,初始禀赋为 (ω_1^B, ω_2^B),消费者 B 的预算约束为

$$p_1 x_1^B + p_2 x_2^B = p_1 \omega_1^B + p_2 \omega_2^B \qquad (30-2)$$

为了研究方便,我们把消费者 A 和消费者 B 的最优选择坐标图用埃奇沃思方框图(Edgeworth box)来表示。埃奇沃思方框图是把消费者 B 的坐标图 30.1(b)逆时针旋转 180 度后和消费者 A 的坐标图 30.1(a)综合而得,如图 30.1(c)所示。方框图的长度度量商品 1 的初始禀赋量之和 $\omega_1^A + \omega_1^B$;方框图的宽度度量商品 2 的初始禀赋量之和 $\omega_2^A + \omega_2^B$。消费者 A 对商品 1 和商品 2 的拥有量可以通过从左下角的原点 O^A 开始的横轴和纵轴上的距离表示;消费者 B 对商品 1 和商品 2 的拥有量可以通过从右上角的原点 O^B 开始的横轴和纵轴上的距离表示。

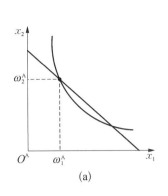 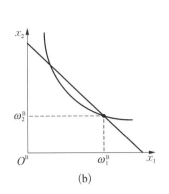 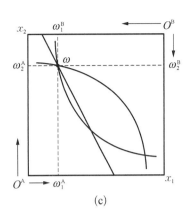

图 30.1 埃奇沃思方框图

(a) 消费者 A (b) 消费者 B (c) 埃奇沃思方框图

如果 $x^A = (x_1^A, x_2^A)$ 表示消费者 A 的消费束，$x^B = (x_1^B, x_2^B)$ 表示消费者 B 的消费束。两个消费者的消费束 x^A 和 x^B 称为一种配置。如果所有消费者消费每种商品的总数等于该商品的初始禀赋的总和，即

$$\begin{cases} x_1^A + x_1^B = \omega_1^A + \omega_1^B \\ x_2^A + x_2^B = \omega_2^A + \omega_2^B \end{cases} \tag{30-3}$$

那么，这种配置就是一种可行配置。而初始禀赋 (ω_1^A, ω_2^A) 和 (ω_1^B, ω_2^B) 是初始禀赋配置。

方框图中消费者 A 的无差异曲线与图 30.1(a) 的情况相同，从原点 O^A 出发向右上角移动方向为消费者 A 更偏好的配置；消费者 B 的无差异曲线情况则相反，将其无差异曲线倒过来叠在方框图中，从原点 O^B 开始出发向左下角移动方向为消费者 B 更偏好的配置。

所以，埃奇沃思方框图里的任何一点分别表示消费者 A 和消费者 B 对两种商品的消费束。图 30.1(c) 中的 ω 点就表示初始禀赋配置 (ω_1^A, ω_2^A) 和 (ω_1^B, ω_2^B)。

埃奇沃思方框图能够全面描述两个消费者的可行配置及各自的偏好，能够反映出消费者所具有的各种经济特征。

30.2 交易

下面运用埃奇沃思方框图分析消费者 A 和消费者 B 进行商品交易的情况。

图 30.1(c) 中，ω 点就表示初始禀赋配置。经过该初始禀赋配置的消费者 A 的无差异曲线右上方的消费束偏好于消费者 A 的初始消费束 (ω_1^A, ω_2^A)；经过该初始禀赋配置的消费者 B 的无差异曲线左下方的消费束偏好于消费者 B 的初始消费束 (ω_1^B, ω_2^B)。

那么，消费者 A 和消费者 B 的效用都变好的区域是两个区域的相交的部分，即图 30.1(c) 中呈透镜状的部分。

如果 (x_1^A, x_2^A) 为消费者 A 的消费束,偏好于其初始禀赋,如图 30.2 中消费者 A 的情况。(x_1^B, x_2^B) 为消费者 B 的消费束,偏好于其初始禀赋,如图 30.2 中消费者 B 的情况。也就是说,消费者 A 放弃 $|\omega_2^A - x_2^A|$ 单位的商品 2 交换 $|\omega_1^A - x_1^A|$ 单位的商品 1,消费者 B 放弃 $|\omega_1^B - x_1^B|$ 单位的商品 1 交换 $|\omega_2^B - x_2^B|$ 单位的商品 2(见图 30.2 中的 M 点)。

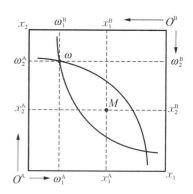

图 30.2　埃奇沃思方框图与交易

透镜状区域内任何一个配置都使得各消费者的效用比各自的初始配置的效用更大,并且透镜状区域内任何一个配置都是可能的。

30.3　有效配置

图 30.3 中的 M 点,消费者 A 经过该点的无差异曲线右上方的消费束集合与消费者 B 经过该点的无差异曲线左下方的消费束集合不相交,也就是说,在 M 点,任何一方的效用改善必然使得另一方的效用变差,不存在对双方都有利的交换。诸如 M 点的配置称为**帕累托有效配置**。

有关**帕累托有效配置**的概念还有如下诸多描述。

(1)无法使得交易各方的效用增加。

(2)不可能在不减少一方的效用的情况下使得另一方的效用增加。

(3)穷尽了所有交易所获得的效用。

(4)无法再做进一步的互利交易。

从帕累托有效配置的概念可知,埃奇沃思方框图内有很多帕累托有效配置。只要给定消费者 A 的一条无差异曲线,然后沿着该条无差异曲线就能找到对于消费者 B 来说效用最大的一点,即是一个帕累托有效配置(见图 30.3 中的 M 点)。

埃奇沃思方框图内所有帕累托有效配置点的集合叫作**契约曲线**。在典型例子中,契约曲线是从消费者 A 的原点开始穿过整个埃奇沃思方框图到达消费者 B 的原点(见图 30.3)。如果消费者无差异曲线严格凸而且可导,那么每个消费者在契约曲线上的每一点的边际替代率相等,即

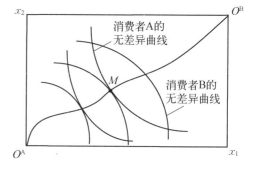

图 30.3　帕累托有效配置与契约曲线

$$MRS_{21}^A = MRS_{21}^B \qquad (30-4)$$

其中,MRS_{21}^A 为消费者 A 在契约曲线上的该点以商品 2 表示商品 1 的边际替代率;MRS_{21}^B 为消费者 B 在契约曲线上的该点以商品 2 表示商品 1 的边际替代率。

例 30.1 一个纯交换的经济体有 2 个消费者 A 和 B,两种商品 x 和 y。他们的效用函数分别为 $U(x_A, y_A) = x_A \cdot y_A$,$U(x_B, y_B) = x_B \cdot y_B$。交换初始,2 个消费者拥有 5 单位商品 x,10 单位商品 y。求:表示帕累托最优分配的契约线的表达式。

解:2 个消费者效用函数均为严格凸,因此契约曲线上的每一点满足:$MRS_{yx}^A = MRS_{yx}^B$。

由题可知 $MRS_{yx}^A = \dfrac{MU_x^A}{MU_y^A} = \dfrac{y_A}{x_A}$,$MRS_{yx}^B = \dfrac{MU_x^B}{MU_y^B} = \dfrac{y_B}{x_B}$。

所以由 $MRS_{yx}^A = MRS_{yx}^B$,可得 $\dfrac{y_A}{x_A} = \dfrac{y_B}{x_B} = \dfrac{y_A + y_B}{x_A + x_B} = \dfrac{10}{5} = 2$。

因此,表示帕累托最优配置的契约曲线为经过 2 个原点、斜率为 2 的一条直线,如图 30.4 所示。

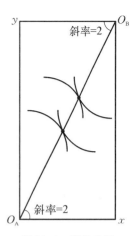

图 30.4 契约曲线

30.4 交易均衡

30.4.1 总需求与净需求

假设参与交换的消费者为 A 和 B,所交换的商品为商品 1 和商品 2。消费者 A 的效用函数为 $U_A(x_1^A, x_2^A)$,初始禀赋为 (ω_1^A, ω_2^A),两种商品的交换价格为 (p_1, p_2),可得消费者 A 的预算约束为 $p_1 x_1^A + p_2 x_2^A = p_1 \omega_1^A + p_2 \omega_2^A$,其最优消费束为 (x_1^A, x_2^A)。其中,x_1^A 为消费者 A 对商品 1 的总需求,x_2^A 为消费者 A 对商品 2 的总需求。那么我们把 e_1^A 称为消费者 A 对商品 1 的净需求或超额需求

$$e_1^A = x_1^A - \omega_1^A \tag{30-5}$$

把 e_2^A 称为消费者 A 对商品 2 的净需求或超额需求

$$e_2^A = x_2^A - \omega_2^A \tag{30-6}$$

其总需求与净需求如图 30.5 所示。

消费者 B 的效用函数为 $U_B(x_1^B, x_2^B)$,初始禀赋为 (ω_1^B, ω_2^B),消费者 B 的预算约束为 $p_1 x_1^B + p_2 x_2^B = p_1 \omega_1^B + p_2 \omega_2^B$,其最优消费束为 (x_1^B, x_2^B),其中,x_1^B 为消费者 B 对商品 1 的总需求,x_2^B 为消费者 B 对商品 2 的总需求。同样,我们把 e_1^B 称为消费者 B 对商品 1 的净需求

$$e_1^B = x_1^B - \omega_1^B \tag{30-7}$$

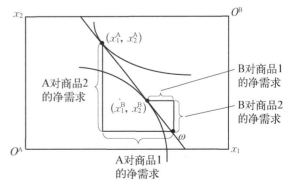

图 30.5 总需求与净需求

把 e_2^B 称为消费者 B 对商品 2 的净需求

$$e_2^B = x_2^B - \omega_2^B \qquad (30-8)$$

把各消费者对商品 1 和商品 2 的净需求之和,称为商品 1 和商品 2 的总超额需求

$$\begin{cases} z_1(p_1, p_2) = e_1^A(p_1, p_2) + e_1^B(p_1, p_2) \\ z_2(p_1, p_2) = e_2^A(p_1, p_2) + e_2^B(p_1, p_2) \end{cases} \qquad (30-9)$$

30.4.2 均衡条件

在图 30.5 中,市场处于非均衡状态,消费者 A 与消费者 B 对商品 1 和商品 2 的供给与需求不相等。

假设消费者 A 和消费者 B 对商品 1 和商品 2 的供给与需求处于竞争性市场,那么存在一组价格 (p_1^*, p_2^*),使得

$$\begin{cases} x_1^A(p_1^*, p_2^*) + x_1^B(p_1^*, p_2^*) = \omega_1^A + \omega_1^B \\ x_2^A(p_1^*, p_2^*) + x_2^B(p_1^*, p_2^*) = \omega_2^A + \omega_2^B \end{cases} \qquad (30-10)$$

其中,$x_1^A(p_1^*, p_2^*)$ 为消费者 A 在价格 (p_1^*, p_2^*) 下对商品 1 的需求量,$x_2^A(p_1^*, p_2^*)$ 为消费者 A 在价格 (p_1^*, p_2^*) 下对商品 2 的需求量;$x_1^B(p_1^*, p_2^*)$ 为消费者 B 在价格 (p_1^*, p_2^*) 下对商品 1 的需求量,$x_2^B(p_1^*, p_2^*)$ 为消费者 B 在价格 (p_1^*, p_2^*) 下对商品 2 的需求量。

式(30-10)表明,价格 (p_1^*, p_2^*) 使得每种商品的总需求等于总供给。

由式(30-10)可得

$$\begin{cases} [x_1^A(p_1^*, p_2^*) - \omega_1^A] + [x_1^B(p_1^*, p_2^*) - \omega_1^B] = 0 \\ [x_2^A(p_1^*, p_2^*) - \omega_2^A] + [x_2^B(p_1^*, p_2^*) - \omega_2^B] = 0 \end{cases} \qquad (30-11)$$

结合式(30-5)~式(30-8),式(30-11)可以表示为

$$\begin{cases} e_1^A(p_1^*, p_2^*) + e_1^B(p_1^*, p_2^*) = 0 \\ e_2^A(p_1^*, p_2^*) + e_2^B(p_1^*, p_2^*) = 0 \end{cases} \qquad (30-12)$$

结合式(30-9),式(30-12)可以表示为

$$\begin{cases} z_1(p_1^*, p_2^*) = 0 \\ z_2(p_1^*, p_2^*) = 0 \end{cases} \qquad (30-13)$$

所以,在价格 (p_1^*, p_2^*) 下达到均衡的条件为每种商品的总超额需求都为零(见图 30.6)。

这里所说的"纯交换"是指交换不涉及生产,两者在现有禀赋下进行交换,交换后每种商品供需均相等,表明这两种商品市场同时达到了均衡,即市场实现了一般均衡。

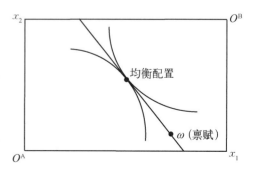

图 30.6 埃奇沃思方框图内均衡配置

若给定两消费者无差异曲线均为严格凸可导,那么纯交换一般均衡条件必须满足:

$$MRS_{21}^{A} = MRS_{21}^{B} = \frac{p_1}{p_2} \qquad (30-14)$$

即两者无差异曲线相切是市场实现一般均衡的必要条件。

30.4.3　瓦尔拉斯法则

假设参与交换的消费者为 A 和 B,所交换的商品为商品 1 和商品 2。消费者 A 和消费者 B 的初始禀赋分别为 (ω_1^A, ω_2^A) 和 (ω_1^B, ω_2^B),两种商品的交换价格为 (p_1, p_2),可得消费者 A 和消费者 B 的预算约束分别为

$$p_1 x_1^A(p_1, p_2) + p_2 x_2^A(p_1, p_2) = p_1 \omega_1^A + p_2 \omega_2^A \qquad (30-15)$$

$$p_1 x_1^B(p_1, p_2) + p_2 x_2^B(p_1, p_2) = p_1 \omega_1^B + p_2 \omega_2^B \qquad (30-16)$$

由式(30-15)和式(30-16)两式移项可得

$$p_1 [x_1^A(p_1, p_2) - \omega_1^A] + p_2 [x_2^A(p_1, p_2) - \omega_2^A] = 0 \qquad (30-17)$$

$$p_1 [x_1^B(p_1, p_2) - \omega_1^B] + p_2 [x_2^B(p_1, p_2) - \omega_2^B] = 0 \qquad (30-18)$$

由于 $e_1^A(p_1, p_2) = x_1^A(p_1, p_2) - \omega_1^A$ 为消费者 A 对商品 1 的净需求或超额需求,$e_2^A(p_1, p_2) = x_2^A(p_1, p_2) - \omega_2^A$ 为消费者 A 对商品 2 的净需求或超额需求;$e_1^B(p_1, p_2) = x_1^B(p_1, p_2) - \omega_1^B$ 为消费者 B 对商品 1 的净需求,$e_2^B(p_1, p_2) = x_2^B(p_1, p_2) - \omega_2^B$ 为消费者 B 对商品 2 的净需求。于是式(30-17)和式(30-18)变为

$$p_1 e_1^A(p_1, p_2) + p_2 e_2^A(p_1, p_2) = 0 \qquad (30-19)$$

$$p_1 e_1^B(p_1, p_2) + p_2 e_2^B(p_1, p_2) = 0 \qquad (30-20)$$

把式(30-19)和式(30-20)两个预算方程相加,可得

$$p_1 [e_1^A(p_1, p_2) + e_1^B(p_1, p_2)] + p_2 [e_2^A(p_1, p_2) + e_2^B(p_1, p_2)] = 0 \quad (30-21)$$

由于 $z_1(p_1, p_2) = e_1^A(p_1, p_2) + e_1^B(p_1, p_2)$ 和 $z_2(p_1, p_2) = e_2^A(p_1, p_2) + e_2^B(p_1, p_2)$ 分别为所有消费者对商品 1 和商品 2 的净需求,所以由式(30-21)可得

$$p_1 z_1(p_1, p_2) + p_2 z_2(p_1, p_2) = 0 \qquad (30-22)$$

此即**瓦尔拉斯法则**(Walras Law)的公式表示形式,即给定任意价格体系,每个消费者的超额需求的价值为零,所以所有消费者的总超额需求的价值恒为零。

如果某一组价格 (p_1^*, p_2^*) 下,某一种商品实现了均衡,如商品 1 实现了供需相等,那么消费者对商品 1 的总超额需求为零,即 $z_1(p_1^*, p_2^*) = 0$,由瓦尔拉斯法则可得消费者对商品 2 的总超额需求也必然为零,即 $z_2(p_1^*, p_2^*) = 0$。

瓦尔拉斯法则表明:从所有消费者的预算约束出发,给定任意价格体系,总超额需求的价值恒为零。由于对任意价格体系成立,那么对一般均衡价格体系仍成立,即在只有两种商

品的市场上,一种商品达到均衡,那么另一种市场自然达到均衡。如果存在 m 种商品,当 $m-1$ 种商品达到了均衡,剩下一种商品也会达到均衡。

对于公式 $p_1 z_1(p_1, p_2) + p_2 z_2(p_1, p_2) = 0$ 两边同除以商品 2 的价格可得,$\frac{p_1}{p_2} z_1(p_1, p_2) + z_2(p_1, p_2) = 0$,此时瓦尔拉斯法则依然成立,说明一般均衡能够决定的是两种商品的相对价格。

例 30.2 在一个纯粹交换的完全竞争市场上有两个消费者 A 和 B,两种商品 x 和 y。交换初始,A 拥有 3 个单位的 x,2 个单位的 y,B 有 1 个单位的 x 和 6 个单位的 y。他们的效用函数分别为:$U(x_A, y_A) = x_A \cdot y_A$,$U(x_B, y_B) = x_B \cdot y_B$。求:市场竞争均衡时的(相对)价格和各人的消费量。

解: 设商品 y 价格为 $p_y = 1$,则两种商品相对价格为 $\frac{p_x}{p_y} = p_x$。

消费者 A 的收入为 $m_A = 3 p_x + 2$,消费者 A 的效用函数为 $U(x_A, y_A) = x_A \cdot y_A$,可得消费者 A 对两种商品消费量为

$$\begin{cases} x_A = \frac{1}{2} \cdot \frac{m_A}{p_x} = \frac{1}{2} \cdot \frac{3 p_x + 2}{p_x} \\ y_A = \frac{1}{2} \cdot \frac{m_A}{p_y} = \frac{1}{2} \cdot \frac{3 p_x + 2}{1} \end{cases}$$

消费者 B 的收入为 $m_B = p_x + 6$,消费者 B 的效用函数为 $U(x_B, y_B) = x_B \cdot y_B$,可得消费者 B 对两种商品消费量为

$$\begin{cases} x_B = \frac{1}{2} \cdot \frac{m_B}{p_x} = \frac{1}{2} \cdot \frac{p_x + 6}{p_x} \\ y_B = \frac{1}{2} \cdot \frac{m_B}{p_y} = \frac{1}{2} \cdot \frac{p_x + 6}{1} \end{cases}$$

由一般均衡条件 $\begin{cases} x_A + x_B = 4 \\ y_A + y_B = 8 \end{cases}$,得出 $p_x = 2$,即市场均衡的相对价格为 2。

消费者 A 的消费量为 $\begin{cases} x_A = 2 \\ y_A = 4 \end{cases}$,消费者 B 的消费量为 $\begin{cases} x_B = 2 \\ y_B = 4 \end{cases}$。

例 30.3 在某个交换经济中,A、B 两个人的效用函数分别为 $U(x_A, y_A) = 2 x_A + y_A$ 和 $U(x_B, y_B) = x_B + 2 y_B$,求在给定初始禀赋配置为 $(\omega_x^A, \omega_y^A) = (8, 8)$ 和 $(\omega_x^B, \omega_y^B) = (8, 8)$ 时的竞争性均衡价格及 A 和 B 的均衡消费量。

解: 设商品 y 价格为 1,则消费者 A 的预算约束为 $p_x \cdot x_A + y_A = p_x \cdot 8 + 8$,由消费者 A 的效用函数 $U(x_A, y_A) = 2 x_A + y_A$ 得边际替代率为 $MRS_{yx}^A = 2$;消费者 B 的预算约束为 $p_x \cdot x_B + y_B = p_x \cdot 8 + 8$,由其效用函数 $U(x_B, y_B) = x_B + 2 y_B$ 得边际替代率为 $MRS_{yx}^B = \frac{1}{2}$。下面对商品 x 的价格进行分类讨论。

（1）$p_x > 2$ 时，消费者 A 的机会成本高于边际替代率，将全部选择消费商品 y，消费者 A 的消费量为 $\begin{cases} x_A = 0 \\ y_A = 8p_x + 8 \end{cases}$；$p_x > 2$ 时，消费者 B 的机会成本也高于边际替代率，全部选择消费商品 y，消费者 B 的消费量为 $\begin{cases} x_B = 0 \\ y_B = 8p_x + 8 \end{cases}$。可见 $p_x > 2$ 时，对商品 x 的需求为零，不可能达到一般均衡（见表 30.1）。

表 30.1　例 30.3 最优解及均衡汇总

	消费者 A		消费者 B		z_x (p_x, p_y)	z_y (p_x, p_y)	均衡判断
	对商品 x 的需求	对商品 y 的需求	对商品 x 的需求	对商品 y 的需求			
$p_x > 2$	0	$8p_x + 8$	0	$8p_x + 8$	-16	$16p_x$	不均衡
$p_x = 2$	无差异	无差异	0	24	<0	>0	不均衡
$p_x < 1/2$	$\dfrac{8p_x+8}{p_x}$	0	$\dfrac{8p_x+8}{p_x}$	0	$\dfrac{16}{p_x}$	-16	不均衡
$p_x = 1/2$	24	0	无差异	无差异	>0	<0	不均衡
$\dfrac{1}{2} < p_x < 2$	16	0	0	16	0	0	均衡

注：所有商品的超额需求为零时达到均衡。

（2）$p_x = 2$ 时，消费者 A 对两种商品消费无差异，消费者 B 全部选择消费商品 y，消费量为 $y_B = 8p_x + 8 = 24$，此时市场上对商品 y 的需求量大于商品 y 的总供给量，不可能达到一般均衡。

（3）$p_x < \dfrac{1}{2}$ 时，消费者 A 全部选择消费商品 x，A 的消费量为 $\begin{cases} x_A = \dfrac{8p_x+8}{p_x} \\ y_A = 0 \end{cases}$；消费者 B 也全部选择消费商品 x，B 的消费量为 $\begin{cases} x_B = \dfrac{8p_x+8}{p_x} \\ y_B = 0 \end{cases}$，与 $p_x > 2$ 的情况类似，市场上对商品 y 的需求为零，不可能达到一般均衡。

（4）$p_x = \dfrac{1}{2}$ 时，消费者 B 对两种商品的消费无差异；消费者 A 全部选择消费商品 x，A 的消费量为 $\begin{cases} x_A = \dfrac{8p_x+8}{p_x} = 24 \\ y_A = 0 \end{cases}$，此时市场上对商品 x 的需求量大于商品 x 的总供给量，不可能达到一般均衡。

（5）$\frac{1}{2} < p_x < 2$ 时，消费者 A 选择消费

商品 x，消费量为 $\begin{cases} x_A = \dfrac{8p_x + 8}{p_x} \\ y_A = 0 \end{cases}$；消费者 B

选择消费商品 y，消费量为 $\begin{cases} x_B = 0 \\ y_B = 8p_x + 8 \end{cases}$。

由一般均衡条件 $x_A + x_B = \omega_x^A + \omega_x^B$ 得，一般

均衡时相对价格为 $p_x = 1$，消费者的消费情

况为 $\begin{cases} x_A = 16 \\ y_A = 0 \end{cases}$，$\begin{cases} x_B = 0 \\ y_B = 16 \end{cases}$，如图 30.7 所示。

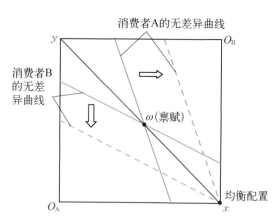

图 30.7 例 30.3 埃奇沃思方框图

例 30.4 X 和 Y 是某荒岛上仅有的两个人。他们只消费椰子（N）和樱桃（B）两种商品。X 的效用函数为 $U(N_X, B_X) = N_X B_X$，Y 的效用函数为 $U(N_Y, B_Y) = 2N_Y + B_Y$。X 的初始禀赋为 80 单位椰子和 30 单位樱桃，而 Y 的初始禀赋为 80 单位椰子和 60 单位樱桃。在经济达到竞争性均衡时 X 消费多少单位的樱桃？

解： 不妨设樱桃的价格为 $p_B = 1$，椰子的价格为 p_N，那么消费者 X 的收入为 $M_X = 80p_N + 30$，消费者 Y 的收入为 $M_Y = 80p_N + 60$。

（1）如果 $p_N > 2$，那么消费者 X 的最优解为 $N_X = \dfrac{80p_N + 30}{2p_N}$，$B_X = \dfrac{80p_N + 30}{2}$；消费者 Y 的最优解为 $N_Y = 0$，$B_Y = 80p_N + 60$。由于 $z_N(p_N, p_B) = \dfrac{80p_N + 30}{2p_N} - 80 + 0 - 80 < 0$，$z_B(p_N, p_B) = \dfrac{80p_N + 30}{2} - 30 + 80p_N + 30 - 80 > 0$。所以，$p_N > 2$ 时不可能达到均衡（见表 30.2）。

表 30.2 例 30.4 最优解及均衡汇总

	消费者 X		消费者 Y		z_N (p_N, p_B)	z_B (p_N, p_B)	均衡判断
	对椰子 N 的需求	对樱桃 B 的需求	对椰子 N 的需求	对樱桃 B 的需求			
$p_N > 2$	$\dfrac{80p_N + 30}{2p_N}$	$\dfrac{80p_N + 30}{2}$	0	$80p_N + 60$	<0	>0	不均衡
$p_N = 2$	47.5	95	无差异	无差异	<0	>0	不均衡
$p_N < 2$	48	90	112	0	0	0	均衡

注：所有商品的超额需求为零时达到均衡。

（2）如果 $p_N = 2$，那么消费者 X 的最优解为 $N_X = \dfrac{80 \cdot 2 + 30}{2 \cdot 2} = 47.5$，$B_X = $

$\dfrac{80 \cdot 2 + 30}{2} = 95$；消费者 Y 的最优解为消费两种商品无差异。由于 $z_B(p_N, p_B) = 95 - 30 + B_Y - 60 > 0$，所以，$p_N = 2$ 时不可能达到均衡。

（3）如果 $p_N < 2$，那么消费者 X 的最优解为 $N_X = \dfrac{80p_N + 30}{2p_N}$，$B_X = \dfrac{80p_N + 30}{2}$；消费者 Y 的最优解为 $N_Y = \dfrac{80p_N + 60}{p_N}$，$B_Y = 0$。所以，$\dfrac{80p_N + 30}{2p_N} + \dfrac{80p_N + 60}{p_N} = 160$，$\dfrac{80p_N + 30}{2} + 0 = 90$，得出 $p_N = \dfrac{15}{8}$ 时达到均衡。

即 $(N_X, B_X) = (48, 90)$，$(N_Y, B_Y) = (112, 0)$，$p_N = \dfrac{15}{8}$（见图 30.8）。

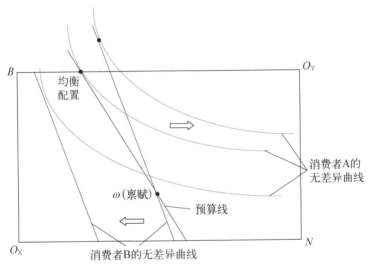

图 30.8　例 30.4 埃奇沃思方框图

30.5　一般均衡的存在性

经济学家已经证明：如果总超额需求为连续函数，即价格的较小变化只会导致需求量的较小变化，不会引起需求量的跳跃性变化，那么竞争性市场中存在均衡。总超额需求为连续函数是指：

（1）每个消费者的需求函数都是连续的，价格的较小变化不会引起需求的跳跃性变化。这要求每个消费者对商品的偏好是凸性的，凹偏好对应的需求是跳跃性的，就不能保证一般均衡解的存在。

（2）某些消费者的需求函数是不连续的，但是这些消费者的需求占市场总需求的比例很小,总需求函数依然是连续函数。

所以,如果所有消费者均为凸性偏好且市场为竞争性,总需求的连续性可以得到保证,这就确保了竞争性市场中一般均衡的存在。

30.6 福利经济学定理

30.6.1 福利经济学第一定理

如图 30.9,(x_1^{A*}, x_2^{A*}) 为消费者 A 的最优消费束,因此,偏好于 (x_1^{A*}, x_2^{A*}) 的消费束在其预算线 $p_1 x_1^A + p_2 x_2^A = p_1 \omega_1^A + p_2 \omega_2^A$ 的右上方;而 (x_1^{B*}, x_2^{B*}) 为消费者 B 的最优消费束,因此,偏好于 (x_1^{B*}, x_2^{B*}) 的消费束在其预算线 $p_1 x_1^B + p_2 x_2^B = p_1 \omega_1^B + p_2 \omega_2^B$ 的左下方。由于两条预算线在埃奇沃思方框图里是同一条线段,且两个最优消费束 (x_1^{A*}, x_2^{A*}) 和 (x_1^{B*}, x_2^{B*}) 是同一点,所以偏好于 (x_1^{A*}, x_2^{A*}) 的消费者 A 的消费束集合与偏好于 (x_1^{B*}, x_2^{B*}) 的消费者 B 的消费束集合不可能相交,也就是说竞争性均衡是帕累托有效配置。这就是福利经济学第一定理。

福利经济学第一定理(first theorem of welfare economics)指出,当消费不存在外部性时,竞争性一般均衡下的商品配置一定为帕累托有效配置(位于契约曲线上)。

福利经济学第一定理成立存在 2 个隐含的前提:不存在外部效应且市场为竞争性。

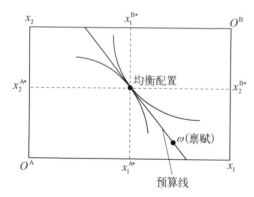

图 30.9 竞争性均衡的有效配置

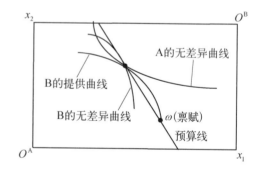

图 30.10 埃奇沃思方框图分析一般垄断

当消费者 A 对消费者 B 实行一般垄断时,均衡不再满足帕累托有效性。如图 30.10 所示,假设消费者 A 处于垄断地位,可以对商品价格实行一般垄断定价,而消费者 B 根据消费者 A 的定价来确定自己的最优消费束。

消费者 B 根据消费者 A 的不同定价而选择的最优消费束的轨迹叫作消费者 B 的提供曲线(见图 30.10)。那么,消费者 A 选择的价格使得其无差异曲线与消费者 B 的提供曲线相切时消费者 A 的效用达到最大,此时消费者 A 的无差异曲线与预算线相交,而消费者 B 的无差异曲线与预算线相切。所以,一般垄断配置是帕累托无效的。

但是,具有完全价格歧视的垄断性结果依然是帕累托有效的。假设存在两个消费者,其中消费者 A 对消费者 B 实行一级价格歧视时,交换过程中消费者 B 效用不变,消费者 A 沿着消费者 B 的无差异曲线达到自己效用最大化的点,因此,在完全价格歧视下均衡时仍然为帕累托有效(见图 30.11)。

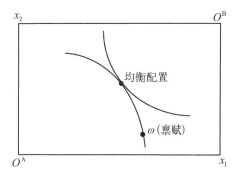

图 30.11　一般均衡下完全价格歧视

例 30.5　在 2 个消费者和 2 种商品的纯交换经济里,A 初始禀赋有 18 单位商品 1 和 12 单位商品 2;B 初始禀赋有 36 单位商品 1 和 6 单位商品 2。他们具有相同的效用函数 $U(x_1, x_2) = x_1 x_2$, x_1, x_2 表示商品 1 和商品 2 的数量。

(1) 求竞争性的均衡价格。

(2) 如果 A 处于垄断地位,并且实行一般垄断定价,求达到均衡时的商品价格。

(3) 如果 A 处于垄断地位,并且实行完全价格歧视,求达到均衡时 A 和 B 两种商品的消费量。

解: (1) 设商品 2 的价格为 1,商品 1 的价格为 p_1。 那么消费者 A 的收入为 $M^A = 18p_1 + 12$,消费者 B 的收入为 $M^B = 36p_1 + 6$,所以,

消费者 A 的最优消费束为 $\begin{cases} x_1^{A*} = \dfrac{1}{2} \cdot \dfrac{M^A}{p_1} = \dfrac{9p_1 + 6}{p_1} \\ x_2^{A*} = \dfrac{1}{2} \cdot \dfrac{M^A}{p_2} = 9p_1 + 6 \end{cases}$;

消费者 B 的最优消费束为 $\begin{cases} x_1^{B*} = \dfrac{1}{2} \cdot \dfrac{M^B}{p_1} = \dfrac{18p_1 + 3}{p_1} \\ x_2^{B*} = \dfrac{1}{2} \cdot \dfrac{M^B}{p_2} = 18p_1 + 3 \end{cases}$;

由一般均衡条件可得: $\dfrac{9p_1 + 6}{p_1} + \dfrac{18p_1 + 3}{p_1} = 18 + 36$, $9p_1 + 6 + 18p_1 + 3 = 12 + 6$,

可得: $p_1 = 1/3$。

所以,竞争性的均衡价格 p_1/p_2 为 $1/3$。

(2) 消费者 A 实行一般垄断定价,当其定价为 p_1 (假设 $p_2 = 1$) 时,

消费者 B 的最优消费束为 $\begin{cases} x_1^B = \dfrac{1}{2} \cdot \dfrac{M^B}{p_1} = \dfrac{18p_1 + 3}{p_1} \\ x_2^B = \dfrac{1}{2} \cdot \dfrac{M^B}{p_2} = 18p_1 + 3 \end{cases}$;

那么,消费者 A 的效用为 $U_A(x_1^A, x_2^A) = x_1^A \cdot x_2^A = \left(54 - \dfrac{18p_1 + 3}{p_1}\right) \cdot (18 - 18p_1 - 3)$,

由 $\dfrac{\partial U_A}{\partial p_1} = 0 \Rightarrow p_1 = \sqrt{5/72} \approx 0.26$。

（3）A 实行完全价格歧视，那么消费者 B 的效用不变，而两个消费者的边际替代率相等，即：

$$\begin{cases} 36 \cdot 6 = x_1^B \cdot x_2^B \\ MRS_{21}^A = MRS_{21}^B \end{cases} \Rightarrow \begin{cases} 36 \cdot 6 = x_1^B \cdot x_2^B \\ x_2^A / x_1^A = x_2^B / x_1^B \end{cases} \Rightarrow \begin{cases} 36 \cdot 6 = x_1^B \cdot x_2^B \\ (18 - x_2^B)/(54 - x_1^B) = x_2^B / x_1^B \end{cases}$$

可得：$x_1^B = 18\sqrt{2}$，$x_2^B = 6\sqrt{2}$；$x_1^A = 54 - 18\sqrt{2}$，$x_2^A = 18 - 6\sqrt{2}$。

30.6.2　福利经济学第二定理

福利经济学第二定理指如果参与交易的消费者偏好呈凸状，那么帕累托有效配置都可以通过竞争性均衡实现。

福利经济学第二定理意指分配与效率问题可分开考虑，通过税收等分配手段，在不影响价格体系的前提下，不会影响有效均衡的实现。即任何帕累托有效配置，都可以通过适当的收入或资源再分配（即调整禀赋），由市场的竞争达到均衡来实现。

30.7　思考练习题

（1）在 2 个消费者和 2 种商品的纯交换经济里，消费者 A 的效用函数为 $U_A(x_A, y_A) = \min\{x_A, y_A\}$，消费者 B 的效用函数为 $U_B(x_B, y_B) = x_B y_B$。消费者 A 初始时拥有 6 个单位商品 x 但没有商品 y，消费者 B 初始时拥有 10 个单位商品 y 但没有商品 x。求表示帕累托最优分配的契约线的表达式。

（2）一个纯交换的经济体有 2 个消费者 A 和 B，2 种商品 x 和 y。他们的效用函数分别为：$U(x_A, y_A) = x_A \cdot y_A$，$U(x_B, y_B) = x_B \cdot y_B$。交换初始，2 个消费者拥有 10 单位商品 x，5 单位的 y。求：表示帕累托最优分配的契约线的表达式。

（3）一个纯交换的经济体有 2 个消费者 A 和 B，2 种商品 x 和 y。他们的效用函数分别为：$U(x_A, y_A) = x_A \cdot y_A$，$U(x_B, y_B) = x_B + y_B$。交换初始，2 个消费者拥有 10 单位商品 x，5 单位的 y。求：表示帕累托最优分配的契约线的表达式。

（4）在纯交换经济里，皮特（P）和杜德（D）都消费同样的 2 种商品。2 个消费者的效用函数分别为 $U^P(x_1^P, x_2^P) = x_1^P x_2^P$ 和 $U^D(x_1^D, x_2^D) = \min(x_1^D, x_2^D)$，$x_1$、$x_2$ 表示商品 1 和商品 2 的数量。皮特的初始禀赋为 3 单位商品 1 和 4 单位商品 2，杜德的初始禀赋为 7 单位商品 1 和 6 单位商品 2。求：竞争性均衡时的相对价格。

（5）在某个交换经济中，A、B 两个人的效用函数分别为 $U_A = y_A + 2\sqrt{x_A}$ 和 $U_B = y_B + 4\sqrt{x_B}$，两个人的初始禀赋为 $(\omega_x^A, \omega_y^A) = (12, 8)$ 和 $(\omega_x^B, \omega_y^B) = (4, 8)$。求：竞争性均衡时 A、B 两人消费商品 x 的数量分别为多少？表示帕累托最优分配的契约线的表达式。

（6）在一个纯粹交换的完全竞争市场上有 2 个消费者 A 和 B，2 种商品 x 和 y。交换初始，A 拥有 10 个单位的 x，20 个单位的 y，B 有 20 个单位的 x 和 30 个单位的 y。他们的效用函数分别为：$U(x_A, y_A) = x_A \cdot y_A$，$U(x_B, y_B) = x_B \cdot y_B$。 求：市场竞争均衡的（相对）价格和各人的消费量。

（7）在某个交换经济中，A、B 两个人的效用函数分别为 $U(x_A, y_A) = 3x_A + y_A$ 和 $U(x_B, y_B) = x_B + 2y_B$，求：在给定初始禀赋配置为 $(\omega_x^A, \omega_y^A) = (10, 10)$ 和 $(\omega_x^B, \omega_y^B) = (10, 10)$ 时的竞争性均衡价格及 A 和 B 的均衡消费量。

（8）在某个交换经济中，A、B 两个人的效用函数分别为 $U(x_A, y_A) = 3x_A + y_A$ 和 $U(x_B, y_B) = x_B + 2y_B$，求：在给定初始禀赋配置为 $(\omega_x^A, \omega_y^A) = (5, 5)$ 和 $(\omega_x^B, \omega_y^B) = (15, 15)$ 时的竞争性均衡价格及 A 和 B 的均衡消费量。

（9）X 和 Y 是某荒岛上仅有的 2 个人。他们只消费椰子（N）和樱桃（B）2 种商品。X 的效用函数为 $U(N_X, B_X) = N_X^2 B_X$，Y 的效用函数为 $U(N_Y, B_Y) = 3N_Y + B_Y$。 X 的初始禀赋为 100 单位椰子和 60 单位樱桃，而 Y 的初始禀赋为 80 单位椰子和 0 单位樱桃。求：在经济达到竞争性均衡时的竞争性价格及两消费者对椰子和樱桃的消费量。

（10）一个纯交换的经济体有 2 个消费者 A 和 B，2 种商品 x 和 y。 他们的效用函数分别为：$U(x_A, y_A) = x_A \cdot y_A$，$U(x_B, y_B) = x_B + y_B$。 交换初始，2 个消费者拥有 5 单位商品 x，10 单位商品 y。

① 求帕累托最优分配的契约曲线的表达式及画出契约曲线。

② 如果初始禀赋 $(\omega_A, \omega_A) = (4, 8)$，$(\omega_B, \omega_B) = (1, 2)$，求竞争性均衡价格。

③ 如果初始禀赋 $(\omega_A, \omega_A) = (0, 10)$，$(\omega_B, \omega_B) = (5, 0)$，消费者 A 处于垄断地位且实施一级价格歧视，求 2 个消费者 A 和 B 均衡消费量。

第 31 章

生　产

本章将在引入生产决策下扩大一般均衡的分析框架。即在技术约束下的企业利润最大化行为和预算约束下的消费者效用最大化行为共同形成市场上商品需求与供给的竞争性均衡。

31.1　单要素生产可能性边界

31.1.1　单个生产可能性边界

生产可能性边界（production possibilities frontier，PPF）指在现有给定技术和资源约束下所能生产产品的最大数量组合。生产可能性边界切线斜率表示生产 2 种产品的**边际转换率**（marginal rate of transformation，MRT），即多生产 1 单位某种产品所要放弃另一种产品的量。边际转换率并不是真的由一种产品转换为另一种产品，而是将生产某种产品的技术或资源转而生产另一种产品。例如生产 1 单位桌子耗用木材为 10 单位，生产 1 单位椅子耗用木材为 5 单位，那么在给定木材的条件下，为了多生产 1 单位桌子必须要放弃椅子的量为 2 单位。

假设一个经济体里只有 2 个生产者 A 和 B，只用一种生产要素——劳动来生产鱼（F）和椰子（C）。

如果生产者 A 生产鱼和椰子的生产函数分别为

$$\begin{cases} Q_F^A = 10L_F^A \\ Q_C^A = 20L_C^A \end{cases} \tag{31-1}$$

其中，Q_F^A、Q_C^A 为生产者 A 生产鱼和椰子的生产量，L_F^A、L_C^A 为生产者 A 生产鱼和椰子的所花费的劳动量。假设生产者 A 拥有的总劳动时间为 10 单位，那么有

$$L_F^A + L_C^A = 10 \tag{31-2}$$

由式（31-1）和式（31-2）可得

$$\frac{Q_F^A}{10} + \frac{Q_C^A}{20} = 10 \tag{31-3}$$

式(31-3)就是生产者 A 的生产可能性边界,其斜率 1/2 就是生产者 A 的以鱼表示椰子的边际转换率,即 $MRT_{FC}^{A}=1/2$,表示生产者 A 多生产 1 单位椰子,必须放弃生产 1/2 单位的鱼,如图 31.1(a)所示。

如果生产者 B 生产鱼和椰子的生产函数分别为

$$\begin{cases} Q_F^B = 20L_F^B \\ Q_C^B = 10L_C^B \end{cases} \tag{31-4}$$

其中,Q_F^B、Q_C^B 为生产者 B 生产鱼和椰子的生产量,L_F^B、L_C^B 为生产者 B 生产鱼和椰子的所花费的劳动量。假设生产者 B 拥有的总劳动时间也为 10 单位,那么有

$$L_F^B + L_C^B = 10 \tag{31-5}$$

由式(31-4)和式(31-5)可得

$$\frac{Q_F^B}{20} + \frac{Q_C^B}{10} = 10 \tag{31-6}$$

式(31-6)就是生产者 B 的生产可能性边界,其斜率 2 就是生产者 B 的以鱼表示椰子的边际转换率,即 $MRT_{FC}^{B}=2$,表示生产者 B 多生产 1 单位椰子,必须放弃生产 2 单位的鱼,如图 31.1(b)所示。

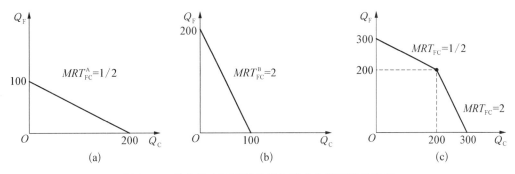

图 31.1 单个生产可能性边界与联合生产可能性边界

(a) 生产者 A 的生产可能性边界 (b) 生产者 B 的生产可能性边界 (c) 联合生产可能性边界

31.1.2 比较优势

由图 31.1(a)可知,生产者 A 的以鱼表示的椰子的边际转换率为 $\dfrac{\Delta Q_F}{\Delta Q_C}=MRT_{FC}^{A}=\dfrac{1}{2}$,表示生产者 A 多生产 1 单位椰子,必须放弃生产 1/2 单位的鱼。由图 31.1(b)可知,生产者 B 的以鱼表示的椰子的边际转换率为 $\dfrac{\Delta Q_F}{\Delta Q_C}=MRT_{FC}^{B}=2$,表示生产者 B 多生产 1 单位椰子,必须放弃生产 2 单位的鱼。由于 $MRT_{FC}^{A}=\dfrac{1}{2}<MRT_{FC}^{B}=2$,所以,生产者 A 在生产椰子方面具有比较优势,而生产者 B 在生产鱼方面具有比较优势。

31.1.3 联合生产可能性边界

如果生产者 A 和生产者 B 两人联合进行生产。那么每个人选择自己具有比较优势的产品生产。例如,在椰子的产量由 0 增加到 1 单位时,由于生产者 A 多生产 1 单位椰子需要放弃 0.5 单位鱼,生产者 B 多生产 1 单位椰子需要放弃 2 单位鱼,即生产者 A 在生产椰子方面具有比较优势,因此这一单位椰子由生产者 A 生产。生产者 A 把全部时间用于生产椰子最多可以生产 200 单位,如果 2 个人对椰子的总生产量高于 200 单位,那么超出的量由生产者 B 进行生产。如图 31.1(c)所示,由于生产总是按照具有比较优势来进行,初始生产椰子的边际转换率为 $MRT_{FC}^A = 1/2$,生产可能性边界相对平坦,对椰子的生产量超过一定量时,生产椰子的边际转换率为 $MRT_{FC}^B = 2$,生产可能性边界变得陡峭。

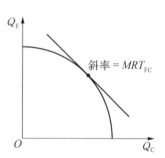

图 31.2   生产可能性边界

在图 31.1(c)所示的例子中,由于只有 2 种生产技术,所以联合生产可能性边界只有 1 个折点。如果生产产品存在无限多种技术时,生产可能性边界则为光滑连续的,边际转换率递增使得生产可能性边界凸离原点,如图 31.2 所示。

31.2   多要素生产可能性边界

31.2.1   生产埃奇沃思方框图

假设一个经济体中有 2 个生产者 A 和 B,生产者 A 使用劳动(L)和资本(K)2 种生产要素生产产品椰子(C),生产者 B 使用 L 和 K 2 种生产要素生产产品鱼(F)。椰子的生产函数为 $Q_C = Q_C(L_C, K_C)$,其中,L_C 和 K_C 分别为生产者 A 生产椰子所使用的劳动量和资本量;鱼的生产函数为 $Q_F = Q_F(L_F, K_F)$,其中,L_F 和 K_F 分别为生产者 B 生产鱼所使用的劳动量和资本量。

该经济体中劳动总量为 L_0,资本总量为 K_0,那么有 $L_C + L_F = L_0$ 和 $K_C + K_F = K_0$。

与交换埃奇沃思方框图一样,我们以 L_0 的大小作为长度,以 K_0 的大小作为宽度构造一个生产埃奇沃思方框图(见图 31.3)。在该方框图中,横坐标表示所使用的劳动量,纵坐标表示所使用的资本量。凸向原点 O_C 的曲线为生产椰子的等产量线,离原点 O_C 越远,椰子的产量越高;凸向原点 O_F 的曲线为生产鱼的等产量线,离原点 O_F 越远,鱼的产量越高。

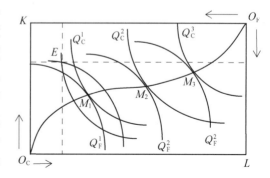

图 31.3   生产埃奇沃思方框图

31.2.2 生产契约曲线

如果 E 点为生产要素的初始禀赋,那么在该点生产椰子的以资本表示劳动的边际替代率大于在该点生产鱼的以资本表示劳动的边际替代率,即

$$MTRS_{KL}^{C} > MTRS_{KL}^{F}$$

此时,如果生产椰子的部分资本量流向生产鱼,而生产鱼的一定的劳动量流向生产椰子,那么生产椰子的资本量减少而劳动量增加,而生产鱼的资本量增加而劳动量减少。也就是说由禀赋点 E 向 M_1 移动,那么同样的劳动总量和资本总量可以生产出更多的椰子和鱼,即存在帕累托改善的可能。如果生产椰子的等产量线与生产鱼的等产量线相切,即满足

$$MTRS_{KL}^{C} = MTRS_{KL}^{F}$$

那么该生产要素的配置达到了帕累托有效,无法不减少一种产品的生产量而增加另一种产品的生产量(见图 31.3 中的 M_1 点)。

所有帕累托有效的生产要素配置点的集合叫作生产的契约曲线(见图 31.3)。

例 31.1 一个竞争性经济体有 16 单位劳动与 25 单位资本,生产椰子和鱼 2 种产品。椰子的生产函数为 $Q_C = (L_C K_C)^{1/4}$,鱼的生产函数为 $Q_F = (L_F K_F)^{1/4}$。求生产契约曲线的表达式。

解: 椰子的边际技术替代率为

$$MTRS_{KL}^{C} = \frac{MP_L^C}{MP_K^C} = \frac{\frac{1}{4} L_C^{-\frac{3}{4}} K_C^{\frac{1}{4}}}{\frac{1}{4} L_C^{\frac{1}{4}} K_C^{-\frac{3}{4}}} = \frac{K_C}{L_C}$$

鱼的边际技术替代率为

$$MTRS_{KL}^{F} = \frac{MP_L^F}{MP_K^F} = \frac{\frac{1}{4} L_F^{-\frac{3}{4}} K_F^{\frac{1}{4}}}{\frac{1}{4} L_F^{\frac{1}{4}} K_F^{-\frac{3}{4}}} = \frac{K_F}{L_F}$$

由帕累托有效条件 $MTRS_{KL}^{C} = MTRS_{KL}^{F}$,可得

$$\frac{K_C}{L_C} = \frac{K_F}{L_F} = \frac{K_C + K_F}{L_C + L_F} = \frac{25}{16}$$

即 $K_C = \frac{25}{16} L_C$ 或者 $K_F = \frac{25}{16} L_F$。

所以,生产契约曲线为一条连接两个原点的直线。

31.2.3 生产可能性边界

在图 31.1 中,对应于生产契约曲线上的任何一生产要素帕累托有效配置点,相互相切的两条等产量线分别代表椰子和鱼的产量。把两个产量分别标示在横坐标表示椰子产量、纵坐标表示椰子产量的坐标图中。

帕累托有效配置 M_1 点的椰子和鱼的产量分别为 (Q_C^1, Q_F^1),帕累托有效配置 M_2 点的椰子和鱼的产量分别为 (Q_C^2, Q_F^2),帕累托有效配置 M_3 点的椰子和鱼的产量分别为 (Q_C^3, Q_F^3)(见图 31.4)。把生产契约曲线上的每一点所对应的等产量线代表的两个产量都标在该坐标图中的轨迹就叫**生产可能性边界**。

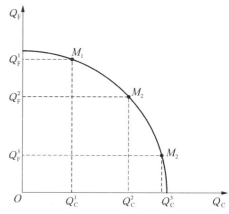

图 31.4 生产可能性边界

例 31.2 一个竞争性经济体有 25 单位劳动与 16 单位资本,生产椰子和鱼两种产品。椰子的生产函数为 $Q_C = (L_C K_C)^{1/4}$,鱼的生产函数为 $Q_F = (L_F K_F)^{1/4}$。求生产可能性边界。

解: 假设劳动的竞争性价格为 ω,资本的竞争性价格为 r。

那么,由椰子的产量最大化条件可得:$MTRS_{KL}^C = \dfrac{\omega}{r} \Rightarrow \dfrac{K_C}{L_C} = \dfrac{\omega}{r}$。

由鱼的产量最大化条件可得:$MTRS_{KL}^F = \dfrac{\omega}{r} \Rightarrow \dfrac{K_F}{L_F} = \dfrac{\omega}{r}$。

由上述两式可得:$\dfrac{K_C}{L_C} = \dfrac{K_F}{L_F} = \dfrac{\omega}{r} \Rightarrow \dfrac{K_C + K_F}{L_C + L_F} = \dfrac{\omega}{r} \Rightarrow \dfrac{\omega}{r} = \dfrac{16}{25}$。

所以,$K_C = \dfrac{16}{25} L_C$,$K_F = \dfrac{16}{25} L_F$。

由 $Q_C = (L_C K_C)^{1/4} \Rightarrow Q_C = \left(L_C \cdot \dfrac{16}{25} L_C\right)^{1/4} = \left(\dfrac{4}{5} L_C\right)^{1/2} \Rightarrow L_C = \dfrac{5}{4} Q_C^2$。

由 $Q_F = (L_F K_F)^{1/4} \Rightarrow Q_F = \left(L_F \cdot \dfrac{16}{25} L_F\right)^{1/4} = \left(\dfrac{4}{5} L_F\right)^{1/2} \Rightarrow L_F = \dfrac{5}{4} Q_F^2$。

上述两式相加可得生产可能性边界方程为

$$Q_C^2 + Q_F^2 = 20$$

31.3 帕累托效率

前面两节讨论了生产可能性边界,该边界描述了整个经济体的可能的消费集。

生产可能性边界上的一点 (Q_C, Q_F) 表示经济体中的总消费束,即该经济体中有 Q_C 单位的椰子和 Q_F 单位的鱼可供经济体中的消费者 A 和消费者 B 消费(见图 31.5)。帕累托有效的消费水平应该是两条无差异曲线相切,即对应消费者 A 和 B 来说,两种商品的边际替代率相等:$MRS_{FC}^A = MRS_{FC}^B$。

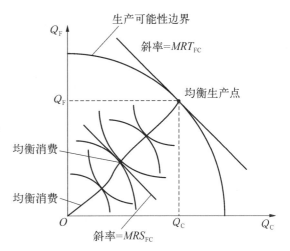

图 31.5　生产和埃奇沃思方框图

而边际转换率 MRT 表示一种商品转换成另一种商品的比例,图 31.5 中就是多生产一单位商品椰子必须放弃生产多少单位商品鱼,即 MRT_{FC}。如果消费者的边际替代率与边际转换率不等,那么该经济体不可能是帕累托有效的。例如,$MRS_{FC}^A = MRS_{FC}^B = 1$,表明消费者愿意以 1 单位的椰子交换 1 单位的鱼;$MRT_{FC} = 2$ 表明减少生产 1 单位椰子可以生产 2 单位的鱼。所以,减少 1 单位椰子的生产可以增加 2 单位的鱼,而消费者愿意以 1 单位椰子交换 1 单位鱼,因此可以增加消费者的福利。

因此,生产的条件下,帕累托有效应该满足

$$MRS_{FC}^A = MRS_{FC}^B = \frac{p_C}{p_F} = MRT_{FC}$$

即每个消费者的边际替代率相等,并且等于边际转换率。

例 31.3　一个竞争性经济体有 25 单位劳动与 16 单位资本,生产者 A 生产椰子和生产者 B 生产鱼,而 A 和 B 都消费椰子和鱼 2 种产品。椰子的生产函数为 $Q_C = (L_C K_C)^{1/4}$,鱼的生产函数为 $Q_F = (L_F K_F)^{1/4}$。A 和 B 的效用函数都为 $U(Q_C, Q_F) = Q_C \cdot Q_F$。求该经济体商品的均衡价格。

解: 由消费者最优化条件可得

$$MRS_{FC} = \frac{p_C}{p_F} \Rightarrow \frac{p_C}{p_F} = \frac{Q_F}{Q_C}$$

由本章例 31.2 可知边际转换率:$MRT_{FC} = \dfrac{dQ_F}{dQ_C} = \dfrac{Q_C}{Q_F}$。

由生产条件下均衡条件可得

$$MRT_{FC} = \frac{p_C}{p_F} = MRS_{FC} \Rightarrow \frac{Q_C}{Q_F} = \frac{p_C}{p_F} = \frac{Q_F}{Q_C}$$

所以,该经济体商品的均衡价格为 $\dfrac{p_C}{p_F} = 1$。

例 31.4　鲁滨孙每小时可以抓 4 条鱼(F),或者摘 2 个椰子(C),他一天工作 8 小时。

星期五每小时可以抓 1 条鱼,或者摘 2 个椰子,一天也工作 8 小时。鲁滨孙和星期五的效用函数都表示为 $U(F, C) = F \cdot C$。

(1) 如果两人完全自给自足,各人的消费为多少?

(2) 如果两人进行贸易,各人的生产和消费为多少? 交易价格是什么?

解:(1) 鲁滨孙的生产可能性边界或者其预算方程为 $\dfrac{F}{4} + \dfrac{C}{2} = 8$,则鲁滨孙的问题为

$$\begin{cases} \max U(F, C) = FC \\ \text{st.} \dfrac{F}{4} + \dfrac{C}{2} = 8 \end{cases} \Rightarrow \begin{cases} F_R^* = \dfrac{1}{2} \cdot \dfrac{8}{1/4} = 16 \\ C_R^* = \dfrac{1}{2} \cdot \dfrac{8}{1/2} = 8 \end{cases}$$

因此,鲁滨孙生产和消费鱼和椰子数分别为 $F_R^* = 16$, $C_R^* = 8$。

同理,星期五的生产可能性边界或者其预算方程为 $\dfrac{F}{1} + \dfrac{C}{2} = 8$,则星期五的问题为:

$$\begin{cases} \max U(F, C) = FC \\ st. \dfrac{F}{1} + \dfrac{C}{2} = 8 \end{cases} \Rightarrow \begin{cases} F_F^* = \dfrac{1}{2} \cdot \dfrac{8}{1} = 4 \\ C_F^* = \dfrac{1}{2} \cdot \dfrac{8}{1/2} = 8 \end{cases}$$

因此,星期五生产和消费鱼和椰子数分别为 $F_F^* = 4$, $C_F^* = 8$。

(2) 两人进行贸易时,假设椰子价格为 1。利用列表法来对鱼的相对价格进行分析。

① $p_F > 2$ 时,鲁滨孙和星期五都是生产鱼使得生产价值达到最大,但是两人效用函数为柯布道格拉斯偏好,对椰子的需求不可能为 0,因此,不能达到均衡。

② 对 $p_F = 2$ 时的分析同 $p_F > 2$,同样不可能达到均衡。

③ $\dfrac{1}{2} < p_F < 2$ 时,鲁滨孙选择生产鱼,总产量为 32;星期五选择生产椰子,总产量为 16。鲁滨孙收入为 $32 p_F$,因此,对椰子的消费量为 $\dfrac{1}{2} \cdot \dfrac{32 p_F}{1} = 16 p_F$ 单位;星期五收入为 16,对椰子的消费量为 8。由于椰子的价格大于 $\dfrac{1}{2}$,因此,对椰子的总需求量 $16 p_F + 8 > 16$,大于总供给量,不能达到均衡。

④ $p_F = \dfrac{1}{2}$ 时,鲁滨孙选择生产鱼,总产量为 32;星期五选择生产椰子,总产量为 16。鲁滨孙收入为 16,因此,对鱼的消费量为 $\dfrac{1}{2} \cdot \dfrac{16}{1/2} = 16$ 单位,对椰子的消费量为 $\dfrac{1}{2} \cdot \dfrac{16}{1} = 8$ 单位;星期五收入为 16,对鱼的消费量为 $\dfrac{1}{2} \cdot \dfrac{16}{1/2} = 16$ 单位,对椰子的消费量为 $\dfrac{1}{2} \cdot \dfrac{16}{1} = 8$ 单位。 两人对椰子和鱼的需求和供给量均相等,此时达到了均衡。

⑤ $p_F < \dfrac{1}{2}$ 时,两人都选择生产椰子,不可能达到均衡。

综上分析可得,进行贸易时,鲁滨孙生产鱼 32 单位,不生产椰子,消费鱼和椰子数分别为 $F_R^* = 16$,$C_R^* = 8$;星期五生产椰子 16 单位,不生产鱼,消费鱼和椰子数分别为 $F_F^* = 16$,$C_F^* = 8$。 两人贸易时,鲁滨孙的效用不变,星期五的效用得到了改进。

价 格		生 产		消 费	
		鱼	椰子	鱼	椰子
$p_F > 2$	鲁滨孙	32	0	16	$16 P_F$
	星期五	32	0	4	$4 P_F$
$p_F = 2$ 时同样不可能达到均衡					
$\dfrac{1}{2} < p_F < 2$	鲁滨孙	32	0	16	$16 P_F$
	星期五	0	16	$8/P_F$	8
$p_F = \dfrac{1}{2}$	鲁滨孙	32	0	16	8
	星期五	0	16	16	8
$p_F < \dfrac{1}{2}$ 时同样不可能达到均衡					

31.4 生产与福利经济学第一定理

31.4.1 生产与福利经济学第一定理

在纯交换经济中,竞争性均衡是帕累托有效均衡,这就是福利经济学第一定理。在一个具有生产的经济中,如果所有企业是追求利润最大化的竞争性企业,所有消费者是追求效用最大化的竞争性消费者,那么在包含生产的经济中所达到的竞争性均衡是帕累托有效的,这就是生产与福利经济学第一定理(production and the first welfare theorem)。① 不能保证公平。因为利润最大化只保证效率。② 只有在竞争均衡时成立。对于规模报酬递增的企业不成立。③ 生产不存在生产外部效应和消费外部效应。即每家厂商的选择不影响其他厂商的生产可能性边界,且不影响消费者的消费者可能性。

31.4.2 生产与福利经济学第二定理

在纯交换经济中,只要消费者具有凸性偏好,每一个帕累托有效配置都可以通过竞争获得。在一个具有生产的经济中,如果消费者偏好是凸性的,企业的生产集也是凸性的,那么在包含生产的经济中所达到的每一种帕累托有效配置是竞争性均衡所致,这就是生产与福利经济学第二定理(production and the second welfare theorem)。该定理也只有在企业规模报酬不变或者递减时成立。

31.5 思考练习题

(1) 某个岛上只有 2 种商品：小麦和牛奶。这个岛上唯一稀缺的资源是土地。假设该岛共有 1 000 公顷土地。每公顷土地可以生产 3 单位牛奶或 32 单位小麦。该岛上一些居民有许多土地，而有些居民只有一点土地。假设该岛上所有居民的效用函数为 $U(M, W) = M \cdot W$，其中 M 表示居民消费的牛奶量，W 表示居民消费的小麦量。求均衡价格和生产量。

(2) 老张是一位木匠，小张是他的徒弟。他们两人每天花相同的时间生产玩具汽车。每辆玩具汽车由 4 个轮子和 1 个车体组成。老张每小时做 25 个轮子或每小时做 10 个车体；小张每小时做 10 个轮子或每小时做 10 个车体。如果他们想实现产出最大化，那么小张每小时应该做多少轮子？

(3) 克鲁索在椰子和闲暇之间的效用函数为 $u(C, R) = CR$，同时，作为椰子的唯一生产者，克鲁索生产椰子的函数为 $f(L) = \sqrt{L}$，L 表示劳动时间。若克鲁索的总时间禀赋为 48 小时，那么，他会选择工作多长时间？

(4) 一个经济体有 25 单位劳动与 16 单位资本，生产椰子和鱼两种产品。椰子的生产函数为 $Q_C = L_C^{0.4} K_C^{0.6}$，鱼的生产函数为 $Q_F = L_F^{0.4} K_F^{0.6}$。求生产契约曲线的表达式。

(5) 一个竞争性经济体有 100 单位劳动与 64 单位资本，生产椰子和鱼 2 种产品。椰子的生产函数为 $Q_C = (4L_C K_C)^{1/4}$，鱼的生产函数为 $Q_F = (L_F K_F)^{1/4}$。求生产可能性边界。

(6) 一个竞争性经济体有 100 单位劳动与 100 单位资本，生产者 A 生产椰子，生产者 B 生产鱼，而 A 和 B 都消费椰子和鱼 2 种产品。椰子的生产函数为 $Q_C = L_C^{\frac{1}{4}} K_C^{\frac{1}{4}}$，鱼的生产函数为 $Q_F = L_F^{\frac{1}{4}} T_F^{\frac{1}{4}}$。A 和 B 的效用函数都为 $U(Q_C, Q_C) = Q_C \cdot Q_F$。求该经济体商品的均衡价格及生产量和消费量。

第 32 章

福　利

帕累托有效是一个理想的目标：在不损害其他人的条件下使得另外一部分人的福利得到改善。同时帕累托有效配置并不是唯一的，存在多种帕累托有效配置。如果一种配置状态符合所有消费者的偏好关系，那无疑对社会而言也是最优的。本章主要比较不同有效配置下社会总体福利水平，通过构造不同的社会福利函数来寻求不同道德标准下的社会福利最大化，重点讨论有关公平配置的基本概念。

32.1　社会偏好

消费者理论里讲述了消费者个人偏好，并由此得出个人效用函数。社会偏好是指按照某种方法在所有个体消费者偏好给定的条件下所有消费者的偏好的加总。如果了解了所有消费者对各种配置的偏好次序，就可以按照某种方法描述出各种配置的社会秩序。

假设字母 x 表示某一配置——每个消费者获得每种商品的一个描述。对于任何两个配置 x 和 y，每个消费者都会表明其对 x 配置的偏好是否优于 y 配置。下面介绍两种获得社会偏好的方法：

32.1.1　多数投票法

多数投票法(majority voting)是指如果偏好配置 x 的消费者人数大于偏好配置 y 的消费者人数，那么配置 x 社会偏好于配置 y。但是这种方法得出的社会偏好不一定具有传递性。

对于给定的三个配置 x、y 和 z，对于消费者 A 来说，$x \succ y \succ z$；对于消费者 B 来说，$y \succ z \succ x$；对于消费者 C 来说，$z \succ x \succ y$（见表 32.1）。

表 32.1　多数投票法的非传递性社会偏好

消费者 A	消费者 B	消费者 C
x	y	z
y	z	x
z	x	y

对于消费者 A 和 C 来说,都有 $x \succ y$,所有配置 x 社会偏好于配置 y;对于消费者 A 和 B 来说,都有 $y \succ z$,所有配置 y 社会偏好于配置 z;对于消费者 B 和 C 来说,都有 $z \succ x$,所有配置 z 社会偏好于配置 x。所以,多数投票法不具有传递性。社会选择会出现哪种结果取决于投票的次序。如果配置 x 和 y 首先进行投票,然后胜者再与 z 投票,那么最后获胜者为配置 z;如果配置 x 和 z 首先进行投票,然后胜者再与 y 投票,那么最后获胜者为配置 y;如果配置 y 和 z 首先进行投票,然后胜者再与 x 投票,那么最后获胜者为配置 x。投票结果完全取决于投票表决的次序。

32.1.2　等级排序投票法

等级排序投票法(rank-order voting)是指每个消费者按照自己的偏好对每种配置排序,并对其进行标号,最偏好的为 1,次偏好的为 2,等等,再把所有消费者给每种配置的序号加总,得分越低,社会偏好程度就越高。但是这种投票法可能因为引入或者取消某个配置而改变最终社会偏好的排序。

在表 32.2 中,只有两个配置 x 和 y。消费者 A 把 x 列为 1 而把 y 列为 2;消费者 B 把 y 列为 1 而把 x 列为 2。他们获得的总排序号都是 3。所以他们的社会偏好无差异。

表 32.2　等级排序投票法

消费者 A	消费者 B
x	y
y	x

现在增加了第三个配置 z,每个消费者对三个配置 x、y 和 z 的个人偏好(见表 32.3)。此时,消费者 A 把 x 列为 1 而把 y 列为 2;消费者 B 把 y 列为 1 而把 x 列为 3。配置 x 获得的总排序号是 4,而配置 y 获得的总排序号是 3。所以配置 y 的社会偏好优于配置 x 的。

表 32.3　加入 z 配置的等级排序投票法

消费者 A	消费者 B
x	y
y	z
z	x

因此,多数投票法可以通过改变投票表决的次序而改变投票结果,而等级排序投票法通过增加或者减少候选对象而改变最终投票结果。这两种投票法容易受人控制以获得他们合意的结果。

32.1.3　阿罗不可能定理

多数投票法和等级排序投票法都容易被人操控,那么一个社会决策机制能否做到下列三点:
(1) 对于给定的一组具有完备性的、反身性的和传递性的个人偏好,社会决策机制应该同样能够获得具有完备性的、反身性的和传递性的社会偏好。

（2）如果所有个人都是 x 偏好于 y，那么社会决策机制的结果应该是 x 社会偏好于 y。

（3）x 和 y 之间的偏好只应该取决于消费者怎么排列 x 和 y 的顺序，不应该取决于其他选择（如 z）的排列顺序。

这三个性质看起来很有道理，实际上找到这样的社会机制很难。

阿罗不可能定理（Arrow's impossibility theorem）：如果一个社会决策机制满足性质 1、性质 2 和性质 3，那么它必然是一个独裁统治——所有的社会偏好顺序就是一个人的偏好顺序。

不存在一种完美的方法把个人的偏好"加总"为社会偏好。多数人投票法和等级排序投票法都不能得出一个将个人偏好加总为社会偏好的理想方法。如果要得到一个把个人偏好加总为社会偏好的方法，就不得不放弃阿罗定理中所描述的社会决策机制中的某个性质。

例 32.1 决定社会偏好关系的一种可能的方法叫作博达计数（Borda count），即著名的等级排序投票法。该方法要求每位投票人对所有的候选人分等级。如果有 10 位候选人，你可以给第一等级的人 1 分，给第二等级的人 2 分，等等。然后，把所有投票人对每位候选人的打分进行加总。那么每位候选人的总分就叫作博达计数。对于任何两个候选人 x 和 y，如果 x 的博达计数小于等于 y 的博达计数，那么从社会的角度来说 x 至少与 y 一样好。假设候选人数有限，每个候选人都有完备的、反身的和传递的偏好，且任何两候选人从不无差异。

（1）按照这种方法定义的社会偏好排序是完备的吗？反身的吗？传递的吗？

（2）如果每个人都对 x 的偏好超过对 y 的偏好，那么博达计数的结果是：x 社会偏好于 y？为什么？

（3）假设有两个投票人及三个候选人 x、y 和 z。投票人 1 把候选人 x 排在第一，把候选人 z 排在第二，而把候选人 y 排在第三；投票人 2 把候选人 y 排在第一，把候选人 x 排在第二，而把候选人 z 排在第三。那么三个候选人 x、y 和 z 的博达计数分别为多少？

（4）假设由于某种原因，投票人 1 改变了对 y 和 z 的排序，即把候选人 x 排在第一，把候选人 y 排在第二，而把候选人 z 排在第三；投票人 2 改变了对 x 和 z 的排序，即把候选人 y 排在第一，把候选人 z 排在第二，而把候选人 x 排在第三。那么三个候选人 x、y 和 z 的博达计数分别又为多少？

（5）由博达计数定义的社会偏好关系具有这样的性质：x 和 y 之间的社会偏好只取决于投票人对 x 和 y 的等级排序而与对其他候选人的等级排序无关吗？为什么？

解：（1）是完备的。反身的。传递的。

（2）博达计数的结果：x 社会偏好于 y。因为每个人都对 x 的偏好超过对 y 的偏好，那么每个人都对 x 的打分低于对 y 的打分，这样，所有投票人对 x 的打分的总和就小于所有投票人对 y 的打分的总和，因此 x 社会偏好于 y。

（3）由题意可得：

投票人 1 对候选人 x 的打分为 1，对候选人 y 的打分为 3，对候选人 z 的打分为 2。

投票人 2 对候选人 x 的打分为 2，对候选人 y 的打分为 1，对候选人 z 的打分为 3。

所以三个候选人 x、y 和 z 的博达计数分别为 3、4 及 5。

（4）由题意可得：

投票人 1 对候选人 x 的打分为 1，对候选人 y 的打分为 2，对候选人 z 的打分为 3。

投票人 2 对候选人 x 的打分为 3,对候选人 y 的打分为 1,对候选人 z 的打分为 2。

所以三个候选人 x、y 和 z 的博达计数分别为 4、3 及 5。

(5) 否。

由上述例子可见,投票人都没有改变对 x、y 之间的等级排序,但由于改变了 x、z 及 y、z 之间的排序,导致了对 x、y 的社会偏好排序的不同。

32.2　社会福利函数

由阿罗不可能定理可知:满足上述三个性质的社会决策机制是个独裁机制。那么为了找到合意的社会偏好,就必须放弃三个性质中一个。如果放弃性质 3,那么等级排序投票法就能满足,从而就能得到满足性质 1 和 2 的社会福利函数。

假设第 i 个消费者对配置 x 的效用函数为 $u_i(x)$,如果 $u_i(x) > u_i(y)$,那么该消费者对配置 x 的偏好胜于对配置 y 的偏好。

那么,就可以用某种方法从个人偏好得出社会偏好。比较常见的社会福利函数有以下几种:

(1) 古典效用主义福利函数(Classical utilitarian welfare function)。社会福利水平为个人效用的总和确定。

$$W(u_1, \cdots, u_n) = \sum_{i=1}^{n} u_i \qquad (32-1)$$

(2) 边沁社会福利函数(Benthamite social welfare function)。社会福利由该社会中个体效用加权平均所决定。

$$W(u_1, \cdots, u_n) = \sum_{i=1}^{n} a_i u_i \qquad (32-2)$$

(3) 罗尔斯社会福利函数(Rawlsian social welfare function)。社会福利由该社会中境况较差的个体的效用水平决定。

$$W(u_1, \cdots, u_n) = \min\{u_1, \cdots, u_n\} \qquad (32-3)$$

(4) 尼采社会福利函数(Nietzschean social welfare function)。社会福利由该社会中境况较好的个体的效用水平决定。

$$W(u_1, \cdots, u_n) = \max\{u_1, \cdots, u_n\} \qquad (32-4)$$

32.3　社会福利最大化

构造了社会福利函数(social welfare function),就可以考察社会福利最大化问题。为了简单方便,我们假设只有两个消费者 A 和 B,配置两种商品 x 和 y,两种商品的总量分别为 X 和 Y。 消费者 A 获得两种商品的量为 (x_A, y_A),消费者 B 获得两种商品的量为 (x_B, y_B),就是对两种商品的一种社会配置。那么社会福利最大化问题可以描述为

$$\max W(u_A(x_A, y_A), u_B(x_B, y_B))$$
$$\text{s. t. } \begin{cases} x_A + x_B = X \\ y_A + y_B = Y \end{cases} \tag{32-5}$$

32.3.1　效用可能性边界

首先,社会福利最大化配置肯定是帕累托有效配置。

从帕累托有效配置的概念可知,埃奇沃思方框图内有很多帕累托有效配置。只要给定消费者 A 的一条无差异曲线,然后沿着这条无差异曲线就能找到对于消费者 B 来说效用最大的一点,即是一个帕累托有效配置。埃奇沃思方框图内所有帕累托有效配置点的集合叫作**契约曲线**(见图 32.1)。

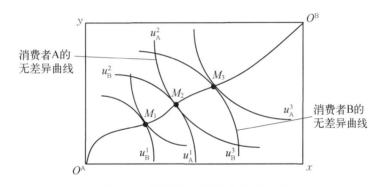

图 32.1　帕累托有效配置与契约曲线

契约曲线上任何一点对应的配置都是帕累托有效的,如图 32.1 中的 M_1、M_2 和 M_3 三点,现在把三个帕累托配置所对应的消费者 A 和 B 的效用描述在横坐标为 u_A(消费者 A 的效用)、纵坐标为 u_B(消费者 B 的效用)的坐标图中,即可以得到图 32.2 所示的**效用可能性边界**。

而除契约曲线上的配置点外,其他点的配置给两个消费者带来的效用都在**效用可能性边界**里面,共同构成效用可能性集合。

如果一种配置位于效用可能性边界上,那就不存在能使两个人效用都改善的其他任何可行的配置。

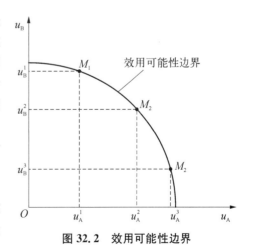

图 32.2　效用可能性边界

例 32.2　一个经济体有 25 单位商品 x 与 16 单位商品 y,在消费者 A 和消费者 B 之间分配。消费者 A 的效用函数为 $u_A(x_A, y_A) = (x_A y_A)^{1/4}$,消费者 B 的效用函数为 $u_B(x_B,$

$y_B) = (x_B y_B)^{1/4}$。求该经济体的效用可能性边界表达式。

解：由帕累托有效配置条件可得

$$MRS_{yx}^A = MRS_{yx}^B \Rightarrow \frac{y_A}{x_A} = \frac{y_B}{x_B} = \frac{y_A + y_B}{x_A + x_B} = \frac{16}{25}$$

所以

$$y_A = \frac{16}{25} x_A, \quad y_B = \frac{16}{25} x_B$$

由

$$u_A = (x_A y_A)^{1/4} \Rightarrow u_A = \left(x_A \cdot \frac{16}{25} x_A \right)^{1/4} = \left(\frac{4}{5} x_A \right)^{1/2} \Rightarrow x_A = \frac{5}{4} u_A^2$$

$$u_B = (x_B y_B)^{1/4} \Rightarrow u_B = \left(x_B \cdot \frac{16}{25} x_B \right)^{1/4} = \left(\frac{4}{5} x_B \right)^{1/2} \Rightarrow x_B = \frac{5}{4} u_B^2$$

上述两式相加可得效用可能性边界方程为

$$u_A^2 + u_B^2 = 20$$

32.3.2　社会效用最大化

上述得出了效用可能性集合。类似于个人偏好的无差异曲线，根据社会福利函数，可以得出社会福利无差异曲线，即等福利线，其线上任何一点给社会带来的福利是相等的（见图 32.3）。

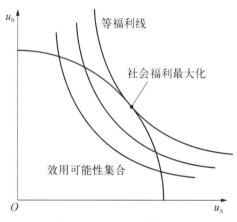

福利最大化配置点肯定是帕累托有效的，所以福利最大化必然在社会效用可能性边界上，即福利最大化配置点满足效用可能性边界与等福利线相切（见图 32.3）。每一个福利最大化的配置必然是帕累托有效配置，每一个帕累托有效配置也都可以看作某个社会福利函数的最优化点。

因为消费者的福利水平本身就是一个主观值，因此这样一个福利函数的最大化也带有道德标准的选取。

图 32.3　社会福利最大化

例 32.3　一个经济体有 25 单位商品 x 与 16 单位商品 y，在消费者 A 和消费者 B 之间分配。消费者 A 的效用函数为 $u_A(x_A, y_A) = (x_A y_A)^{1/4}$，消费者 B 的效用函数为 $u_B(x_B, y_B) = (x_B y_B)^{1/4}$。社会福利函数为 $W(u_A, u_B) = u_A + u_B$。求该经济体社会福利最大化的配置。

解：由例 32.2 可知，该经济体的效用可能性边界方程为 $u_A^2 + u_B^2 = 20$。

该方程的斜率为 $\frac{\partial u_B}{\partial u_A} = -\frac{u_A}{u_B}$。

由社会福利最大化条件可得：$-\dfrac{u_A}{u_B}=-1$。

所以，福利最大化时两个消费者的效用：$u_A=u_B=\sqrt{10}$。

由 $(x_A y_A)^{1/4}=\sqrt{10}$ 及 $((25-x_A)(16-y_A))^{1/4}=\sqrt{10}$，可得该经济体社会福利最大化的配置：

$$x_A=x_B=12.5,\ y_A=y_B=8$$

32.4　公平配置

不同福利函数的构造是对不同社会道德的选择，没有办法决定哪种道德判断是最有道理的。在许多社会道德标准中，公平配置无疑最值得关注。社会资源在所有消费者之间平均分配无疑是公平配置的一种体现，然而这样的配置却不一定是有效的。

如果一种配置既是平等的又是帕累托有效的，那么这种配置就叫**公平配置**（fair allocation）。其中**平等的**（equitable）配置是指没有一个行为人对于任何其他行为人的商品束的偏好超过对他自己的商品束的偏好配置；而与平等配置对应的是妒忌，是指如果某行为人 i 偏好另一行为人 j 的商品束超过对自己的商品束，我们就说 i 妒忌（envy）j。

例 32.4　P 和 D 两个消费者的效用函数分别为 $U_P(A_P,O_P)=4A_P+O_P$ 和 $U_D(A_D,O_D)=A_D+4O_D$，其中 A_P 和 O_P 分别为消费者 P 的苹果和橙子消费量，A_D 和 O_D 分别为消费者 D 的苹果和橙子消费量。两人之间可以分配的苹果和橙子总量为 20 单位苹果和 12 单位橙子。求公平配置应满足的条件并在 Edgeworth 方框图中表示。

解：公平配置即平等且有效的资源配置。

其中，平等要求两个消费者均不忌妒对方的消费束，即 P 偏好自己的消费束而不妒忌 D 的消费束，同时 D 偏好自己的消费束也不妒忌 P 的消费束，因此有

$$U_P(A_P,O_P)\geqslant U_P(A_D,O_D)\Rightarrow 4A_P+O_P\geqslant 4A_D+O_D$$

$$U_D(A_D,O_D)\geqslant U_D(A_P,O_P)\Rightarrow A_D+4O_D\geqslant A_P+4O_P$$

结合总资源禀赋，有

$$\begin{cases}4A_P+O_P\geqslant 4A_D+O_D\\ A_D+4O_D\geqslant A_P+4O_P\\ A_P+A_D=20\\ O_P+O_D=12\end{cases}\Rightarrow\begin{cases}4A_P+O_P\geqslant 46\\ A_D+4O_D\geqslant 34\end{cases}$$

满足以上条件为图 32.4 阴影所示区域。

此外，有效配置要求最后配置应该在契约曲线上。

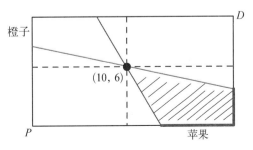

图 32.4　公平配置图示

即最后右下角粗体线所示均可以为公平配置的结果(最终的公平配置取决于初始禀赋的分配)。

例 32.5 R 和 J 两个消费者的效用函数分别为 $U_R = S_R^5 S_J^1$ 和 $U_J = S_R^1 S_J^5$，其中 S_R 是消费者 R 的面条消费量，S_J 是消费者 J 的面条消费量。他们两人之间一共有 36 单位面条可供分享。那么当消费者 J 的面条量超过多少时她愿意把一些面条分给消费者 R？

解：总资源禀赋为 36，即 $S_R + S_J = 36$，即 $S_J = 36 - S_R$，把它代入消费者 J 的效用函数，可得

$$U_J = S_R^1 S_J^5 = (36 - S_J^1) S_J^5 = 36 S_J^5 - S_J^6$$

如果消费者 J 愿意把面条分给消费者 R，则说明此时面条对她自己的边际效用小于等于零，即

$$\frac{\partial U_J}{\partial S_J} \leqslant 0, \text{可得 } S_J \geqslant 30$$

所以，当消费者 J 的面条量超过 30 单位时，她愿意把一些面条给消费者 R。

32.5 思考练习题

(1) 利用博达计数来决定三个候选人 x、y 和 z 之间的选举。现有 29 位投票人，每位给第一等级的人打 1 分，给第二等级的人打 2 分，给第三等级的人打 3 分。经统计，有 10 位投票人把候选人 x 排在第一等级，把候选人 y 排在第二等级，把候选人 z 排在第三等级；有 3 位投票人把候选人 x 排在第一等级，把候选人 z 排在第二等级，把候选人 y 排在第三等级；有 8 位投票人把候选人 z 排在第一等级，把候选人 y 排在第二等级，把候选人 x 排在第三等级；有 8 位投票人把候选人 y 排在第一等级，把候选人 z 排在第二等级，把候选人 x 排在第三等级。那么三个候选人 x、y 和 z 的博达计数分别为多少？谁会赢得选举？

(2) 一个经济体有 25 单位商品 x 与 16 单位商品 y，在消费者 A 和消费者 B 之间分配。消费者 A 的效用函数为 $u_A(x_A, y_A) = x_A^{0.4} y_A^{0.6}$，消费者 B 的效用函数为 $u_B(x_B, y_B) = x_B^{0.4} y_B^{0.6}$。求该经济体的效用可能性边界表达式。

(3) 一个经济体有 100 单位商品 x 与 64 单位商品 y，在消费者 A 和消费者 B 之间分配。消费者 A 的效用函数为 $u_A(x_A, y_A) = (x_A y_A)^{1/4}$，消费者 B 的效用函数为 $u_B(x_B, y_B) = (x_B y_B)^{1/4}$。社会福利函数为 $W(u_A, u_B) = 2u_A + u_B$。求该经济体社会福利最大化的配置。

(4) P 和 D 两个消费者的效用函数分别为 $U_P(A_P, O_P) = 4A_P + O_P$ 和 $U_D(A_D, O_D) = A_D + 4O_D$，其中，$A_P$ 和 O_P 分别为消费者 P 的苹果和橙子消费量，A_D 和 O_D 分别为消费者 D 的苹果和橙子消费量。两人之间可以分配的苹果和橙子总量为 18 单位苹果和 18 单位橙子。求公平配置应满足的条件并在 Edgeworth 方框图中表示。

（5）小海和小马两人彼此充满怨恨。小海的效用函数为 $U_H = W_H - W_M^2/8$，小马的效用函数为 $U_M = W_M - W_H^2/8$，其中 W_H 为小海的消费水平，而 W_M 为小马的消费水平。现共有 28 元钱，请问基于公平的原则应该如何进行分配？

（6）李先生有两个儿子，在学习方面小儿子比大儿子更聪明。如果李先生每月花 X 在大儿子的教育上，那么大儿子在托福考试中可以获得 $X/2$ 分。如果李先生每月花 Y 在小儿子的教育上，那么小儿子在托福考试中可以获得 $2Y$ 分。李先生的效用函数为 $U(D, J) = \min\{D, J\}$，其中 D 表示大儿子的托福考试成绩，J 表示小儿子的托福考试成绩。为了实现他的效用最大化，李先生应该怎样安排他的收入？

第 33 章

外部效应

主要讨论消费者的效用函数和厂商的利润函数需考虑其他经济行为人（消费者或者厂商）的选择行为，即所谓的外部效应。在没有外部效应出现时，帕累托有效配置可以通过市场机制实现。一旦出现外部效应，市场机制就无法实现资源的帕累托有效供给。

33.1 消费外部效应

外部性分为消费外部性和生产外部性。**消费外部效应**（consumption externality）指消费者的消费行为或者厂商的生产行为直接影响其他消费者的效用，但并未因此而给予补偿或得到报酬。正消费外部效应使得他人效用增加，例如修剪自家花园给社会带来正外部性；负消费外部效应使得他人效用减少，例如公共场合吸烟给社会带来负外部性。如果厂商的利润函数受到其他经济行为人的生产或者消费的影响，那么这种情形就叫**生产外部效应**。首先讨论消费领域的外部效应。

33.1.1 抽烟的外部效应

假设同房间的两个消费者 A 和 B 消费两种商品：货币和烟。两种商品对消费者 A 来说都是喜好品；货币对消费者 B 来说是喜好品，烟对消费者 B 来说是厌恶品。

横轴的长度表示两个消费者的货币总量，纵轴的高度表示两个消费者的全部烟量。由于货币量是喜好品，烟是厌恶品，而且两个消费者消费相同的烟量，所以越远离原点 O^A 的消费者 A 的无差异曲线表示效用越大，而越远离原点 O^B 的消费者 B 的无差异曲线表示效用越大（见图 33.1）。

如果消费者 B 拥有清洁空气的法定权利，那么两个消费者对货币和烟的禀赋在图 33.1 中的 E 点。假如允许以一定的价

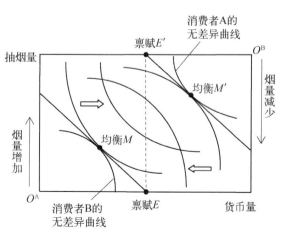

图 33.1 抽烟可能的均衡配置

格用货币量交易抽烟量,那么消费者 B 就会愿意用一定的清洁空气的权利交换货币,从而增加自己的效用;同样,消费者 A 也会愿意用一定的货币交换抽烟的权利,从而增加自己的效用。帕累托有效配置就能达到(见图 33.1 中的 M 点)。

同理,如果消费者 A 拥有抽烟的法定权利,那么两个消费者对货币和烟的禀赋在图 33.1 中的 E' 点。假如允许以一定的价格用货币量交易抽烟量,那么消费者 A 就会愿意用一定的抽烟的权利交换货币,从而增加自己的效用;同样,消费者 B 也会愿意用一定的货币交换清洁空气的权利,从而增加自己的效用。帕累托有效配置就能达到(见图 33.1 中 M' 点)。

可见,产权界定如果不明晰,利益相关的两个人之间就会有问题。例如同寝室两个人中一个人抽烟而另一个人不抽烟,在产权界定不明晰的情况下,抽烟者认为我有权利抽烟,不抽烟者则认为我有权利享受洁净空气。如果产权界定明确,不管谁拥有产权,且交易成本为零,那么消费者就会按照一般商品的交换方式对外部效应的权利进行交换,从而达到帕累托有效配置。

例 33.1 假设同房间的两个消费者 A 和 B 消费两种商品:货币和烟。消费者 A 喜欢抽烟,其效用函数为 $U_A(C_A, S) = C_A \cdot S$,其中,$C_A$ 为消费者 A 的货币量,初始货币量为 100 单位,S 为抽烟量(假设 $S \leqslant 10$);消费者 B 不喜欢抽烟,其效用函数为 $U_B(C_B, S) = C_B \cdot (10 - S)$,其中,$C_B$ 为消费者 B 的货币量,初始货币量为 100 单位,S 为抽烟量。抽烟与货币可以交换。

(1) 如果消费者 A 拥有抽烟的权利,该房间里均衡的抽烟量为多少?

(2) 如果消费者 B 拥有不抽烟的权利,该房间里均衡的抽烟量为多少?

解:(1) 设抽烟的价格为 p_S,货币的价格为 $p_M = 1$,那么消费者 A 的收入为 $M_A = 10p_S + 100$,消费者 B 的收入为 $M_B = 100$。

消费者 A 的最优选择为:
$$
\begin{cases}
C_A^* = \dfrac{10p_S + 100}{2} \\
S^* = \dfrac{10p_S + 100}{2p_S}
\end{cases}
$$

消费者 B 的最优选择为:
$$
\begin{cases}
C_B^* = \dfrac{100}{2} = 50 \\
10 - S^* = \dfrac{100}{2p_S}
\end{cases}
$$

由

$$
C_A^* + C_B^* = 100 + 100 \Rightarrow \frac{10p_S + 100}{2} + 50 = 200 \Rightarrow p_S = 20
$$

所以房间里均衡的抽烟量 $S^* = \dfrac{10p_S + 100}{2p_S} = \dfrac{10 \cdot 20 + 100}{2 \cdot 20} = 7.5$。

(2) 设抽烟的价格为 p_S,货币的价格为 $p_M = 1$,那么消费者 A 的收入为 $M_A = 100$,消费者 B 的收入为 $M_B = 10p_S + 100$。

消费者 A 的最优选择为：
$$\begin{cases} C_A^* = \dfrac{100}{2} = 50 \\ S^* = \dfrac{100}{2p_S} \end{cases}$$

消费者 B 的最优选择为：
$$\begin{cases} C_B^* = \dfrac{10p_S + 100}{2} \\ 10 - S^* = \dfrac{10p_S + 100}{2p_S} \end{cases}$$

由 $C_A^* + C_B^* = 100 + 100 \Rightarrow \dfrac{10p_S + 100}{2} + 50 = 200 \Rightarrow p_S = 20$。

所以房间里均衡的抽烟量 $S^* = \dfrac{100}{2p_S} = \dfrac{100}{2 \cdot 20} = 2.5$。

33.1.2 科斯定理

上面的讨论说明：只要产权明确，且交易成本为零或者很小，行为人之间的交易可以导致外部效应的帕累托有效配置。一般来说，帕累托有效的外部效应的数量取决于产权的分配，例如例 33.1。

但是，如果消费者 A 和消费者 B 对货币的偏好是线性的，对抽烟的偏好为非线性的，即对抽烟和货币的偏好都属于拟线性偏好，那么抽烟的帕累托有效配置量是个常数，与产权分配无关（见图 33.2）。意味着帕累托有效配置集合是一条水平线：抽烟量是相同的，不同的只是消费者所持有的货币量。

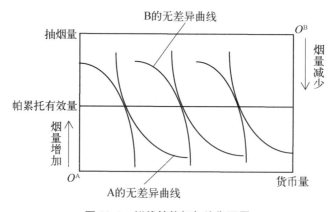

图 33.2 拟线性偏好与均衡配置

拟线性偏好下，外部效应的商品的有效配置数量独立于产权分配的结论被称为科斯定理（the Coase theorem）。本质上来说，拟线性偏好所引起对外部效应商品的需求独立于收入的分配，即收入效应为零。

例 33.2 假设同房间的两个消费者 A 和 B 消费两种商品：货币和烟。消费者 A 喜欢抽烟，其效用函数为 $U_A(C_A, S) = C_A + \ln S$，其中，$C_A$ 为消费者 A 的货币量，初始货币量为

100 单位，S 为抽烟量（假设 $S \leqslant 10$）；消费者 B 不喜欢抽烟，其效用函数为 $U_B(C_B, S) = C_B + \ln(10 - S)$，其中，$C_B$ 为消费者 B 的货币量，初始货币量为 100 单位，S 为抽烟量。抽烟与货币可以交换。

（1）如果消费者 A 拥有抽烟的权利，该房间里均衡的抽烟量为多少？

（2）如果消费者 B 拥有不抽烟的权利，该房间里均衡的抽烟量为多少？

解：（1）设抽烟的价格为 p_S，货币的价格为 $p_C = 1$，那么消费者 A 的收入为 $M_A = 10 p_S + 100$，消费者 B 的收入为 $M_B = 100$。

消费者 A 的最优选择为：$\begin{cases} C_A^* = 10 p_S + 99 \\ S^* = \dfrac{1}{p_S} \end{cases}$。

消费者 B 的最优选择为：$\begin{cases} C_B^* = 99 \\ 10 - S^* = \dfrac{1}{p_S} \end{cases}$。

由 $C_A^* + C_B^* = 100 + 100 \Rightarrow 10 p_S + 99 + 99 = 200 \Rightarrow p_S = \dfrac{1}{5}$。

所以，房间里均衡的抽烟量 $S^* = \dfrac{1}{p_S} = 5$。

（2）设抽烟的价格为 p_S，货币的价格为 $p_C = 1$，那么消费者 A 的收入为 $M_A = 100$，消费者 B 的收入为 $M_B = 10 p_S + 100$。

消费者 A 的最优选择为：$\begin{cases} C_A^* = 99 \\ S^* = \dfrac{1}{p_S} \end{cases}$。

消费者 B 的最优选择为：$\begin{cases} C_B^* = 10 p_S + 99 \\ 10 - S^* = \dfrac{1}{p_S} \end{cases}$。

由 $C_A^* + C_B^* = 100 + 100 \Rightarrow p_S = \dfrac{1}{5}$。

所以房间里均衡的抽烟量 $S^* = \dfrac{1}{p_S} = 5$。

由上述可知，拟线性偏好下有效配置数量独立于产权分配。

33.2 生产外部效应

生产外部效应（production externality）指某厂商的生产决策对其他厂商的利润会产生影响。正生产外部效应有苹果园与养蜂场，负生产外部效应有钢铁厂和养鱼场。

现在考察包括生产的外部效应的情况。假设钢铁厂 S 在生产一定钢铁量 s 的同时,会产生一定数量的污染物排入下游养鱼的河流。渔场 F 受到钢铁厂污染物的负外部效应的不利影响。

假设钢铁厂和养鱼场均为竞争性市场,市场上钢铁的竞争性价格为 p_S,排污量为 x。养鱼场产鱼量为 f,市场上鱼的竞争性价格为 p_F。钢铁厂的生产成本函数为 $C_S(s, x)$,钢铁厂产生污染量使得生产成本下降,即 $\dfrac{\partial C_S(s, x)}{\partial x} \leqslant 0$。养鱼场的生产成本函数为 $C_F(f, x)$,污染量使养鱼场生产成本上升,即 $\dfrac{\partial C_F(f, x)}{\partial x} > 0$。

钢铁厂的利润函数为

$$\pi_S = p_S \cdot s - C_S(s, x) \tag{33-1}$$

养鱼场的利润函数为

$$\pi_F = p_F \cdot f - C_F(f, x) \tag{33-2}$$

33.2.1　独立决策

如果两家厂商分别进行独立决策,钢铁厂利润最大化条件为对钢铁产量和污染量求一阶导数为零,可得

$$\begin{cases} \dfrac{\partial \pi_S}{\partial s} = p_S - \dfrac{\partial C_S(s, x)}{\partial s} = 0 \\[3mm] \dfrac{\partial \pi_S}{\partial x} = -\dfrac{\partial C_S(s, x)}{\partial x} = 0 \end{cases} \tag{33-3}$$

所以钢铁厂利润最大化满足

$$\begin{cases} p_S = \dfrac{\partial C_S(s^*, x^*)}{\partial s} = MC_s(s^*, x^*) \\[3mm] \dfrac{\partial C_S(s^*, x^*)}{\partial x} = MC_x(s^*, x^*) = 0 \end{cases} \tag{33-4}$$

渔场利润最大化满足

$$p_F = MC_f(f^*, x^*) \tag{33-5}$$

所以,每种商品——钢铁、鱼和污染物的价格等于它们的边际成本时,钢铁厂和渔场都达到利润最大化。钢铁厂排污边际成本如图 33.3 所示,钢铁厂初始排污时,可使得生产成本下降,因此边际成本为负;由于污染物的价格为零,所以钢铁厂排污一直会持续到污染物的边际成本为零为止(见图 33.3 中污染物量 x^*)。

可见,随着污染物的增加而增加了渔场的成本是生产钢铁造成的**社会成本**。从钢铁厂来说,该社会成本不予考虑。从社会的角度来说,该污染物的数量太多了,因为钢铁厂排污

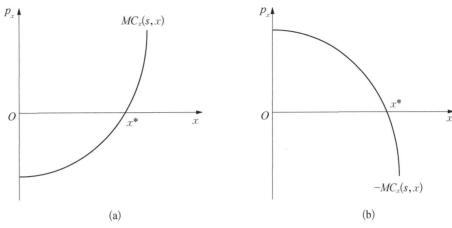

图 33.3　独立决策时钢铁厂排污量

（a）边际成本　（b）加负号边际成本

时没有考虑对渔场产生的影响。

例 33.3　上游钢铁厂生产钢铁并向河流排出污水，下游养鱼场因为河流污染而增加生产成本。钢铁和鱼都是竞争性行业，钢铁的价格 $p_S=12$，鱼的价格 $p_F=10$。钢铁的生产成本函数为 $C_S(s,x)=s^2+(x-4)^2$，渔场的生产成本函数为 $C_F(f,x)=f^2+xf$，其中 s、f、x 分别表示钢铁产量、鱼的产量和污水量。如果钢铁厂和养鱼场分别独立决策，求：最终钢铁产量、鱼产量和污水排放量，以及钢铁厂和养鱼场的利润。

解：钢铁厂和养鱼场分别独立决策，由式（33-4）和式（33-5）可得

$$p_S=2s\Rightarrow s^*=6$$
$$2(x-4)=0\Rightarrow x^*=4$$
$$p_F=2f+x\Rightarrow f^*=3$$

可得钢铁厂和渔场利润为

$$\pi_S=36,\ \pi_F=9$$

所以，钢铁产量为 6，鱼产量为 3，污水排放量为 4，钢铁厂和养鱼场的利润分别为 36 和 9。

33.2.2　内部化

有三种方法可以解决生产外部效应，分别为内部化、产权明晰及征收庇古税，下面通过钢铁厂和渔场的例子来进行说明。

如果将钢铁厂和渔场合并，那么钢铁厂排污的决策与整体利润有关。由于外部效应只是一个企业影响另外一个企业的利润函数时才会发生，这样外部效应就没有了。外部效应得以内部化了。

合并厂商的利润函数为

$$\pi_A=p_S\cdot s+p_F\cdot f-C_S(s,x)-C_F(f,x) \tag{33-6}$$

其最优化条件为：

$$\begin{cases} p_S = \dfrac{\partial C_S(\hat{s}, \hat{x})}{\partial s} \\[2mm] p_F = \dfrac{\partial C_F(\hat{f}, \hat{x})}{\partial f} \\[2mm] 0 = \dfrac{\partial C_S(\hat{s}, \hat{x})}{\partial x} + \dfrac{\partial C_F(\hat{f}, \hat{x})}{\partial x} \end{cases}$$

$$(33-7)$$

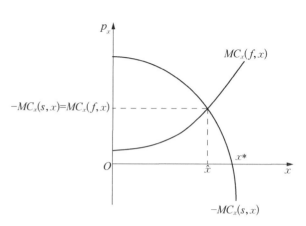

图 33.4   内部化时钢铁厂排污量

合并厂商的排污量由钢铁厂排污边际成本和渔场受污染边际成本共同决定，钢铁部门在生产钢铁时的污染物排放必须考虑渔场的成本，即所谓的社会成本。

因此利润最大化排污满足 $MC_x(s, x) + MC_x(f, x) = 0$，钢铁厂和渔场污染量的边际成本如图 33.4 所示，可见内部化后钢铁厂排污量 $\hat{x}$ 小于各厂商单独决策时的排污量 x^*。

例 33.4   上游钢铁厂生产钢铁并向河流排出污水，下游养鱼场因为河流污染而增加生产成本。钢铁和鱼都是竞争性行业，钢铁的价格 $p_S = 12$，鱼的价格 $p_F = 10$。钢铁的生产成本函数为 $C_S(s, x) = s^2 + (x-4)^2$，渔场的生产成本函数为 $C_F(f, x) = f^2 + xf$，其中 s、f、x 分别表示钢铁产量、鱼的产量和污水量。如果钢铁厂和养鱼场合并成一个企业，求：最终钢铁产量、鱼产量和污水排放量。

解： 合并企业的利润函数为

$$\pi_A = 12s + 10f - s^2 - (x-4)^2 - f^2 - xf$$

由 $\dfrac{\partial \pi_A}{\partial s} = 0$，$\dfrac{\partial \pi_A}{\partial f} = 0$，$\dfrac{\partial \pi_A}{\partial x} = 0$ 分别可得

$$12 - 2s = 0, \quad 10 - 2f - x = 0, \quad -2(x-4) - f = 0$$

解之得

$$\hat{s} = 6, \quad \hat{f} = 4, \quad \hat{x} = 2$$

可见，一体化下的污染物排放量小于独立决策下的污染物排放量。

33.2.3   产权明晰

1. 渔场拥有清水的权利

假设渔场享有不被污染的权利，但是可以把这种权利按照一定的价格出售给钢铁厂，以允许钢铁厂排放一定量的污染物。这样，渔场相当于污染物的供给者，而钢铁厂相当于污染物的购买者。假设这种污染物排放的权利的买卖是竞争性市场，其竞争性价格为 p_x。钢铁厂排污需要向渔场购买排污量 x，那么，钢铁厂的利润函数为

$$\pi_s = p_s \cdot s - p_x \cdot x - C_S(s, x) \tag{33-8}$$

由式(33-8)对钢铁量和污染物量求一阶导数,可得

$$p_s = \frac{\partial C_S(s, x)}{\partial s} \tag{33-9}$$

$$p_x = -\frac{\partial C_S(s, x)}{\partial x} \tag{33-10}$$

式(33-10)表示的就是钢铁厂对污染物的需求函数。

渔场向钢铁厂出售排污量 x,其利润函数为

$$\pi_f = p_f \cdot f + p_x \cdot x - C_F(f, x) \tag{33-11}$$

由式(33-11)对鱼量和污染物量求一阶导数,可得

$$p_f = \frac{\partial C_F(f, x)}{\partial f} \tag{33-12}$$

$$p_x = \frac{\partial C_F(f, x)}{\partial x} \tag{33-13}$$

式(33-13)表示的就是渔场对污染物的供给函数。

由式(33-10)和式(33-13)可知,当对污染物的需求和供给相等时有

$$\frac{\partial C_S(\hat{s}, \hat{x})}{\partial x} + \frac{\partial C_F(\hat{f}, \hat{x})}{\partial x} = 0$$

可见,产权归渔场时两家厂商利润最大化决策与内部化时有相同的帕累托有效的排污量。

例 33.5　上游钢铁厂生产钢铁并向河流排出污水,下游渔场因为河流污染而增加生产成本。钢铁和鱼都是竞争性行业,钢铁的价格 $p_S = 12$,鱼的价格 $p_F = 10$。钢铁的生产成本函数为 $C_S(s, x) = s^2 + (x-4)^2$,渔场的生产成本函数为 $C_F(f, x) = f^2 + xf$,其中 s、f、x 分别表示钢铁产量、鱼的产量和污水量。如果渔场拥有不被污染的权利,且权利可以按竞争性价格进行交易,求:最终钢铁产量、鱼产量和污水排放量。

解:假设排放的污水的竞争性价格为 p_x,那么钢铁厂的利润函数为

$$\pi_S = 12s - p_x x - s^2 - (x-4)^2$$

由利润最大化条件,可得钢铁厂的钢铁产量和对污染物的需求函数

$$12 - 2s = 0 \Rightarrow s = 6; \quad p_x = 8 - 2x$$

渔场的利润函数为

$$\pi_F = 10f + p_x x - f^2 - xf$$

由利润最大化条件可得

$$f = 5 - \frac{x}{2}; \ p_x = f$$

所以可得渔场污染物的供给函数为

$$p_x = 5 - \frac{x}{2}$$

由污染物的供需均衡条件可得

$$8 - 2x = 5 - \frac{x}{2} \Rightarrow \hat{x} = 2, \ p_x = 4, \ \hat{f} = 4$$

可见,与内部化时有相同的帕累托有效的排污量($\hat{x} = 2$)。

2. 钢铁厂拥有排污的权利

假设钢铁厂享有排污的权利,但是渔场可以按照一定的价格购买这种权利,使得钢铁厂减少污染物排放。这样,渔场相当于污染物的需求者,而钢铁厂相当于污染物的供给者。假设这种污染物排放的权利的买卖是竞争性市场,其竞争性价格为 p_x。假设独立决策时钢铁厂的排污量为 x^*。钢铁厂享有排污的权利时向渔场的排污量为 x,那么,钢铁厂和渔场的交易量为 $(x^* - x)$,于是钢铁厂的利润函数为

$$\pi_S = p_S \cdot s + p_x (x^* - x) - C_S(s, x) \tag{33-14}$$

由式(33-14)对钢铁量和污染物量求一阶导数,可得

$$p_s = \frac{\partial C_S(s, x)}{\partial s} \tag{33-15}$$

$$p_x = -\frac{\partial C_S(s, x)}{\partial x} \tag{33-16}$$

式(33-16)表示的就是钢铁厂对污染物的供给函数。

渔场向钢铁厂购买排污量 $(x^* - x)$,其利润函数为

$$\pi_f = p_f \cdot f - p_x (x^* - x) - C_F(f, x) \tag{33-17}$$

由式(33-17)对鱼量和污染物量求一阶导数,可得

$$p_f = \frac{\partial C_F(f, x)}{\partial f} \tag{33-18}$$

$$p_x = \frac{\partial C_F(f, x)}{\partial x} \tag{33-19}$$

式(33-13)表示的就是渔场对污染物的需求函数。

可见,产权归钢铁厂与产权归渔场时两家厂商利润最大化决策条件相同,即式(33-9)、式(33-10)、式(33-12)、式(33-13)与式(33-15)、式(33-16)、式(33-18)、式(33-19)四式相同,最优厂商生产条件与产权分配无关。

例 33.6 上游钢铁厂生产钢铁并向河流排出污水,下游渔场因为河流污染而增加生产成本。钢铁和鱼都是竞争性行业,钢铁的价格 $p_S=12$,鱼的价格 $p_F=10$。钢铁的生产成本函数为 $C_S(s,x)=s^2+(x-4)^2$,渔场的生产成本函数为 $C_F(f,x)=f^2+xf$,其中 s、f、x 分别表示钢铁产量、鱼的产量和污水量。如果钢铁厂拥有排污的权利,且权利可以按竞争性价格进行交易,求:最终钢铁产量、鱼产量和污水排放量。

解: 假设排放的污水的价格为 p_x,排污量为 x,交易量为 $4-x$,那么钢铁厂的利润函数为

$$\pi_S=12s+p_x(4-x)-s^2-(x-4)^2$$

由利润最大化条件,可得钢铁厂的钢铁产量和对污染物的需求函数

$$12-2s=0\Rightarrow s=6;\quad p_x=8-2x$$

渔场的利润函数为

$$\pi_F=10f-p_x(4-x)-f^2-xf$$

由利润最大化条件可得

$$f=5-\frac{x}{2};\quad p_x=f$$

所以可得渔场污染物的供给函数为

$$p_x=5-\frac{x}{2}$$

由污染物的供需均衡条件可得

$$8-2x=5-\frac{x}{2}\Rightarrow\hat{x}=2,\quad p_x=4,\quad\hat{f}=4$$

可见,与内部化时有相同的帕累托有效的排污量($\hat{x}=2$)。

33.2.4 征收庇古税

当钢铁厂独立决策时不需要考虑社会成本,即不考虑对渔场产生的成本,也就是说面临不正确的污染物价格。所以对钢铁厂排污量征税,使其承担所产生的社会成本,使其忽视污染成本的情况得到纠正,从而使得外部效应产生的效率损失得到改善。这种税收叫庇古税。

同样以钢铁厂和渔场为例。设征收庇古税率为 t_p,那么钢铁厂利润函数为

$$\pi_S=p_S\cdot s-C_S(s,x)-t_p\cdot x \tag{33-20}$$

由式(33-20)对排污量求一阶导数,并令其为零,可得

$$t_p=-\frac{\partial C_S(s,x)}{\partial x} \tag{33-21}$$

当钢铁量和污染量为帕累托有效量 $s = \hat{s}$，$x = \hat{x}$ 时的 $t_p = -\dfrac{\partial C_S(\hat{s}, \hat{x})}{\partial x}$ 就能够使得钢铁厂的排污量为帕累托有效量。

例 33.7　上游钢铁厂生产钢铁并向河流排出污水，下游渔场因为河流污染而增加生产成本。钢铁和鱼都是竞争性行业，钢铁的价格 $p_S = 12$，鱼的价格 $p_F = 10$。钢铁的生产成本函数为 $C_S(s, x) = s^2 + (x-4)^2$，渔场的生产成本函数为 $C_F(f, x) = f^2 + xf$，其中 s、f、x 分别表示钢铁产量、鱼的产量和污水量。如果政府对钢铁厂的污染物进行征税，那么税率为多少时排污量为帕累托有效量？

解： 设征收庇古税率为 t_p，那么钢铁厂的利润函数为

$$\pi_S = 12s - s^2 - (x-4)^2 - t_p \cdot x$$

由上式对排污量求一阶导数，并令其为零，可得

$$t_p = -2(x-4)$$

把 $x = \hat{x} = 2$ 代入上式，可得 $t_p = -2 \times (2-4) = 4$。

所以庇古税率为 4 时钢铁厂的排污量达到帕累托有效量（$\hat{x} = 2$）。

例 33.8　相邻的两个企业都生产钢铁。企业 1 的成本函数为 $C(Q_1) = (1+Q_2)Q_1^2$，其中，Q_1、Q_2 分别为企业 1 和企业 2 的钢铁产量。企业 2 的成本函数为 $C(Q_2) = (1+Q_1)Q_2^2$。如果钢铁的竞争性市场价格为 12。

(1) 每个企业生产多少单位钢铁？每个企业的利润为多少？

解： 企业 1 利润最大化条件为：$MR_1 = MC_1 \Rightarrow 12 = 2(1+Q_2)Q_1$；

企业 2 利润最大化条件为：$MR_2 = MC_2 \Rightarrow 12 = 2(1+Q_1)Q_2$；

联立方程可得：$Q_1 = Q_2 = 2$。

两个企业的利润分别为：$\pi_1 = \pi_2 = 12 \times 2 - (1+2) \times 2^2 = 12$。

(2) 如果每个企业生产 1.9 单位钢铁，那么每个企业的利润为多少？

此时两个企业的利润分别为：$\pi_1 = \pi_2 = 12 \times 1.9 - (1+1.9) \times 1.9^2 = 12.33$。

所以 $Q_1 = Q_2 = 2$ 不是帕累托有效产量。

(3) 每个企业帕累托有效产量为多少？利润为多少？

两个企业总利润函数为 $\pi_A = 12(Q_1 + Q_2) - (1+Q_2)Q_1^2 - (1+Q_1)Q_2^2$。

利润最大化条件为：$\begin{cases} 12 = 2(1+Q_2)Q_1 + Q_2^2 \\ 12 = 2(1+Q_1)Q_2 + Q_1^2 \end{cases} \Rightarrow \begin{cases} Q_1 = 1.7 \\ Q_2 = 1.7 \end{cases}$。

此时每个企业的利润为 $12 \times 1.7 - (1+1.7) \times 1.7^2 = 12.6$。

(4) 怎样征税可以使得每个企业的产量是帕累托有效的？

假设对每单位产量征税 t_p 的税率，那么

$$\begin{cases} 12 - t_p = 2(1+Q_2)Q_1 \\ 12 - t_p = 2(1+Q_1)Q_2 \end{cases}$$

当 $Q_1 = Q_2 = 1.7$ 时，可得：$t_p = 2.8$。

所以,当征税的庇古税率为 $t_p = 2.8$ 时,每个企业的产量达到帕累托有效。

33.3 公有物的悲剧

公有物不具有排他性但是具有竞争性。无排他性指每个人都有使用的权利,竞争性指每个人的收益取决于其他人的决策,公海捕捞属于公有物。

假设村民在一片草原上放羊,放羊数量为 x 时总产出为 $f(x)$,不妨设产品价格为 1。又假设购买每头羊的成本为 a。

如果这片草原为私人所有,那么其利润函数为:

$$\pi = f(x) - c(x) = f(x) - a \cdot x \tag{33-22}$$

利润最大化决策条件为 $\dfrac{\partial f(x)}{\partial x} = a$,即 $MP_x = a$(见图 33.5),最大化决策为 A 点,放养数量为 x^*。

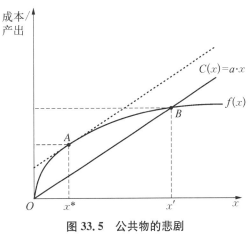

图 33.5 公共物的悲剧

如果草原为公共使用时,每个人利润最大化决策由平均收益(该处为平均产出,因为价格为 1)和边际成本进行比较,只要放养一只羊仍然有利可图时,就会选择继续放养,直至放牧每头羊的利润为零或接近为零(见图 33.5 中的 B 点)。所以,最终均衡条件为:

$$\begin{cases} \dfrac{f(x')}{x'} \geqslant a \\ \dfrac{f(x'+1)}{x'+1} < a \end{cases} \tag{33-23}$$

由图 33.5 可得 $x' > x^*$,即公共物总是会被过度使用。

所以,公有物的悲剧即是指,每个人都可以无偿使用公有物时,总会出现过度使用的情况。

例 33.9 一艘捕龙虾船每月的经营成本为 2 000 元,设 x 为船的数量,每月龙虾的总产量为 $f(x) = 1\,000(10x - x^2)$,设龙虾的价格为 1。

(1) 如果自由捕捞,将有多少艘船?

(2) 最佳(总利润最大)的船只数量是多少?

(3) 如何对每艘船征税使船只数量为最佳?

解:(1) 自由捕捞时由均衡条件 $\begin{cases} \dfrac{f(x)}{x} \geqslant 2\,000 \\ \dfrac{f(x+1)}{x+1} < 2\,000 \end{cases}$,可得 $\begin{cases} 1\,000 \cdot (10-x) \geqslant 2\,000 \\ 1\,000 \cdot (10-x-1) < 2\,000 \end{cases}$,

解得 $\begin{cases} x \leqslant 8 \\ x > 7 \end{cases}$，将有 8 艘船。

（2）假设只有一家厂商可以捕捞，其利润函数为 $\pi = 1\,000(10x - x^2) - 2\,000x$，利润最大化时有 $\dfrac{\partial \pi}{\partial x} = 1\,000(10 - 2x) - 2\,000 = 0$，得最佳有 4 艘船。

（3）对每家厂商征收庇古税为 t_p，此时自由捕捞时均衡条件为 $\begin{cases} \dfrac{f(x)}{x} \geqslant 2\,000 + t_p \\ \dfrac{f(x+1)}{x+1} < 2\,000 + t_p \end{cases}$，

即 $\begin{cases} 1\,000 \cdot (10 - x) \geqslant 2\,000 + t_p \\ 1\,000 \cdot (10 - x - 1) < 2\,000 + t_p \end{cases}$，假设征税后自由捕捞也达到了总利润最大化的数量，则有 $x = 4$，代入得对每艘船征收的税收为 $3\,000 < t_p \leqslant 4\,000$。

33.4 思考练习题

（1）假设同房间的两个消费者 A 和 B 消费两种商品：货币和烟。消费者 A 喜欢抽烟，其效用函数为 $U_A(C_A, S) = C_A \cdot S^2$，其中，$C_A$ 为消费者 A 的货币量，初始货币量为 100 单位，S 为抽烟量（假设 $S \leqslant 10$）；消费者 B 不喜欢抽烟，其效用函数为 $U_B(C_B, S) = C_B \cdot (10 - S)$，其中，$C_B$ 为消费者 B 的货币量，初始货币量为 100 单位，S 为抽烟量。抽烟与货币可以交换。

① 如果消费者 A 拥有抽烟的权利，该房间里均衡的抽烟量为多少？

② 如果消费者 B 拥有不抽烟的权利，该房间里均衡的抽烟量为多少？

（2）假设同房间的两个消费者 A 和 B 消费两种商品：货币和烟。消费者 A 喜欢抽烟，其效用函数为 $U_A(C_A, S) = C_A + \sqrt{S}$，其中，$C_A$ 为消费者 A 的货币量，初始货币量为 100 单位，S 为抽烟量（假设 $S \leqslant 10$）；消费者 B 不喜欢抽烟，其效用函数为 $U_B(C_B, S) = C_B + \sqrt{10 - S}$，其中，$C_B$ 为消费者 B 的货币量，初始货币量为 100 单位，S 为抽烟量。抽烟与货币可以交换。

① 如果消费者 A 拥有抽烟的权利，该房间里均衡的抽烟量为多少？

② 如果消费者 B 拥有不抽烟的权利，该房间里均衡的抽烟量为多少？

（3）考虑某机场及其附近的房地产建筑商，房地产建筑商的利润函数为 $\pi_B = 48y - y^2 - xy$，飞机场的利润函数为 $\pi_A = 36x - x^2$，其中 x、y 分别表示机场飞机起飞数量和房地产商房屋建造量。

① 如果机场和房地产商分别独立决策，求 x、y。

② 如果飞机起飞权归房地产建筑商，求竞争性社会最优的飞机起飞数量 x 及其价格。

③ 如果飞机起飞权归机场，求竞争性社会最优的飞机起飞数量 x 及其价格。

④ 如果政府想通过征收庇古税来达到社会最优的飞机起飞量,那么政府应该确定多大的税率?

(4) 两个商店并排坐落。它们彼此或共同通过广告来吸引顾客。商店 1 的利润函数为 $f_1(x_1, x_2) = (75 + x_2)x_1 - 2x_1^2$,商店 2 的利润函数为 $f_2(x_1, x_2) = (105 + x_1)x_2 - 2x_2^2$,其中,$x_1$、$x_2$ 分别为商店 1 和商店 2 的总广告费用支出。

① 如果每家商店相互独立确定自己的广告支出,那么广告支出 x_1、x_2 为多少?

② 如果两家商店合并,那么广告支出 x_1、x_2 为多少?

(5) 某养蜂场附近有一个苹果园。养蜂场的成本函数为 $c_H(H, A) = \dfrac{H^2}{100} - 2A$,苹果园的成本函数为 $c_A(H, A) = \dfrac{A^2}{100}$,其中 H 和 A 分别为蜂蜜和苹果的产量。蜂蜜的价格为 1 元/斤(1 斤=500 克),苹果的价格为 3 元/斤。求养蜂场和苹果园单独经营和合并经营时苹果的产量分别为多少?

(6) 一块可用于放羊的牧地,这块牧地上放羊的总收入为 $R(g) = 47g - 2g^2$,其中,g 表示全部放养羊的数量,而饲养 1 头羊的成本为 4 单位货币。

① 如果该牧地为私人所有,则最优放养羊的数量为多少?

② 如果该牧地为公共牧地,则最大放养羊的数量会达到多少?

③ 为了控制公共牧地的过度放养问题,管理部门可通过向牧羊人征收许可费,则应如何征收许可费才能达到①所指的最优放养羊的数量?

(7) 有相邻的两个电信企业。企业 1 的成本函数为 $C(Q_1) = (10 - Q_2)Q_1^2$,其中,Q_1、Q_2 分别为企业 1 和企业 2 的电话产量。企业 2 的成本函数为 $C(Q_2) = (10 - Q_1)Q_2^2$。如果电话的竞争性市场价格为 32 元。由于技术原因,每个企业的产量不超过 5 单位。

① 每个企业生产多少单位?每个企业的利润为多少?

② 如果每个企业生产 2.1 单位,那么每个企业的利润为多少?

(8) 有 3 个企业 A、B、C,它们的产量分别为 Q_A、Q_B 和 Q_C。企业 A 的成本函数为 $C(Q_A) = 2Q_A^2$;企业 B 的成本函数为 $C(Q_B) = 2Q_B^2 - 7Q_A$;企业 C 的成本函数为 $C(Q_C) = 2Q_C^2 + 3Q_A$。3 个企业的产品的市场竞争性价格都是 16 元。

① 企业 A 生产的产量为多少?

② 企业 A 生产的社会帕累托有效产量为多少?

③ 企业 A 和 B 合并,生产的产量为多少?是否帕累托有效?

第 34 章

信息技术

第二次世界大战后,以计算机和电子数据为核心的信息技术的普及和推广使得几乎所有的传统行业都发生了变革。信息技术不仅创造了计算机、手机等现今广泛普及到我们日常生活的信息产品,并使得传统产业不断借助信息化改造而更加自动化、智能化,从而彻底改变了整个社会的运作模式,被认为是人类历史上规模最大、影响最深远的科技革命,至今仍未结束。信息技术产品的成本和技术属性与传统产业有很大的不同,随之出现的一些现象与规律,需要进行探讨。

34.1　网络外部性

网络外部性(network externality),又称网络效应(network effect),是许多信息产品的特征之一:消费者对产品(或服务)的支付意愿与使用该产品(或服务)的人数(规模)存在相关性。最为典型的是电话,或者更早的电报服务。事实上,早在 20 世纪 50 年代就有经济学家留意到消费者的效用会受到消费人群或者时尚影响,称之为"花车效应"(bandwagon effect)[①]。当然,从电报、电话、传真,到如今已经普遍被使用的微信等众多信息化产品所蕴含的网络效应,已经不同于时尚所产生的主观效用,而是基于客观使用价值的增加。譬如,如果只有一个人装了电话,那么这种服务对他来说几乎没有意义(因为没有人可以用电话联系);随着更多的人使用,电话对于他才会更有价值。

当网络效用所带来消费者的支付意愿随使用人数(规模)增加时,需求曲线不同于传统的简单向下倾斜,并会出现多个市场均衡结果。具体而言,假定消费的支付意愿 $p = \hat{v}n^e$,其中,$\hat{v}$ 度量了异质性消费者对产品本身的评价,n^e 由消费者对市场规模的预期所决定。

如果市场上共有 100 个消费者,其异质性产品评价 $\hat{v}$ 从高到低分别为 100,99,98,……,一直到 1。消费者对市场最终规模为理性预期,即 $n^e = n$ 为实际购买消费者的人数。则有

$$p = (101 - n)n$$

---

①　LEIBENSTEIN H. Bandwagon, snob, and veblen effects in the theory of consumers' demand[M]//BREIT W, HOCHMAN H M. Readings in microeconomics, 2th ed. New York: Holt, Rinehart and Winston, Inc., 1971: 115 - 116.

如图 34.1 所示,需求曲线为一条向下倾斜的抛物线以及整个纵轴。特别地,当市场规模从 0 到 50 期间,价格随市场规模(消费者人数)递增。给定产品的边际成本为 mc,此时存在 A、B、C 三个竞争性市场均衡,其中 B 为不稳定均衡,A 和 C 为稳定性均衡。

存在网络效应的情况下,市场规模直接影响消费者的支付意愿。进一步考虑市场竞争和规模经济等影响因素,谁能尽快占据市场就能成为最后的赢家。因此,常见许多商家为了推广产品而进行较大程度的促销力度,甚至远低于边际成本进行市场推广。

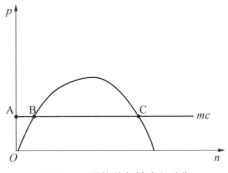

图 34.1　网络外部性市场均衡

34.2　系统与兼容性选择

信息产品的另一个重要特征是其系统性:电脑运行既需要包括主板、显示器和硬盘等硬件设备集成,也需要操作系统等软件支持;观看家庭影院,既需要播放器,也需要购买或者租赁心仪的 DVD 碟片。虽然传统产品也可以被看成是不同部件所构成的系统,但受网络效应等影响,信息产品的系统性特点更为凸出。围绕系统所产生的兼容性、标准化也日益成为商家的竞争策略选择。

以计算机为例,假定操作系统和硬件集成分别由 Microsoft 和 IBM 两家企业提供,各自定价为 p_s 和 p_h,消费者对电脑的需求取决于 $p = p_s + p_h$,具体由 $q = D(p)$ 表示。为简化分析,我们假定两家企业的边际成本和固定成本均为零,且

$$D(p) = 1 - p$$

如果 Microsoft 和 IBM 分别对各自的产品进行定价,则纳什均衡价格由以下给出:

$$\begin{cases} \max\limits_{p_s} \pi_s = p_s(1 - p_s - p_h) \\ \max\limits_{p_h} \pi_h = p_h(1 - p_h - p_s) \end{cases}$$

求解可得 $p_s = p_h = \dfrac{1}{3}$,计算机价格 $p = p_s + p_h = \dfrac{2}{3}$,市场需求量 $q = D(p) = \dfrac{1}{3}$。Microsoft 和 IBM 各自获取 $\dfrac{1}{9}$ 的利润。

比较而言,如果操作系统和硬件设备集成由一家叫 WinPC 的企业提供,则该企业会根据下面的公式定价

$$\max\limits_{p} \pi = p(1 - p)$$

相应 $p = \dfrac{1}{2}$,市场需求量 $q = D(p) = \dfrac{1}{2}$,利润 $\dfrac{1}{4}$ 超过原 Microsoft 和 IBM 两家利润之

和。因为外部性,Microsoft 和 IBM 在各自定价时,并没有把自身产品价格对对方利润的影响考虑在内,从而导致了这一结果。

考虑产品的系统构成,不同系统的兼容性成了厂商的竞争策略。1977 年,Apple 公司推出 Apple II Series,自此,电脑逐步走入寻常家庭。20 世纪 80 年代的早几年,家庭电脑由 IBM、Apple 和 Commodore64 三家厂商主导。但不久之后兼容机的普及,使得之后的 Compaq 和 DELL 等企业进入该市场并对原有的厂商进行了有力的挑战。而到了 90 年代,最早开创了 PC 机的 IBM 公司已经对于计算机市场没有任何话语权。现今,最终,主导操作系统的 Microsoft 和提供核心硬件设备——CPU 的技术领导厂商 Intel 成了 PC 机市场的最后赢家。据统计,2017 底 Windows 系列操作系统的市场占有率超过了 90%。

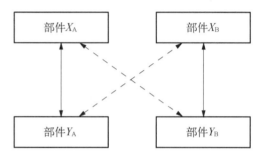

图 34.2 厂商的兼容性策略

例 34.1 某产品系统由 X 和 Y 两部分构成。现有的 A、B 两个厂商均生产部件 X 和部件 Y。除了给部件单独定价外,他们可以选择自己生产的部件是否和对方兼容,如图 34.2 所示。

消费者购买不同的部件组合所得到的效用如下,其中,x 和 y 表示消费者的偏好参数且服从 $[0,1] \times [0,1]$ 空间的均匀分布。

$$U_{xy} = \begin{cases} \beta - \delta x - \delta y - p_A^X - p_A^Y & \text{如果购买系统 } X_A Y_A \\ \beta - \delta(1-x) - \delta(1-y) - p_B^X - p_B^Y & \text{如果购买系统 } X_B Y_B \\ \beta - \delta(1-x) - \delta y - p_B^X - p_A^Y & \text{如果购买系统 } X_B Y_A \\ \beta - \delta x - \delta(1-y) - p_A^X - p_B^Y & \text{如果购买系统 } X_A Y_B \end{cases}$$

求解两个厂商的部件不兼容性下的市场均衡。

解: 如果厂商的部件完全不兼容,则只有 $X_A Y_A$ 和 $X_B Y_B$ 可供选择。

那么,消费者选择 $X_A Y_A$ 和 $X_B Y_B$ 效用无差异条件为

$$\beta - \delta x - \delta y - p_A^X - p_A^Y = \beta - \delta(1-x) - \delta(1-y) - p_B^X - p_B^Y$$

即,$2\delta - 2\delta(x+y) - (p_A^X + p_A^Y) + (p_B^X + p_B^Y) = 0$

记 $p_A = p_A^X + p_A^Y$,$p_B = p_B^X + p_B^Y$,则有:

$$x + y = 1 - \frac{1}{28}(p_A - p_B),\text{见图 34.3}。$$

所以,当 $p_A \geqslant p_B$ 时,厂商 A 的利润为

$$\pi_A = \frac{1}{2}\left[1 - \frac{1}{2\delta}(p_A - p_B)\right]^2 \cdot p_A$$

当 $p_A < p_B$ 时,厂商 A 的利润为

$$\pi_A = \left\{1 - \frac{1}{2}\left[1 - \frac{1}{2\delta}(p_A - p_B)\right]^2\right\} \cdot p_A$$

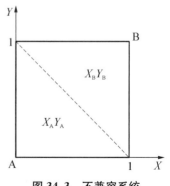

图 34.3 不兼容系统

综合可得厂商 A、B 的利润为

$$\pi_i = \begin{cases} \dfrac{1}{2}\left[1-\dfrac{1}{2\delta}(p_i-p_j)\right]^2 \cdot p_i & \text{如果 } p_i \geqslant p_j \\[4mm] \left\{1-\dfrac{1}{2}\left[1-\dfrac{1}{2\delta}(p_i-p_j)\right]^2\right\} \cdot p_i & \text{如果 } p_i \leqslant p_j \end{cases}, \; i,j \in \{A, B\}$$

求解可得 $p_A = p_B = \delta$，$\pi_A = \pi_B = \dfrac{\delta}{2}$。

34.3　转换成本和锁定效应

当你更换手机运营商时，你需要考虑告知所有的朋友、单位和商业伙伴你的新手机号码以及由此引发的一系列麻烦（成本）；当你想放弃当前使用 Windows 操作系统的笔记本，而改用只有 OS 系统的 Mac Book，你需要做好重新购置、学习和适应新软件系统的准备；……很多信息产品或服务的更换，都会引发转换成本（switching cost）；换个角度来看，一旦你选择了某一信息产品，事后你则会因为转换成本的存在被锁定（lock in），你所消费的该信息产品或服务提供商因此对你有更高的定价权。

一方面，转换成本导致事后被锁定的消费者会被迫接受更高的价格；另一方面，市场的竞争性会促使商家为了争夺客户而在事前进行让利折扣，现实中也经常能看到这样的例子。

市场自由进入条件下，我们可以根据零利润条件得到商家的最优定价及初始让利。具体而言，假定某信息化服务只存在两期。基于足够高的保留价格，所有消费者均会在第一期就购买该项服务。第二期如果消费者更换服务提供商，则存在转换成本 s。每一期厂商都存在边际成本 c，但没有固定成本。该市场没有进入壁垒且自由进入。显然，第二期服务提供商会向上一期已经购买其产品的消费者索取 $c+s$ 的价格。同时，因为等同于 s 的超额收益来自上期被锁定的消费者，因此服务提供商最高愿意以折扣 $d=s$ 来诱使消费者购买其产品，即第一期的价格为 $c-s$。以上是一个最为简单的例子。但如果现实中大多为不完全竞争市场，且消费者存在各种异质性特征，则会出现很多更为有趣的现象。

34.4　比特的定价

软件类信息产品因为零边际成本，可能会引发定价争议。但仔细想想，即便在其他产品领域其实也存在类似的情况，譬如相对昂贵的药价，化学药的生产成本并不是影响其定价的主要因素。因此，零边际成本这一因素并不影响经济理论对信息产品定价的解释。

例 34.2　完全垄断音乐录音带厂商面临的市场需求函数为 $D = 1\,000p^{-2}$，该厂商生产要素只有空白录音带,边际成本为 10 元(忽略其他成本)。

(1) 求当前的市场均衡价格、数量及利润。

(2) 若发明了一种新型家用录音机并被广泛使用,用户可以用它对所购买的原始母带录制一个复制带(但只能录制一次),并且在竞争性的复制带市场出售,边际成本也只是价格 10 元的空白录音带。复制带除了不能被用于再次复制,在使用和销售上与母带具有同等效果,消费者能完全区分母带和复制带。试问:垄断厂商对母带的定价、销售量和利润。

解:(1) 厂商面临的市场需求函数为 $D = 1\,000 p^{-2}$,所以市场需求的不变弹性恒为 $\varepsilon = 2$。根据垄断企业利润最大化的定价条件可得

$$MR = p\left(1 - \frac{1}{|\varepsilon|}\right) = MC \Rightarrow p = \frac{MC}{1 - \frac{1}{|\varepsilon|}} = \frac{10}{1 - \frac{1}{2}} = 20$$

$$Q = 1\,000 p^{-2} = 1000 \cdot 20^{-2} = 2.5$$

$$\pi = pQ - C(Q) = 20 \cdot 2.5 - 2.5 \cdot 10 = 25$$

所以,市场的均衡价格为 20,均衡数量为 2.5,企业获得利润 25。

(2) 设母带厂商向市场销售 x 单位的母带,考虑到相应的复制带,因此,市场上母带和复制带共计有 $2x$ 单位,因此,复制带价格为 $p(2x)$。而对母带的意愿性支付价格则需要考虑从复制带上能获取的利润 $p(2x) - c$,所以,母带的价格为 $p(2x) + p(2x) - c = 2p(2x) - c$。因此,垄断厂商最大化目标利润函数为:$\max\limits_{x}[2p(2x) - c]x - cx$。求解可得 $x = 1.25$,$p = 20$。即母带的价格为 30,企业利润仍为 25。

34.5 思考练习题

(1) 考虑网络效应的情况下,假定消费的支付意愿 $p = \hat{v} n^e$,但 100 个消费者具有同质性,即 $\hat{v} \equiv 100$,请画出此时的市场需求曲线并分析可能存在的市场均衡。

(2) 需求曲线是否可能基于网络效应而出现多峰的情况。

(3) 某产品系统由 X 和 Y 两部分构成。现有 A、B 两个厂商均生产部件 X 和部件 Y。除了给部件单独定价外,他们可以选择自己生产的部件是否和对方兼容,如图 34.2 所示。消费者购买不同的部件组合所得到的效用如下,其中,x 和 y 表示消费者的偏好参数且服从 $[0, 1] \times [0, 1]$ 空间的均匀分布。

$$U_{xy} = \begin{cases} \beta - \delta x - \delta y - p_A^X - p_A^Y & \text{如果购买系统 } X_A Y_A \\ \beta - \delta(1-x) - \delta(1-y) - p_B^X - p_B^Y & \text{如果购买系统 } X_B Y_B \\ \beta - \delta(1-x) - \delta y - p_B^X - p_A^Y & \text{如果购买系统 } X_B Y_A \\ \beta - \delta x - \delta(1-y) - p_A^X - p_B^Y & \text{如果购买系统 } X_A Y_B \end{cases}$$

求解两个厂商的部件完全兼容下的市场均衡价格及利润。

第 35 章

公共物品

本章主要讲述三个个体以上的外部效应——公共物品(所有涉及的消费者都必须消费同样数量的物品)的概念、提供、搭便车与克拉克税。

35.1 公共物品的概念

根据商品的竞争性和排他性可以将商品分为以下四类(见表 35.1)。

表 35.1 根据竞争性和排他性进行的商品分类

	排 他 性	非 排 他 性
竞争性	私人物品(如水果、粮食、服装、汽车等消费品)	公有物(如空气、公海龙虾、公地草原)
非竞争性	准俱乐部商品(如有线电视、电影院、演讲)	公共物品(如国防、路灯、无线广播)

商品的竞争性是指消费者消费某商品的效用会受到其他消费者消费该商品的影响,例如苹果;非竞争性是指消费者消费某商品的效用不会受到其他消费者消费该商品的影响,例如国防。

排他性是指商品所有者能够有效阻止其他消费者对商品的消费,例如消费者自己购买的苹果;非排他性是指商品所有者不能够有效阻止其他消费者对商品的消费,例如国家的国防,一旦提供,那么每个国民都享有被保护的权利。

公共物品既不具有排他性也不具有竞争性,例如路灯一旦被提供,每个人都可以享受路灯带来的便利,并且不会影响他人使用路灯。

公有物与公共物品的不同之处在于公有物具有竞争性,每个消费者多消费一单位公有物会使得所有其他消费者收益下降,即存在"公地悲剧"现象。"公地悲剧"可以通过产权明晰来解决,而对于公共物品提供量小于实际需求量这一问题则无法通过产权明晰来解决。

35.2 固定数量(质量)的公共物品

固定数量的公共物品指公共物品只需提供一定数量即可,比如同住的两人决定是否购买电视机,由于两个人可以共同享用一台,因此电视机在这一问题中属于固定数量的公共物品。

35.2.1 帕累托条件——要不要提供公共物品

要不要提供公共物品是指提供这一公共物品是否属于帕累托改进。如果提供之后每个人的效用均得以提升或者至少一样好,那么要提供这一公共物品;如果提供之后反而使得部分人效用下降,那么不要提供这一公共物品。下面以一个简单的例子说明。

假设同住一个寝室的两个人分别为消费者 A 和消费者 B,想购买一公共物品——电视机。假设购买该电视机的总成本为 c,消费者 A 的货币禀赋量为 ω_A,对提供电视机的保留价格为 r_A,购买电视机的实际支付为 g_A,除电视机外其他商品消费的货币量为 x_A;消费者 B 的货币禀赋量为 ω_B,对提供电视机的保留价格为 r_B,购买电视机的实际支付为 g_B,除电视机外其他商品消费的货币量为 x_B。 那么,消费者 A 和消费者 B 的预算约束方程为

$$\begin{cases} x_A + g_A = \omega_A \\ x_B + g_B = \omega_B \end{cases} \tag{35-1}$$

对于消费者 A 来说,不提供公共物品时效用为 $U_A(\omega_A, 0)$,若提供一单位公共物品时消费者 A 的支付等于其保留价格时,则有 $U_A(\omega_A, 0) = U_A(\omega_A - r_A, 1)$,即对消费者 A 来说,支付保留价格的贡献而提供公共物品与不提供公共物品时无差异。实际提供一单位公共物品时,消费者 A 的效用为 $U_A(\omega_A - g_A, 1)$,那么提供公共物品对消费者 A 来说效用改善的条件为

$$U_A(\omega_A - r_A, 1) = U_A(\omega_A, 0) < U_A(x_A, 1) = U_A(\omega_A - g_A, 1) \tag{35-2}$$

即可得出 $r_A > g_A$。

对于消费者 B 来说,不提供公共物品时效用为 $U_B(\omega_B, 0)$,若提供一单位公共物品时消费者 B 的支付等于其保留价格时,则有 $U_B(\omega_B, 0) = U_B(\omega_B - r_B, 1)$,即对消费者 B 来说,支付保留价格的贡献而提供公共物品与不提供公共物品时无差异。实际提供一单位公共物品时,消费者 B 的效用为 $U_B(\omega_B - g_B, 1)$,那么提供公共物品对消费者 B 来说效用改善的条件为

$$U_B(\omega_B - r_B, 1) = U_B(\omega_B, 0) < U_B(x_B, 1) = U_B(\omega_B - g_B, 1) \tag{35-3}$$

即可得出 $r_B > g_B$。

由上述分析可以得出,公共物品的提供为帕累托改进的必要条件为

$$r_A > g_A, \quad r_B > g_B \tag{35-4}$$

实际上,只要两个人保留价格之和大于公共物品的提供成本,那么提供该公共物品可以达到帕累托改进,即帕累托改进的充分条件为:

$$r_A + r_B > g_A + g_B = c \tag{35-5}$$

例 35.1　消费者 A 和消费者 B 两人考虑购买一个沙发。A 的效用函数为 $u(S, x_A) = (1+S)x_A$,B 的效用函数为 $u(S, x_B) = (3+S)x_B$。如果他们都不购买沙发,则 $S=0$,他们之中任何一人(或者同时)购买沙发,则 $S=1$,x_A 和 x_B 分别为消费者 A 和消费者 B 消费在各自私人物品上的货币数。消费者 A 和消费者 B 分别有 $\omega_A = \$1\,200$ 和 $\omega_B = \$1\,600$ 的禀赋收入可以花费在沙发和其他各自的私人物品上。他们两人购买沙发比没有购买沙发的境况更好的最高沙发价格是多少?

解: 设 r_A 和 r_B 分别为消费者 A 和 B 两人购买沙发的保留价格。

对消费者 A 来说,$(1+0)\omega_A = (1+1)(\omega_A - r_A) \Rightarrow r_A = \dfrac{\omega_A}{2}$;

对消费者 B 来说,$(3+0)\omega_B = (3+1)(\omega_B - r_B) \Rightarrow r_B = \dfrac{\omega_B}{4}$。

所以,两人购买沙发比没有购买沙发的境况更好的最高沙发价格是

$$r_A + r_B = \frac{\omega_A}{2} + \frac{\omega_B}{4} = \frac{1\,200}{2} + \frac{1\,600}{4} = \$1\,000$$

35.2.2　搭便车——会不会提供公共物品

如前所述,所有人对提供公共物品的保留价格之和大于提供这一公共物品的成本,那么提供该公共物品是帕累托改善的。

但是由于公共物品不具有排他性,只要公共物品被提供了,那么不管是否支付费用以及支付费用大小,所有人都可以享用这种物品。因此每个人都存在"搭便车"(free-riding)的动机,即每个人都希望其他消费者提供公共物品,自己免费享用。如果所有人都想"搭便车",那么最终结果将是没有人愿意提供公共物品。

假设消费者 A 和 B 有两个策略:单独购买或者不买。公共物品的成本为 100 元,A 消费公共物品带来的收益为 80 元,B 消费公共物品带来的收益为 65 元,由于 $80 + 65 > 100$,所以,购买公共物品对两个消费者来说是帕累托改善的。搭便车博弈矩阵如表 35.2 所示。

表 35.2　搭便车博弈矩阵

		消费者 B	
		买	不买
消费者 A	买	−20, −35	−20, 65
	不买	100, −35	0, 0

但是对于两个消费者来说,他们个人的最优策略是"不买",即(不买,不买)是唯一的纳

什均衡,是帕累托无效的。

所以,对于公共物品,搭便车是个人的最优策略,但从社会的角度来说是帕累托无效的,诸如"三个和尚没水喝"的谚语说的就是这种情况。

35.3　可变数量(质量)的公共物品

35.3.1　帕累托条件——应该提供多少数量的公共物品

对于可变数量的公共物品的提供除了需要考虑固定数量的公共物品提供所涉及的问题之外,还要考虑提供数量多少的问题或者提供公共物品质量高低的问题。例如一条街道上提供多少路灯、图书馆开放多少自习教室、购买高级电视机还是普通电视机等这类问题都属于可变数量公共物品的提供。

假设同住一个寝室的两个人分别为消费者 A 和消费者 B,想购买一质量为 G 的公共物品——电视机,所需要花费的货币量为 $c(G)$。消费者 A 的货币禀赋量为 ω_A,除电视机外其他商品消费的货币量为 x_A;消费者 B 的货币禀赋量为 ω_B,除电视机外其他商品消费的货币量为 x_B。那么,消费者 A 和消费者 B 的预算约束方程为

$$x_A + x_B + c(G) = \omega_A + \omega_B \tag{35-6}$$

即消费者 A 和消费者 B 花费在公共物品和私人物品上的货币总量等于他们所拥有的货币禀赋量。

帕累托有效配置是指在其他消费者的效用固定不变的条件下使自己的效用达到最大。因此,如果把消费者 B 的效用固定在 $\bar{u}_B$,而消费者 A 的效用要达到最大,则有

$$\max_{x_A, x_B, G} u_A(x_A, G)$$
$$\text{s.t.} \begin{cases} u_B(x_B, G) = \bar{u}_B \\ x_A + x_B + c(G) = \omega_A + \omega_B \end{cases} \tag{35-7}$$

可以证明,对于可变数量(质量)的公共物品而言,帕累托有效量的必要条件是各消费者的私人物品和公共物品之间边际替代率之和等于提供该公共物品的边际成本。以 G 表示公共物品的数量或质量,x_A、x_B 为在其他商品上消费的货币量,那么帕累托有效量用公式表示则为

$$| MRS^A_{x_A G} | + | MRS^B_{x_B G} | = MC(G) \tag{35-8}$$

把边际替代率的计算公式表达出来即为 $\dfrac{MU^A_G}{MU^A_{x_A}} + \dfrac{MU^B_G}{MU^B_{x_B}} = MC(G)$,以私人物品表示公共物品的边际替代率绝对值之和等于公共物品的边际成本时,公共物品的提供达到帕累托有效数量。

假设存在两个消费者 A 和消费者 B,消费者 A 提供公共物品的边际替代率 $MRS^A_{x_A G} = \dfrac{2}{4}$,消费者 B 提供公共物品的边际替代率为 $MRS^B_{x_B G} = \dfrac{3}{4}$,提供公共物品的边际成本 $MC(G) = 1$,由于 $|MRS^A_{xG}| + |MRS^B_{xG}| > MC(G)$,即多提供一单位公共物品两个消费者总共愿意放弃 $\dfrac{5}{4}$ 单位其他商品消费,而实际上两人只需放弃 1 单位其他商品消费,此时增加公共物品的供给使得总体效用增加。相反,如果两人此时为多提供一单位公共物品而愿意放弃的其他商品消费小于实际需要放弃的量,那么减少公共物品的提供可以使得效用增加。

我们可以用图 35.1 来说明公共物品的帕累托有效条件。每个消费者的边际替代率的绝对值之和的总边际替代率曲线与公共物品的边际成本曲线的相交点就是公共物品帕累托有效配置(见图 35.1)。

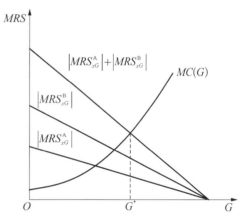

图 35.1 公共物品帕累托有效数量

如果有 n 个消费者想提供一质量为 G 的公共物品,所需要花费的货币量为 $c(G)$,那么帕累托有效公共物品的数量满足

$$\sum_{i=1}^{n} |MRS^i_{x_i G}| = MC(G) \qquad (35-9)$$

即 n 个消费者的边际替代率的绝对值之和的总边际替代率等于公共物品的边际成本时公共物品数量就是帕累托有效配置。

例 35.2 某镇有 2 000 人,他们都有相同偏好。该镇上每一个居民消费某一私人物品和某一公共物品的效用函数为 $U_i(x_i, y) = x_i + y^{0.5}$,其中 x_i 为第 i 个人消费私人物品的数量,y 为该镇提供的公共物品的数量。如果该私人物品的成本为每单位 \$1,公共物品的成本为每单位 \$10,那么该镇公共物品的帕累托有效数量为多少?

解: 对消费者 i 来说,以私人物品表示公共物品的边际替代率为

$$MRS^i_{xy} = -\frac{MU^i_y}{MU^i_x} = -0.5y^{-0.5}$$

公共物品的边际成本为 10,考虑公共物品的帕累托有效数量为所有消费者私人物品和公共物品之间的边际替代率之和等于公共物品的边际成本,可得

$$\sum_{i=1}^{2\,000} |MRS^i_{x_i y}| = MC(y) \Rightarrow 2\,000 \cdot 0.5y^{-0.5} = 10 \Rightarrow y^* = 10\,000$$

该镇公共物品的帕累托有效数量为 10 000。

例 35.3 假设有 10 个人住在某街道上,每个人总是愿意为增加一盏路灯多支付 2 美元。如果安装 G 盏路灯的花费为 $c(G) = G^2$,那么帕累托有效路灯的数量为多少?

解：每个人对以货币量表示路灯的边际替代率为 $MRS_{x_iG}^i = -2$；

公共物品的边际成本为 $MC(G) = 2G$。

由公共物品的帕累托有效数量条件可得

$$\sum_{i=1}^{10} |MRS_{x_iG}^i| = MC(G) \Rightarrow 10 \cdot 2 = 2G \Rightarrow G^* = 10$$

帕累托有效路灯数量为 10 盏。

例 35.4　一小区有 3 位住户，决定建造一个 400 平方米大小的水池，每增加一平方米水池的边际成本为 3.50 美元。G 为公共物品的数量，x_1、x_2 和 x_3 分别为住户 1、2 和 3 贡献公共物品后剩余的货币量。3 位住户以货币表示的对水池的边际替代率分别为 2、0.5 和 1。

(1) 400 平方米大小的水池是帕累托有效的吗？

(2) 如果住户 1 的效用函数为 $U(x_1, G) = x_1^{1/2} G^{1/2}$，住户 2 的效用函数为 $U(x_2, G) = x_2^{1/3} G^{2/3}$，住户 3 的效用函数为 $U(x_3, G) = x_3^{1/5} G^{4/5}$。假设贡献公共物品后，住户 1 剩余 200 美元，住户 2 剩余 400 美元，住户 3 剩余 200 美元。那么 400 平方米大小的水池是帕累托有效的吗？

解：(1) 由于 $MC(G) = 3.5$，而 $MRS_{x_1G}^1 = -2$，$MRS_{x_2G}^2 = -0.5$，$MRS_{x_3G}^3 = -1$，所以

$$|MRS_{x_1G}^1| + |MRS_{x_2G}^2| + |MRS_{x_3G}^3| = 2 + 0.5 + 1 = 3.5 = MC(G),$$

因此，400 平方尺大小的水池是帕累托有效数量。

(2) 由于 $MRS_{x_1G}^1 = -\dfrac{MU_G}{MU_{x_1}} = -\dfrac{x_1}{G} = -\dfrac{200}{400} = -0.5$；

$$MRS_{x_2G}^2 = -\dfrac{MU_G}{MU_{x_2}} = -\dfrac{2x_2}{G} = -\dfrac{2 \times 400}{400} = -2;$$

$$MRS_{x_3G}^3 = -\dfrac{MU_G}{MU_{x_3}} = -\dfrac{4x_3}{G} = -\dfrac{4 \times 200}{400} = -2.$$

$$|MRS_{x_1G}^1| + |MRS_{x_2G}^2| + |MRS_{x_3G}^3| = 0.5 + 2 + 2 = 4.5 > MC(G) = 3.5.$$

因此，400 平方米大小的水池是帕累托无效的。增加水池的大小是帕累托改善的。

35.3.2　搭便车——会提供多少数量公共物品

上面讨论了公共物品的帕累托有效配置应该满足的条件。没有外部效应的私人物品通过市场机制能够达到帕累托配置。下面讨论：具有外部效应的公共物品能否通过市场机制形成帕累托有效配置？

假设消费者 A 和 B 两人准备提供某公共物品。消费者 A 和 B 具有一定数量的货币禀赋量，分别为 ω_A 和 ω_B，用于私人消费的货币量分别为 x_A 和 x_B，用于贡献公共物品的货币量分别为 g_A 和 g_B。

假定购买公共物品的成本 $c(G) = G$，即公共物品的边际成本恒为 1，提供的公共物品所需的货币量为 $G = g_A + g_B$。

因此,每个人的效用最优化模型为

$$u_i(x_i, G) = u_i(x_i, g_A + g_B) \quad i = A、B$$
$$\text{s. t. } x_i + g_i = \omega_i \tag{35-10}$$

消费者 A 在决策为公共物品贡献多少时需要预测消费者 B 为公共物品贡献多少。而消费者 B 同样如此考虑。假设消费者 A 预测消费者 B 贡献的货币量为 $\bar{g}_B$,那么消费者 A 的最优化问题为

$$u_A(x_A, G) = u_A(x_A, g_A + \bar{g}_B)$$
$$\text{s. t. } x_A + g_A = \omega_A \tag{35-11}$$

那么其最优化条件为以私人物品表示公共物品的边际替代率等于以私人物品表示公共物品的机会成本,即

$$| MRS^A_{xG} | = \frac{p_G}{p_x} = 1 \tag{35-12}$$

其中,p_G 和 p_x 为公共物品和私人物品的价格,因为是货币量,所以都为 1。

但是结果往往是这样:每个消费者认为或者希望其他消费者贡献的货币量足够购买公共物品的数量,而自己不愿意做任何贡献,如图 35.2 所示。

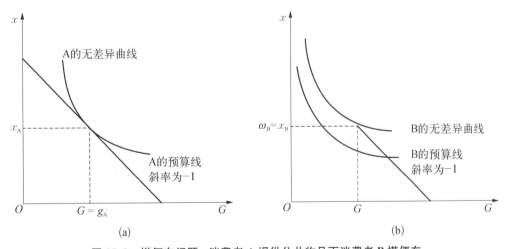

图 35.2　搭便车问题:消费者 A 提供公共物品而消费者 B 搭便车

(a) 消费者 A 的决策　(b) 消费者 B 的决策

图 35.2(a)说明消费者 A 是公共物品的唯一贡献人,即 $g_A = G$;而消费者 B 搭便车免费使用公共物品,不作任何贡献而其效用达到最大化。

由于公共物品是每个消费者都消费同等数量的一种物品,即不具有排他性,任何消费者提供一定数量的公共物品一定会减少其他消费者提供的公共物品数量。这就是搭便车现象。因此,自愿均衡条件下的公共物品提供量一般来说比公共物品帕累托有效量要少得多。

35.4　克拉克税

假设由 n 个消费者考虑提供某公共物品,所需花费成本为 c;每个消费者对公共物品的评价为 v_i,那么当每个消费者对公共物品评价之和大于等于其成本时,提供公共物品是帕累托改善的,即

$$\sum_{i=1}^{n} v_i \geqslant c \tag{35-13}$$

但是,由于搭便车的原因,每个消费者都不会把自己真实的评价显示出来,从而可以帕累托改善的公共物品最后没有提供。那么怎么样才能使得每个消费者能够真实地显示其评价呢?

我们把第 i 个消费者对公共物品的评价 v_i 与其对公共物品的实际支付 c_i 之差定义为净评估值 n_i:

$$n_i = v_i - c_i \tag{35-14}$$

如果 $\sum_{i=1}^{n} n_i > 0$,那么提供该公共物品是帕累托改善的。

如果 $H_j = \sum_{i \neq j}^{n} n_i > 0$ 而 $\sum_{i=1}^{n} n_i < 0$,或者 $H_j = -\sum_{i \neq j}^{n} n_i > 0$ 而 $\sum_{i=1}^{n} n_i > 0$,那么我们称第 j 个消费者为关键人物(pivotal agent)。对于 $H_j = \sum_{i \neq j}^{n} n_i > 0$ 而 $\sum_{i=1}^{n} n_i < 0$ 的情况,由于第 j 个关键人物的评价使得公共物品没有提供,使得其他消费者的福利损失为 $H_j = \sum_{i \neq j}^{n} n_i > 0$;对于 $H_j = -\sum_{i \neq j}^{n} n_i > 0$ 而 $\sum_{i=1}^{n} n_i > 0$ 的情况,由于第 j 个关键人物的评价使得公共物品提供,使得其他消费者的福利损失为 $H_j = -\sum_{i \neq j}^{n} n_i > 0$。

通过对第 j 个关键人物征收大小为 $H_j = \sum_{i \neq j}^{n} n_i > 0$ 或者 $H_j = -\sum_{i \neq j}^{n} n_i > 0$ 的税收,就可以把其他消费者的福利损失(社会成本)转嫁给第 j 个关键人物。这样,帕累托改善的公共物品就能提供,反之亦然。这种税收就叫作克拉克税(Clarke tax)。

决定公共物品提供与否的克拉克机制描述如下:

(1) 给每个消费者分摊提供公共物品所需的费用 c_i。

(2) 让每个消费者陈述对公共物品的评价(或者保留价格)v_i,并计算其净评价 n_i(不一定为其真实评价)。

(3) 如果所有消费者净评价之和大于零,提供公共物品;反之,如果所有消费者净评价之和小于零,不提供公共物品。

(4) 对每个关键人物征收克拉克税。如果第 j 个消费者的评价使得公共物品由提供变

成不提供,那么对该消费者征收 $H_j = \sum_{i \neq j}^{n} n_i > 0$ 的税收;如果第 j 个消费者的评价使得公共

物品由不提供变成提供,那么对该消费者征收 $H_j = -\sum_{i \neq j}^{n} n_i > 0$ 的税收。

征收的税收不应该支付给其余消费者,应该归政府所有,否则会影响消费者对公共物品的评价。只要对关键人物的消费者征收了克拉克税后,那么每个消费者都会真实陈述他们的评价。

例 35.5 有三个消费者 A、B 和 C 对某公共物品的评价分别为 40 元、50 元和 110 元,而该公共物品的成本为 180 元。如果对关键人物征收克拉克税,那么 A、B 和 C 三个消费者的最优报价是多少? 克拉克税为多少?

解: 假设 A、B 和 C 承担公共物品的费用分别为 $c_A = 60$ 元, $c_B = 60$ 元以及 $c_C = 60$ 元。

那么 $n_A = 40 - 60 = -20$ 元, $n_B = 50 - 60 = -10$ 元, $n_C = 110 - 60 = 50$ 元。

由于 $n_A + n_B + n_C = -20 - 10 + 50 = 20 > 0$,所以,提供公共物品是帕累托改善的。

(1) 消费者 A。由于 $n_B + n_C = -10 + 50 = 40 > 0$,所以消费者 A 不是关键人物,如果 B 和 C 真实报价,那么 A 的最优报价为多少?

如果真实报价,不成为关键人物,那么消费者 A 的福利为 $40 - 60 = -20$ 元;

如果不真实报价(例如报价为 5 元)使得其成为关键人物,那么对其征收的克拉克税为 $n_B + n_C = 40$,那么消费者 A 的福利为 -40 元。

所以对消费者 A 来说,真实报价比不真实报价的情况更好。

(2) 消费者 B。由于 $n_A + n_C = -20 + 50 = 30 > 0$,所以消费者 B 不是关键人物,如果 A 和 C 真实报价,那么 B 的最优报价为多少?

如果真实报价,不成为关键人物,那么消费者 B 的福利为 $50 - 60 = -10$ 元;

如果不真实报价(例如报价为 10 元)使得其成为关键人物,那么对其征收的克拉克税为 $n_A + n_C = 30$,那么消费者 B 的福利为 -30 元。

所以对消费者 B 来说,真实报价比不真实报价的情况更好。

(3) 消费者 C。由于 $n_A + n_B = -20 - 10 = -30$,所以消费者 C 是关键人物,如果 A 和 B 真实报价,那么 C 的最优报价为多少?

如果真实报价,为关键人物,征收的克拉克税为 30 元,那么消费者 C 的福利为 $50 - 30 = 20$ 元;

如果不真实报价(例如报价为 10 元)使得其不成为关键人物,那么对其不征收克拉克税,该公共物品就不能提供,那么消费者 C 的福利为 0 元。

所以对消费者 C 来说,真实报价比不真实报价的情况更好。

因此克拉克税收机制能够实现公共物品的有效配置。

35.5 思考练习题

(1) 简述公共物品的概念。

（2）高速公路属于什么商品？

（3）简述公有物与公共物品的异同点。

（4）有一句谚语"三个和尚没水喝"，请用经济学原理解释。

（5）私人物品与公共物品帕累托有效条件是什么？

（6）某镇有 2 000 人，他们都有相同的偏好。该镇上每一个居民消费某一私人物品和某一公共物品的效用函数为 $U_i(x_i, y) = x_i + y^{0.5}$，其中 x_i 为第 i 个人消费私人物品的数量，y 为该镇提供的公共物品的数量。如果该私人物品的成本为每单位 \$2,公共物品的成本为每单位 \$10,那么该镇公共物品的帕累托有效数量为多少？

（7）消费者 M 和 N 对比萨（p）和蹦床（t）具有相同的偏好，效用函数为 $u(p, t) = p + 2\,000\sqrt{t}$，比萨的价格为 1 元/个，蹦床的价格为 1 000 元/个。蹦床属于公共物品，可以被 2 个人共同使用，而比萨属于私人物品。2 个消费者的收入都在 1 万元以上，求蹦床的帕累托有效数量。

（8）A、B 和 C 3 个人都消费饼干和音乐。饼干是私人物品，音乐是公共物品。他们的效用函数分别为 $u_A(c_A, m) = c_A \times m$，$u_B(c_B, m) = c_B \times m$，$u_C(c_C, m) = c_C \times m$，其中 c_A、c_B、c_C 分别为 A、B 和 C 三人的饼干消费量，而 m 是他们三人共同消费的音乐小时数。饼干的成本为每单位 1 元，消费音乐的成本为每小时 10 元。A、B 和 C 3 个人的财富分别为 30 元、50 元及 20 元。问他们 3 个人帕累托有效的音乐消费量是多少？

（9）消费者 B 和消费者 C 共同经商，而且必须一起工作。假设他们每年的总利润为 $40H$，其中 H 为他们每年工作的小时数。他们的效用函数分别为 $U_B(C_B, H) = C_B - 0.02H^2$ 和 $U_C(C_C, H) = C_C - 0.03H^2$，其中 C_B 和 C_C 分别为他们消费私人物品的货币量。问消费者 B 和消费者 C 的帕累托有效工作小时数是多少？

（10）消费者 L 的效用函数为 $u_L = 2X_L + G$，消费者 M 的效用函数为 $u_M = X_M G$，其中 G 为在公共物品上的总货币支出，X_L 和 X_M 分别为各自在私人物品上的货币支出。他们花在私人物品和公共物品上的总额为 30 000 元。他们同意对公共物品的帕累托有效数量的供给，并同意消费者 L 的私人物品支出为 9 000 元。问他们在公共物品上的支出是多少？

（11）有 3 个消费者 A、B 和 C 对某公共物品的评价分别为 50 元、50 元和 250 元，而该公共物品的成本为 300 元。如果对关键人物征收克拉克税，那么 3 个消费者 A、B 和 C 的最优报价是多少？克拉克税为多少？

第36章

不对称信息

前面章节的讨论中,我们假设消费者和生产者对于市场上销售的商品质量都有完全的信息。其实,在商品市场和劳务市场上,交易双方拥有的关于交易对象的信息往往是不对称的。在商品市场上,商品生产者往往比商品消费者对商品具有信息优势;而在劳务市场上,就业者往往比雇主对自己的工作能力更加了解。这种信息不对称会对市场运行带来很大的问题。

36.1 逆向选择

36.1.1 柠檬市场

柠檬(lemons)市场,又叫次品市场。假设市场上有两类人:一类人想出售使用过的二手车,叫销售者;另一类人想购买使用过的二手车,叫购买者。假设二手车的质量为均匀分布,其分布函数为 $q \sim [\underline{\theta}, \overline{\theta}]$。关于二手车的质量为私人信息,销售者知道自己的二手车的质量;而购买人不知道具体二手车的质量,但是知道二手车的概率分布。那么该二手车市场就是所谓的柠檬市场。

36.1.2 购买者的决策

假设二手车购买者的货币收入用于购买二手车(假设要么购买一辆二手车,要么不购买)和其他商品,花费在其他商品上的货币量为 y_B,二手车的价格为 p,那么购买者的预算约束方程为

$$y_B + p = m_B \tag{36-1}$$

其中,m_B 为购买者的收入。

假设购买者的效用函数为

$$u_B(y_B, q) = \begin{cases} y_B + \alpha q & \text{购买} \\ m_B & \text{不购买} \end{cases} \tag{36-2}$$

其中,q 为购买者购买的二手车的质量,α 为常数。

购买者购买二手车时的期望效用为

$$E(u_B) = y_B + \alpha \cdot Eq = y_B + \alpha \cdot \frac{\underline{\theta} + \bar{\theta}}{2} \tag{36-3}$$

把预算约束式(36-1)代入式(36-3),可得购买二手车时的期望效用为

$$E(u_B) = (m_B - p) + \alpha \cdot \frac{\underline{\theta} + \bar{\theta}}{2} = m_B + \left(\alpha \cdot \frac{\underline{\theta} + \bar{\theta}}{2} - p\right) \tag{36-4}$$

购买者不购买二手车时的效用为 $u_B = m_B$。

所以,可得购买者购买二手车时,二手车的价格应满足:

$$p \leqslant \alpha \cdot \frac{\underline{\theta} + \bar{\theta}}{2} \tag{36-5}$$

即满足式(36-5)时,购买者会选择购买二手车。

由于 $\underline{\theta} \leqslant \alpha \cdot \frac{\underline{\theta} + \bar{\theta}}{2} \leqslant \bar{\theta}$,可得 α 应该满足 $\frac{2\underline{\theta}}{\underline{\theta} + \bar{\theta}} \leqslant \alpha \leqslant \frac{2\bar{\theta}}{\underline{\theta} + \bar{\theta}}$。

36.1.3 销售者的决策

假设 m_S 为销售者的收入,花费在其他商品的货币量为 y_S,二手车的价格为 p,那么销售者的预算约束方程为

$$y_S - p = m_S \tag{36-6}$$

假设销售者持有二手车的效用函数为:

$$u_S(y_S, q) = m_S + q \tag{36-7}$$

由式(36-6)可知,销售者出售二手车后的效用为

$$y_S = m_S + p \tag{36-8}$$

所以,当且仅当 $p < q$ 时,销售者不出售二手车比出售二手车效用大;当且仅当 $p \geqslant q$ 时,销售者出售二手车比不出售二手车效用大。

36.1.4 交易市场均衡

由式(36-5)和 $p \geqslant q$ 可知,当且仅当

$$\alpha \cdot \frac{\underline{\theta} + \bar{\theta}}{2} < q \tag{36-9}$$

购买者对二手车的期望评价低于销售者对二手车的评价,所以不存在交易。

当且仅当

$$\alpha \cdot \frac{\underline{\theta} + \bar{\theta}}{2} \geqslant q \tag{36-10}$$

购买者对二手车的期望评价大于等于销售者对二手车的评价,所以双方交易能够帕累托改善。

(1) 如果 $\alpha \cdot \dfrac{\underline{\theta}+\bar{\theta}}{2} \geqslant \bar{\theta}$,即 $\alpha \geqslant \dfrac{2\bar{\theta}}{\underline{\theta}+\bar{\theta}}$ 时,购买者愿意支付的最高价格为 $p_{\mathrm{B}}^{\max} = \alpha \cdot \dfrac{\underline{\theta}+\bar{\theta}}{2} \geqslant \dfrac{2\bar{\theta}}{\underline{\theta}+\bar{\theta}} \cdot \dfrac{\underline{\theta}+\bar{\theta}}{2} = \bar{\theta}$。

而此时销售者能够按照最高质量的评价价格 $p = \bar{\theta}$ 销售,所以 $\alpha \geqslant \dfrac{2\bar{\theta}}{\underline{\theta}+\bar{\theta}}$ 的条件下,所有质量的二手车都能够销售出去。

(2) 如果 $\alpha \cdot \dfrac{\underline{\theta}+\bar{\theta}}{2} < \bar{\theta}$,即 $\alpha < \dfrac{2\bar{\theta}}{\underline{\theta}+\bar{\theta}}$ 时,购买者愿意支付的最高价格为 $p_{\mathrm{B}}^{\max} = \alpha \cdot \dfrac{\underline{\theta}+\bar{\theta}}{2} < \bar{\theta}$。

所以只有质量 $q \leqslant \alpha \cdot \dfrac{\underline{\theta}+\bar{\theta}}{2}$ 时,销售者才愿意出售他们的二手车。而质量 $q > \alpha \cdot \dfrac{\underline{\theta}+\bar{\theta}}{2}$ 的二手车退出市场,于是二手车的质量分布从

$$q \sim U[\underline{\theta}, \bar{\theta}] \tag{36-11}$$

退化为

$$q \sim U\left[\underline{\theta}, \alpha \cdot \frac{\underline{\theta}+\bar{\theta}}{2}\right] \tag{36-12}$$

其中 U 表示均匀分布。

这种由于获得信息的高成本而使得低质量商品挤出高质量商品的现象叫作**逆向选择**(adverse selection)。

在第一次逆向选择后,购买者面临的二手车质量分布发生了变化,从而对商品质量的期望值发生了变化,于是式(36-12)又退化为

$$q \sim U\left[\underline{\theta}, \alpha \cdot \frac{\underline{\theta}}{2} + \alpha^2 \cdot \frac{\underline{\theta}+\bar{\theta}}{4}\right] \tag{36-13}$$

第 n 次逆向选择后,质量分布退化为

$$q \sim U\left[\underline{\theta}, \alpha \cdot \frac{\underline{\theta}}{2} + \alpha^2 \cdot \frac{\underline{\theta}}{4} + \cdots \alpha^{n-1} \cdot \frac{\underline{\theta}}{2^{n-1}} + \alpha^n \cdot \frac{\underline{\theta}+\bar{\theta}}{2^n}\right] \tag{36-14}$$

如此反复,好质量的二手车会渐渐退出市场,从而市场上二手车的平均质量越来越差,最后 $p = \dfrac{\alpha}{2-\alpha}\underline{\theta}$,$q = \left[\underline{\theta}, \dfrac{\alpha}{2-\alpha}\underline{\theta}\right]$,这就是逆向选择。这个均衡的含义:质量较好的二手车退出市场,当 $\alpha = 1$ 时,最后市场没有二手车交易,市场完全萎缩。

例 36.1 假设二手车的质量为均匀分布,其分布函数为 $[8, 14]$。二手车的质量为私人信息,销售者知道自己的二手车的质量;而购买者不知道具体二手车的质量,但是知道二

手车的概率分布。质量为 q 的二手车对销售者带来的效用为 q，而对购买者带来的效用为 $q+2$，求最终竞争性市场均衡价格（假设购买者要么购买一辆二手车，要么不购买）。

解： （1）购买者的决策。购买者的效用函数为

$$u_B(y_B, q) = \begin{cases} y_B + (q+2), & \text{购买} \\ m_B, & \text{不购买} \end{cases}$$

其中，q 为购买者购买的二手车的质量。

购买者购买二手车时的期望效用为：

$$E(u_B) = y_B + Eq + 2 = y_B + 13$$

把预算约束代入上式，可得购买二手车时的效用为：

$$E(u_B) = m_B - p + Eq + 2 = m_B - p + 13$$

所以，购买者愿意购买二手车的最高价格为 $p_{max} = 13$。

（2）销售者的决策。同理，销售者愿意出售二手车的最低价格为 $p_{min} \geqslant q$。

所以，第一次逆向选择后，二手车质量的分布退化为 $q \sim [8, 13]$；

第二次逆向选择后，二手车质量的分布退化为 $q \sim [8, 12.5]$。

假设质量为 q_{max} 以上的厂商被挤出市场，那么由题意可得：

$$\frac{1}{2} \times 8 + \frac{1}{2} \times q_{max} + 2 = q_{max} \Rightarrow q_{max} = 12$$

所以最终市场二手车竞争性均衡价格为 12。

例 36.2 假设二手车市场上好车车主出售汽车的最低价格为 2 000，差车车主出售汽车的最低价格为 1 000。买方对好车的评价为 2 400，对差车的评价为 1 200。如果买方知道市场上好车占比为 q，差车占比则为 $1-q$（见表 36.1）。求市场均衡价格。

表 36.1　二手车市场

	质量好的车	质量差的车
卖方售价	2 000	1 000
买方评价	2 400	1 200

解： 给定好车在市场上占比为 q，差车占比则为 $1-q$，此时买方对二手车的期望评价为 $EV = q \times 2 400 + (1-q) \times 1 200 = 1 200(1+q)$，根据好车占比的不同会出现以下两种情况：

（1）$EV \geqslant 2 000$，即好车占比 $q \geqslant \dfrac{2}{3}$ 时，好车车主也会在市场上进行交易，市场上同时存在两种质量的二手车，此时市场均衡价格为 2 000～2 400。

（2）$EV < 2 000$，即好车占比 $q < \dfrac{2}{3}$ 时，好车不再参与交易，市场上只有差车，此时市场均衡价格为 1 000～1 200。

36.2 信号传递

通过"信号传递(signaling)"可以解决逆向选择的问题,在二手车市场上,好车车主可以通过提供更长的保修时间来传递出质量好这一信号,在劳动力市场上,求职者通过文凭向招聘者传递能力水平的信号。

假设劳动力市场上求职者有两种类型的工人:能力高的工人和能力低的工人。能力高的工人的边际产出为 a_2,能力低的工人的边际产出为 a_1,显然 $a_2 > a_1$。假设能力高的工人所占比例为 π,能力低的工人所占比例为 $1-\pi$。

如果厂商能够识别工人的类型,那么竞争性的能力高的工人工资为 $\omega_2 = a_2$,竞争性的能力低的工人工资为 $\omega_1 = a_1$,也就是说,每个工人获得的报酬等于其边际产出是个帕累托有效的均衡。

如果厂商不能够识别工人的类型,那么竞争性的工人工资为 $\omega = \pi a_2 + (1-\pi)a_1$,只要能力高的工人和能力低的工人能够接受这个工资,那么就不会产生逆向选择问题。如果厂商的生产函数是线性的话,厂商的产量和利润与能够识别工人类型时的产量和利润一样的。

现在假设能力高的工人提供某种能够区别于能力低的工人的信号:例如接受教育程度。能力高的工人接受每单位教育程度的成本为 c_2,能力低的工人接受每单位教育程度的成本为 c_1,由于能力低的人在接受教育时可能需要花费更多的时间和金钱,所以 $c_2 < c_1$。e 为接受的教育程度。能力高的工人和能力低的工人可以得到的工资及接受教育的成本如表 36.2 所示。

表 36.2 不同劳动能力工资成本

能力水平	是否接受教育	工 资	教育成本
能力高的工人	不接受教育	a_1	0
	接受教育	a_2	$c_2 e$
能力低的工人	不接受教育	a_1	0
	接受教育	a_2	$c_1 e$

假设提供教育程度 e 的工人工资为 a_2,没有提供教育程度 e 的工人工资为 a_1。

那么,如果能力高的工人提供教育程度 e,并且得到企业支付工资为 a_2,那么该类工人获得的收益为 $a_2 - c_2 e$;只要 $a_2 - c_2 e > a_1$,即 $e < \dfrac{a_2 - a_1}{c_2}$,能力高的工人就会接受教育程度 e。

如果能力低的工人提供教育程度 e,得到企业支付工资也为 a_2,那么该类工人获得的收

益为 $a_2 - c_1 e$;只要 $a_2 - c_1 e < a_1$,即 $e > \dfrac{a_2 - a_1}{c_1}$,能力低的工人就不会接受教育程度 e。

所以,如果教育程度 e 满足以下不等式:

$$\frac{a_2 - a_1}{c_1} < e < \frac{a_2 - a_1}{c_2} \tag{36-15}$$

那么能力高的工人就会接受教育程度 e 而能力低的工人就不会接受教育程度 e,这种信号传递导致的均衡就叫作**分离均衡**(separating equilibrium)。

所以,如果教育程度 e 满足以下不等式:

$$e < \frac{a_2 - a_1}{c_2} \text{ 且 } e < \frac{a_2 - a_1}{c_1}$$

那么能力高的工人和能力低的工人都会接受教育程度 e,这种信号传递导致的均衡就叫作**混合均衡**(pooling equilibrium)。

所以,如果教育程度 e 满足以下不等式:

$$e > \frac{a_2 - a_1}{c_2} \text{ 且 } e > \frac{a_2 - a_1}{c_1}$$

那么能力高的工人和能力低的工人都不会接受教育程度 e,这种信号传递导致的均衡也叫作**混合均衡**。

例 36.3 存在两种类型工人,一类工人为企业产生的价值为 20 万元,接受每单位教育成本为 2 万元;另一类工人为企业产生的价值为 10 万元,接受每单位教育成本为 4 万元。接受教育的工人工资为 20 万元,不接受教育的工人工资为 10 万元。求解这一问题中的分离均衡。

解: 分离均衡条件为

$$\frac{a_2 - a_1}{c_1} < e < \frac{a_2 - a_1}{c_2}$$

把 $a_2 = 20$,$a_1 = 10$,$c_2 = 2$ 和 $c_1 = 4$ 代入可得:

$$\frac{20 - 10}{4} < e < \frac{20 - 10}{2} \Rightarrow 2.5 < e < 5$$

所以,当教育水平满足 3 或者 4 时存在分离均衡,第一类工人选择教育,得到工资为 20 万元;第二类工人选择不接受教育,得到工资为 10 万元。

例 36.4 假设二手车市场上好车车主出售汽车的最低价格为 2 000 元,差车车主出售汽车的最低价格为 1 000 元。买方对好车的评价为 2 400,对差车的评价为 1 200。如果买方知道市场上好车和差车占比 50%(见表 36.3)。如果好车车主对好车提供保修的成本为每年 200 元,而差车车主对差车提供保修的成本为每年 400 元。求市场分离均衡条件。

表 36.3　二手车市场

	质量好的车	质量差的车
卖方售价	2 000	1 000
买方评价	2 400	1 200

解：分离均衡条件为

$$\frac{a_2 - a_1}{c_1} < e < \frac{a_2 - a_1}{c_2}$$

把 $a_2 = 2\,400$，$a_1 = 1\,200$，$c_2 = 200$ 和 $c_1 = 400$ 代入可得：

$$\frac{2\,400 - 1\,200}{400} < e < \frac{2\,400 - 1\,200}{200} \Rightarrow 3 < e < 6$$

所以市场分离均衡条件为对车提供 4 或 5 年的保修期，好车提供保修，差车不提供保修。

假设提供教育程度 e 的工人工资为 a_2，没有提供教育程度 e 的工人工资为工人生产率的期望值：$\pi a_2 + (1-\pi)a_1$。那么表 36.2 变成表 36.4：

表 36.4　不同劳动能力工资成本

能 力 水 平	是否接受教育	工 资	教 育 成 本
能力高的工人	不接受教育	$\pi a_2 + (1-\pi)a_1$	0
	接受教育	a_2	$c_2 e$
能力低的工人	不接受教育	$\pi a_2 + (1-\pi)a_1$	0
	接受教育	a_2	$c_1 e$

如果能力高的工人提供教育程度 e，并且得到企业支付工资为 a_2，那么该类工人获得收益为 $a_2 - c_2 e$；只要 $a_2 - c_2 e > \pi a_2 + (1-\pi)a_1$，即 $e < \dfrac{a_2 - [\pi a_2 + (1-\pi)a_1]}{c_2}$，能力高的工人就会接受教育程度 e。

如果能力低的工人提供教育程度 e，得到企业支付工资也为 a_2，那么该类工人获得收益为 $a_2 - c_1 e$；只要 $a_2 - c_1 e < \pi a_2 + (1-\pi)a_1$，即 $e > \dfrac{a_2 - [\pi a_2 + (1-\pi)a_1]}{c_1}$，能力低的工人就不会接受教育程度 e。

所以，如果教育程度 e 满足以下不等式：

$$\frac{a_2 - [\pi a_2 + (1-\pi)a_1]}{c_1} < e < \frac{a_2 - [\pi a_2 + (1-\pi)a_1]}{c_2} \tag{36-16}$$

那么能力高的工人就会接受教育程度 e，而能力低的工人就不会接受教育程度 e，达到分离均衡(separating equilibrium)。

如果教育程度 e 满足以下不等式：

$$e < \frac{a_2 - [\pi a_2 + (1-\pi) a_1]}{c_2} \text{ 且 } e < \frac{a_2 - [\pi a_2 + (1-\pi) a_1]}{c_1}$$

那么能力高的工人和能力低的工人都会接受教育程度 e，达到**混合均衡**(pooling equilibrium)。

如果教育程度 e 满足以下不等式：

$$e > \frac{a_2 - [\pi a_2 + (1-\pi) a_1]}{c_2} \text{ 且 } e > \frac{a_2 - [\pi a_2 + (1-\pi) a_1]}{c_1}$$

那么能力高的工人和能力低的工人都不会接受教育程度 e，也达到**混合均衡**(pooling equilibrium)。

例 36.5 存在两种类型的工人，A 类工人为企业产生的价值为 20 万元，接受每单位教育成本为 2 万元；B 类工人为企业产生的价值为 10 万元，接受每单位教育成本为 4 万元。如果提供教育的工人工资为 A 类工人为企业产生的产值；不提供教育的工人工资为 A 类和 B 类工人为企业产生的价值期望值。其中，A 类工人占比 40%，而 B 类工人占比为 60%。求解这一问题中的分离均衡条件。

解： 分离均衡条件为

$$\frac{a_2 - [\pi a_2 + (1-\pi) a_1]}{c_1} < e < \frac{a_2 - [\pi a_2 + (1-\pi) a_1]}{c_2}$$

把 $a_2 = 20$，$a_1 = 10$，$c_2 = 2$，$c_1 = 4$，$\pi = 60\%$ 代入可得：

$$\frac{20 - (40\% \cdot 20 + 60\% \cdot 10)}{4} < e < \frac{20 - (40\% \cdot 20 + 60\% \cdot 10)}{2} \Rightarrow 1.5 < e < 3$$

所以，当教育水平满足 2 单位时存在分离均衡，A 类工人选择教育，得到工资为 20 万元；B 类工人选择不接受教育，得到工资为 14 万元。

36.3 道德风险

企业的所有人即委托人与企业的经营管理人即代理人在企业里所起的作用不同。企业经营人管理企业，即对企业经营具有决策权；而企业所有人拥有企业，即对企业具有剩余索取权(residual claimant)。

由于信息不对称，企业经营人对企业经营情况比企业所有人具有信息优势。而企业所有人不可能完全观察和监督企业经营人的经营行为。于是企业经营人就会偏离企业所有人利润最大化的目标而实现自己的效用最大化，这种现象就是**道德风险**(moral hazard)。

举例来说,一个人在购买健康险以后,考虑到有保险公司为自己买单,比投保前更加不注意身体健康,更频繁地酗酒,那么保险公司则面临了道德风险的问题。劳动力市场上,如果工人被企业招聘以后态度散漫、不认真工作,招聘企业也面临着道德风险的问题。

36.4　激励

激励的目的就是委托人为了解决道德风险问题,即使得代理人能够按照委托人的利润最大化目的经营和管理委托人委托交办的事项。

36.4.1　委托代理模型

假设 x 为代理人付出的努力程度(或者劳动量),其花费的成本为 $c(x)$,产出为 x 的函数 $y = f(x)$,为了方便讨论,令产出的价格为 1。令代理人获得的报酬为 $s(y)$,那么委托人具有剩余索取权,即委托人获得的利润为 $y - s(y)$。

于是,代理人的效用为

$$u_A = s(y) - c(x) \tag{36-17}$$

由于代理人应该满足**参与约束**(participation constraint),即代理人参与该项目获得的效用至少等于在其他地方获得的效用 $\bar{u}_A$,即

$$s(y) - c(x) \geqslant \bar{u}_A \tag{36-18}$$

那么,委托人需要确定工资激励模式使得代理人提供的 x 满足:

$$\begin{cases} \max \bar{u}_P = f(x) - s(f(x)) \\ \text{s. t. } (f(x)) - c(x) \geqslant \bar{u}_A \end{cases} \tag{36-19}$$

不妨,代理人选择的 x 刚好满足约束条件,即 $s(y) - c(x) = \bar{u}_A$,于式(36-19)变成无约束的最大化问题:

$$\bar{u}_P = f(x) - c(x) - \bar{u}_A \tag{36-20}$$

只要代理人选择的 x^* 满足

$$\frac{\partial f(x)}{\partial x} = \frac{c(x)}{\partial x} \Leftrightarrow MP(x^*) = MC(x^*) \tag{36-21}$$

那么委托人的利润就达到最大化。

所以,委托人需要设计激励计划 $s(y)$ 使得代理人提供努力程度(劳动量) x^* 而获得的效用大于等于提供其他任何努力程度(劳动量) x 而获得的效用,即

$$s(f(x^*)) - c(x^*) \geqslant s(f(x)) - c(x), \text{对于所有的 } x \tag{36-22}$$

式(36-22)这个约束就叫作激励相容约束(incentive compatibility constraint)。

所以,委托代理模型的设计就是解决以下两个问题:① 委托人的激励计划必须使得代理人获得其他地方能够获得的最大效用即机会成本 $\bar{u}_A$;② 委托人的激励计划必须使得代理人提供的劳动量满足努力程度(劳动)的边际产出等于边际成本。

36.4.2 租金模式

租金激励模式是指委托人向代理人收取一定的租金 R 之后剩余的产出归代理人所有。那么,委托人需要确定工资激励模式使得代理人提供的 x 满足

$$\begin{cases} \max \bar{u}_P = R \\ \text{st.} \ f(x) - R - c(x) = \bar{u}_A \end{cases} \tag{36-23}$$

即式(36-23)的无约束的最大化问题:

$$\bar{u}_P = f(x) - c(x) - \bar{u}_A \tag{36-24}$$

而代理人的最优化问题为

$$u_A = f(x) - R - c(x) \tag{36-25}$$

所以,租金激励会使代理人自然而然选择 x^*,使得 $MP(x^*) = MC(x^*)$。

此时委托人收取的租金为

$$R = f(x^*) - c(x^*) - \bar{u}_A$$

例 36.6 设生产产出为 $f(x) = x^2 + 8x$,产品竞争性价格为 $p = 1$,代理人成本函数为 $c(x) = 2x^2 + 2x$。代理人接受委托的机会成本为 0。委托人应该怎样进行租金激励设计使得自己租金收入最大?

解: 委托人对代理人收取租金 R,剩余产出归代理人所有。

此时委托人的利润函数为 $u_P = R$。

代理人的效用函数为 $u_A = f(x) - R - c(x)$,即:

$$u_A = x^2 + 8x - R - 2x^2 - 2x = -x^2 + 6x - R$$

所以,当 $\dfrac{\partial u_A}{\partial x} = 0$ 即 $x^* = 3$ 时代理人满足激励相容约束。

因此,委托人能够收取的最大租金为

$$R = (x^2 + 8x)\mid_3 - (2x^2 + 2x)\mid_3 = (9 + 24) - (18 + 6) = 9$$

所以委托人向代理人收取 9 单位的租金后,代理人就会选择 3 单位 x。

36.4.3 固定＋变动工资模式

顾名思义,该固定工资加提成激励模式是指委托人给予代理人的报酬包括两部分:一次性的固定报酬和按照不变工资对代理人的每单位投入支付报酬,于是激励性报酬形式如下:

$$s(f(x)) = K + \omega \cdot x \qquad (36-26)$$

其中，K 为固定报酬，ω 为代理人投入的劳动量（或者努力程度）的单位不变工资。

此时，代理人的效用函数为：

$$u_A = K + \omega \cdot x - c(x) \qquad (36-27)$$

所以，代理人激励相容约束条件为

$$\omega = MC(x^*) \qquad (36-28)$$

所以委托人只要把 ω 设计为 $MP(x^*) = MC(x^*)$ 时的最优水平 x^* 的边际产出 $MP(x^*)$，那么代理人自然就会选择最优水平 x^*。

例 36.7　设生产产出为 $f(x) = x^2 + 8x + 120$，产品竞争性价格为 $p = 1$，代理人成本函数为 $c(x) = 2x^2 + 2x + 100$。代理人接受委托的机会成本为 0。委托人应该怎样进行固定+变动工资激励设计使得自己利润最大？

解：代理人每投入一单位 x 进行生产时，委托人向其支付 ω 单位工资。除此之外，向代理人支付固定工资为 K，即 $s(x) = K + \omega \cdot x$。

委托人利润最大化条件为：$MP(x^*) = MC(x^*)$。

因此，$2x + 8 = 4x + 2 \Rightarrow x^* = 3$。

故委托人选择的单位投入工资 $\omega = MP(x^*) = (2x + 8)\,|_{x=3} = 14$。

由参与约束可得：

$$K = c(x^*) - \omega \cdot x^* = (2x^2 + 2x + 100)\,|_{x=3} - 14 \cdot x\,|_{x=3} = 82$$

委托人最终得到：

$$u_P = (x^2 + 8x + 120)\,|_{x=3} - 14 \cdot x\,|_{x=3} - 82 = 18$$

36.4.4　要么接受要么拒绝模式

该激励模式是指如果代理人提供了使委托人利润最大化的投入 x^*，那么代理人能获得的报酬为 $B = c(x^*) + \bar{u}_A$，否则为零。该激励模式下，如果代理人提供 x^*，其获得的效用为 $\bar{u}_A$，如果代理人提供 $x \neq x^*$，其获得的效用为 $-c(x)$，所以代理人选择提供 x^*。即

$$s(x) = \begin{cases} c(x^*) + \bar{u}_A, & x = x^* \\ 0, & x \neq x^* \end{cases} \qquad (36-29)$$

而委托人获得 $u_P = f(x^*) - B$。

例 36.8　设生产产出为 $f(x) = x^2 + 8x$，产品竞争性价格为 $p = 1$，代理人成本函数为 $c(x) = 2x^2 + 2x$。代理人接受委托的机会成本为 0。委托人应该怎样进行**要么接受要么拒绝**的激励设计使得自己利润最大？

解：委托人利润最大化条件为：$MP(x^*) = MC(x^*)$；

因此，$2x + 8 = 4x + 2 \Rightarrow x^* = 3$。

所以,代理人提供 $x=3$ 时能获得的报酬为 $B=c(x^*)+\bar{u}_A=2 \cdot 9+2 \cdot 3+0=24$;代理人提供 $x \neq 3$ 时能获得的报酬为零。

36.4.5 分成制

在分成制模式下,委托人和代理人按照某个固定的比例获得总产出的一部分。假设代理人获得的份额为

$$s(f(x))=\alpha \cdot f(x)+F \tag{36-30}$$

代理人的效用函数为

$$u_A=\alpha \cdot f(x)+F-c(x) \tag{36-31}$$

其最优化条件为

$$\alpha \cdot MP(\hat{x})=MC(\hat{x}) \tag{36-32}$$

该劳动水平(或者努力程度)$\hat{x}$ 不满足委托人利润最大化条件 $MP(x^*)=MC(x^*)$。

由上述分析可知:要达到委托人利润最大化,必须确保代理人进行劳动量决策时具有产出的剩余索取权(residual claimant)。

例 36.9 设生产产出为 $f(x)=x^2+8x$,产品竞争性价格为 $p=1$,代理人成本函数为 $c(x)=2x^2+2x$。代理人接受委托的机会成本为 0。如果收入的 50% 归代理人所有,那么委托人获得的利润为多少?

解:代理人收益为 $u_A=(x^2+8x) \cdot 50\%+F-(2x^2+2x)$。

代理人收益最大化条件为 $(2x+8) \cdot 50\%=4x+2 \Rightarrow \hat{x}=2/3$。

由于代理人的收益应满足:

$$u_A=0 \Rightarrow \left[\left(\frac{2}{3}\right)^2+8 \cdot \frac{2}{3}\right] \cdot 50\%+F-\left[2 \cdot \left(\frac{2}{3}\right)^2+2 \cdot \left(\frac{2}{3}\right)\right]=0 \Rightarrow F=-\frac{2}{3}。$$

所以,委托人的获得的利润为

$$u_P=(x^2+8x)\big|_{x=2/3}-\left[50\% \cdot (x^2+8x)\big|_{x=2/3}+F\right]=\frac{52}{9}-\left(\frac{26}{9}-\frac{2}{3}\right)=3\frac{5}{9}。$$

例 36.10 如果委托人追求利润最大化,代理人追求效用最大化。委托人的收入与代理人的努力程度和市场需求情况有关(见表 36.5)。

表 36.5 不同条件下委托人的收入

努力 \ 收入 \ 需求	低需求(30%)	中需求(40%)	高需求(30%)
不努力	$5 000 000	$10 000 000	$15 000 000
努力	$10 000 000	$15 000 000	$20 000 000

如果代理人的效用函数为 $u_A(\omega)=\begin{cases}\omega^{1/2} & \text{不努力}\\ \omega^{1/2}-100 & \text{努力}\end{cases}$，其中，$\omega$ 为委托人给代理人的工资。

(1) 如果委托人支付代理人固定工资：$\omega=\$575\,000$，求委托人获得的利润。

(2) 如果委托人支付给代理人的工资为收入的 6%，求委托人获得的利润。

(3) 如果委托人支付代理人工资：

$$\omega=\begin{cases}\$500\,000 & R<15\,000\,000\\ \$500\,000+(R-15\,000\,000)\times 50\% & R>15\,000\,000\end{cases}$$，求委托人获得的利润。

解：(1) 代理人没有动机努力工作，那么代理人选择不努力，所以委托人获得的利润为

$\pi=5\,000\,000\times 30\%+10\,000\,000\times 40\%+15\,000\,000\times 30\%-575\,000=\$9\,425\,000$。

(2) 代理人选择不努力工作，那么委托人的收入为

$$R(\text{不努力})=5\,000\,000\times 30\%+10\,000\,000\times 40\%+15\,000\,000\times 30\%=\$10\,000\,000$$

所以代理人选择不努力工作时，其效用为

$$u_A(\omega,\text{不努力})=\sqrt{10\,000\,000\times 6\%}=774.6$$

代理人选择努力工作，那么委托人的收入为

$$R(\text{努力})=10\,000\,000\times 30\%+15\,000\,000\times 40\%+20\,000\,000\times 30\%=\$15\,000\,000$$

所以代理人选择努力工作时，其效用为

$$u_A(\omega,\text{努力})=\sqrt{15\,000\,000\times 6\%}-100=848.7$$

因此，代理人选择努力工作，这样委托人的利润为

$$\pi=(10\,000\,000\times 30\%+15\,000\,000\times 40\%+20\,000\,000\times 30\%)(1-6\%)=\$14\,100\,000$$

(3) 代理人不努力工作时工资：

$$\omega(\text{不努力})=\$500\,000，\text{其效用 } u_A(\omega,\text{不努力})=\sqrt{500\,000}=707.1；$$

代理人努力工作时工资：

$$\omega(\text{努力})=\$500\,000+(20\,000\,000-15\,000\,000)\times 30\%\times 50\%=\$1\,250\,000，$$

其效用 $u_A(\omega,\text{努力})=\sqrt{1\,250\,000}-100=1\,018.0$；

因此，代理人选择努力工作，这样委托人的利润为

$$\pi=(10\,000\,000\times 30\%+15\,000\,000\times 40\%+20\,000\,000\times 30\%)-1\,250\,000$$
$$=\$13\,750\,000。$$

36.5　思考练习题

(1) 在旧车市场上有两种质量水平的二手车：高质量与低质量，高质量的旧车对买者而

言价值 15 万元,低质量的旧车对买者而言价值 10 万元,假定车主一定要将车子卖出。高质量的车主为了卖一个好价格,考虑提供保修服务,该服务每年的成本为 0.5 万元/年。提供同样的保修服务,低质量的车主则需要承担 1 万元/年的保修成本。请问:

① 分离均衡下高质量车主将提供多少年的保修? 低质量车主提供多少年的保修? 他们最后的收益分别为多少?

② 如果市场上高质量与低质量的车各占一半,而买者也愿意接受市场上旧车的期望价值所对应的价格,请问该旧车市场是否还存在均衡?

(2) 假设二手车的质量为均匀分布,其分布函数为 [8, 24]。二手车的质量为私人信息,销售者知道自己的二手车的质量;而购买人不知道具体二手车的质量,但是知道二手车的概率分布。质量为 q 的二手车对销售者带来的效用为 q,对购买者带来的效用为 $q+4$,求最终的市场均衡价格(假设购买者要么购买一辆二手车要么不购买)。

(3) 假设二手车的质量为均匀分布,其分布函数为 [8, 20]。二手车的质量为私人信息,销售者知道自己的二手车的质量,而购买人不知道具体二手车的质量,但是知道二手车的概率分布。质量为 q 的二手车对销售者带来的效用为 q,对购买者带来的效用为 $1.5q$,求最终的市场均衡价格(假设购买者要么购买一辆二手车要么不购买)。

(4) 设生产产出为 $f(x) = x^2 + 10x$,产品竞争性价格为 $p = 2$,代理人成本函数为 $c(x) = 4x^2 + 4x$,代理人接受委托的机会成本为 2。问:

① 委托人应该怎样进行租金激励设计使得自己收入最大?

② 委托人应该怎样进行固定+变动工资激励设计使得自己收入最大?

③ 委托人应该怎样进行要么接受要么拒绝的激励设计使得自己收入最大?

(5) 如果某垄断厂商面临的市场反需求函数为 $p = A - q$,其中 A 有 $\frac{1}{2}$ 的可能为 10,有 $\frac{1}{2}$ 的可能为 8,厂商生产的边际成本为零。

① 求该垄断厂商基于期望利润最大化的垄断定价。

② 若某咨询公司根据调研确定市场需求,那么该垄断厂商最高愿意付多少钱购买有关市场需求信息的咨询报告?

(6) 某消费者的效用函数为 $C - H^2$,其中 C 为消费货币量,H 为每天工作的小时数。他可以在城里每天工作 8 小时以赚取 100 元。也可以租一个小农场。如果租农场的话,可以自由选择工作时间。如果每天工作 H 小时的话,他每天可以获得 $20H$ 元的收入,而每天的租金为 R。请问,该消费者能够支付小农场的最高租金是多少?

(7) 具有相同技术的 10 个工人一起工作。他们的总产出价值是他们总工作小时数的 90 倍。每个工人的效用等于他的收入减去工作小时数的平方之差。雇主无法追踪工人的努力程度,所以雇主就决定:只要工人想工作,就让他工作,然后,把总产出价值在工人中平分。那么,每个工人获得多少收入?

A. 420 元　　　B. 45 元　　　C. 405 元　　　D. 4 050 元　　　E. 无法确定

(8) 某雇主面对的劳动力市场有两类工人:所有不能干工人的边际产品为 10 单位,而所有能干工人的边际产品为 16 单位。两类工人有相同的人数。地方大学对工人进行微观经济学培训。能干工人认为这种培训相当于减薪 4 元/月,而不能干工人认为这种培训相当于减薪 8 元/月。以下哪项是正确的?

A. 只有分离均衡:参加培训的能干工人的工资为 16 元/月,而不参加培训的不能干工人的工资为 10 元/月。

B. 既无分离均衡,也无混合均衡。

C. 只有混合均衡,厂商给所有工人工资都为 13 元/月。

D. 只有分离均衡,参加培训的能干工人的工资为 20 元/月,而不参加培训的不能干工人的工资为 10 元/月。

E. 既有 A 选项的分离均衡,也有 C 选项的混合均衡。

(9) 如果雇主给予工人的基本工资为 $\bar{\omega} = \$10\,000$,而工人的努力给工人带来的成本函数为 $c(a) = \$10\,000a$,其中,$a = 0$ 或者 1。其他情况见表 36.6:

表 36.6 不同条件下雇主收入

努力 \ 收入 \ 运气	坏运气（50%概率）	好运气（50%概率）
不努力（$a = 0$）	\$10 000	\$20 000
努力（$a = 1$）	\$20 000	\$40 000

① 雇主给予所有工人相同的基本工资 $\bar{\omega} = \$10\,000$,求雇主获得的利润。

② 如果收入为 \$40 000,除了基本工资 $\bar{\omega} = \$10\,000$,给予 \$24 000 的奖金;其他情况,只有基本工资 $\bar{\omega} = \$10\,000$。求雇主获得的利润。

(10) 某雇主面临的劳动力市场有 2 类工人:一类工人(L)生产率为 1,其接受 y 单位教育的成本为 y,这类工人占全部工人的比重为 q;另一类工人(H)生产率为 2,其接受 y 单位教育的成本为 $y/2$,这类工人占全部工人的比重为 $1 - q$。雇主给提供 y 单位教育的工人的工资为 2。

① 如果雇主给没有提供教育的工人的工资为 1,求解在教育为工人生产率的信号机制下的分离均衡。

② 如果对于没有提供教育的工人,雇主按照 2 种工人的期望生产率支付相应工资,求解在教育为工人生产率的信号机制下的分离均衡。

参考答案

第1章　市场

（1）略。

（2）略。

（3）

① 如图 1 所示。

② 由图 1 可知：最高的均衡价格为 18；最低的均衡价格为 15。

③ 公寓的供给为 4 单位时，A、B、C 和 D 四人获得公寓。

④ 公寓的供给为 6 单位，那么均衡价格的范围是 10 到 15。

（4）① 第一套以价格为 45 出租给 A；第二套以价格为 40 出租给 D；

第三套以价格为 35 出租给 B；第四套以价格为 30 出租给 C；

垄断者获得的收益：$45+40+35+30=150$。

② 价格为 25，出租 5 套，收益为 125。

（5）① 略；

② 均衡发电量和电价分别为 300 和 1 000；

③ 均衡发电量和电价分别为 500 和 1 200；

④ 均衡发电量和电价分别为 600 和 1 500；

⑤ 均衡发电量和电价分别为 800 和 2 000。

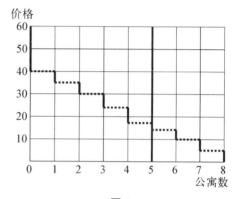

图 1

第2章　预算约束

（1）以商品 2 表示商品 1 的机会成本 $OC_{21}=\dfrac{p_1}{p_2}=\dfrac{3}{4}$，以商品 1 表示商品 2 的机会成本 $OC_{12}=\dfrac{p_2}{p_1}=\dfrac{4}{3}$。

（2）该政策扩大了消费者的预算集，预算约束方程为

$$\begin{cases} x_2=m/p_2 & 2x_2\geqslant x_1 \\ p_1x_1+(p_2-2p_1)x_2=m & 2x_2<x_1 \end{cases},$$

预算线见图 2：（长虚线为原预算线）。

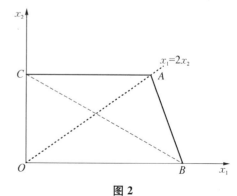

图 2

（3）该政策缩小了消费者的预算集，预算约束方程为 $\begin{cases} y = m/(p_x + p_y) & y \geqslant x \\ p_x x + p_y y = m & y < x \end{cases}$，

预算线见图3（长虚线为原预算线）。

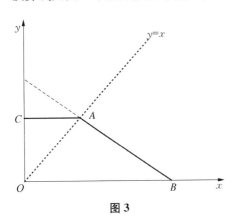

图3

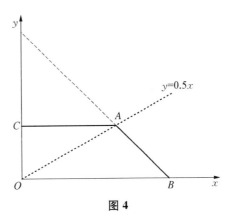

图4

（4）该政策缩小了消费者的预算集，预算约束方程为 $\begin{cases} y = m/(2p_x + p_y) & 2y \geqslant x \\ p_x x + p_y y = m & 2y < x \end{cases}$，

预算线见图4（长虚线为原预算线）。

（5）① 粮食的价格为 0.4 元，其他商品的价格为 1 元，总收入为 100 元，预算线方程：

$$0.4x + y = 100。$$

预算线见图5。

② 预算约束方程为：

$\begin{cases} 0.2x + y = 100 & \text{当 } x \leqslant 30 \\ 0.4x + y = 106 & \text{当 } x > 30 \end{cases}$。 预算线见图6。

③ 粮食的价格为 0.4 元，其他商品的价格为 1 元，总收入为 106 元，预算约束方程为：$0.4x + y = 106$。 预算线见图7。

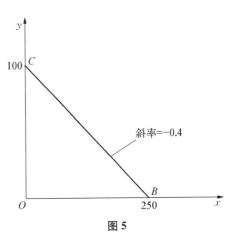

图5

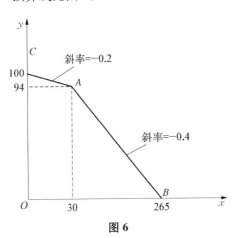

图6

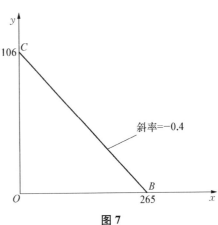

图7

（6）设包子数量为 x，牛奶数量为 y，根据预算 $m=14$ 得预算方程为 $x+2y=14$。又根据卡路里约束得 $600x+200y \leqslant 3\,400$，即 $3x+y \leqslant 17$。联立得 $\begin{cases} x+2y=14 \\ 3x+y \leqslant 17 \end{cases}$，由此得 $x \leqslant 4$。所以小张的预算范围为线段 $x+2y=14$ 上，且 x 在 $[0,4]$ 区间。

（7）$\begin{cases} 0.9p_1 x_1 + p_2 x_2 = m & x_2 \geqslant x_1 \\ p_1 x_1 + (p_2 - 0.1 p_1) x_2 = m & x_2 \leqslant x_1 \end{cases}$。

（8）$\begin{cases} \dfrac{p_1}{2} x_1 + p_2 x_2 = m & x_2 \geqslant 2x_1 \\ p_1 x_1 + \left(p_2 - \dfrac{p_1}{4}\right) x_2 = m & x_2 \leqslant 2x_1 \end{cases}$。

（9）$\begin{cases} p_1 x_1 + p_2 x_2 = m & x_1 \leqslant \bar{x}_1 \\ (p_1 + t_1) x_1 + p_2 x_2 = m + t_1 \bar{x}_1 & \bar{x}_1 \leqslant x_1 \leqslant \tilde{x}_1 \\ (p_1 + t_2) x_1 + p_2 x_2 = m + t_1 \bar{x}_1 + (t_2 - t_1) \tilde{x}_1 & \tilde{x}_1 \leqslant x_1 \end{cases}$。

第 3 章　偏好

（1）假设 x_1 代表一元纸币的数量，x_2 代表二元纸币的数量。

那么，以一元纸币表示二元纸币的边际替代率 $MRS_{12} = \dfrac{\Delta x_1}{\Delta x_2} = \dfrac{2}{1} = 2$，即为多消费一单位二元纸币所愿意放弃二单位的一元纸币。

以二元纸币来表示一元纸币的边际替代率 $MRS_{21} = \dfrac{\Delta x_2}{\Delta x_1} = \dfrac{1}{2}$，即为多消费一单位一元纸币愿意放弃二分之一单位的二元纸币。

（2）假设生肖邮票的数量用 x_1 表示，山水邮票的数量用 x_2 表示。由题意可得：

$MRS_{21} = \begin{cases} -2/3 & x_1 > 2x_2 \\ -1 & x_2/2 \leqslant x_1 \leqslant 2x_2 \\ -3/2 & x_1 < x_2/2 \end{cases}$。无差异曲线见图 8。

无差异曲线呈现为凸状，小张的这种偏好属于良性偏好。

（3）其无差异曲线见图 9。

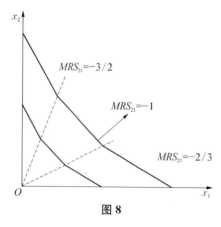

图 8

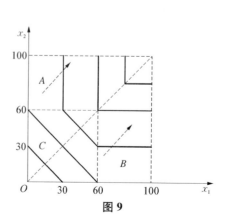

图 9

（4）无差异曲线如图 10 所示：

（5）① 无差异曲线见图 11(a)，属于非良性偏好。

② 无差异曲线见图 11(b)，属于非良性偏好。

③ 无差异曲线见图 11(c)，属于良性偏好。

④ 无差异曲线见图 11(d)，属于非良性偏好。

⑤ 无差异曲线见图 11(e)，属于良性偏好。

⑥ 无差异曲线见图 11(f)，属于非良性偏好。

⑦ 无差异曲线见图 11(e)，属于非良性偏好。

⑧ 无差异曲线见图 11(h)，属于良性偏好。

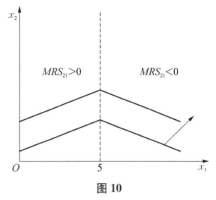

图 10

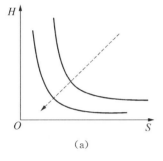

（a）

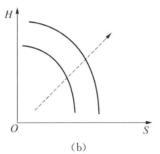

（b）

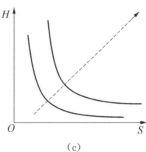

（c）

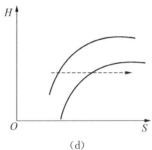

（d）

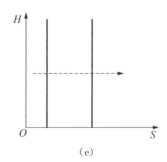

（e）

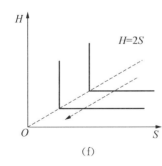

（f）

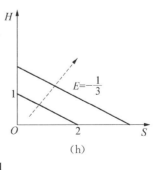

（h）

图 11

（6）① $U(A) > U(G) > U(B) = U(C) = U(D) = U(E) = U(F) = U(H)$；

② $U(E) > U(A) > U(D) > U(G) > U(H) > U(C) = U(F) = U(B)$。

第 4 章　效用函数

（1）略。

（2）B. $\dfrac{\partial U_B(x,y)}{\partial U(x,y)}=20x^2y+10>0$，因此 $U_B(x,y)$ 为 $U(x,y)$ 的正单调变换。所以无差异曲线形状和方向均相同，即 B 和 A 的偏好相同。

C. $\dfrac{\partial U_C(x,y)}{\partial U(x,y)}=-1<0$，因此 $U_C(x,y)$ 为 $U(x,y)$ 的负单调变换。所以无差异曲线形状相同，但方向相反，C 和 A 的偏好不同。

D. $\dfrac{\partial U_D(x,y)}{\partial U(x,y)}=\dfrac{1}{(x^2y+1)^2}>0$，因此 $U_D(x,y)$ 为 $U(x,y)$ 的正单调变换。所以无差异曲线形状和方向均相同，即 D 和 A 的偏好相同。

E. $\dfrac{\partial U_E(x,y)}{\partial U(x,y)}=2x^2y-10$，无法判断正负。所以无差异曲线形状相同，方向不确定，即 E 和 A 的偏好不同。

F 和 G 均不是 A 的复合函数，不是由 A 经过单调变换而来，无差异曲线形状和方向均不同，因此和 A 的偏好都不同。

（3）① $u(x,y)=\min\{2x,y\}+xy=\begin{cases}xy+2x & 2x<y\\ xy+y & 2x\geqslant y\end{cases}$，无差异曲线如图 12。为良性偏好。

② $u(x,y)=\dfrac{1}{\ln(xy^2)}$，$\dfrac{\partial u(x,y)}{\partial xy^2}=-\dfrac{1}{xy^2\left[\ln xy^2\right]^2}<0$，所以 $u(x,y)$ 是 $v(x,y)=xy^2$ 的负单调变换，不是良性偏好。无差异曲线与 $v(x,y)=xy^2$ 的无差异曲线相同，方向相反，如图 13。

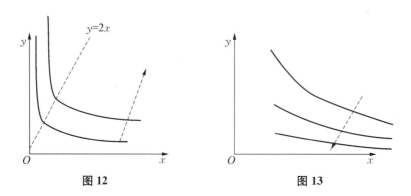

图 12　　　　　　　　　　图 13

③ 由于 $u(x,y)=(x+\sqrt{y})^2-3(x+\sqrt{y})+4$，令 $v(x,y)=x+\sqrt{y}$，那么 $\dfrac{\partial u}{\partial v}=2v-3$，所以当 $v\geqslant\dfrac{3}{2}$ 时，$\dfrac{\partial u}{\partial v}>0$；当 $x+\sqrt{y}<\dfrac{3}{2}$ 时，$\dfrac{\partial u}{\partial v}<0$，不是良性偏好。$u(x,y)$ 的无差异曲线与 $v(x,y)=x+\sqrt{y}$ 的无差异曲线相同，方向如图 14 所示。

（4）效用函数为 $u(x,y)=\begin{cases}3/4(x_1+2x_2) & x_1\geqslant 2x_2\\ x_1+x_2 & x_2<x_1<2x_2\\ 2/3(2x_1+x_2) & x_1\leqslant x_2\end{cases}$，无差异曲线如图 15 所

示。良性偏好。

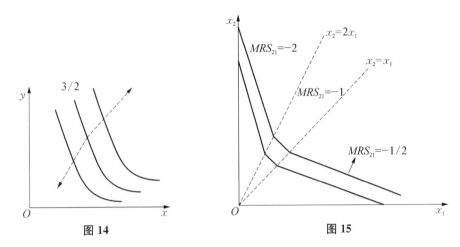

图 14　　　　　　　　　　　图 15

（5）表示不同的偏好，因为每个消费束的边际替代率不同。

第 5 章　最优选择

（1）$u(x,y)=x^3y^6+3xy^2+10$，$\dfrac{\partial u(x,y)}{\partial xy^2}=3(xy^2)^2+3>0$，所以 $u(x,y)$ 是 $v(x,y)=$

xy^2 的正单调变换，所以最优选择满足 $\begin{cases}x=\dfrac{1}{3}\cdot\dfrac{90}{1}=30\\ y=\dfrac{2}{3}\cdot\dfrac{90}{2}=30\end{cases}$，即小马会消费 30 单位的 x 和 y。

（2）$x=30$，$y=15/4$，$z=0$。

（3）对商品 x 的最优选择量为 9。

（4）最优消费束为 $(50,50)$。

（5）小李分别消费 53 单位 x 和 47/2 单位 y。

（6）$x_1=50/9$，$x_2=100/27$，$x_3=40/3$，$x_4=0$。

（7）$x_1=\dfrac{50}{11}$，$x_2=\dfrac{100}{33}$，$x_3=\dfrac{20}{3}$，$x_4=0$，$x_5=10$。

（8）① $(0,20)$；② 最优消费束满足 $2x+y=40$；③ $(30,0)$。

（9）$v(p_1,p_2,m)=\min\left\{\dfrac{bm}{p_1},\dfrac{am}{p_2}\right\}$。

（10）$v(p_1,p_2,m)=\dfrac{abm}{bp_1+ap_2}$。

第 6 章　需求

(1) 略。

(2) 消费者对商品 1 的需求函数为 $x_1 = \begin{cases} 0, & p_1 > 2p_2 \\ [0, m/p_1], & p_1 = 2p_2 \\ m/p_1, & p_1 < 2p_2 \end{cases}$。

(3) 消费者对商品 1 的需求函数为 $x_1 = m/(p_1 + 2p_2)$。

(4) 消费者对商品 1 的需求函数为 $x_1 = \dfrac{2m}{3p_1}$。

(5) 由于 $MRS_{yx} = \dfrac{MU_x}{MU_y} = \dfrac{2x}{1}$，随着 x 的增加而增加，所以 $u(x, y) = x^2 + y$ 是凹函数，即最优选择在边界取到。边界选择分别为 $\left(\dfrac{m}{p_x}, 0\right)$ 和 $\left(0, \dfrac{m}{p_y}\right)$；当 $u\left(\dfrac{m}{p_x}, 0\right) = \dfrac{m^2}{p_x^2} > u\left(0, \dfrac{m}{p_y}\right) = \dfrac{m}{p_y}$ 时，即 $mp_y > p_x^2$ 时，最优消费束为 $\left(\dfrac{m}{p_x}, 0\right)$，反之为 $\left(0, \dfrac{m}{p_y}\right)$。

① 由 m 变化求收入提供曲线、恩格尔曲线。

由上可知：$\begin{cases} (x, y) = \left(\dfrac{m}{p_x}, 0\right), & m > \dfrac{p_x^2}{p_y} \\ (x, y) = \left(0, \dfrac{m}{p_y}\right), & m \leqslant \dfrac{p_x^2}{p_y} \end{cases}$，其中，当 $m = \dfrac{p_x^2}{p_y}$ 时，$\dfrac{m}{p_x} = \dfrac{p_x}{p_y}$，$\dfrac{m}{p_y} = \dfrac{p_x^2}{p_y^2}$。

所以收入提供曲线如图 16 所示，恩格尔曲线如图 17 所示：

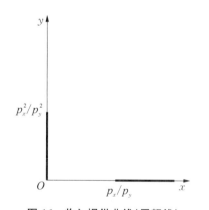

图 16　收入提供曲线(黑粗线)

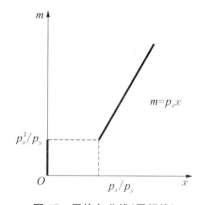

图 17　恩格尔曲线(黑粗线)

② 由 p_x 变化求价格提供曲线、需求曲线。

由上可知：$\begin{cases} (x, y) = \left(\dfrac{m}{p_x}, 0\right), & p_x < \sqrt{mp_y} \\ (x, y) = \left(0, \dfrac{m}{p_y}\right), & p_x \geqslant \sqrt{mp_y} \end{cases}$，其中，当 $p_x = \sqrt{mp_y}$ 时，$\dfrac{m}{p_x} = \sqrt{\dfrac{m}{p_y}}$。

所以价格提供曲线如图 18 所示,需求曲线如图 19 所示:

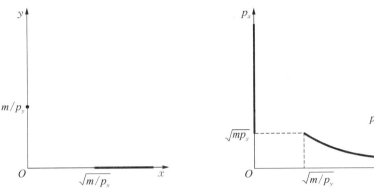

图 18　价格提供曲线(黑粗线)　　　　图 19　需求曲线(黑粗线)

(6) ① 非良性偏好。因为 $MRS_{yx} = \dfrac{1+y}{x+2y} = \dfrac{1+y}{(x+y)+y}$,沿着无差异曲线同时增加

x 减少 y 时,MRS_{yx} 可能增加可能减少。

② 收入提供曲线如图 20 所示,恩格尔曲线如图 21 所示。

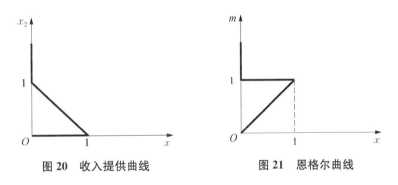

图 20　收入提供曲线　　　　　　图 21　恩格尔曲线

第 7 章　显示偏好

(1) 小张的预算方程为 $10x+5y=400$,最优消费束为 $(30, 20)$。

① 当 $(p_x, p_y)=(8, 8)$ 时,原预算线的最优消费束 $(30, 20)$ 经过新预算线 $8x+8y=400$,所以新预算线的最优消费束显示偏好于原预算线的最优消费束 $(30, 20)$,所以小张的福利至少比原来好。

② 当 $(p_x, p_y)=(11, 3.5)$ 时,原预算线最优消费束 $(30, 20)$ 经过新预算线 $11x+3.5y=400$,所以新预算线的最优消费束显示偏好于原预算线的最优消费束 $(30, 20)$,所以小张的福利至少比原来好。

(2) 设娱乐花费货币量为 x,其他消费的货币量为 y,原预算为 m,则预算线为 $x+y=m$,最优选择为 $(100, m-100)$。

方案一中,叔叔每周给他 $50 的津贴,即预算线为 $x+y=m+50$。

方案二中,叔叔为他付一半的娱乐消费,可视作娱乐的价格为原来的一半,即预算线为

$0.5x+y=m$。

两条预算线的交点为$(100, m-50)$。

由于娱乐为正常品,所以当收入增加后,小马对于娱乐的消费量会增加;又正常品一定是普通品,所以当娱乐价格下降后,小马对于娱乐的消费量也会增加。由此,两条预算线的最优消费束都在交点$(100, m-50)$的右侧;而在交点$(100, m-50)$的右侧,方案二的预算线在方案一的上方,即方案一的该段预算线在方案二的预算集内,所以方案二的最优消费束显示偏好于方案一的最优消费束。两方案的预算线示意图如图22显示,其中 A 为原最优消费束,B 为两方案预算线交点,C 为方案一最优消费束,D 为方案二最优消费束。

综上,小马会选择方案二。

(3) ① 该农民工会选择换工作。

② 不确定。

(4) 小马会选择方案一。

(5) 否。

(6) 是。

(7) $\bar{p}_2 > \bar{p}_1$。

(8) $8p_1'' + 20p_2'' > 14p_1'' + 11p_2'' \Rightarrow 3p_2'' > 2p_1''$,$10p_1'' + 13p_2'' > 14p_1'' + 11p_2'' \Rightarrow p_2'' > 2p_1''$。

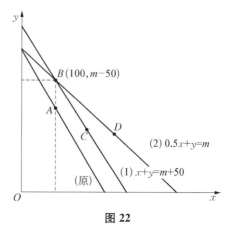

图 22

第8章　斯勒茨基方程

(1) 略。

(2) 略。

(3) 由相对形式的斯勒茨基方程表达式:$\dfrac{\Delta x_1}{\Delta p_1} = \dfrac{\Delta x_1^s}{\Delta p_1} - \dfrac{\Delta x_1^m}{\Delta m} \cdot x_1(p_1, p_2, m)$,因为 $\dfrac{\Delta x_1^s}{\Delta p_1} \leqslant 0$,$x_1(p_1, p_2, m) > 0$,要使 $\dfrac{\Delta x_1}{\Delta p_1} > 0$,则必须要 $\dfrac{\Delta x_1^m}{\Delta m} < 0$。所以吉芬品一定是劣等品。

(4) 希克斯替代效应为

$$\Delta x^h = x(p_x', p_y, m^h) - x(p_x, p_y, m) = \frac{100\sqrt[3]{2}}{3} - \frac{100}{3} = \frac{100}{3}(\sqrt[3]{2} - 1)。$$

收入效应为:

$$\Delta x^n = x(p_x', p_y, m) - x(p_x', p_y, m^h) = \frac{200}{3} - \frac{100\sqrt[3]{2}}{3} = \frac{100}{3}(2 - \sqrt[3]{2})。$$

(5) 斯勒茨基替代效应为:

$$\Delta y^s = y(p_x, p_y', m') - y(p_x, p_y, m) = \frac{20}{3} - 10 = -\frac{10}{3}。$$

收入效应为

$$\Delta y^n = y(p_x, p_y', m) - y(p_x, p_y', m') = 5 - \frac{20}{3} = -\frac{5}{3}。$$

（6）参见教材。

第 9 章　禀赋收入下的斯勒茨基方程

（1）斯勒茨基替代效应为：$\Delta x^s = x(p'_x, p_y, m') - x(p_x, p_y, m) = 15.3 - 14 = 1.3$。

普通收入效应为：$\Delta x^n = x(p'_x, p_y, m) - x(p'_x, p_y, m') = 16 - 15.3 = 0.7$。

禀赋收入效应为：$\Delta x^e = x(p'_x, p_y, m^e) - x(p'_x, p_y, m) = 14 - 16 = -2$。

（2）原预算线为 $pC + \omega R = m + \omega \bar{R}$，新预算线为 $pC + \omega(1-t)R = m + \omega(1-t)\bar{R} + \omega t(\bar{R} - R^*)$，其中 R^* 为新预算线的最优消费束。

我们发现新预算线的最优消费束 (C^*, R^*) 也经过原预算线，即原预算线最优消费束显示偏好于新预算线的最优消费束，所以纳税人的效用小于等于原来的效用。

（3）工人的最优工作时间为最大工作时间的 2/3。

（4）劳动工资引起的劳动替代效应、劳动普通收入效应和劳动禀赋收入效应分别为

$$\Delta L^s = -\Delta R^s = \frac{2}{3}, \ \Delta L^n = -\Delta R^n = \frac{4}{3}, \ \Delta L^e = -\Delta R^e = -\frac{16}{9}。$$

（5）由效用函数为道格拉斯函数 $U(C, R) = C^2 R$，所以最优选择的休闲时间为 $R(p, \omega, m) = \dfrac{m}{3\omega}$。由题知无其他收入，最大工作时间为 100 小时，当收入小于等于 500 元，即工作时间小于等于 50 时，工资为 10 元；当收入大于 500 元时，工资要收 60% 的税，即到手工资为 4 元。

所以预算线方程为 $\begin{cases} C = 10(100 - R), & R > 50 \\ C = 50 * 10 + (100 - R - 50) * 4, & R \leqslant 50 \end{cases}$，

即 $\begin{cases} C + 10R = 1\,000, & R > 50 \\ C + 4R = 700, & R \leqslant 50 \end{cases}$。

当 $R \leqslant 50$ 时，$R(p, \omega, m) = \dfrac{m}{3\omega} = \dfrac{700}{3*4} > 50$，所以在该段，$R = 50$ 时消费者效用最大；

当 $R > 50$ 时，$R(p, \omega, m) = \dfrac{m}{3\omega} = \dfrac{1\,000}{3*10} < 50$，所以在该段，$R = 50$ 时消费者效用最大。

综上，消费者会选择休息 50 小时，即工作 50 小时。

（6）劳动供给曲线 $L(p, \omega, m + \omega \bar{R}) = \bar{R} - R(p, \omega, m + \omega \bar{R}) = 16 - \left(8 + \dfrac{10}{\omega}\right) = 8 - \dfrac{10}{\omega}$。

（7）小王会选择工作二。

第 10 章　跨时期选择

（1）略。

（2）$a = a_1 = 20, b_2 = b = \dfrac{p_a a}{p_b} = 20 \cdot \dfrac{10 + \dfrac{5}{1 + 7\%}}{4 + \dfrac{4}{1 + 7\%}} = 37.92$。

（3）① 预算线方程为：$\begin{cases} 0.75c_1 + c_2 = 900, & c_2 \geqslant 150 \\ c_1 = 1\,000, & c_2 < 150 \end{cases}$，预算线示意图如图 23 所示。

② 今年村民会消费 600 公斤玉米。

③ 老鼠吃掉今年剩下玉米的 25%，即 $0.25 \times (1\,000 - 600) = 100$ 千克。

④ 村民明年会消费 450 千克玉米。

（4）劳动工资引起的劳动替代效应、劳动普通收入效应和劳动禀赋收入效应分别为：$\Delta L^s = -\Delta R^s = \dfrac{1}{25}$，$\Delta L^n = -\Delta R^n = \dfrac{2}{75}$，$\Delta L^e = -\Delta R^e = -\dfrac{1}{15}$。

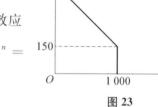

图 23

（5）他会消费 20 盒草莓。

（6）① 原始禀赋为 $(1\,000,\ 1\,050)$，方案 A 禀赋为 $(500,\ 1\,680)$，方案 B 禀赋为 $(1\,500,\ 525)$。

由跨时期预算约束 $(1+r)c_1 + c_2 = (1+r)m_1 + m_2$ 得到以下方程。

原始预算方程：

$\begin{cases} (1+0.05)c_1 + c_2 = (1+0.05)1\,000 + 1\,050 = 2\,100 & c_1 < 1\,000 \\ (1+0.5)c_1 + c_2 = (1+0.5)1\,000 + 1\,050 = 2\,550 & c_1 \geqslant 1\,000 \end{cases}$，其中横坐标 $c_1 = 1\,700$。

方案 A 预算方程：

$\begin{cases} (1+0.05)c_1 + c_2 = (1+0.05)500 + 1\,680 = 2\,205 & c_1 < 500 \\ (1+0.5)c_1 + c_2 = (1+0.5)500 + 1\,680 = 2\,430 & c_1 \geqslant 500 \end{cases}$，其中横坐标 $c_1 = 1\,620$。

方案 B 预算方程：

$\begin{cases} (1+0.05)c_1 + c_2 = (1+0.05)1\,500 + 525 = 2\,100 & c_1 < 1\,500 \\ (1+0.5)c_1 + c_2 = (1+0.5)1\,500 + 525 = 2\,775 & c_1 \geqslant 1\,500 \end{cases}$，其中横坐标 $c_1 = 1\,850$。

原始预算、方案 A、方案 B 的预算集示意图如图 24、25、26 所示。

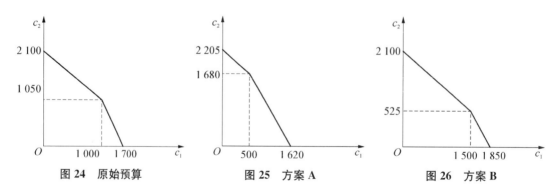

图 24　原始预算　　　　图 25　方案 A　　　　图 26　方案 B

② 利率为 50% 时，$NPV_A = -500 + \dfrac{630}{1.5} = -80$，$NPV_B = 500 - \dfrac{525}{1.5} = 150$，方案 B 现值高。

利率为 5% 时，$NPV_A = -500 + \dfrac{630}{1.05} = 100$，$NPV_B = 500 - \dfrac{525}{1.05} = 0$，方案 A 现值高。

比较预算线的横纵截距也能比较 A、B 在利率 50%、5% 时的现值大小（横截距为利率为 50% 时的禀赋现值和，纵截距为利率为 5% 时的禀赋终值和，是现值和的 1.05 倍）。

③ 略。

④ 会。

(7) ① 由题意得 $c_1 = 2(80 - H) = 160 - 2H$，$c_2 = 100 + 4H$，消去 H 得 $2c_1 + c_2 = 420$；又 $H \geqslant 0$，所以预算约束方程为
$$\begin{cases} 2c_1 + c_2 = 420 & c_2 \geqslant 100 \\ c_1 = 160 & c_2 < 100 \end{cases}$$

预算线示意图如图 27 所示。

② 由 $u(c_1, c_2) = \min\{c_1, c_2\}$，$c_1 = c_2 = 140 < 160$。得 $H = 10$，所以张先生会花 10 小时养猪。

③ 张先生每年每周会花费 140 元。

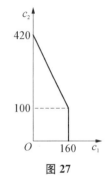

图 27

第 11 章　资产市场

(1) ① 由题意储存 t 年后的现值为 $\dfrac{22}{(1 + 10\%)^t}$，t 为正整数；最高愿意支付的价格为最大的现值，在 $t = 1$ 时取到，为 20 元。所以愿意支付 20 元。

② 由题意储存 t 年后的现值为 $\dfrac{22 + (t - 1)}{(1 + 10\%)^t}$，$t$ 为正整数；最高愿意支付的价格为最大的现值，在 $t = 1$ 时取到，为 20 元。所以愿意支付 20 元。

(2) 现在没有被开采出来的金子将来也会被开采出来，所以不能被算作损失。实际的损失可由开采的净利润推迟至罢工结束后所造成的利息来近似计算。

第 12 章　不确定性下的消费选择

(1) 因为消费者是风险偏好的，所以期望效用函数是凹函数，在边界情况取到最大值；而买保险则是在通过购买保险获得消费空间 $(\hat{c}_b, \hat{c}_g)$ 非边界上的消费束，所以他不会购买保险。

(2) 对于购买保险者，未来情况是好的时候消费量为 C_g，差的时候消费量为 C_b，期望效用函数为 $EU(C) = \pi U(C_b) + (1 - \pi)U(C_g)$，预算方程为 $(1 - r)C_g + rC_b = (1 - r)m_g + rm_b$。

因为消费者是风险中立的，所以期望效用函数是斜率为 $\dfrac{\pi}{1 - \pi}$ 的直线，即 $MRS_{gb} = \dfrac{\pi}{1 - \pi}$；而由其预算线可得机会成本 $OC_{gb} = \dfrac{r}{1 - r}$。

当 $r = \pi$，$MRS_{gb} = OC_{gb}$ 时，消费者对保险多少资产无差异；当 $r > \pi$，$MRS_{gb} < OC_{gb}$

时,消费者不会对风险资产投保。

（3）消费者会选择购买消极保险,数量为现有财富的 $\frac{3}{13}$,使得没有失去嗅觉的财富是失去嗅觉的财富的 4 倍。

（4）设汤姆投向上 x 美元,向下 y 美元,空出 $1\,000-x-y$ 美元($0 \leqslant x+y \leqslant 1\,000$, $x \geqslant 0$, $y \geqslant 0$),

则 $h=1.8x+(1\,000-x-y)=1\,000+0.8x-y$, $t=1.8y+(1\,000-x-y)=1\,000+0.8y-x$。

求预算线,即预算集的外包线,可通过求给定不同 t 值,y 最大值的连线得出。

h 与 t 的关系式为:$h=1\,800-0.8t-0.36y=2\,250-1.25t-0.45x$。 结合 x、y 的取值范围,优先考虑 y 的取值:

当 $0 \leqslant t \leqslant 1\,000$ 时,$h=1\,800-0.8t-0.36y \leqslant 1\,800-0.8t$,在 $y=0$ 时取到最大值;

当 $1\,000 < t \leqslant 1\,800$ 时,由 $t=1\,000+0.8y-x$ 可知,$y=0$ 与 $1\,000 < t \leqslant 1\,800$ 不能同时成立,所以 $h=2\,250-1.25t-0.45x \leqslant 2\,250-1.25t$,当 $x=0$ 时取到最大值。

优先考虑 x 也会得出相同结果。所以预算方程为

$$\begin{cases} h+0.8t=1\,800 & 0 \leqslant t \leqslant 1\,000 \\ 0.8h+t=1\,800 & 1\,000 < t \leqslant 1\,800 \end{cases}$$

汤姆的预算线如图 28 所示,其中 A 点全部押正面取到;B 点全部不押取到;C 点全部押反面取到;AB 段部分押正面,不押反面;BC 段部分押反面,不押正面。

由凹的效用函数 $u(h,t)=\frac{1}{2}h^2+\frac{1}{2}t^2$,得最优消费束在边界点取到,即可能在 A、B、C 三个点取到。通过计算排除 B 点,所以汤姆会选择 A、C 点,即全部押正面或反面。

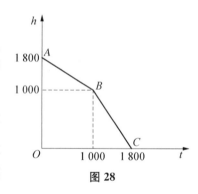

图 28

（5）当 $0<h,t<100$ 时,$u(h,t)=\frac{h+t}{2}$, $MRS_{th}=-1$;

当 $0<h<100$, $t \geqslant 100$ 时,$u(h,t)=\dfrac{h+\dfrac{100+t}{2}}{2}=\dfrac{2h+t+100}{4}$, $MRS_{th}=-2$;

当 $0<t<100$, $h \geqslant 100$ 时,$u(h,t)=\dfrac{\dfrac{100+h}{2}+t}{2}=\dfrac{h+2t+100}{4}$, $MRS_{th}=-\dfrac{1}{2}$;

当 $h,t \geqslant 100$ 时,$u(h,t)=\dfrac{\dfrac{h+100}{2}+\dfrac{t+100}{2}}{2}=\dfrac{h+t+200}{4}$, $MRS_{th}=-1$。

无差异曲线如图 29 所示。

(6) 设赌博等价物公式为 $g(x, y)$。

① $g(x, y) = (0.5\sqrt{x} + 0.5\sqrt{y})^2$。

② $g(x, y) = [p\sqrt{x} + (1-p)\sqrt{y}]^2$。

③ $g(x, y) = (0.5x^a + 0.5y^a)^{1/a}$。

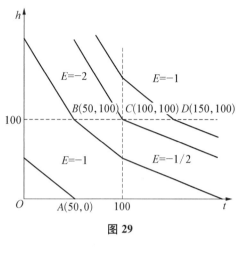

图 29

(7) 设杰克买苏利文赢 x 张,法兰克赢 y 张,他的期望效用函数为

$$Eu(x, y) = \pi_1 u(c_1) + \pi_2 u(c_2)$$
$$= \frac{1}{2}\ln(1\,200 - 4x - 6y + 10x) +$$
$$\frac{1}{2}\ln(1\,200 - 4x - 6y + 10y),$$
$$= \frac{1}{2}\ln(1\,200^2 + 2\,400(x-y) - 24(x-y)^2)。$$

可知 $Eu(x, y) = \frac{1}{2}\ln(1\,200^2 + 2\,400(x-y) - 24(x-y)^2)$ 在 $x - y = 50$ 时取到最大值。

所以杰克在 1 200 美元内,使买苏利文赢比法兰克赢多 50 张即可。

(8) 由投资者的期望函数得:

$$Eu(S) = \pi_1 u(c_1) + \pi_2 u(c_2)$$
$$= \frac{1}{2}\ln(2S) + \frac{1}{2}\ln(2S + 8(1\,0000 - S))$$
$$= \frac{1}{2}\ln(160\,000S - 12S^2)。$$

可知 $Eu(x, y) = \frac{1}{2}\ln(160\,000S - 12S^2)$ 在 $S = \dfrac{20\,000}{3}$ 时取到最大值。

第 13 章　风险资产

(1) 各投 A、B 50 元,一年后会得到 $\frac{1}{2}(30 + T) + \frac{1}{2}(150 - T) = 90$ 元,所以标准差应该为 0 元。

(2) 这两项资产组合投资的斜率为 $OC_{\mu\sigma} = \dfrac{r_m - r_f}{\sigma_m} = \dfrac{15\% - 5\%}{5\%} = 2$,

所以预算线为 $r_x = r_f + \dfrac{r_m - r_f}{\sigma_m}\sigma_x = 5\% + 2\sigma_x$。

(3) 设投资者将她的 x 的钱投资在安全资产上,则总的方差 $S^2 = \dfrac{(100\,000 - x)^2 (10\%)^2}{(100\,000)^2} \leqslant (4\%)^2$,解得 $x \geqslant 60\,000$;为了提高期望收益,投在安全资产的钱

要尽可能少。所以 $x = 60\,000$，即会投 $60\,000$ 元在安全资产上。

(4) 这两项资产组合投资的斜率为 $OC_{\mu\sigma} = \dfrac{r_m - r_f}{\sigma_m} = \dfrac{25\% - 10\%}{5\%} = 3$，

所以预算线为 $r_x = r_f + \dfrac{r_m - r_f}{\sigma_m}\sigma_x = 10\% + 3\sigma_x$。当 $r_x = 25\%$ 时，解得 $\sigma_x = 5\%$。

(5) 这两项资产组合投资的斜率为 $OC_{\mu\sigma} = \dfrac{r_m - r_f}{\sigma_m} = \dfrac{30\% - 15\%}{5\%} = 3$，斯密斯先生能得到的投资组合预算线的斜率为 3。

第 14 章　消费者剩余

(1) 相当于减少了 8.5 元的收入。

(2) 即相当于减少了 300 元的收入。

(3) 补偿变化为 4 元。

(4) ① $1\,200(2 - \sqrt{2})$；② $2\,400(\sqrt{2} - 1)$。

第 15 章　市场需求

(1) A：相等；B：相等；C：相等；D：$|\varepsilon_A| = |\varepsilon_B| = |\varepsilon_C| > |\varepsilon_D|$。

(2) 需求价格弹性为 1。

(3) 需求价格弹性为 2。

(4) 需求函数 $q(p) = 11\,000 - 2p\,(500 \leqslant p \leqslant 5\,500)$。

(5) ① 全球羊毛价格下降 0.25%。

② 澳大利亚生产额外一单位羊毛的边际收益是羊毛价格的 0.75 倍。

(6) ① 需求价格弹性为 3，需求收入弹性为 2.5，需求广告弹性为 0.5。

② 上海人口增加 10%，不影响价格、收入和广告支出，所以月人均需求量 q 不变，总需求增加 10%。

(7) ① 公共交通免费意味着价格变化率为 $\%\Delta p = \dfrac{0 - p_0}{p_0} \cdot 100\% = -100\%$，其中 p_0 为免费前的价格。公共交通的需求价格弹性为 $\varepsilon_p = -0.17$，则公共交通需求的变化率为 $\%\Delta Q = \varepsilon_p \cdot \%\Delta p = 17\%$，即公共交通需求将增加 17%。

② 汽车需求(A)关于公共交通(B)价格变化的交叉价格弹性为 $\varepsilon_{AB} = 0.1$，则可以计算出汽车需求的变化率 $\%\Delta Q_A = \varepsilon_{AB} \cdot \%\Delta p = 0.1 \times (-100\%) = -10\%$，即汽车需求将减少 10%。

第 16 章　均衡

(1) 图 16.28(a)中 $\varepsilon_A < \varepsilon_B$；图 16.28(b)中 $\varepsilon_A < \varepsilon_B$。

(2) 480，400。

(3) ① 征税前，生产者和消费者面临的价格就是市场价格，且供需直接相等，所以满足均衡 $S(p) = D(p)$。将供需函数 $D = 30 - 2p$，$S = 2p$ 分别代入，得 $p = 7.5$，对应的生产量和消费量 $S(p) = D(p) = 15$。消费者净剩余 $\Delta CS = \dfrac{1}{2} \times 15(15 - 7.5) = 56.25$，生产者净

剩余 $\Delta PS = \dfrac{1}{2} 15 * 7.5 = 56.25$。示意图如图 30(a)所示。

② 征税后,消费者面临的价格仍是市场价格,而生产者只能获得一半收入,即面临的价格是市场价格的一半。生产者生产的产品最终全部被消费者消费,即生产量等于消费量。

综上该产品市场满足均衡 $S\left(\dfrac{p}{2}\right) = D(p)$。将供需函数 $S = 30 - 2p$,$S = 2p$ 分别代入,得 $p = 10 = p^d$,$p^s = 5$,对应生产量和消费量 $S(p) = D(p) = 10$。

消费者净剩余 $\Delta CS = \dfrac{1}{2} 10 \times (15 - 10) = 25$,生产者净剩余 $\Delta PS = \dfrac{1}{2} 10 \times 5 = 25$。政府税收 $T = 10 \times (10 - 5) = 50$,社会福利损失 $DWL = \dfrac{1}{2} \times (10 - 5) \times (15 - 10) = 12.5$。示意图如图 30(b)所示。

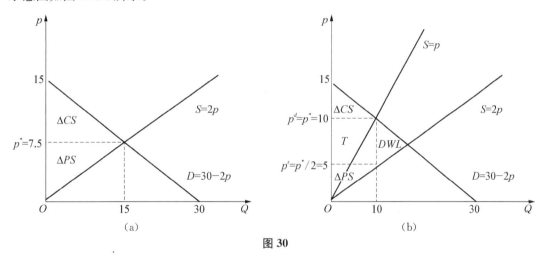

图 30

（4）① 10,50,1 250,50;② 30,30,450,450,400;③ 10,50,25,25,1 250,312.5,112.5;④ 10。

第 17 章　拍卖

（1）若最小竞价增量为 a,则最终结果为 A 以 800 或者 $800 + a$ 元买下古董。

（2）3 300 元。

（3）69 000 元。

（4）10 元。

（5）30 元。

（6）300 元。

（7）45.2 万元。

第 18 章　技术

（1）错。

（2）对。

（3）错。

（4）错。

（5）① 规模报酬不变。

② 规模报酬不变。

③ 规模报酬不变。

④ 规模报酬递减。

⑤ 非规模报酬。

⑥ 规模报酬不变。

第 19 章　利润最大化

（1）该企业反要素需求函数为 $\dfrac{\omega_L}{p}=60L-3L^2（15\leqslant L\leqslant 20）$。

（2）需求函数为 $L=\min\left\{\dfrac{p^2}{4\omega_L^2},\ 16\right\}$。

（3）$\dfrac{\omega_L}{p}=-3L^2+22L+16\quad(5.5\leqslant L\leqslant 8)$。

第 20 章　要素选择

（1）厂商会在 B 国建厂。

（2）3。

（3）成本函数为 $c(y)=\min\left\{\dfrac{\omega_1}{10},\dfrac{\omega_2}{4}\right\}y$。

（4）$c(y)=4y^{\frac{3}{2}}+100$。

（5）成本没有发生变化。

第 21 章　成本曲线

（1）略。

（2）厂商最小可变成本对应的产量为 4。

（3）长期成本函数：$LTC(Q)=\dfrac{1}{3}Q^3-6Q^2+20Q$；

长期平均成本函数 $LAC(Q)=\dfrac{1}{3}Q^2-6Q+20$；

长期边际成本函数：$LMC(Q)=\dfrac{\partial LTC(Q)}{\partial Q}=Q^2-12Q+20$。

（4）由 $f(x)=300x-6x^2$，边际产出 $MP_x=\dfrac{\partial f(x)}{\partial x}=300-12x$ 单调递减；而边际成本与要素的边际产出呈反比例关系，所以边际成本单调递增。

所以，短期边际成本曲线始终位于平均可变成本曲线的上方。

(5) 总成本函数为 $C(Q) = \begin{cases} \dfrac{Q^2}{2} + 2Q + 30 & 0 \leqslant Q \leqslant 3 \\ \dfrac{Q^2}{6} + 4Q + 27 & Q > 3 \end{cases}$。

第 22 章　厂商供给

(1) ① 供给函数为 $y = \dfrac{p}{16}(p \geqslant 0)$。

② 供给函数为 $y = \begin{cases} \dfrac{p}{16}, & p > 2 \\ 0\ \text{或者}\ \dfrac{1}{8}, & p = 2 \\ 0, & p < 2 \end{cases}$。

(2) 短期总成本函数为 $c(y) = \begin{cases} y^2 + 4y + 30, & 0 \leqslant y \leqslant 3 \\ \dfrac{y^2}{2} + 7y + \dfrac{51}{2}, & y > 3 \end{cases}$。

短期反供给曲线 $p = \begin{cases} 2y + 4, & 0 \leqslant y \leqslant 3 \\ y + 7, & y > 3 \end{cases}$。

(3) 厂商生产的最低产品价格为 11 元。

(4) 每个月会修理的汽车数量为 0。

(5) ① 获得 y 单位的草需要牧草 y^2 分钟，找草需要 n^2 分钟，所以获得 1 单位的草平均花费 $y + \dfrac{n^2}{y}$ 分钟。

② 能干的鹿会使平均花费时间最少，即 $\min\limits_{y} \left\{ y + \dfrac{n^2}{y} \right\} = 2n$，$y = n$ 时取到。所以在 1 片草地上会花 $2n^2$ 分钟。

③ 由 $2n \leqslant 200$，得 $n \leqslant 100$，即最大数量为 100 头。

第 23 章　行业供给

(1) 长期竞争性均衡时一共有 23 家企业。

(2) ① 长期竞争性均衡时一共有 28 家企业。均衡价格为 $p_{28} = \dfrac{231}{4 \times 28 + 1} = 2.044$。

② 经济租金为 233.655。

(3) 价格为 $p = \dfrac{40 + 0.1 \times 1\,100}{0.45} = \dfrac{1\,000}{3}$。

第 24 章　垄断

(1) ① 生产 7 单位的该新型饮料。

② 不是社会最优。存在帕累托改进，价格为 0，产量为 14 单位。

（2）略。

（3）① 12，800，5 400；② 4，1 600，−1 000。

（4）① 30，10；② 25，10，112.5，250。

第 25 章　垄断行为

（1）打包方式为 $[Q_A^* = 3, 36]$，$[Q_B = 21, 198]$。

此时低消费者剩余为 0，高消费者剩余为 $S_1 = \frac{1}{2}[21 - 15 + (21 - Q_A^{\cdot}) - (15 - 2Q_A^{\cdot})]Q_A^{\cdot} = \frac{45}{2}$，

生产者剩余为 $PS = 2 * \frac{1}{2}(15 + 15 - 2Q_A^{\cdot})Q_A^{\cdot} + \frac{1}{2}(21 - Q_A^{\cdot})^2 = 234$。

（2）打包方式为 $[4.8, 48.96]$，$[21, 180.18]$。

此时低消费者剩余为 0，高消费者剩余为 $S_1 = \frac{1}{2}[21 - 15 + (21 - Q_A^{\cdot}) - (15 - 2Q_A^{\cdot})]Q_A^{\cdot} = 40.32$，

生产者剩余为 $PS = 3 * \frac{1}{2}(15 + 15 - 2Q_A^{\cdot})Q_A^{\cdot} + \frac{1}{2}(21 - Q_A^{\cdot})^2 = 278.1$。

（3）打包方式为 $\left[\frac{7}{3}, \frac{266}{9}\right]$，$\left[19, \frac{1816}{9}\right]$。

此时低消费者剩余为 0，高消费者剩余为 $S_1 = \frac{1}{2}[21 - 15 + (21 - Q_A^{\cdot}) - (15 - 2Q_A^{\cdot})]Q_A^{\cdot} = \frac{301}{18}$，

生产者剩余为 $PS = 2 \times \frac{1}{2}(15 + 15 - 2Q_A^{\cdot} - 4)Q_A^{\cdot} + \frac{1}{2}(21 - Q_A^{\cdot} - 2)^2 = \frac{566}{3}$。

（4）打包方式为 $[5, 55]$，$[20, 167.5]$。

此时低消费者剩余为 0，高消费者剩余为 $S_1 = \frac{1}{2}[20 - 16 + (20 - Q_A^{\cdot}) - (16 - 2Q_A^{\cdot})]Q_A^{\cdot} = 32.5$，

生产者剩余为 $PS = 3 * \frac{1}{2}(16 + 16 - 2Q_A^{\cdot})Q_A^{\cdot} + \frac{1}{2}(20 - Q_A^{\cdot})^2 = 500$。

（5）第一个市场定价 12.5 元，第二个市场定价 10.5 元。

（6）企业会选择只卖给第二个消费者，定价 5 元，门票 112.5 元，企业利润 112.5 元，消费者剩余 0 元，无谓损失 40 元。

（7）第一个市场定价 13 元，第二个市场定价 9 元，利润为 264 元。

（8）打包方式为 $[4, 24]$，$[8, 40]$，$[12, 48]$。

（9）① 一级价格歧视，12 200；② 二级价格歧视，10 000；③ 一般垄断定价，5 780；④ 三级价格歧视，6 100。

(10) ① 30，10；② 25，10，112.5，250；③ 35，10。

第 26 章 要素市场

(1) 略。

(2) 批发价为 20，零售价为 30。

(3) 上游生产商对 x 的定价为 120，下游生产商对 y 的定价为 80，最终品的市场均衡产量为 40。

(4) 上游生产商制订的价格和产量为 $\dfrac{a+2\omega}{4}$，$\dfrac{a-2\omega}{2b}$，下游生产商制订的价格和产量为 $\dfrac{3a+2\omega}{4}$，$\dfrac{a-2\omega}{4b}$。

(5) 雇用劳动力的数量 $L=25$。

(6) 生产要素的均衡价格为 $\omega_L=15$，均衡数量为 $L=10$。

(7) 劳动力均衡价格为 $\omega_L=20$，均衡数量为 $L=20$，无谓损失 $DWL=100$。

第 27 章 寡头垄断

(1) ① 两厂商均衡产量均为 30。

② 厂商 1 的均衡产量为 45，厂商 2 的均衡产量为 22.5。

(2) ① 当两家厂商达成古诺均衡时，产量为 $\begin{cases} y_1=\dfrac{304}{13}=23.4 \\ y_2=\dfrac{388}{13}=29.8 \end{cases}$，价格为 $P=46.8$。

② 卡特尔均衡时产量为 $\begin{cases} y_1=\dfrac{108}{7} \\ y_2=\dfrac{188}{7} \end{cases}$，价格 $P=57.7$。

(3) x 定价为 (20，2 000)，y 均衡价格为 50，产量为 50。

(4) 在两部定价中，固定成本支出（门票）为 $T=\dfrac{1}{2}(140-20)\times 30=1\,800$。即 x 定价 20，固定支出 1 800；y 均衡价格为 40，产量为 60。

(5) 国内钢铁企业的总产量为 37.5，其中出口量为 25，国外钢铁企业产量为 75。国内市场钢铁价格为 87.5，国外市场钢铁价格为 100。

(6) ① $q_1^A=0$，$q_2^A=q_2^B=50$，$\pi^A=\pi^B=3\,750-F$。

② $q_1^A=8$，$q_2^A=47$，$q_2^B=51$，$\pi^A=3\,721\dfrac{1}{2}-F$，$\pi^B=3\,901\dfrac{1}{2}-F$。

(7) ① $Q_A^1=Q_B^1=\dfrac{16}{3}$；$Q_A^2=Q_B^2=\dfrac{26}{3}\Rightarrow Q_A=Q_B=14$；$P_1=\dfrac{58}{3}$；$P_2=\dfrac{68}{3}$。

② $Q_1=\dfrac{55}{6}$，$Q_2=\dfrac{85}{6}$；$p_1=\dfrac{125}{6}$，$p_2=\dfrac{155}{6}$；$Q_A=Q_B=\dfrac{35}{3}$。

(8) ① $L_1=30$, $L_2=20$, $\omega=60$；② $L_1=32\frac{1}{7}$, $L_2=19\frac{13}{28}$, $\omega=61\frac{17}{28}$；③ $L_1=\frac{85}{3}$, $L_2=\frac{40}{3}$, $\omega=\frac{155}{3}$。

第 28 章　博弈论

(1) 对于 A：L 是 R、W 的占优策略；

对于 B：D 是 M 的占优策略。

(2) 策略组合 (R,U) 和 (L,D)，以及参与人 A 以 $\frac{3}{4}$ 的概率选择"左"，以 $\frac{1}{4}$ 的概率选择"右"而参与人 B 以 $\frac{1}{5}$ 的概率选择"上"，以 $\frac{4}{5}$ 的概率选择"下"是该博弈的三个纳什均衡。

(3) 纳什均衡解为 $(A4,B1)$。

(4) 纳什均衡解为(低，低)。

(5) ① 参与人 1 的 c 策略是 a 策略的占优策略；参与人 2 没有占优策略。

② 无法通过重复剔除劣策略办法求均衡。

③ 纳什均衡为 (b,g)、(c,e) 和 $\left\{\sigma_1=\left(0,\frac{1}{3},\frac{2}{3},0\right),\sigma_2=\left(\frac{1}{2},0,\frac{1}{2},0\right)\right\}$。

(6) 满足 $d>c$、$b<1$ 且 $a<1$。

(7) 策略组合(上，左)和(下，右)，以及参与人 1 以 $\frac{1}{2}$ 的概率选择"上"、以 $\frac{1}{2}$ 的概率选择"下"，参与人 2 以 $\frac{3}{4}$ 的概率选择"左"、以 $\frac{1}{4}$ 的概率选择"右"是该博弈的三个纳什均衡。

(8) 策略组合(下，左)和(上，右)，以及参与人 1 以 $\frac{7}{9}$ 的概率选择"上"、以 $\frac{2}{9}$ 的概率选择"下"，参与人 2 以 $\frac{3}{8}$ 的概率选择"左"、以 $\frac{5}{8}$ 的概率选择"右"是该博弈的三个纳什均衡。

(9) 博弈树对应的策略式收益矩阵如图 31 所示：

企业 R

		R_1	R_2	R_3	R_4
	S_1	20, 6	20, 6	6, 2	6, 2
企业 S	S_2	20, 6	14, 8	14, 0	8, 2
	S_3	20, 6	8, 0	12, 8	0, 2
	S_4	20, 6	2, 2	20, 6	2, 2

图 31　讲真话博弈策略型

(10) 最后均衡策略为参与人 A 选择 M，参与人 B 选择 U，A 选择 R。

第 29 章   博弈论的应用

(1) 假设行参与人选择"L"的概率为 π_L，选择"R"的概率为 $1-\pi_L$；列参与人选择"U"的概率为 π_U，选择"D"的概率为 $1-\pi_U$。

所以可得行参与人的期望收益为

$$\pi_R^e = \pi_L \cdot \pi_U \cdot 3 + \pi_L \cdot (1-\pi_U) \cdot 0 + (1-\pi_L) \cdot \pi_U \cdot 0 + (1-\pi_L) \cdot (1-\pi_U) \cdot 2$$
$$= (5\pi_U - 2) \cdot \pi_L + 2(1-\pi_U)\text{。}$$

可得行参与人的最优反应函数为

$$\pi_L = \begin{cases} 1, & \pi_U > 2/5 \\ [0, 1], & \pi_U = 2/5 \\ 0, & \pi_U < 2/5 \end{cases}\text{，其曲线如图 32 所示。}$$

同理，列参与人的期望收益为

$$\pi_C^e = \pi_L \cdot \pi_U \cdot 2 + \pi_L \cdot (1-\pi_U) \cdot 0 + (1-\pi_L) \cdot \pi_U \cdot 0 + (1-\pi_L) \cdot (1-\pi_U) \cdot 5$$
$$= (7\pi_L - 5) \cdot \pi_U + (5-\pi_L)\text{。}$$

可得列参与人的最优反应函数为

$$\pi_U = \begin{cases} 1, & \pi_L > 5/7 \\ [0, 1], & \pi_L = 5/7 \\ 0, & \pi_L < 5/7 \end{cases}\text{，其曲线如图 32 所示。}$$

综上，最优反应曲线如图 32 所示，横轴表示行参与人选择"L"的概率，纵轴表示列参与人选择"U"的概率。黑实线为行参与人的最优反应曲线，灰实线为列参与人的最优反应曲线。两条最优反应曲线相交于三个点 $(0, 0)$、$(5/7, 2/5)$ 和 $(1, 1)$，分别对应于该博弈的三个纳什均衡。其中两个为纯纳什均衡，一个为混合纳什均衡。

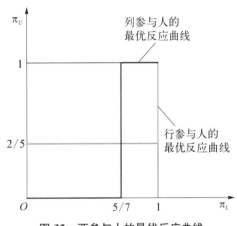

图 32　两参与人的最优反应曲线

(2) 两条最优反应曲线相交于三个点 $(0, 0)$、$(2/3, 1/3)$ 和 $(1, 1)$，分别对应于该博弈的三个纳什均衡。其中两个为纯纳什均衡，一个为混合纳什均衡。

(3) 两条最优反应曲线相交于点 $(4/7, 1/3)$，即纳什均衡解为 $(4/7, 1/3)$，为混合纳什均衡。

(4) ① 由最优反应方法求解的纳什均衡为 (L_1, L_2)，(M_1, R_2)。

② 子博弈完美均衡为 (M_1, R_2)。

(5) 最终均衡解为 $(10, 90)$。

(6) 最终均衡解为 $(180, 20)$。

第 30 章   交换

(1) 契约曲线为 $\begin{cases} x_A = y_A (0 \leqslant y_A \leqslant 6) \\ x_A = 6 (6 < y_A \leqslant 10) \end{cases}$。

（2）两个消费者效用函数均为严格凸，因此契约曲线上的每一点都满足：$MRS_{yx}^A = MRS_{yx}^B$。

由题可知 $MRS_{yx}^A = \dfrac{MU_x^A}{MU_y^A} = \dfrac{y_A}{x_A}$；$MRS_{yx}^B = \dfrac{MU_x^B}{MU_y^B} = \dfrac{y_B}{x_B}$。

所以由 $MRS_{yx}^A = MRS_{yx}^B$，可得：$\dfrac{y_A}{x_A} = \dfrac{y_B}{x_B} = \dfrac{y_A + y_B}{x_A + x_B} = \dfrac{5}{10} = \dfrac{1}{2}$。

因此，表示帕累托最优配置的契约曲线为经过两个原点斜率为 $\dfrac{1}{2}$ 的一条直线，如图33所示。

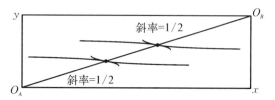

（3）契约曲线为 $\begin{cases} y_A = x_A & (0 \leqslant x_A \leqslant 5) \\ y_A = 5 & (5 < x_A \leqslant 10) \end{cases}$。

图 33　契约曲线

（4）均衡时竞争性相对价格 $\dfrac{p_1}{p_2} = 1$。

（5）消费者 A、B 对于 x 的消费量分别为 $\dfrac{16}{5}$、$\dfrac{64}{5}$。

契约曲线为 $\begin{cases} y_A = 0, & x_A \in \left[0, \dfrac{16}{5}\right) \\ y_A \in [0, 16], & x_A = \dfrac{16}{5} \\ y_A = 16, & x_A \in \left(\dfrac{16}{5}, 16\right] \end{cases}$。

（6）均衡时竞争性相对价格 $\dfrac{p_1}{p_2} = \dfrac{5}{3}$，消费者 A 的消费束为 $\left(11, \dfrac{55}{3}\right)$，消费者 B 的消费束为 $\left(19, \dfrac{95}{3}\right)$。

（7）均衡时竞争性相对价格 $\dfrac{p_1}{p_2} = 1$，消费者 A 的消费束为 $(20, 0)$，消费者 B 的消费束为 $(0, 20)$。

（8）均衡时竞争性相对价格 $\dfrac{p_1}{p_2} = \dfrac{1}{2}$，消费者 A 的消费束为 $(15, 0)$，消费者 B 的消费束为 $(5, 20)$。

（9）均衡时竞争性相对价格 $\dfrac{p_N}{p_B} = p = \dfrac{6}{5}$，X 的消费量为 $(N_X, B_X) = (100, 60)$，Y 的消费量为 $(N_Y, B_Y) = (80, 0)$。

（10）① 当 $y_A \leqslant 5$ 时，$MRS_{yx}^A = MRS_{yx}^B$，可得 $\dfrac{y_A}{x_A} = 1$；当 $y_A > 5$ 时，可得：$x_A = 5$；

契约曲线的表达式为 $y_A = \begin{cases} x_A & x_A < 5 \\ [5, 10] & x_A = 5 \end{cases}$。

② $p_x = \dfrac{4}{3}$。

③ 消费者 A 处于垄断地位且实施一级价格歧视,那么消费者 A 的最优解为

$$x_A = \frac{1}{2}\frac{M^A}{p_x} = \frac{10}{2} = 5;\ y_A = \frac{1}{2}\frac{M^A}{p_y} = \frac{10}{2} = 5。$$

消费者 B 的最优解为 $x_B = 5 - 5 = 0;\ y_B = 10 - 5 = 5$。

第 31 章　生产

(1) 均衡相对价格为 $\dfrac{p_M}{p_W} = \dfrac{32}{3}$,生产量为 $(M, W) = (1\,500, 16\,000)$。

(2) 为了最大化产量,小张每小时做 3 个轮子。

(3) 选择工作 16 小时。

(4) $K_C = \dfrac{16}{25}L_C$ 或者 $K_F = \dfrac{16}{25}L_F$。 生产契约曲线为一条连接两个原点的直线。

(5) 生产可能性边界方程为 $Q_C^2 + 2Q_F^2 = 160$。

(6) 该经济体商品的均衡价格为 1,椰子和鱼的生产量和消费量都是 $5\sqrt{2}$。

第 32 章　福利

(1) 三个候选人 x、y 和 z 的博达计数分别为 61、53、60。候选人 y 赢得选举的胜利。

(2) 该经济体的效用可能性边界表达式为:$u_A + u_B = \left(\dfrac{16}{25}\right)^{0.6} 25$。

(3) 该经济体社会福利最大化的配置为: $\begin{cases} (x_A,\ y_A) = (80,\ 51.2) \\ (x_B,\ y_B) = (20,\ 12.8) \end{cases}$。

(4) 由公平配置得:

$U_P(A_P, O_P) \geqslant U_P(A_D, O_D) \Rightarrow 4A_P + O_P \geqslant 4A_D + O_D$,

$U_D(A_D, O_D) \geqslant U_D(A_P, O_P) \Rightarrow A_D + 4O_D \geqslant A_P + 4O_P$,

结合总资源禀赋,有

$$\begin{cases} 4A_P + O_P \geqslant 4A_D + O_D \\ A_D + 4O_D \geqslant A_P + 4O_P \\ A_P + A_D = 18 \\ O_P + O_D = 18 \end{cases} \Rightarrow \begin{cases} 4A_P + O_P \geqslant 45 \\ A_D + 4O_D \geqslant 45 \end{cases}$$

满足以上条件为图 34 所示阴影区域。

此外,有效配置要求最后配置应该在契约曲线上。即右下角粗体线所示均可以为公平配置的结果(最终的公平配置取决于初始禀赋的分配)。

(5) $W_H = W_W = 4$。

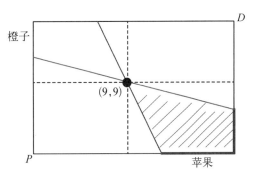

图 34　公平配置图示

（6）花在大儿子身上的钱是小儿子的 4 倍。

第 33 章　外部效应

（1）① 房间里均衡的抽烟量 $S^* = \dfrac{60}{7}$。

② 房间里均衡的抽烟量 $S^* = \dfrac{20}{7}$。

（2）① 房间里均衡的抽烟量 $S^* = \dfrac{1}{4p_S^2} = 5$。

② 房间里均衡的抽烟量 $S^* = \dfrac{1}{4p_S^2} = 5$。

（3）① $x = 18$；$y = 15$。　② $x = 8$，$p_x = 20$。　③ $x = 8$，$p_x = 20$。　④ $t_p = 20$。

（4）① $\begin{cases} x_1 = 27 \\ x_2 = 33 \end{cases}$。　② $\begin{cases} x_1 = 42.5 \\ x_2 = 47.5 \end{cases}$

（5）养蜂场和苹果园单独经营和合并经营时苹果的产量分别为 150 斤和 250 斤。

（6）① 最优放羊数量为 11。② 总放羊数量会达到 21 只。③ 许可费 $a \in (19, 21]$。

（7）① $Q_1 = Q_2 = 2$，$\pi_1 = \pi_2 = 32$；② $\pi_1 = \pi_2 = 32.36$。

（8）① 4；② 5；③ 5.75，帕累托无效。

第 34 章　信息技术

（1）代入 $\hat{v} \equiv 100$，得 $p = \hat{v}n^e = 100n$。需求曲线如图 35 所示。

其中 A、C 为稳定性均衡，B 为不稳定均衡。

（2）可能。

（3）$p_A^X = P_A^Y = P_B^X = P_B^Y = \pi_A = \pi_B = \delta$。

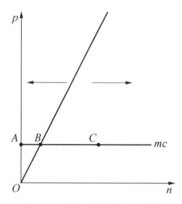

图 35　网络外部性市场均衡

第 35 章　公共物品

（1）略。

（2）略。

（3）略。

（4）略。

（5）略。

（6）该镇公共物品的帕累托有效数量为 40 000。

（7）蹦床的帕累托有效数量为 4。

（8）音乐的帕累托有效数量为 5。

（9）帕累托有效工作小时数为 400。

（10）公共物品总支出为 14 000。

（11）对消费者 A 来说，如果真实报价，不成为关键人物，那么消费者 A 的福利为 $n_A =$

$50-100=-50$ 元；如果不真实报价使得其成为关键人物，那么对其征收的克拉克税为 n_B+ $n_C=100$，那么消费者 A 的福利为 -100 元。

对消费者 B 来说，如果真实报价，不成为关键人物，那么消费者 B 的福利为 $n_B=50-$ $100=-50$ 元；如果不真实报价使得其成为关键人物，那么对其征收的克拉克税为 $n_A+n_C=$ 100，那么消费者 B 的福利为 -100 元。

对消费者 C 来说，如果真实报价，C 为关键人物，征收的克拉克税为 100 元，那么消费者 C 的福利为 $150-100=50$ 元；如果不真实报价使得其不成为关键人物，那么对其不征收克拉克税，该公共物品就不能提供，那么消费者 C 的福利为 0 元。

第 36 章　不对称信息

(1) ① 设提供 n 年的保修能实现分离均衡，由于 $\dfrac{15-10}{1}<n<\dfrac{15-10}{0.5}\Rightarrow 5<n<10$，高质量车主会提供 6 年的保修，获得的收益为 12；低质量车主不会提供保修，获得的收益为 10。

② 由于 $\dfrac{15-12.5}{1}<n<\dfrac{15-12.5}{0.5}\Rightarrow 2.5<n<5$，该旧车市场存在分离均衡。

(2) 市场均衡价格为 16。

(3) 最终均衡价格为 21。

(4) ① 委托人向代理人收取 30 单位的租金时收入最大。

② $\omega x+k=36x-62$。

③ 代理人提供 $x=4$ 时就能获得报酬为 $B=82$，提供 $x\neq 4$ 时就能获得报酬为零。

(5) ① 设垄断厂商定价为 p，需求函数为 $q=A-p$。由于成本为 0，所以利润为 $\pi(q)=R(q)=q(A-q)$。

A 有 $\dfrac{1}{2}$ 的可能为 10，有 $\dfrac{1}{2}$ 的可能为 8，所以期望利润为 $E\pi(q)=\dfrac{1}{2}q(10-q)+\dfrac{1}{2}q(8-q)=9q-q^2$。

由 $\dfrac{\partial \pi}{\partial q}=9-2q=0\Rightarrow q=\dfrac{9}{2}\Rightarrow p=\dfrac{9}{2}$，即 $p=\dfrac{9}{2}$ 时期望利润最大。

② 由 $R(q)=q(A-q)$ 得 $MR=A-2q$。

当 $A=10$ 时，$MR=MC$ 时利润最大，即 $q=5$，此时利润为 $\pi(q)=q(10-q)=25$；

当 $A=8$ 时，$MR=MC$ 时利润最大，即 $q=4$，此时利润为 $\pi(q)=q(8-q)=16$；

可得期望利润为 $E\pi(q)=\dfrac{1}{2}(25+16)=\dfrac{41}{2}$。

所以，厂商最高愿意支付的费用为 $\dfrac{41}{2}-\dfrac{9}{2}\times\dfrac{9}{2}=\dfrac{1}{4}$。

(6) 最高租金为 64。

(7) 设各个工人的工作时间为 h_i，则总产出价值为 $y=90\sum_{i=1}^{10}h_i$，工人收入为 $R=$

$\dfrac{y}{10} = 9\sum_{i=1}^{10} h_i$，工人 a 的效用为 $u(h_a) = R - h_a^2 = 9\sum_{i=1}^{10} h_i - h_a^2$。

$\dfrac{\partial u}{\partial h_a} = 0 \Rightarrow h_a = 4.5$，即对于工人 a，工作 4.5 小时效用最大；又所有工人技术和效用函数

相同，所以所有人都会选择工作 4.5 小时，此时收入 $R = 9\sum_{i=1}^{10} h_i = 405$，选 C。

(8) E。

(9) ① \$5 000；② \$8 000。

(10) ① $1 < y^\cdot < 2$；② $q < y^\cdot < 2q$。

参考文献

［1］ 钟根元,陈志洪. 中级微观经济学学习指南［M］. 4 版. 上海：上海交通大学出版社,2012.

［2］ 平新乔. 微观经济学十八讲［M］. 北京：北京大学出版社,2001.

［3］ 张元鹏. 微观经济学中级教程［M］. 2 版. 北京：北京大学出版社,2015.

［4］ 艾里克·拉斯缪森. 博弈与信息——博弈论概论：第二版［M］. 王晖,白金辉,吴任昊,译. 北京：北京大学出版社,2003.

［5］ 刘凤良,周业安. 中级微观经济学［M］. 北京：中国人民大学出版社,2012.

［6］ 李毅,张树民. 中级微观经济学［M］. 2 版. 成都：西南财经大学出版社,2017.

［7］ VARIAN H R. Intermediate microeconomics：a modern approach［M］. 9th ed. London：W. W. Norton & Company, Inc. , 2014.

［8］ PINDYCK R S, RUBINFELD D L. Microeconomics［M］. 7th ed. New York：Pearson Education, Inc. , 2009.

［9］ SCHOTTER A. Microeconomics：a modern approach［M］. Boston：South-Western Cengage Learning, 2008.

［10］ PERLOFF J M. Microeconomics［M］. 4th ed. New York：Pearson Education, Inc. , 2007.

索 引